Nenn es nicht Mystery

3

Yumi Tamura

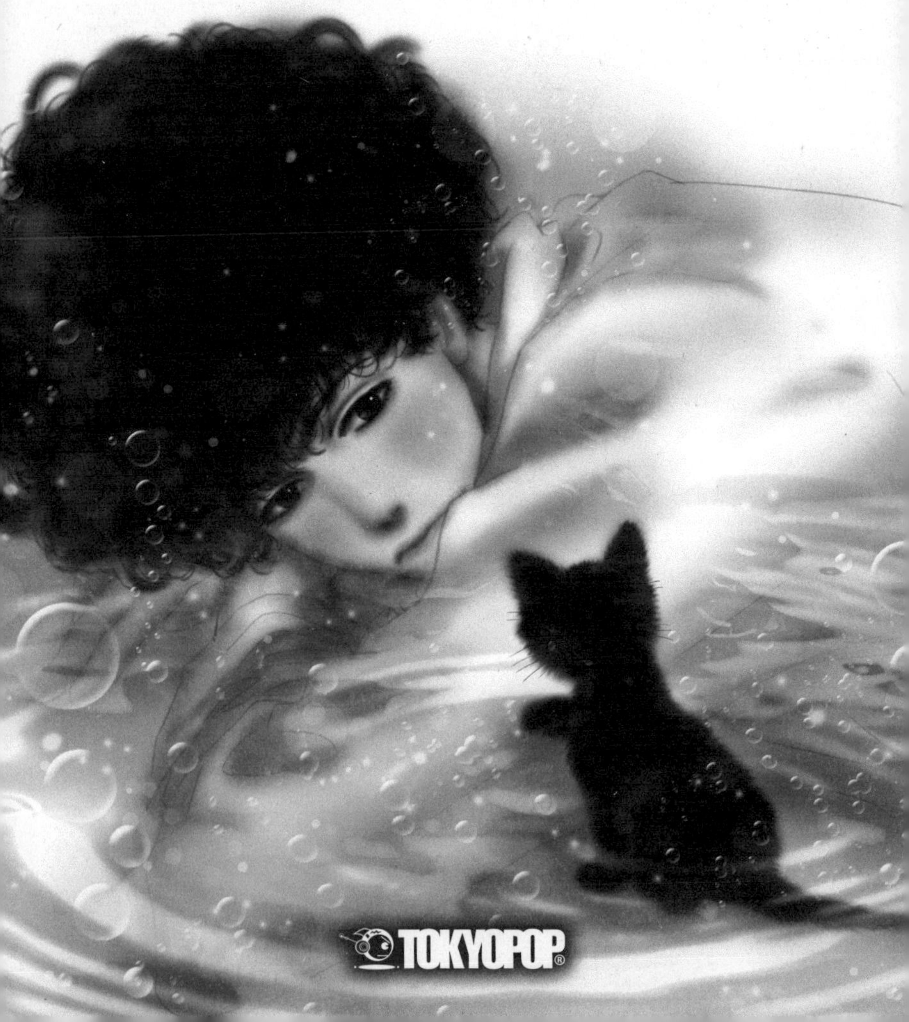

Nenn es nicht

Mystery

3

INHALT

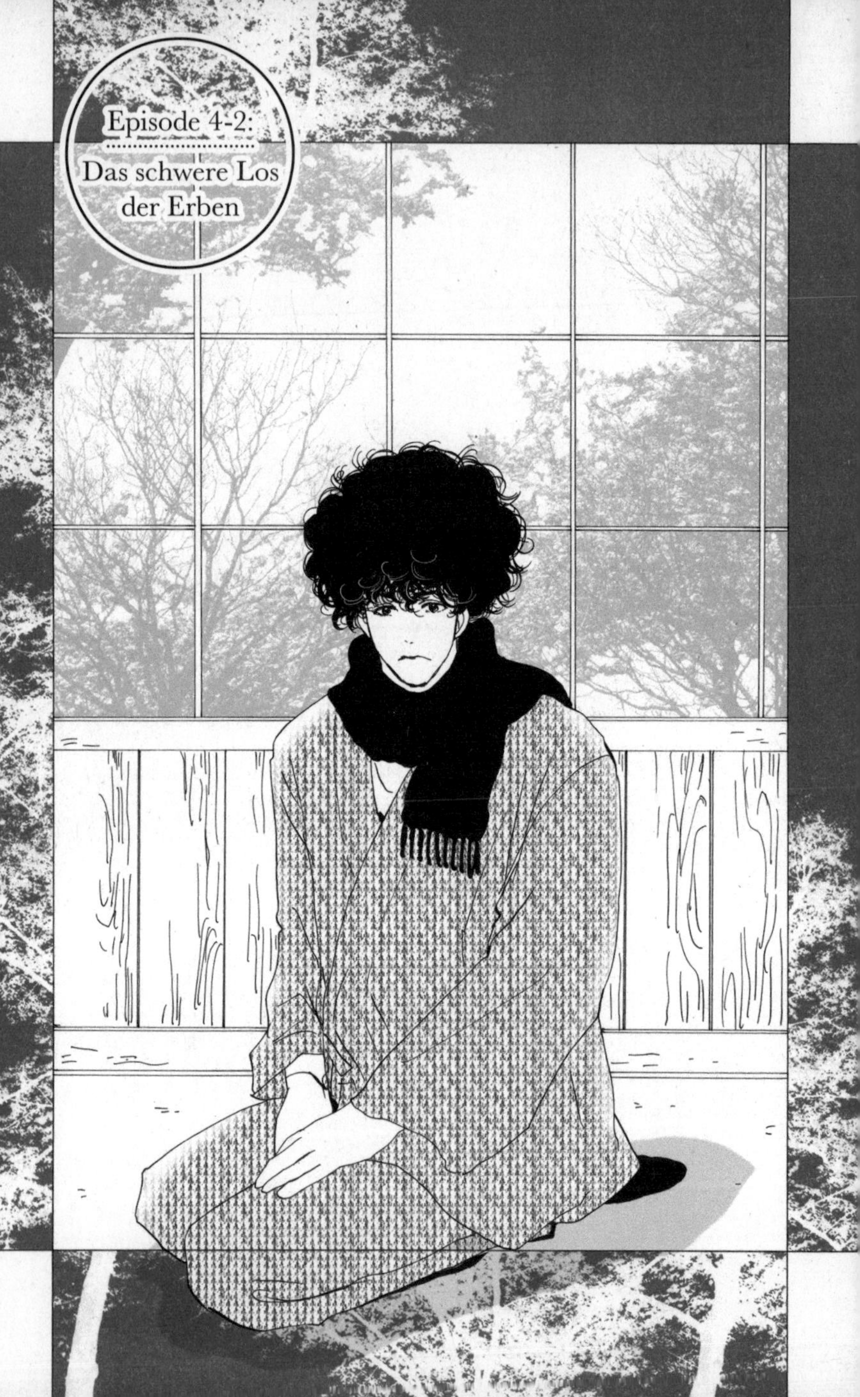
Episode 4-2:
Das schwere Los
der Erben

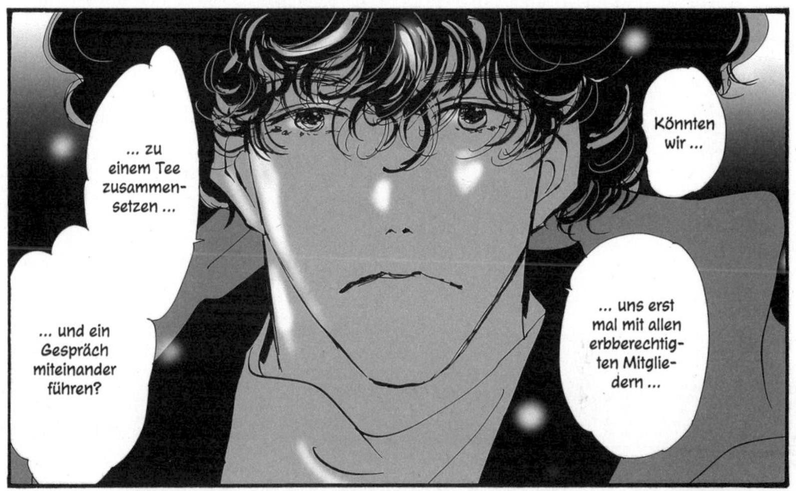
Könnten wir ...
... uns erst mal mit allen erbberechtigten Mitgliedern ...
... zu einem Tee zusammensetzen ...
... und ein Gespräch miteinander führen?

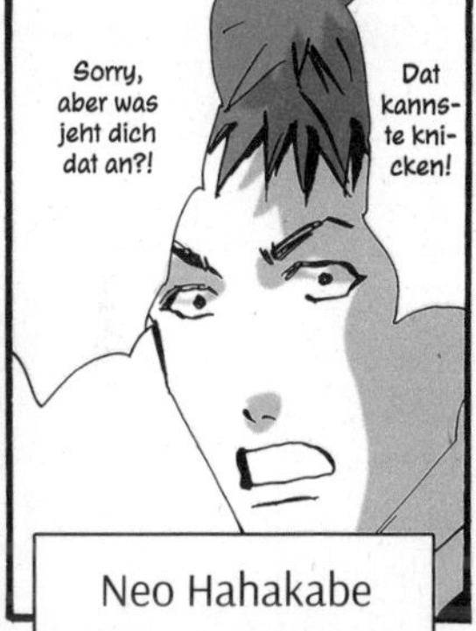
Dat kannste knicken!
Sorry, aber was jeht dich dat an?!
Neo Hahakabe

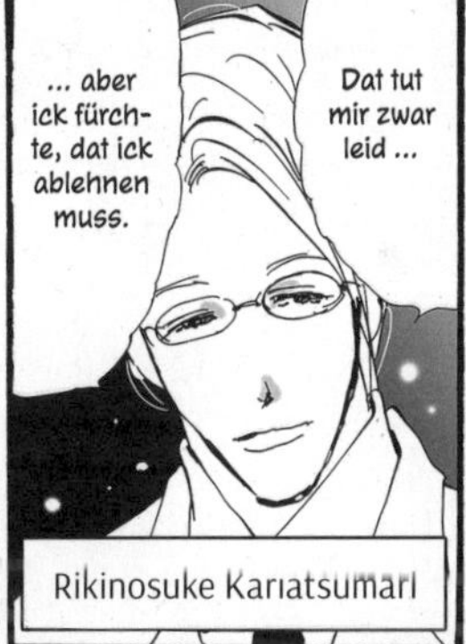
Dat tut mir zwar leid ...
... aber ick fürchte, dat ick ablehnen muss.
Rikinosuke Kariatsumari

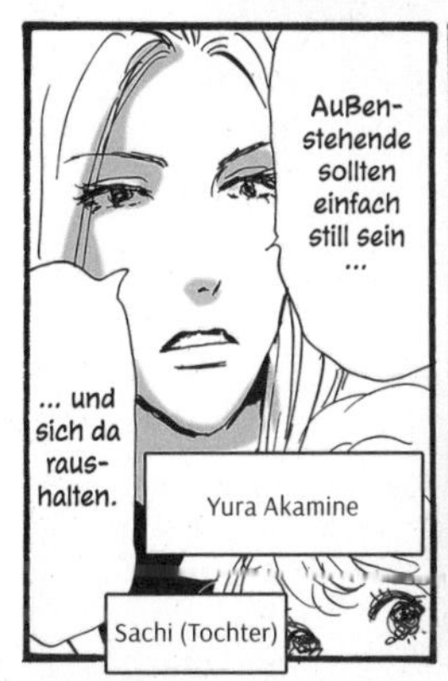
Außenstehende sollten einfach still sein ...
... und sich da raushalten.
Yura Akamine
Sachi (Tochter)

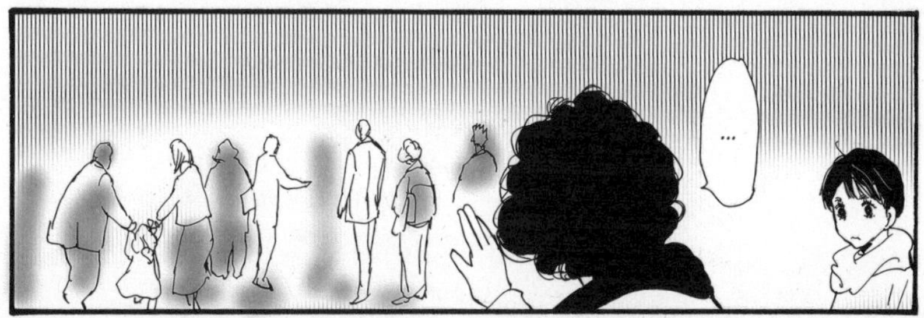
...

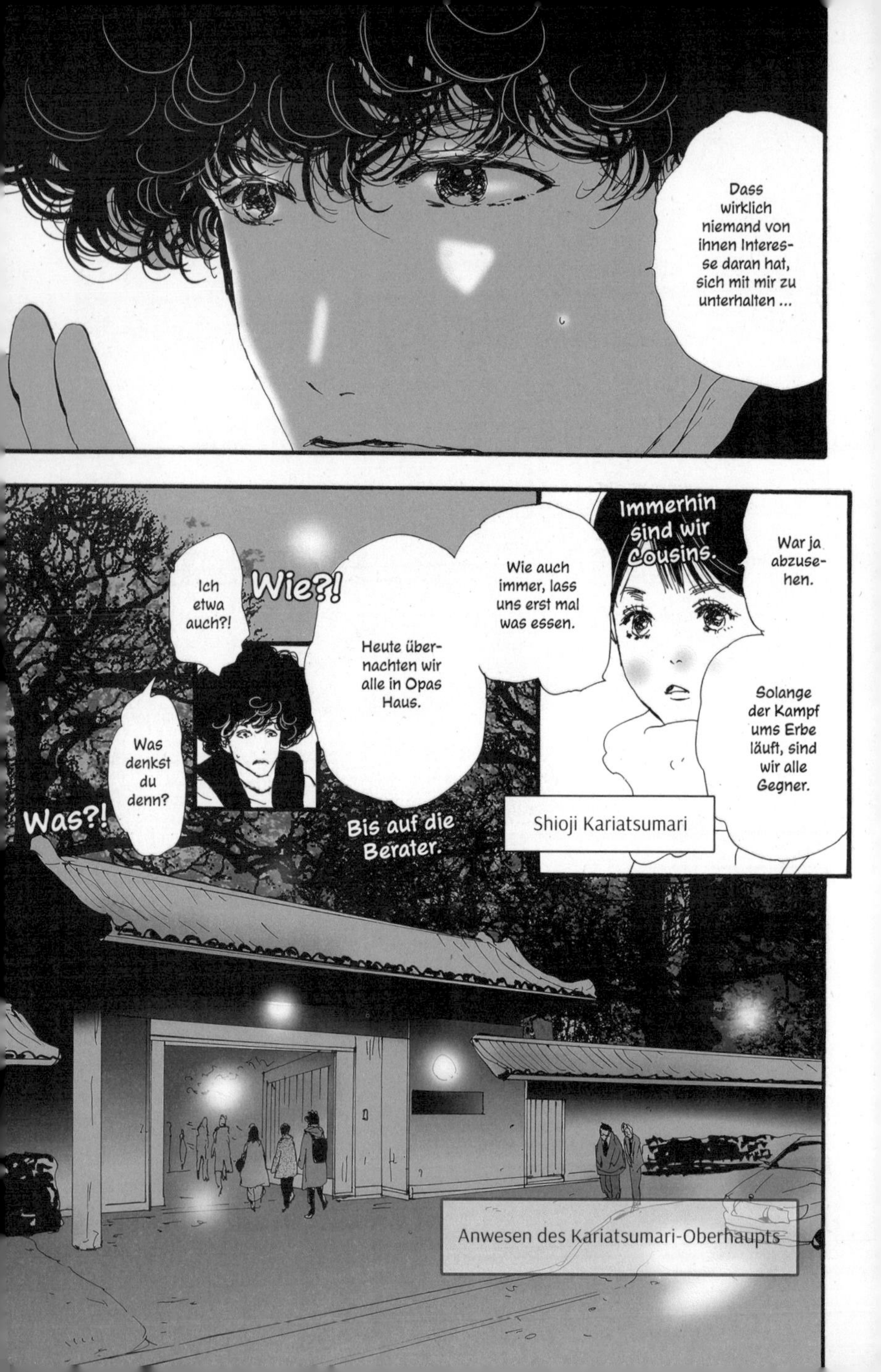

Dass wirklich niemand von ihnen Interesse daran hat, sich mit mir zu unterhalten ...

War ja abzusehen.

Immerhin sind wir Cousins.

Solange der Kampf ums Erbe läuft, sind wir alle Gegner.

Shioji Kariatsumari

Wie auch immer, lass uns erst mal was essen.

Heute übernachten wir alle in Opas Haus.

Bis auf die Berater.

Wie?!

Ich etwa auch?!

Was denkst du denn?

Was?!

Anwesen des Kariatsumari-Oberhaupts

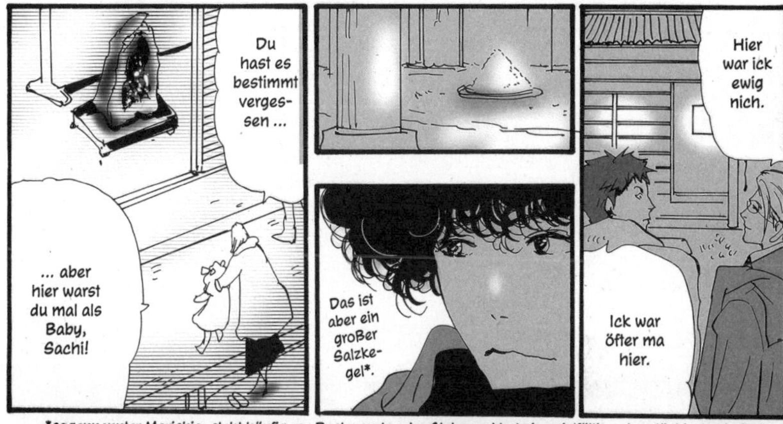

*sogenannter Morishio, steht häufig vor Restaurants oder Clubs und hat eine vielfältige abergläubische Aufladung

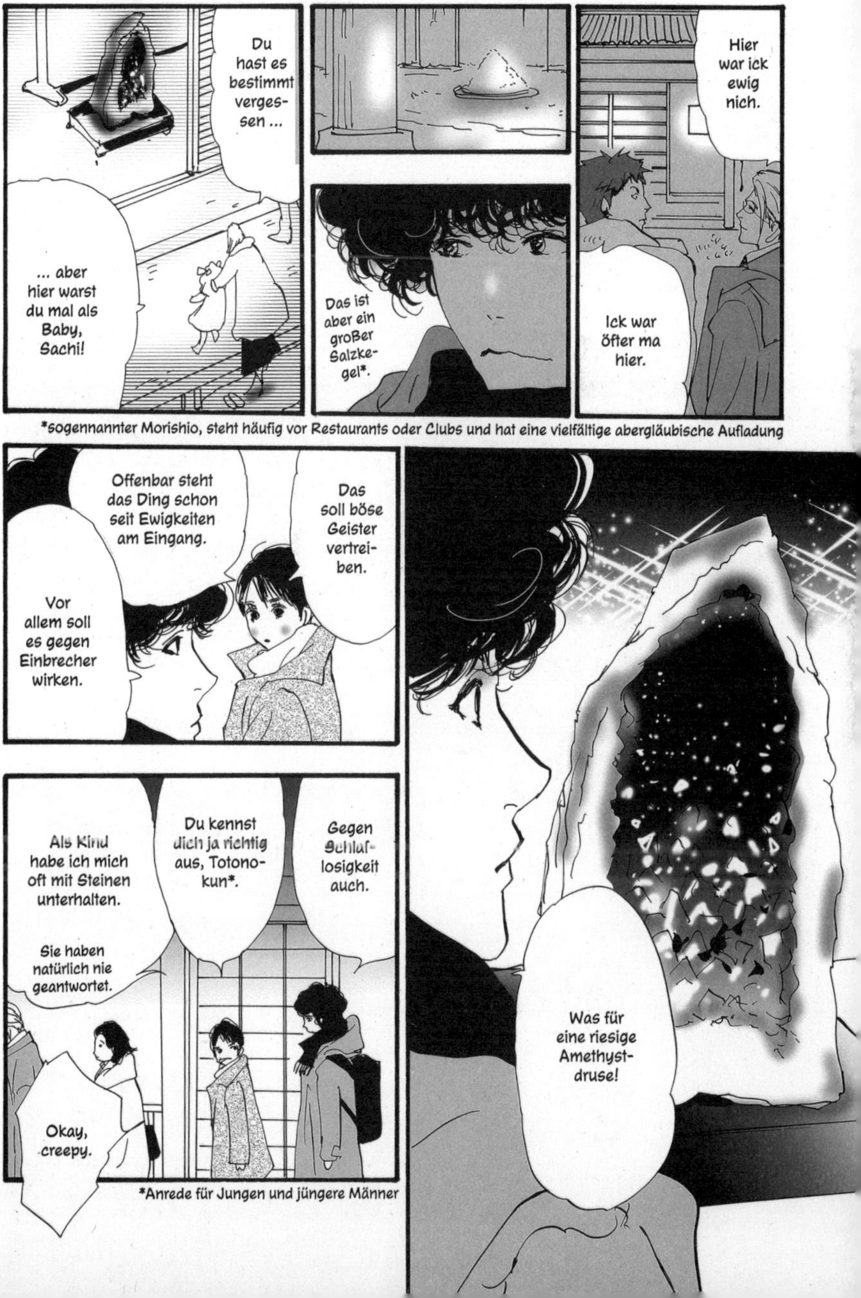

Was für eine riesige Amethyst- druse!

Das soll böse Geister vertrei- ben.

Offenbar steht das Ding schon seit Ewigkeiten am Eingang.

Vor allem soll es gegen Einbrecher wirken.

Gegen Schlaf- losigkeit auch.

Du kennst dich ja richtig aus, Totono- kun*.

Als Kind habe ich mich oft mit Steinen unterhalten.

Sie haben natürlich nie geantwortet.

Okay, creepy.

*Anrede für Jungen und jüngere Männer

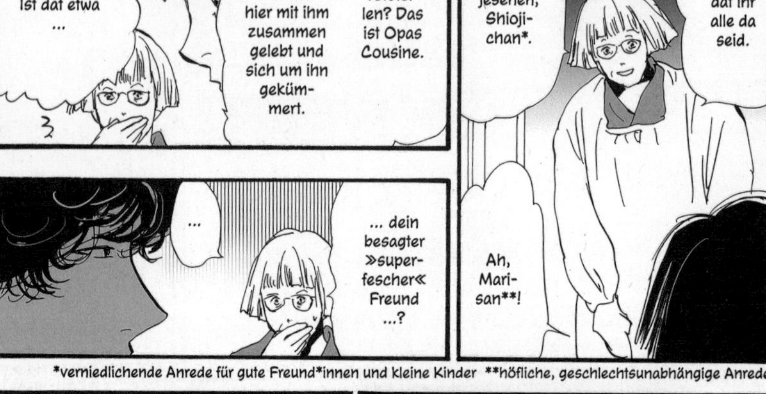

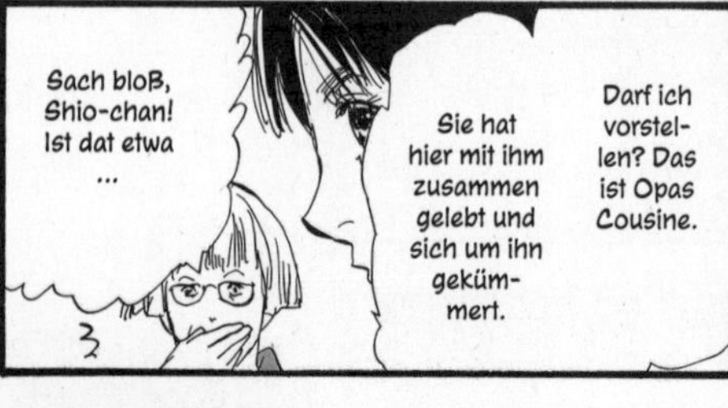

*verniedlichende Anrede für gute Freund*innen und kleine Kinder **höfliche, geschlechtsunabhängige Anrede

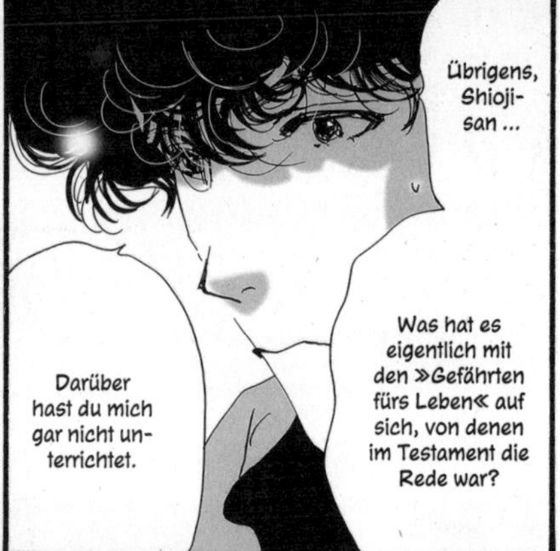

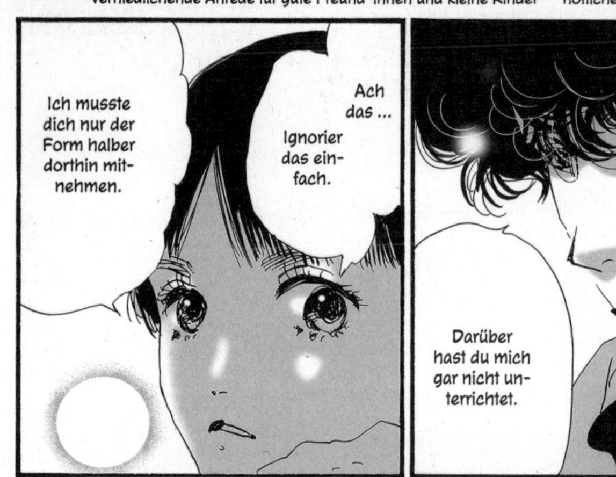

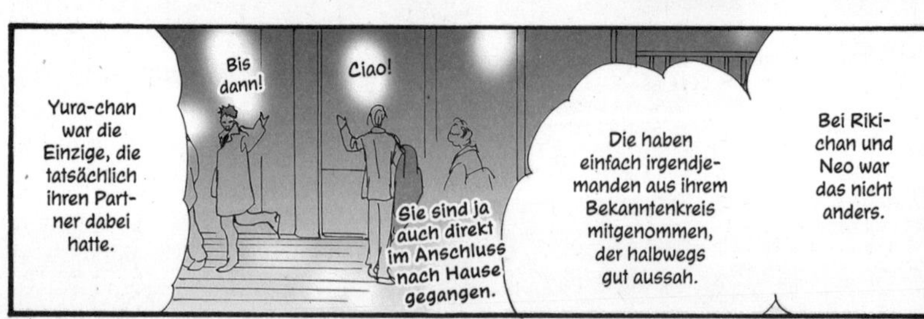

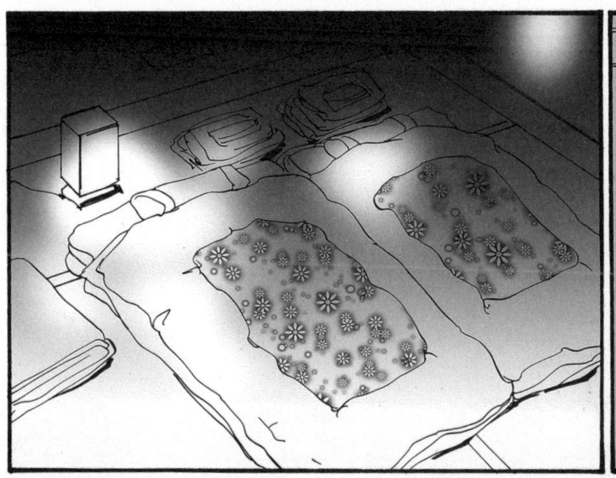

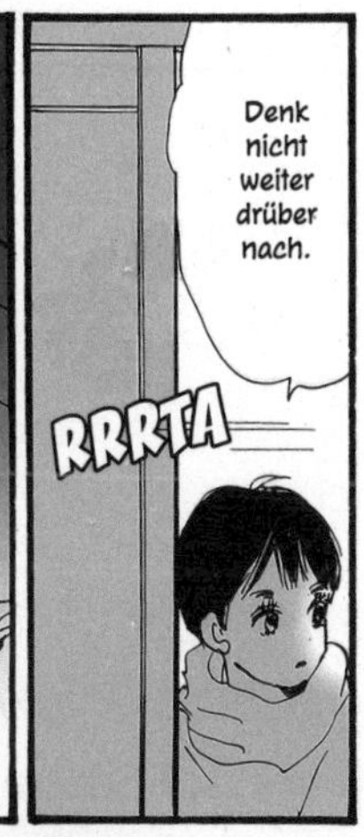
Denk nicht weiter drüber nach.
RRRTA

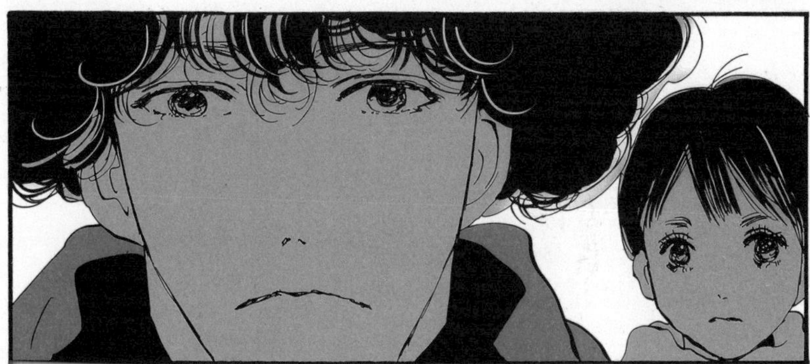

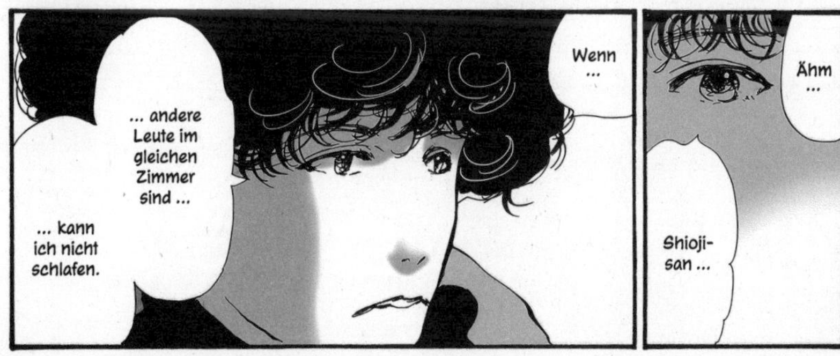
Ähm ...
Shioji-san ...
Wenn ...
... andere Leute im gleichen Zimmer sind ...
... kann ich nicht schlafen.

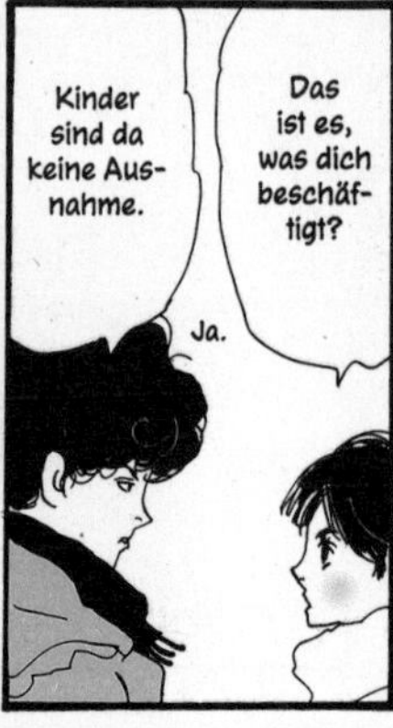
Das ist es, was dich beschäftigt?
Ja.
Kinder sind da keine Ausnahme.

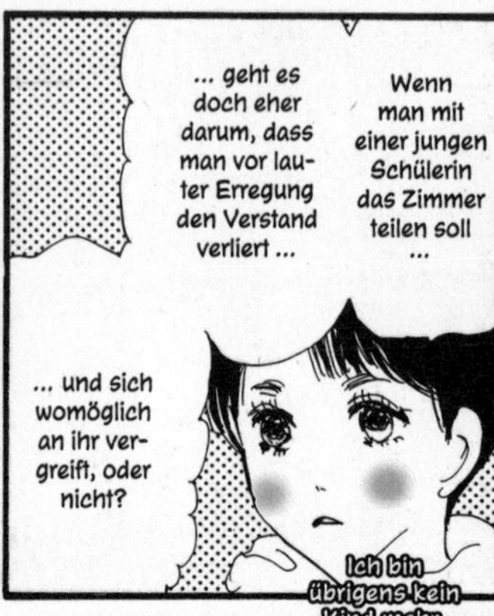
Wenn man mit einer jungen Schülerin das Zimmer teilen soll ...
... geht es doch eher darum, dass man vor lauter Erregung den Verstand verliert ...
... und sich womöglich an ihr vergreift, oder nicht?
Ich bin übrigens kein Kind mehr.

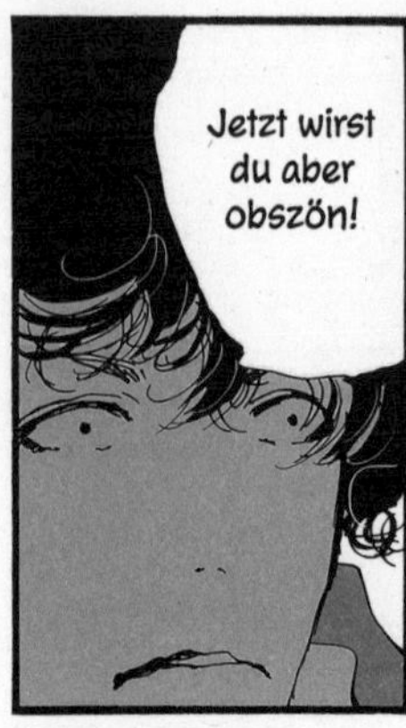
Jetzt wirst du aber obszön!

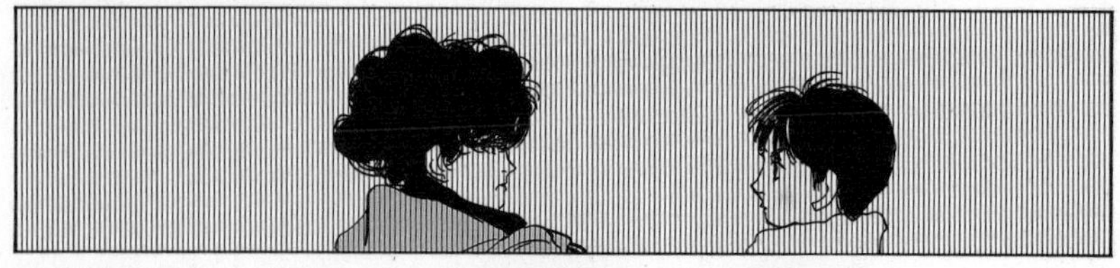

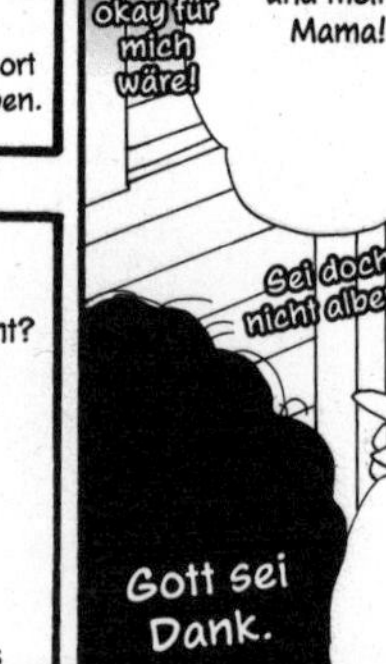
War nur 'n Witz!
Dieses Zimmer ist für mich und meine Mama!
Als ob das okay für mich wäre!
Sei doch nicht albern!
Du hast das Zimmer gegenüber ganz für dich allein!
Gott sei Dank.

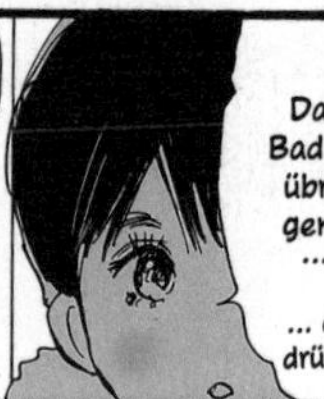
Das Bad ist übrigens ...
... dort drüben.

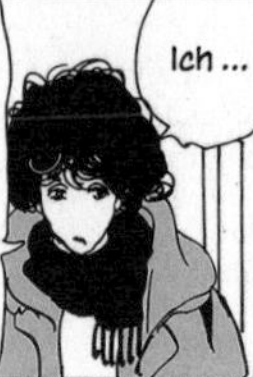
Ich ...

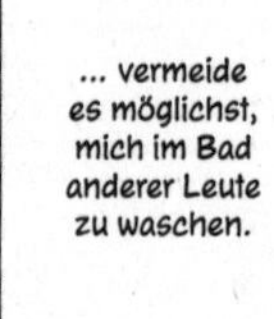
... vermeide es möglichst, mich im Bad anderer Leute zu waschen.

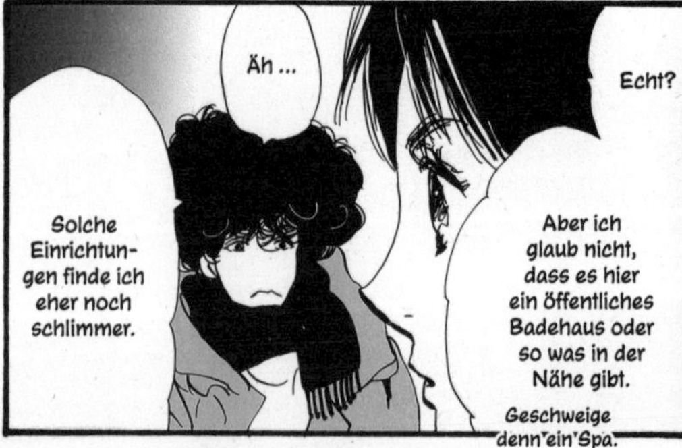
Echt?
Äh ...
Aber ich glaub nicht, dass es hier ein öffentliches Badehaus oder so was in der Nähe gibt.
Geschweige denn ein Spa.
Solche Einrichtungen finde ich eher noch schlimmer.

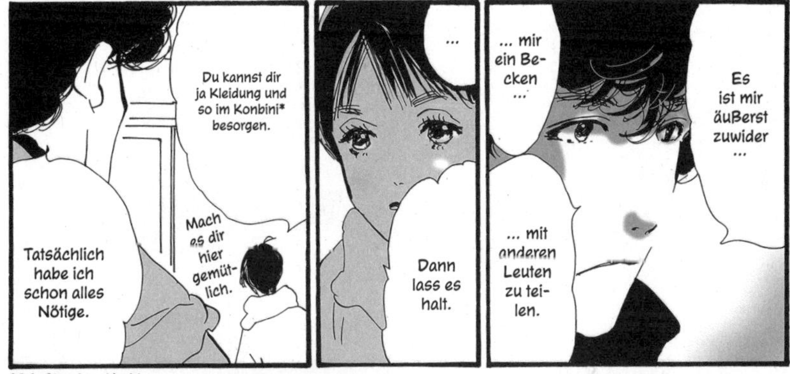

*24-Stunden-Markt

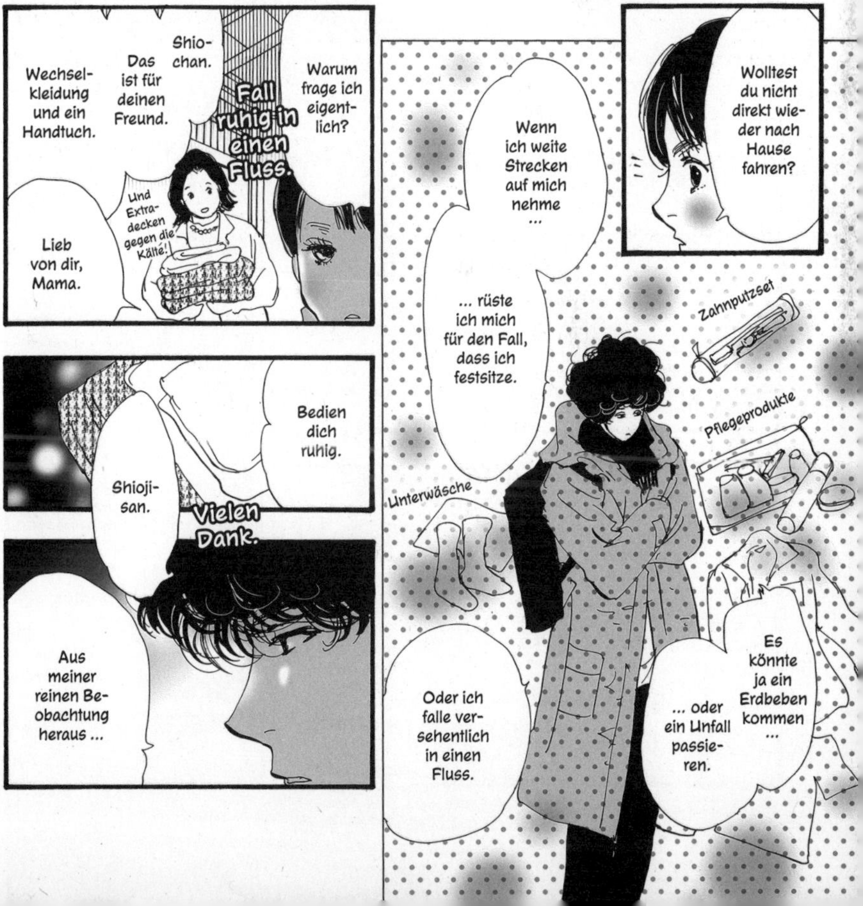

Wolltest du nicht direkt wieder nach Hause fahren?
Wenn ich weite Strecken auf mich nehme ...
... rüste ich mich für den Fall, dass ich festsitze.
Zahnputzset
Pflegeprodukte
Unterwäsche
Es könnte ja ein Erdbeben kommen ...
... oder ein Unfall passieren.
Oder ich falle versehentlich in einen Fluss.
Warum frage ich eigentlich?
Fall ruhig in einen Fluss.
Shio-chan.
Das ist für deinen Freund.
Wechselkleidung und ein Handtuch.
Und Extradecken gegen die Kälte!
Lieb von dir, Mama.
Bedien dich ruhig.
Shioji-san.
Vielen Dank.
Aus meiner reinen Beobachtung heraus ...

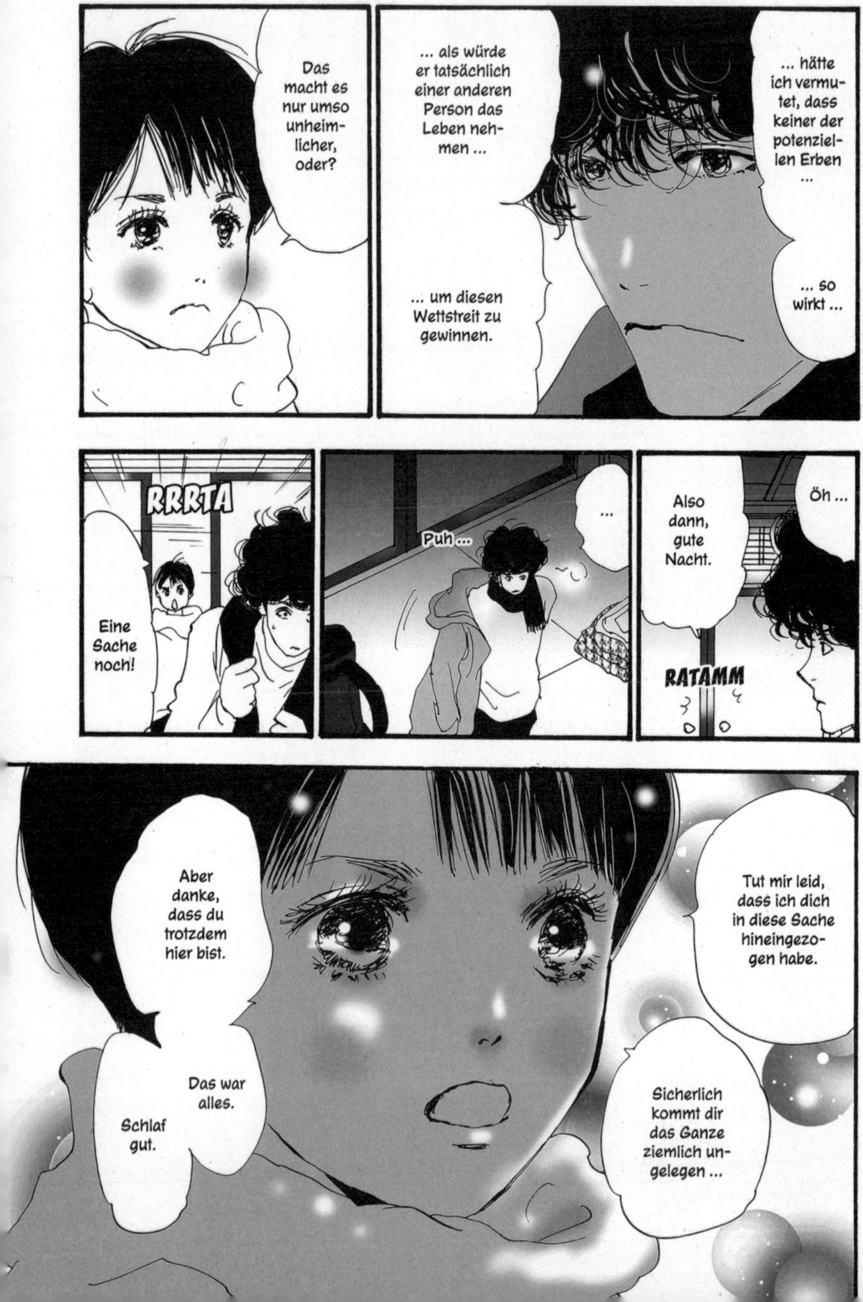

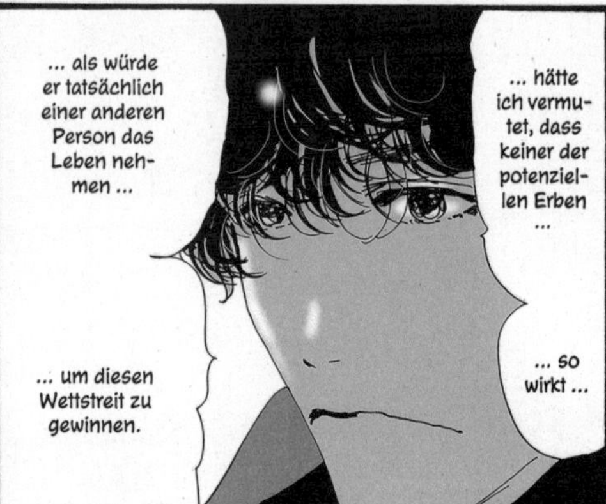

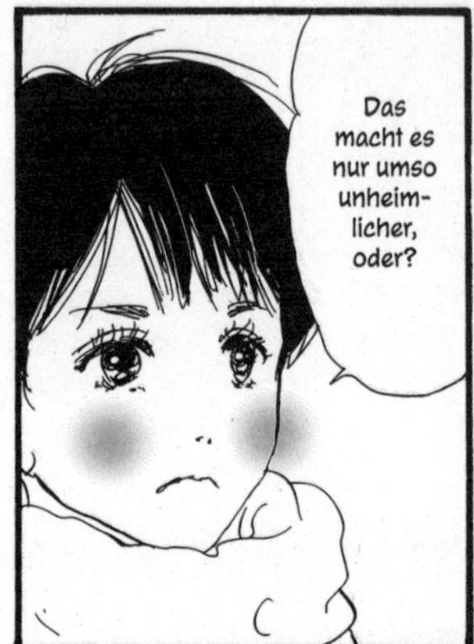

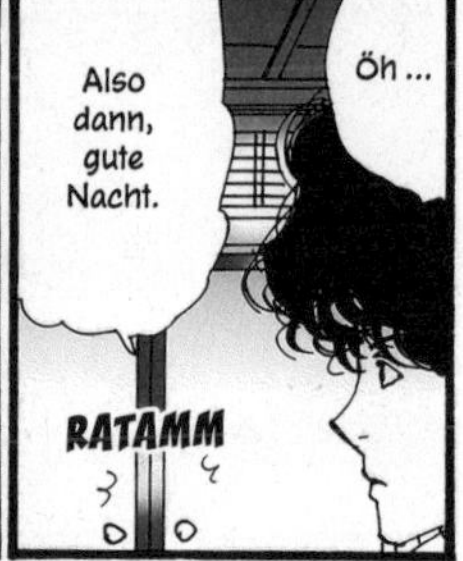

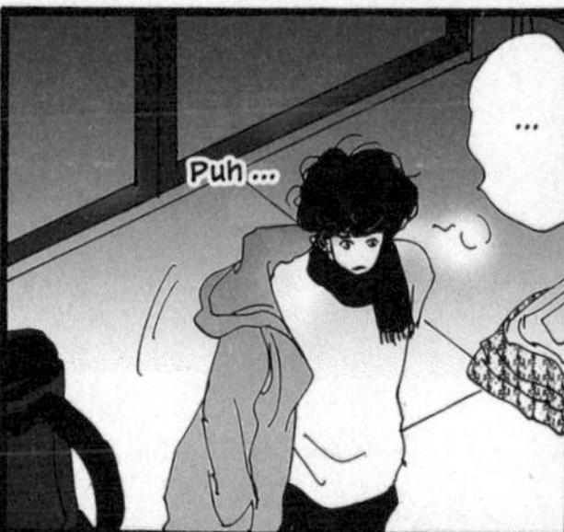

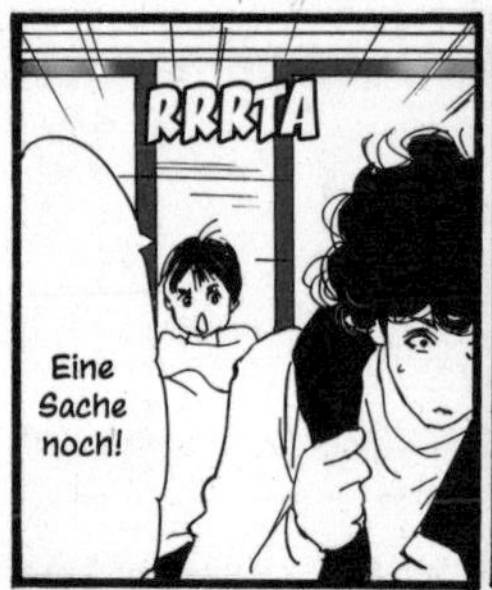

Tut mir leid, dass ich dich in diese Sache hineingezogen habe.

Sicherlich kommt dir das Ganze ziemlich ungelegen ...

Aber danke, dass du trotzdem hier bist.

Das war alles.

Schlaf gut.

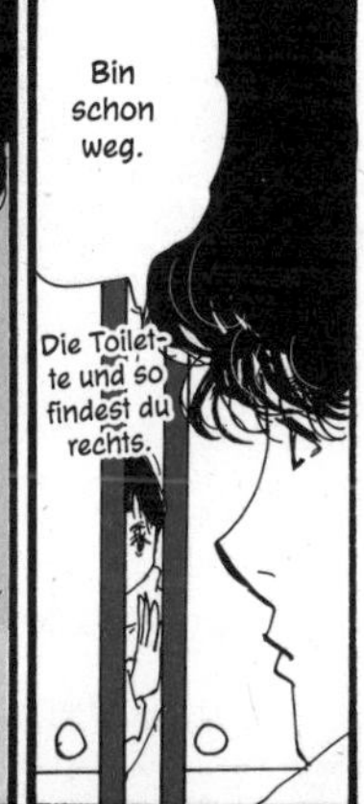
Bin schon weg.
Die Toilette und so findest du rechts.
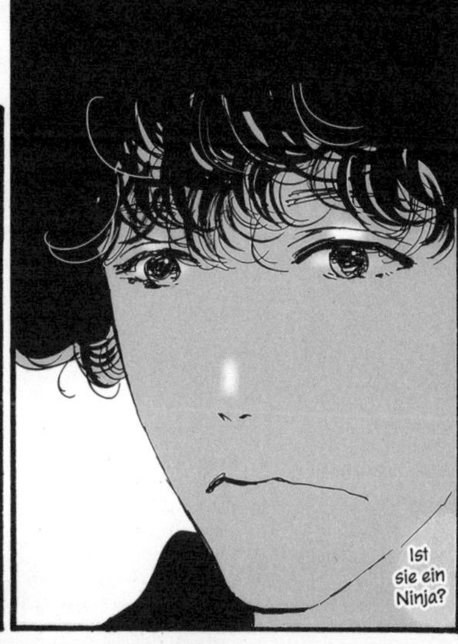
Ist sie ein Ninja?
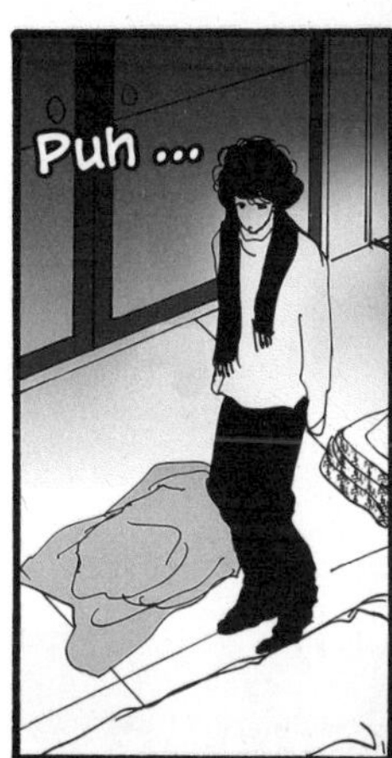
Puh ...
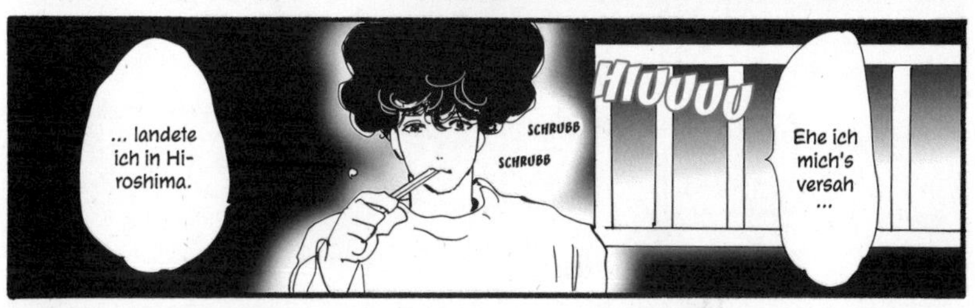
Ehe ich mich's versah ...
HIUUUU
SCHRUBB
SCHRUBB
... landete ich in Hiroshima.
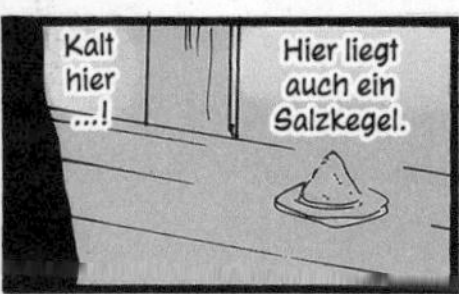
Hier liegt auch ein Salzkegel.
Kalt hier ...!
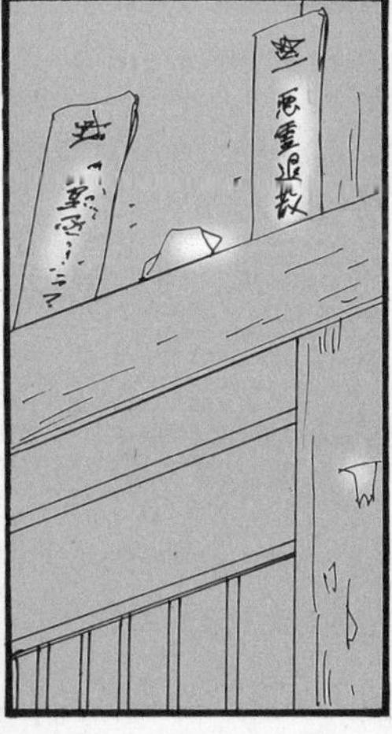
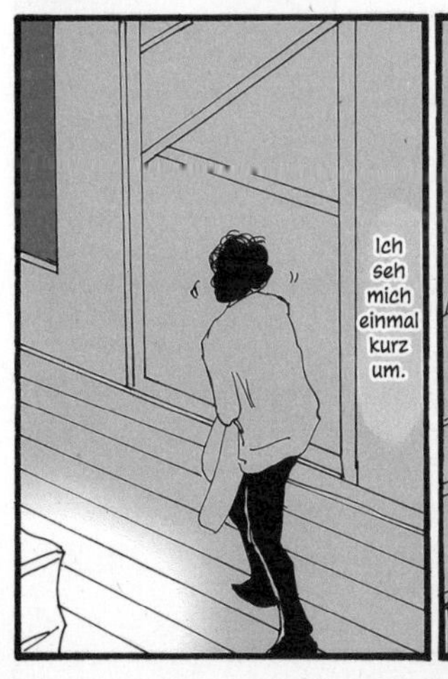
Ich seh mich einmal kurz um.
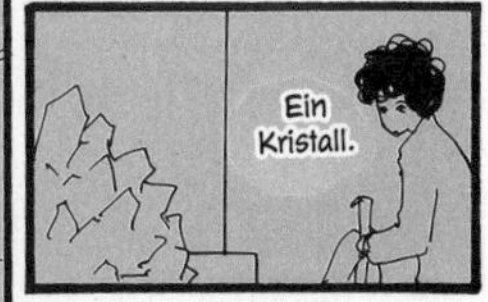
Ein Kristall.
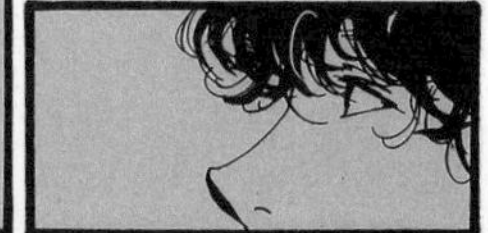

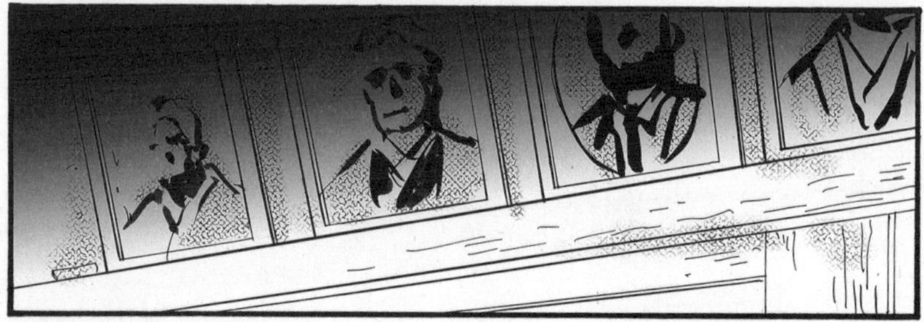

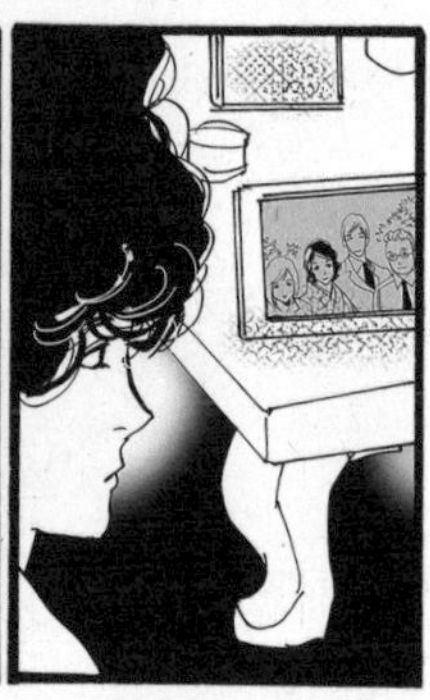

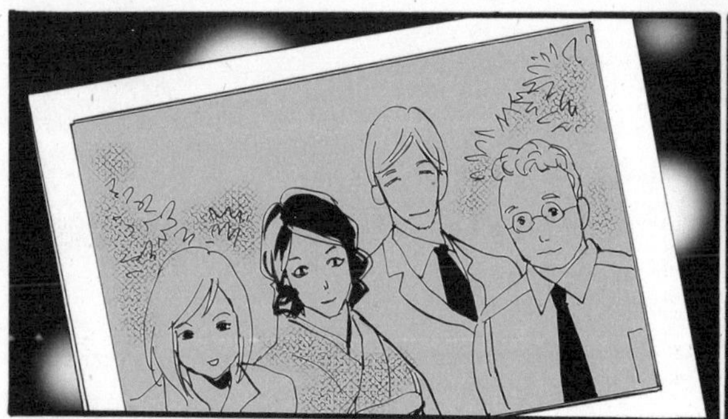

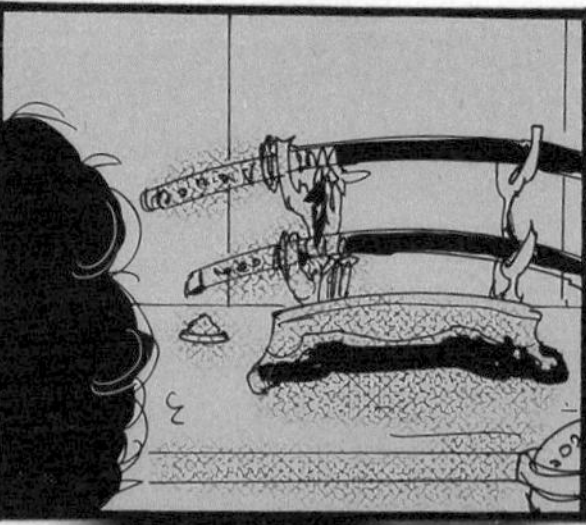

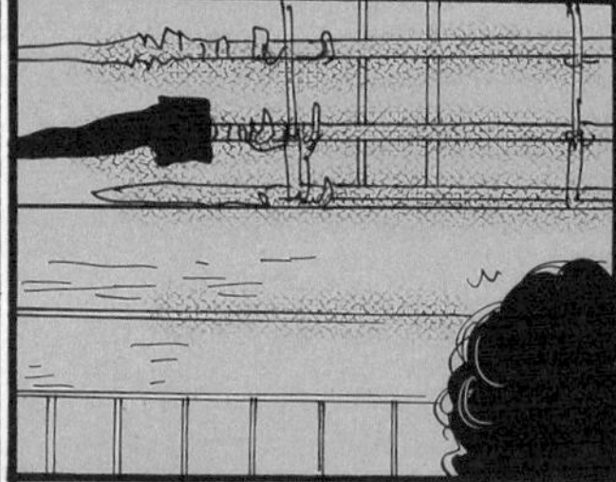

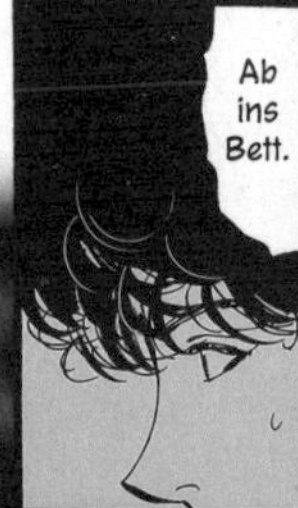

HIUUUU

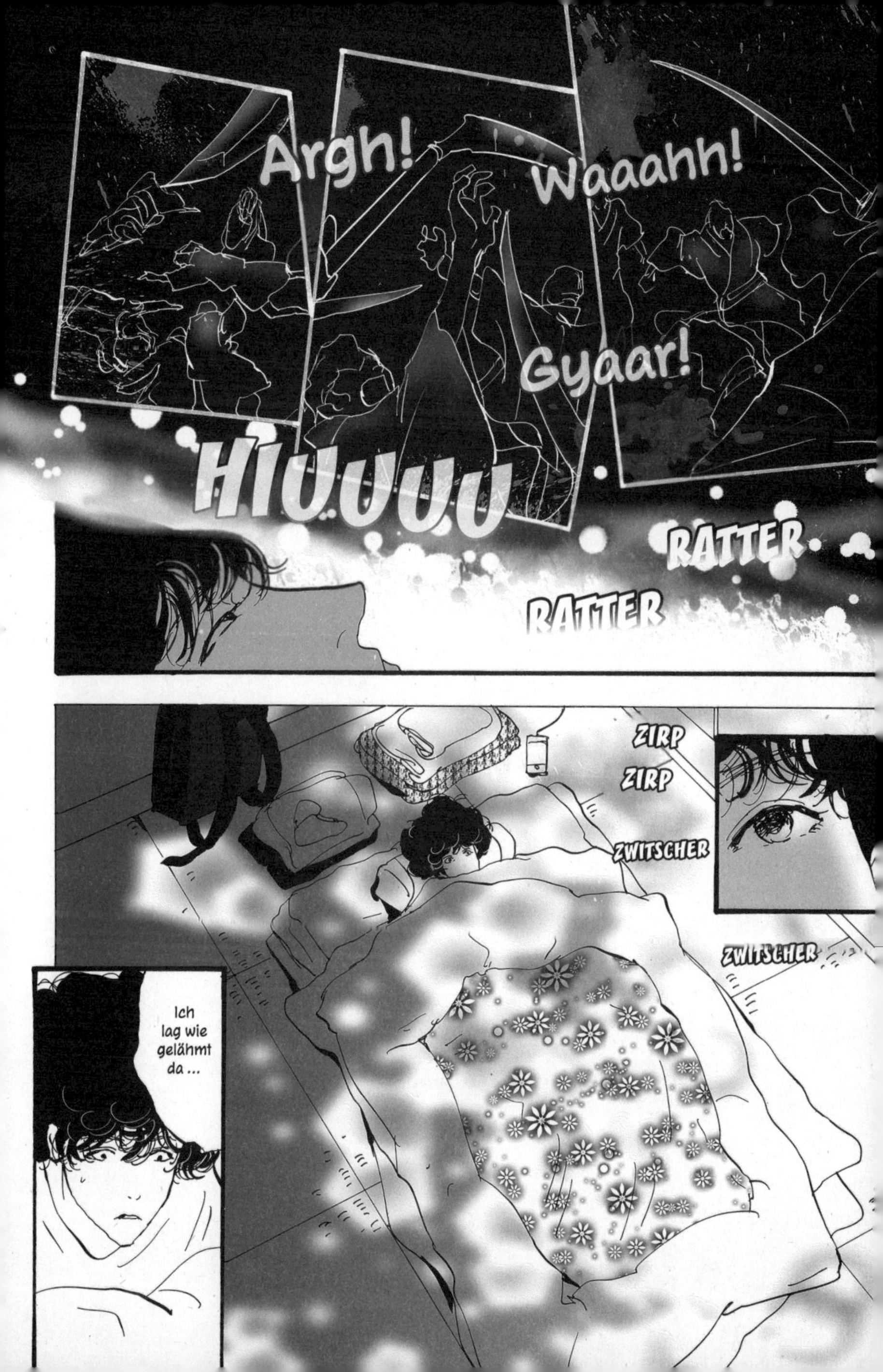

Waaahh!
Argh!
Gyaar!
HIUUUU
RATTER
RATTER
ZIRP
ZIRP
ZWITSCHER
ZWITSCHER
Ich lag wie gelähmt da ...

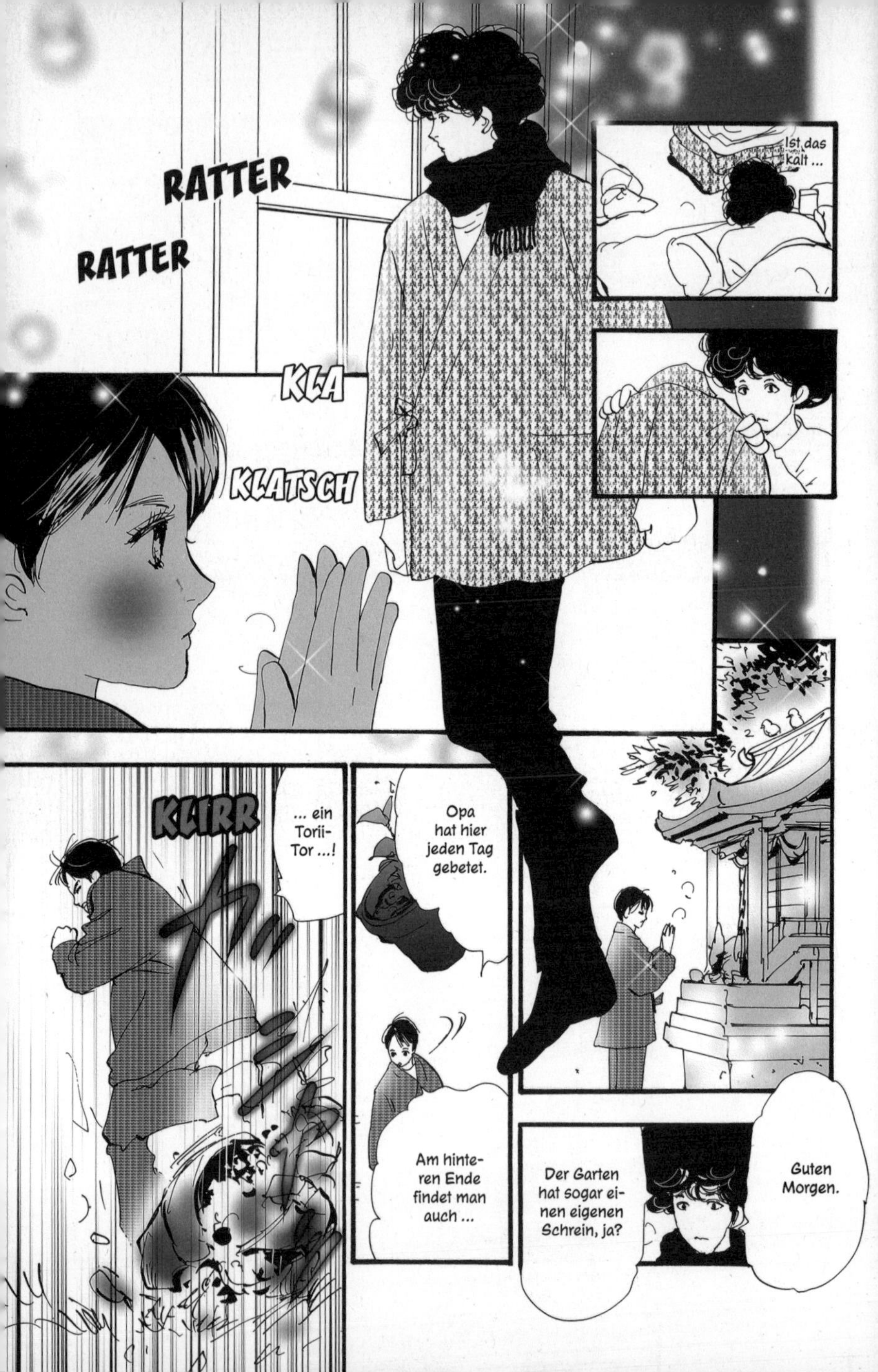
Ist das kalt ...
RATTER
RATTER
KLA
KLATSCH
Guten Morgen.
Der Garten hat sogar einen eigenen Schrein, ja?
Am hinteren Ende findet man auch ...
Opa hat hier jeden Tag gebetet.
... ein Torii-Tor ...!
KLIRR

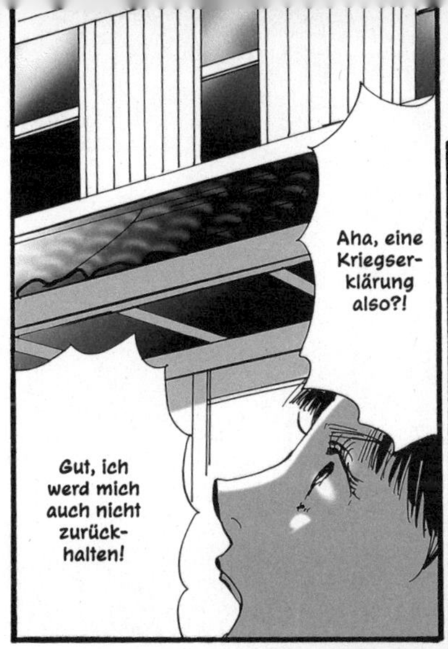
Aha, eine Kriegser-klärung also?!
Gut, ich werd mich auch nicht zurück-halten!
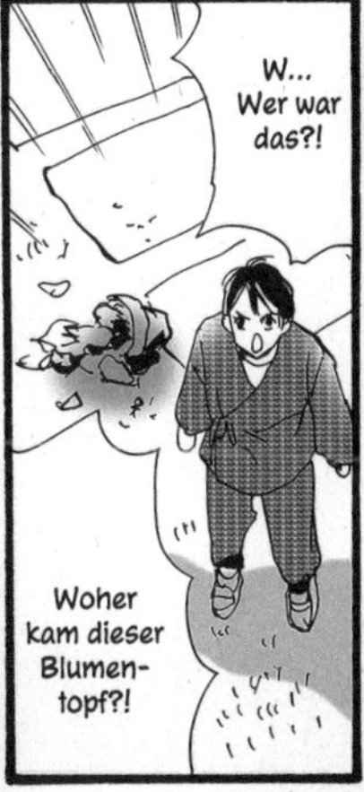
W... Wer war das?!
Woher kam dieser Blumen-topf?!
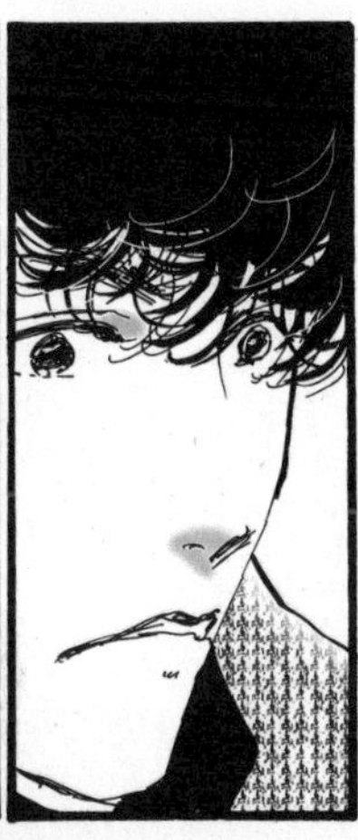
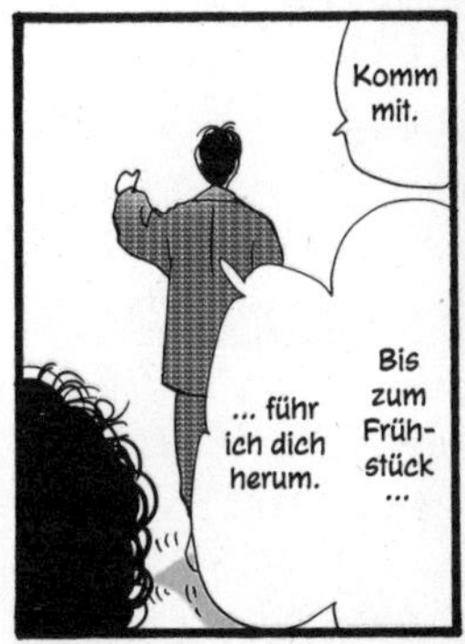
Komm mit.
Bis zum Früh-stück ...
... führ ich dich herum.
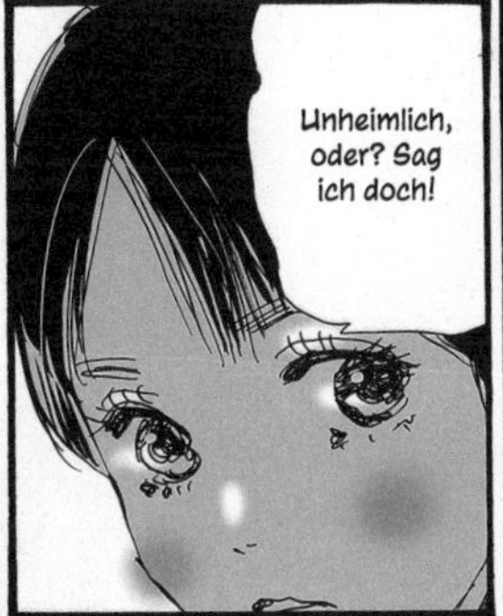
Unheimlich, oder? Sag ich doch!
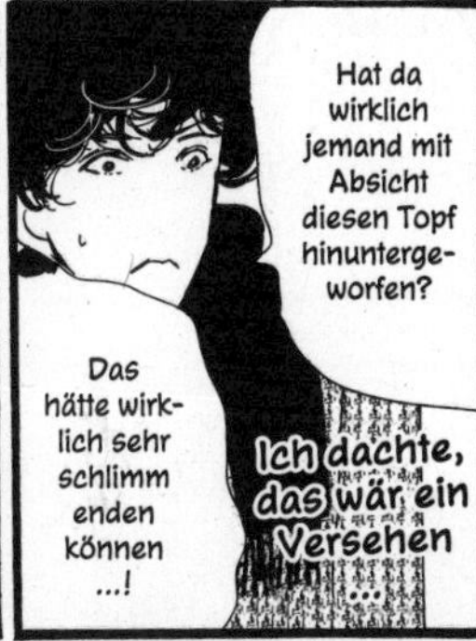
Hat da wirklich jemand mit Absicht diesen Topf hinunterge-worfen?
Das hätte wirklich sehr schlimm enden können ...!
Ich dachte, das wär ein Versehen ...
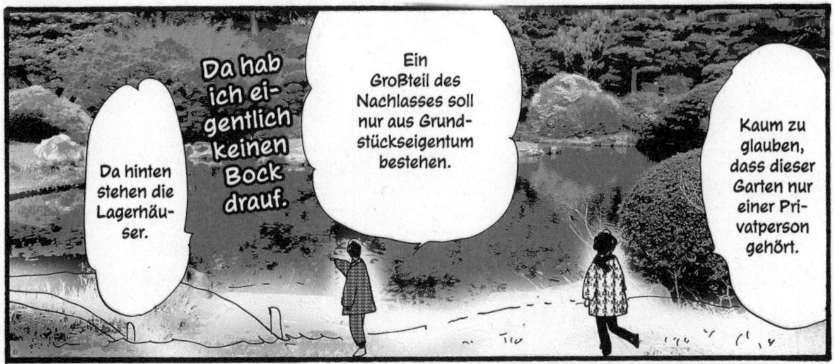
Kaum zu glauben, dass dieser Garten nur einer Pri-vatperson gehört.
Ein Großteil des Nachlasses soll nur aus Grund-stückseigentum bestehen.
Da hab ich ei-gentlich keinen Bock drauf.
Da hinten stehen die Lagerhäu-ser.

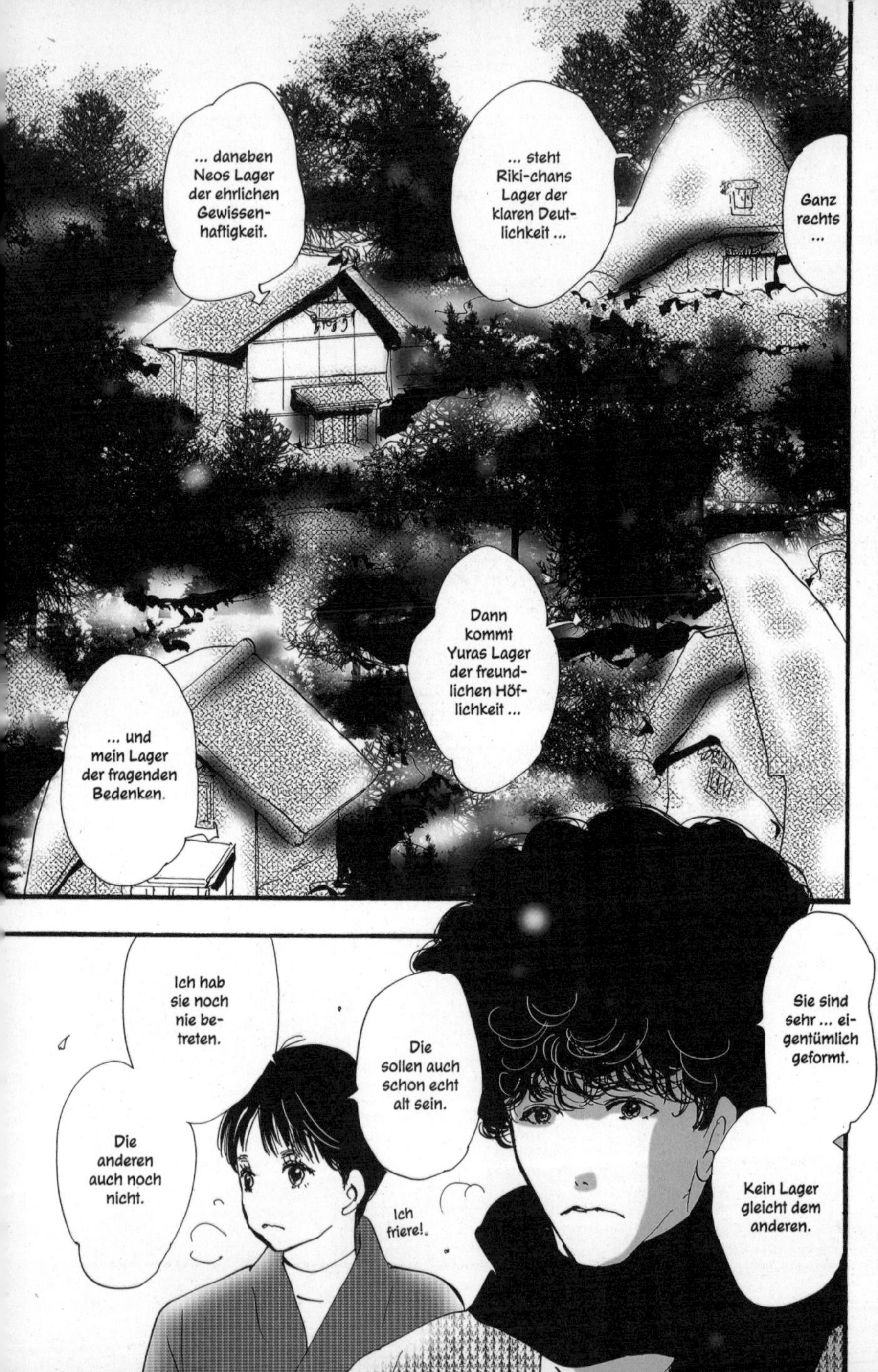
Ganz rechts ...
... steht Riki-chans Lager der klaren Deutlichkeit ...
... daneben Neos Lager der ehrlichen Gewissenhaftigkeit.
Dann kommt Yuras Lager der freundlichen Höflichkeit ...
... und mein Lager der fragenden Bedenken.
Sie sind sehr ... eigentümlich geformt.
Kein Lager gleicht dem anderen.
Die sollen auch schon echt alt sein.
Ich hab sie noch nie betreten.
Die anderen auch noch nicht.
Ich friere!

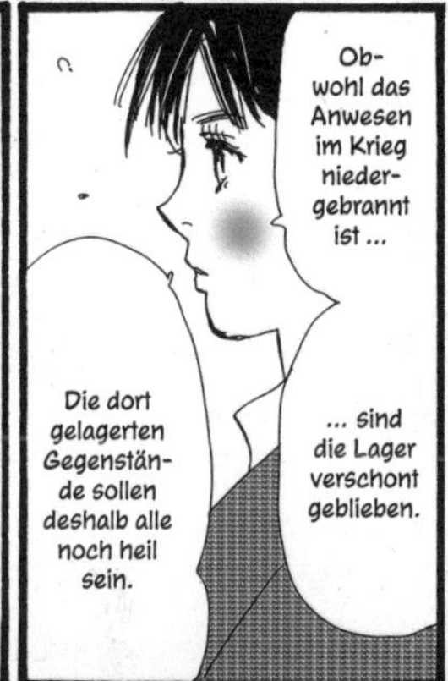
Obwohl das Anwesen im Krieg niedergebrannt ist ...
... sind die Lager verschont geblieben.
Die dort gelagerten Gegenstände sollen deshalb alle noch heil sein.

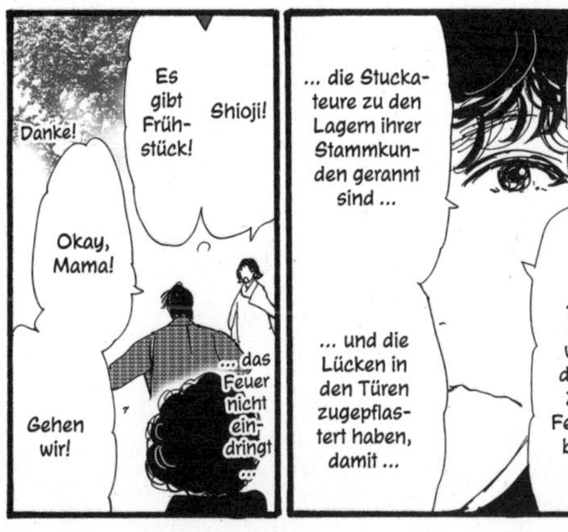
Hast du gewusst ...
... dass immer, wenn in der Edo-Zeit ein Feuer ausbrach ...
... die Stuckateure zu den Lagern ihrer Stammkunden gerannt sind ...
... und die Lücken in den Türen zugepflastert haben, damit ...
... das Feuer nicht eindringt ...
Shioji!
Es gibt Frühstück!
Danke!
Okay, Mama!
Gehen wir!

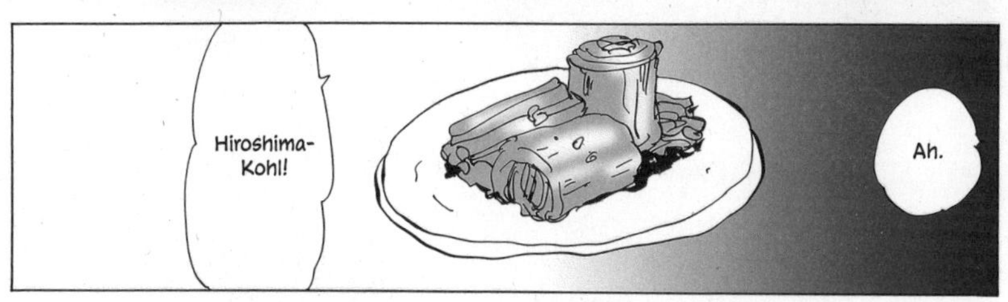
Ah.
Hiroshima-Kohl!

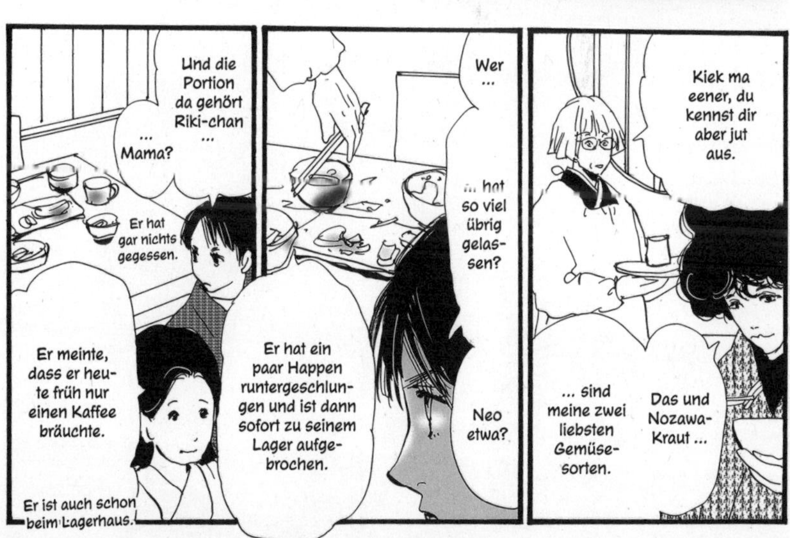
Kiek ma eener, du kennst dir aber jut aus.
Das und Nozawa-Kraut ...
... sind meine zwei liebsten Gemüsesorten.
Wer ...
... hat so viel übrig gelassen?
Neo etwa?
Er hat ein paar Happen runtergeschlungen und ist dann sofort zu seinem Lager aufgebrochen.
Und die Portion da gehört Riki-chan ...
... Mama?
Er hat gar nichts gegessen.
Er meinte, dass er heute früh nur einen Kaffee bräuchte.
Er ist auch schon beim Lagerhaus.

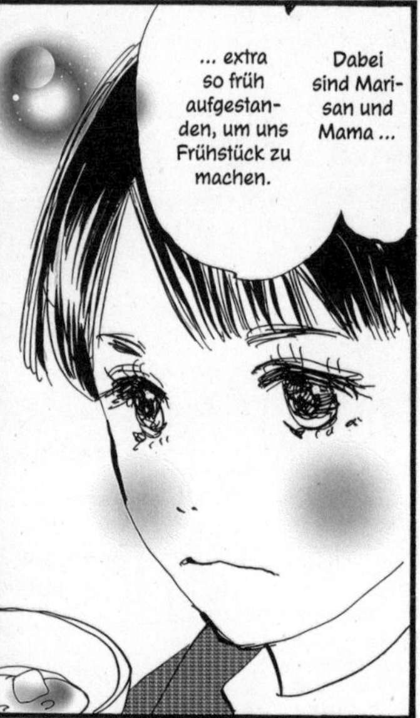
Dabei sind Mari-san und Mama ...
... extra so früh aufgestanden, um uns Frühstück zu machen.

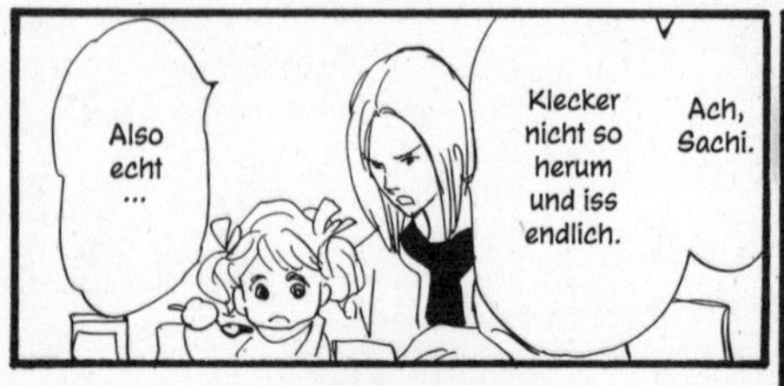
Ach, Sachi.
Klecker nicht so herum und iss endlich.
Also echt ...

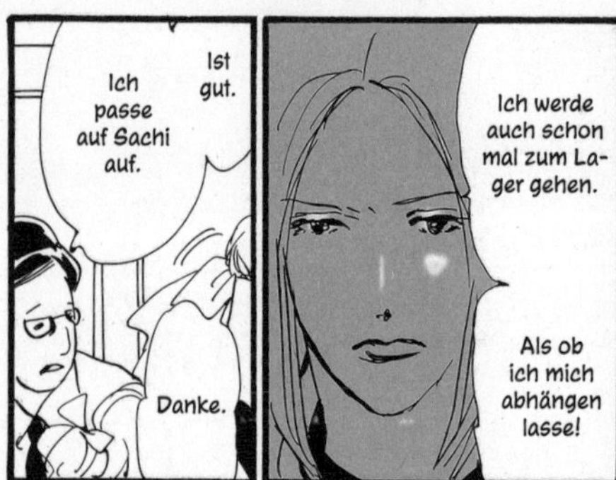
Ich werde auch schon mal zum Lager gehen.
Als ob ich mich abhängen lasse!
Ist gut.
Ich passe auf Sachi auf.
Danke.

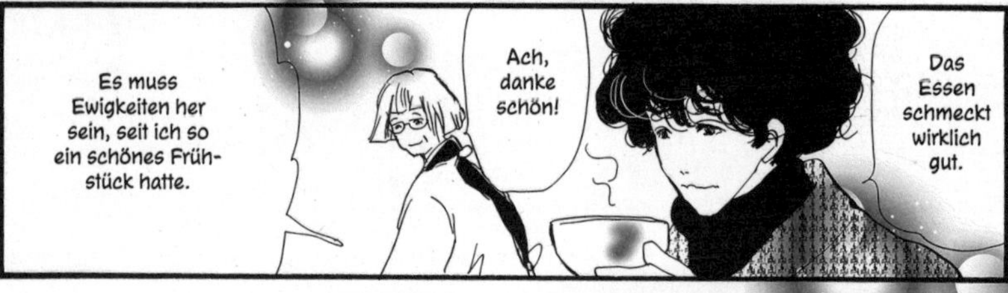
Das Essen schmeckt wirklich gut.
Ach, danke schön!
Es muss Ewigkeiten her sein, seit ich so ein schönes Frühstück hatte.

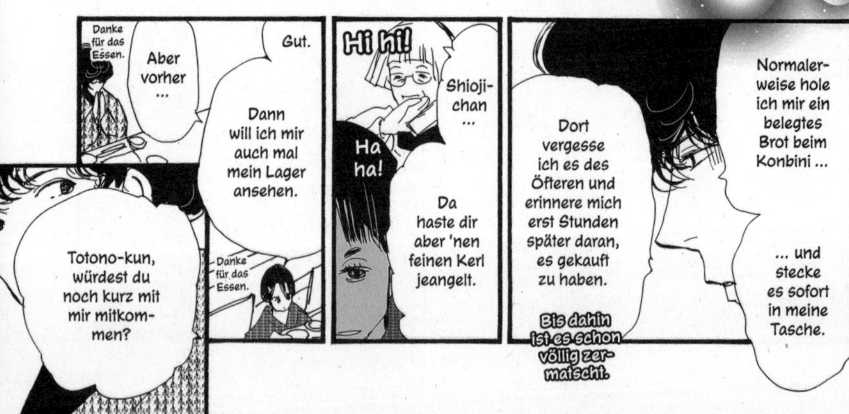
Normalerweise hole ich mir ein belegtes Brot beim Konbini ...
... und stecke es sofort in meine Tasche.
Dort vergesse ich es des Öfteren und erinnere mich erst Stunden später daran, es gekauft zu haben.
Bis dahin ist es schon völlig zermatscht.
Hi hi!
Shioji-chan ...
Ha ha!
Da haste dir aber 'nen feinen Kerl jeangelt.
Gut.
Dann will ich mir auch mal mein Lager ansehen.
Danke für das Essen.
Aber vorher ...
Danke für das Essen.
Totono-kun, würdest du noch kurz mit mir mitkommen?

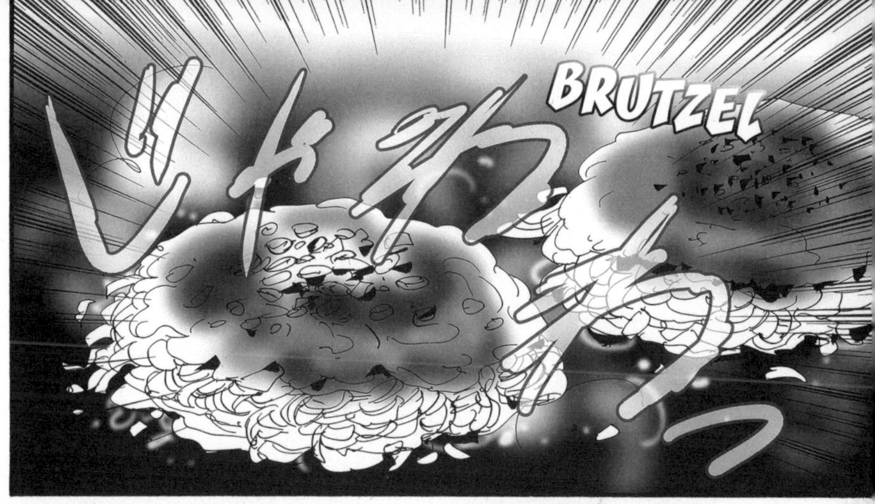

*jap. Pfannkuchen / **dicke Weizennudeln

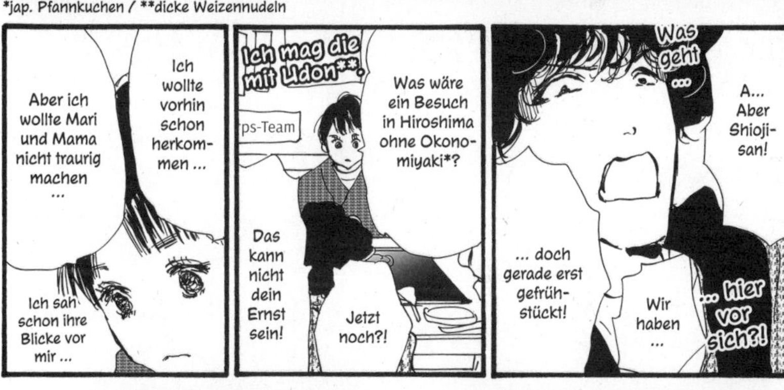

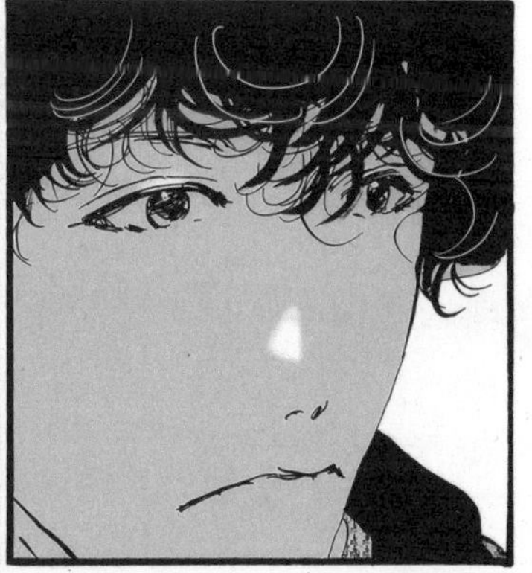

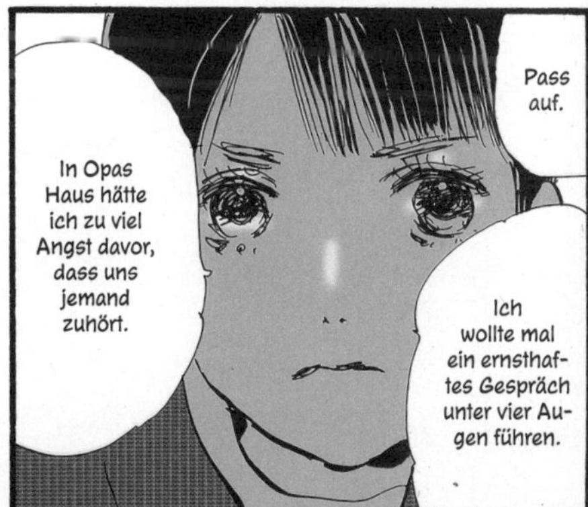

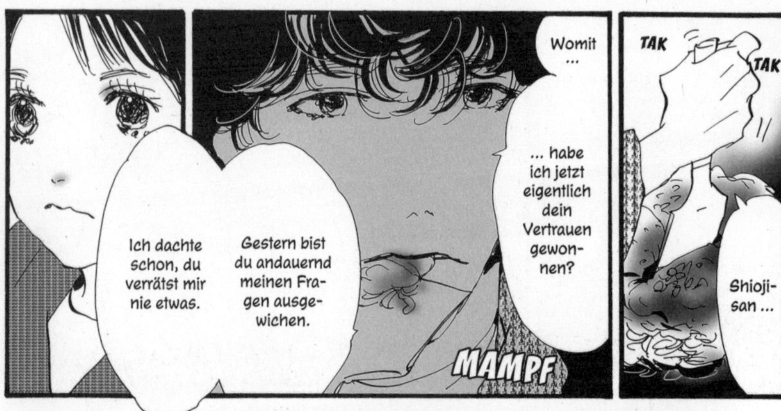
TAK
TAK
Shioji-san ...
Womit ...
... habe ich jetzt eigentlich dein Vertrauen gewonnen?
MAMPF
Gestern bist du andauernd meinen Fragen ausgewichen.
Ich dachte schon, du verrätst mir nie etwas.
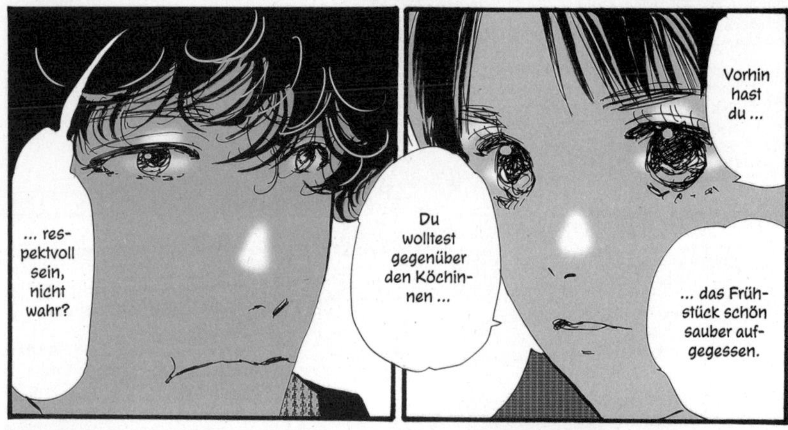
Vorhin hast du ...
... das Frühstück schön sauber aufgegessen.
Du wolltest gegenüber den Köchinnen ...
... respektvoll sein, nicht wahr?
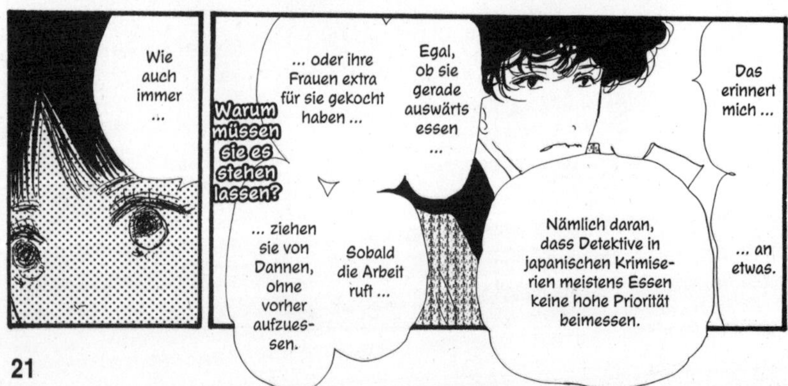
Das erinnert mich ...
... an etwas.
Nämlich daran, dass Detektive in japanischen Krimiserien meistens Essen keine hohe Priorität beimessen.
Egal, ob sie gerade auswärts essen ...
... oder ihre Frauen extra für sie gekocht haben ...
Sobald die Arbeit ruft ...
... ziehen sie von Dannen, ohne vorher aufzuessen.
Warum müssen sie es stehen lassen?
Wie auch immer ...

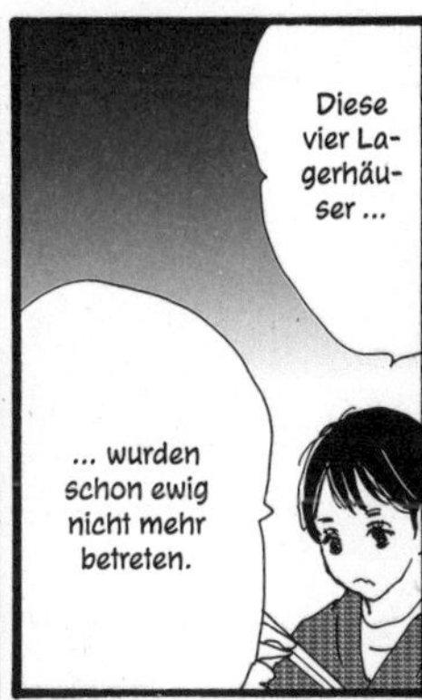
Diese vier Lagerhäuser ...
... wurden schon ewig nicht mehr betreten.

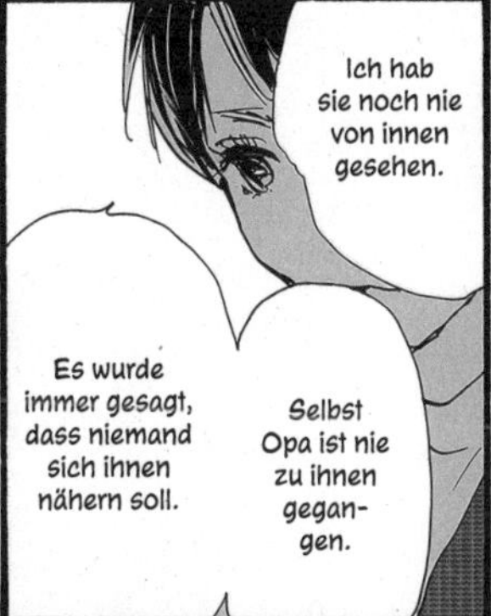
Ich hab sie noch nie von innen gesehen.
Selbst Opa ist nie zu ihnen gegangen.
Es wurde immer gesagt, dass niemand sich ihnen nähern soll.

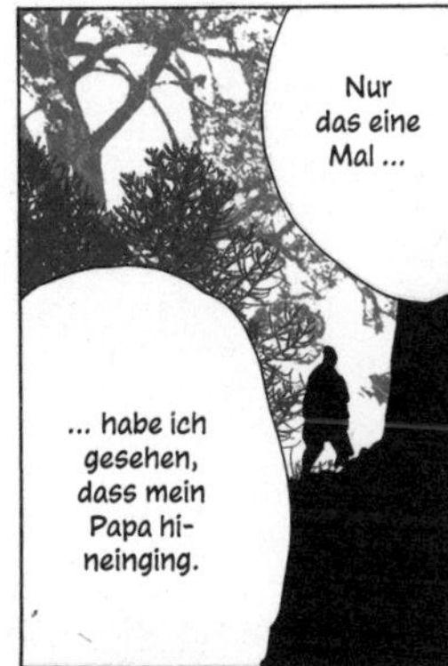
Nur das eine Mal ...
... habe ich gesehen, dass mein Papa hineinging.

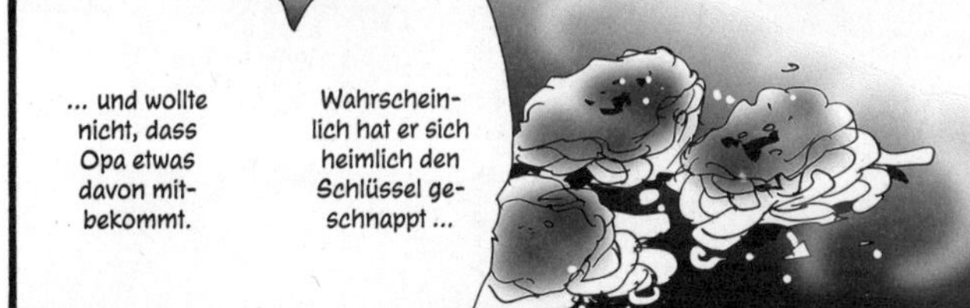
Das wollte er auch definitiv geheim halten.
Wahrscheinlich hat er sich heimlich den Schlüssel geschnappt ...
... und wollte nicht, dass Opa etwas davon mitbekommt.

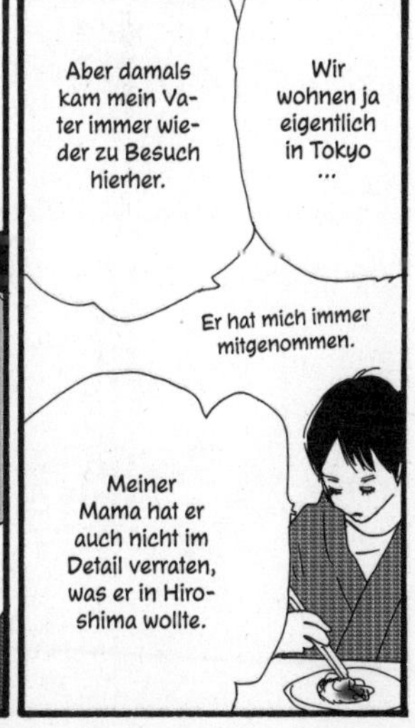
Wir wohnen ja eigentlich in Tokyo ...
Aber damals kam mein Vater immer wieder zu Besuch hierher.
Er hat mich immer mitgenommen.
Meiner Mama hat er auch nicht im Detail verraten, was er in Hiroshima wollte.

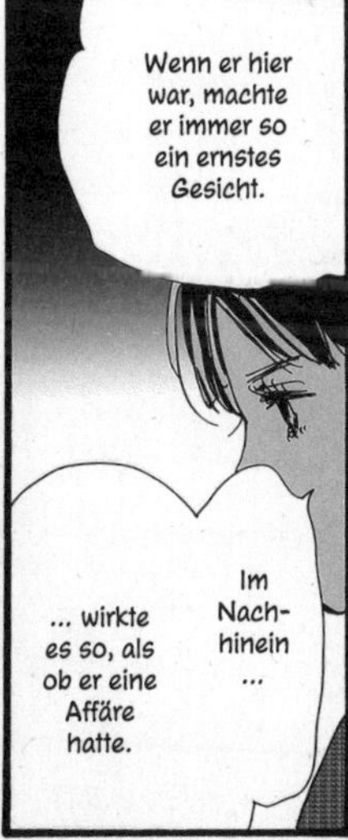
Wenn er hier war, machte er immer so ein ernstes Gesicht.
Im Nachhinein ...
... wirkte es so, als ob er eine Affäre hatte.

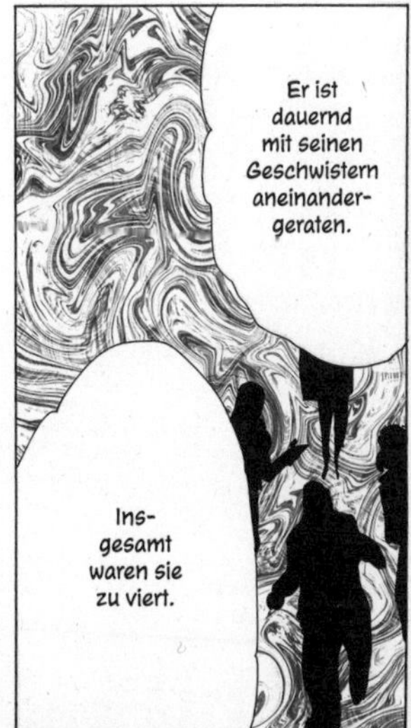
Er ist dauernd mit seinen Geschwistern aneinandergeraten.
Insgesamt waren sie zu viert.

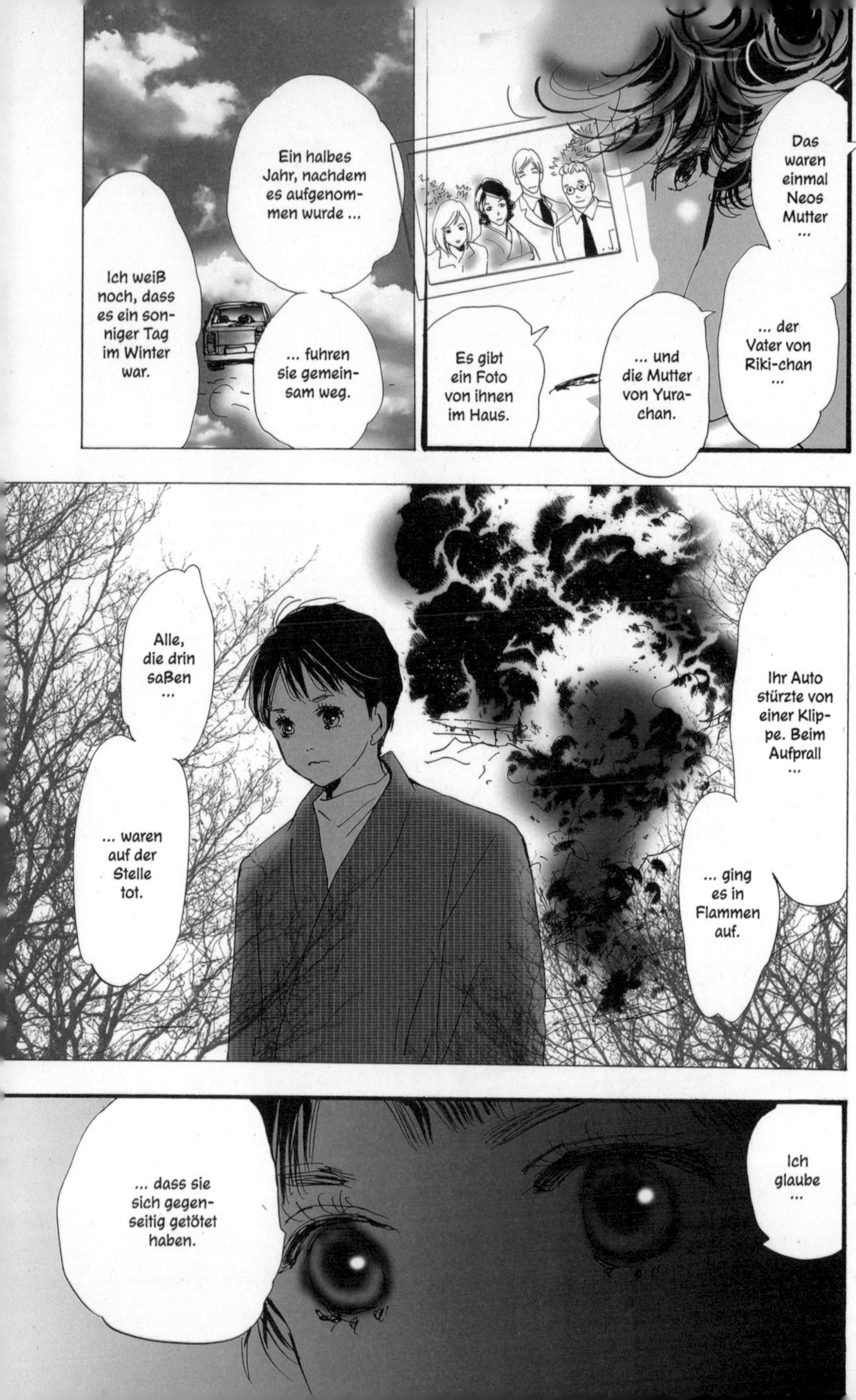

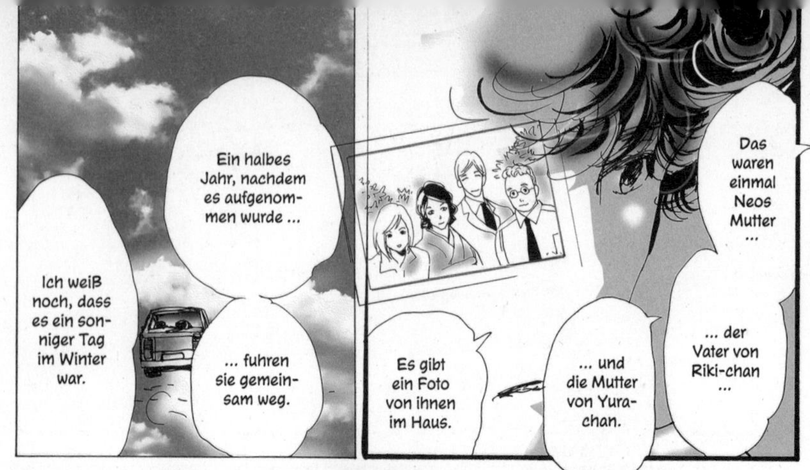

Ihr Auto stürzte von einer Klippe. Beim Aufprall ...
... ging es in Flammen auf.
Alle, die drin saßen ...
... waren auf der Stelle tot.

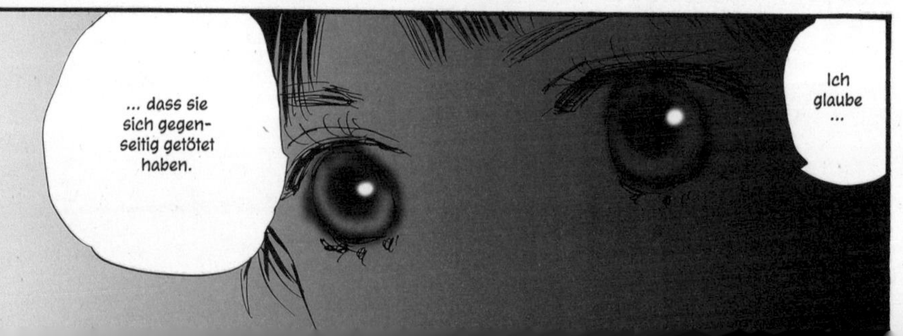

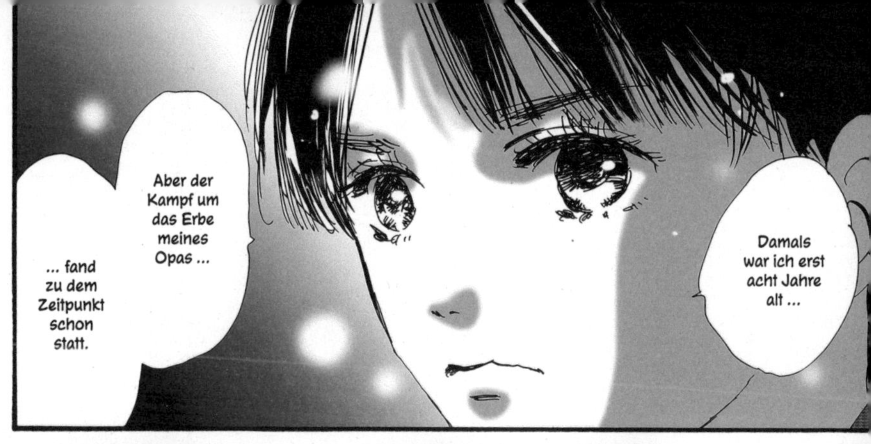
Damals war ich erst acht Jahre alt ...
Aber der Kampf um das Erbe meines Opas ...
... fand zu dem Zeitpunkt schon statt.

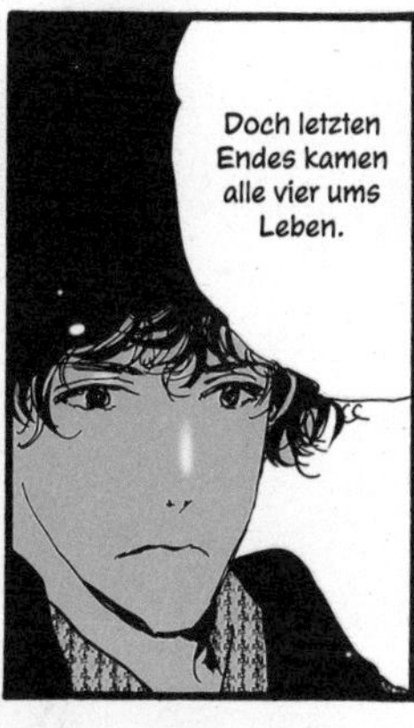
Doch letzten Endes kamen alle vier ums Leben.

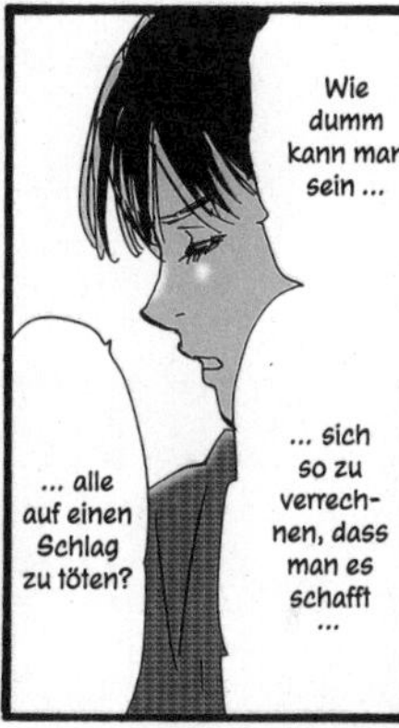
Wie dumm kann man sein ...
... sich so zu verrechnen, dass man es schafft ...
... alle auf einen Schlag zu töten?

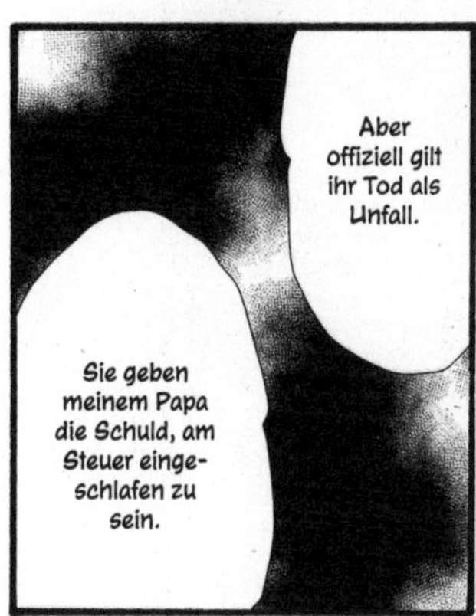
Aber offiziell gilt ihr Tod als Unfall.
Sie geben meinem Papa die Schuld, am Steuer eingeschlafen zu sein.

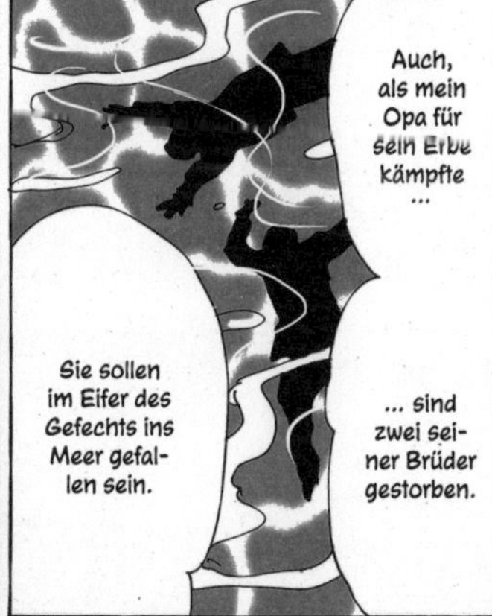
Auch, als mein Opa für sein Erbe kämpfte ...
... sind zwei seiner Brüder gestorben.
Sie sollen im Eifer des Gefechts ins Meer gefallen sein.

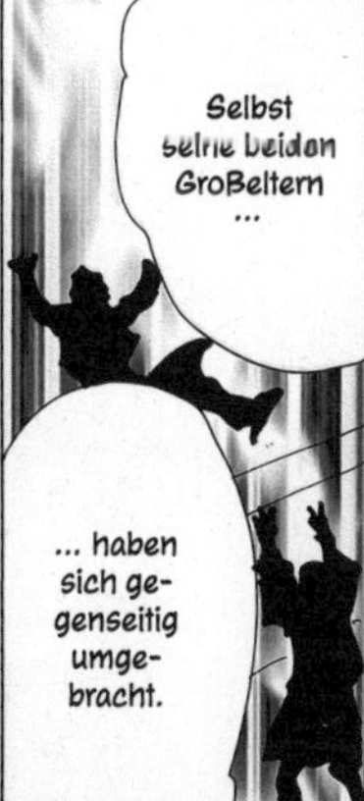
Selbst seine beiden Großeltern ...
... haben sich gegenseitig umgebracht.

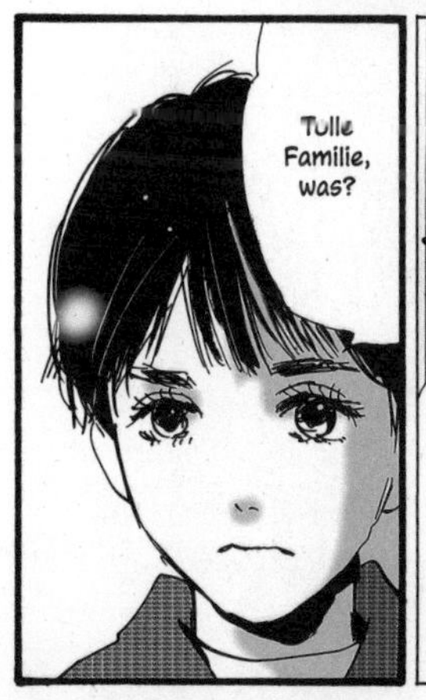
Tolle Familie, was?

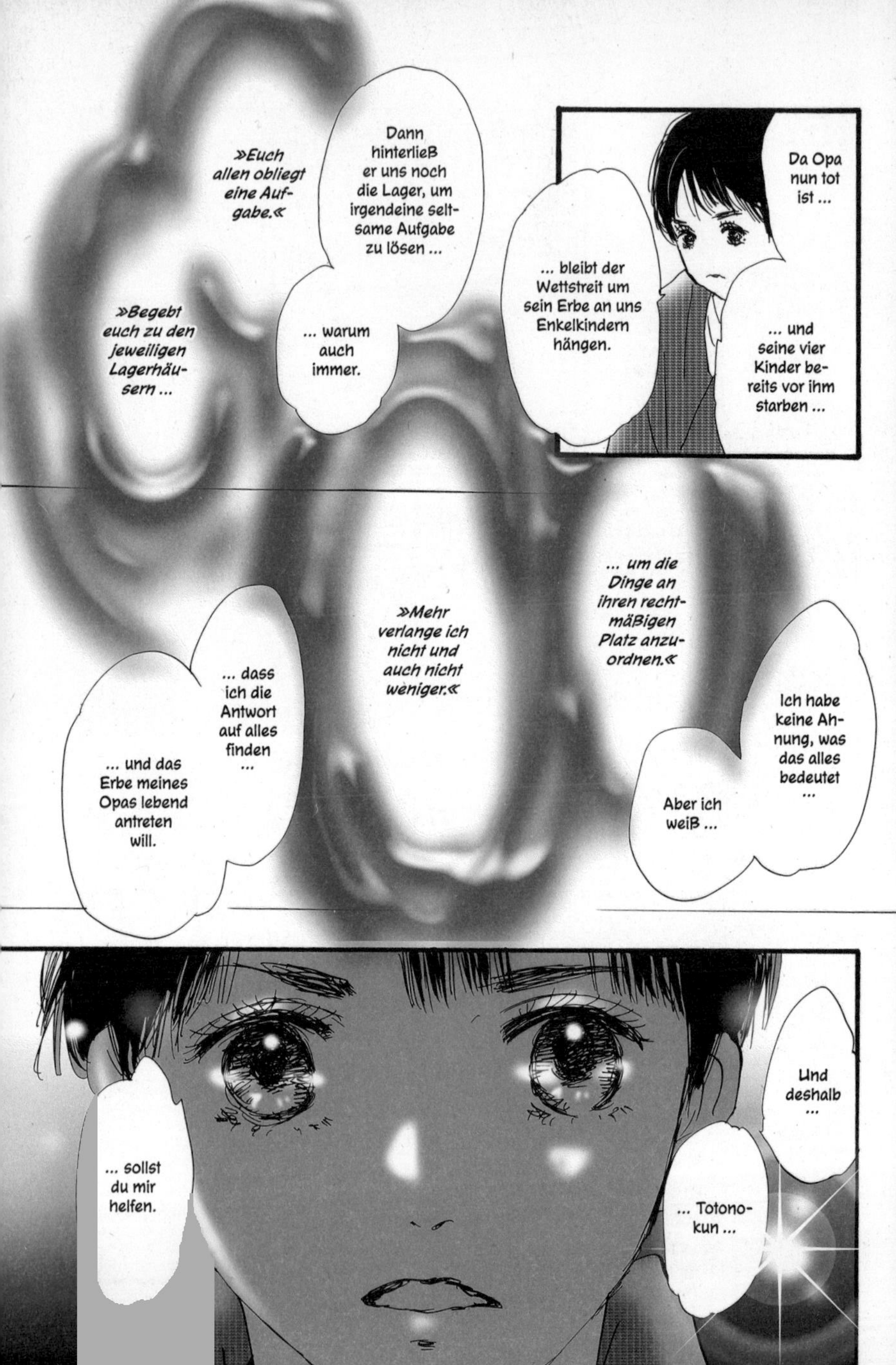
Da Opa nun tot ist ...
... und seine vier Kinder bereits vor ihm starben ...
... bleibt der Wettstreit um sein Erbe an uns Enkelkindern hängen.
Dann hinterließ er uns noch die Lager, um irgendeine seltsame Aufgabe zu lösen ...
... warum auch immer.
»Euch allen obliegt eine Aufgabe.«
»Begebt euch zu den jeweiligen Lagerhäusern ...
... um die Dinge an ihren rechtmäßigen Platz anzuordnen.«
»Mehr verlange ich nicht und auch nicht weniger.«
Ich habe keine Ahnung, was das alles bedeutet ...
Aber ich weiß ...
... dass ich die Antwort auf alles finden ...
... und das Erbe meines Opas lebend antreten will.
Und deshalb ...
... Totono-kun ...
... sollst du mir helfen.

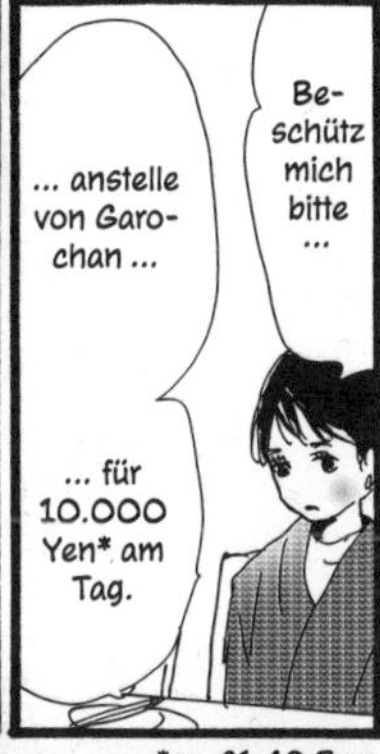
Beschütz mich bitte ...
... anstelle von Garochan ...
... für 10.000 Yen* am Tag.

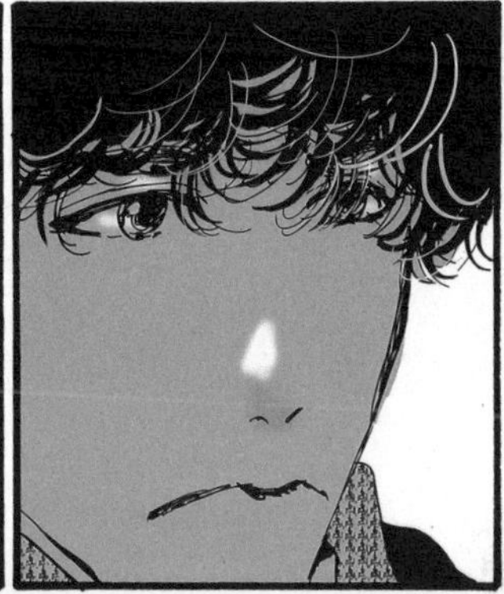

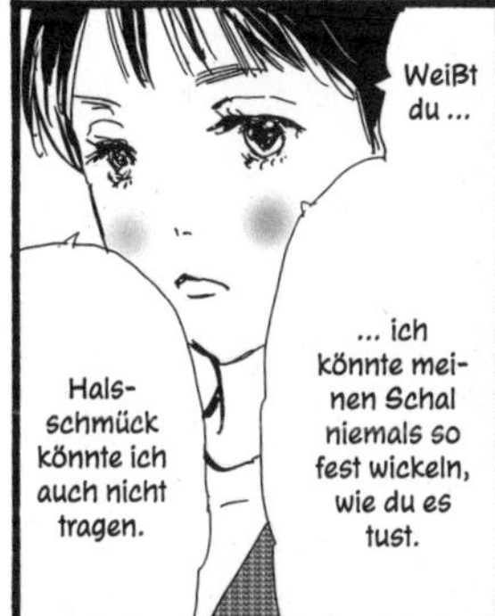
Weißt du ...
... ich könnte meinen Schal niemals so fest wickeln, wie du es tust.
Halsschmück könnte ich auch nicht tragen.

*ca. 61,40 Euro

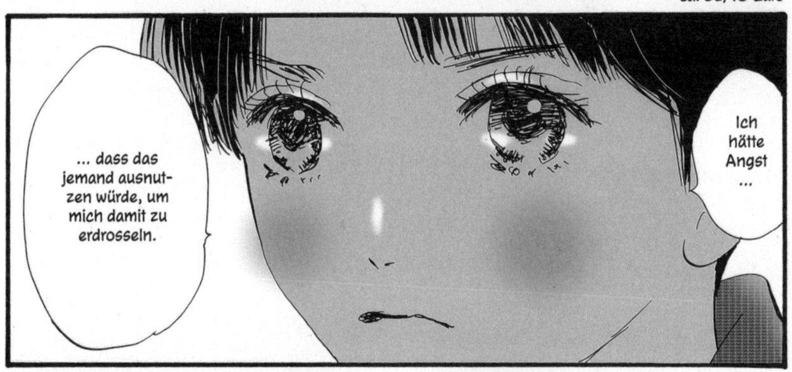
Ich hätte Angst ...
... dass das jemand ausnutzen würde, um mich damit zu erdrosseln.

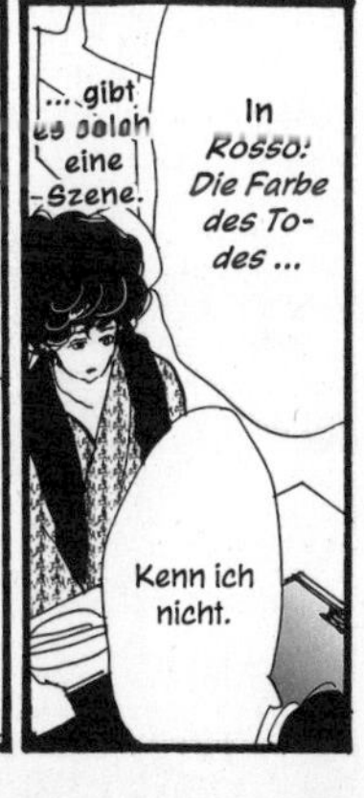
In *Rosso: Die Farbe des Todes* ...
... gibt es solch eine Szene.
Kenn ich nicht.

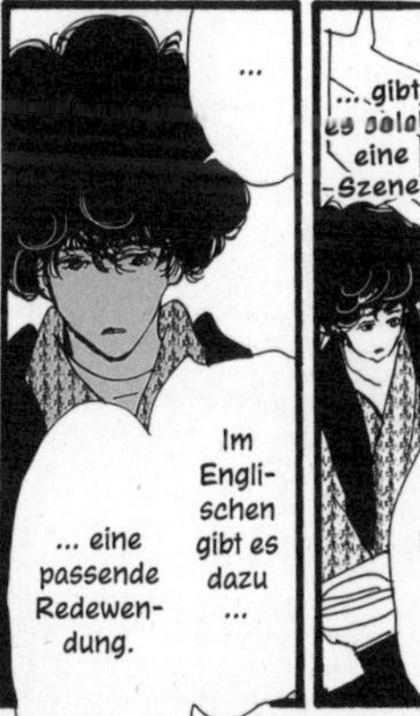
...
Im Englischen gibt es dazu ...
... eine passende Redewendung.

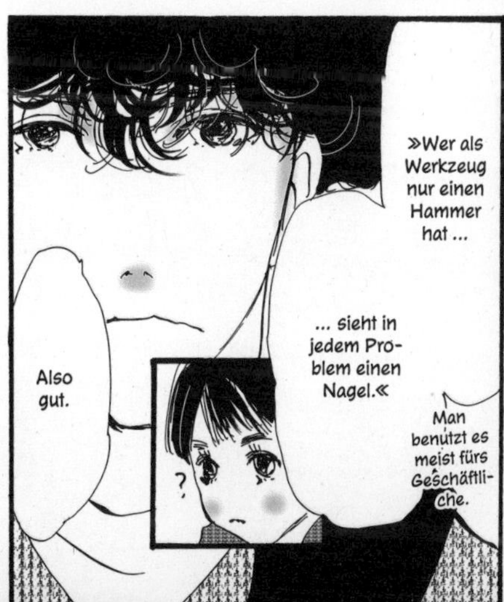
»Wer als Werkzeug nur einen Hammer hat ...
... sieht in jedem Problem einen Nagel.«
Man benützt es meist fürs Geschäftliche.
?
Also gut.

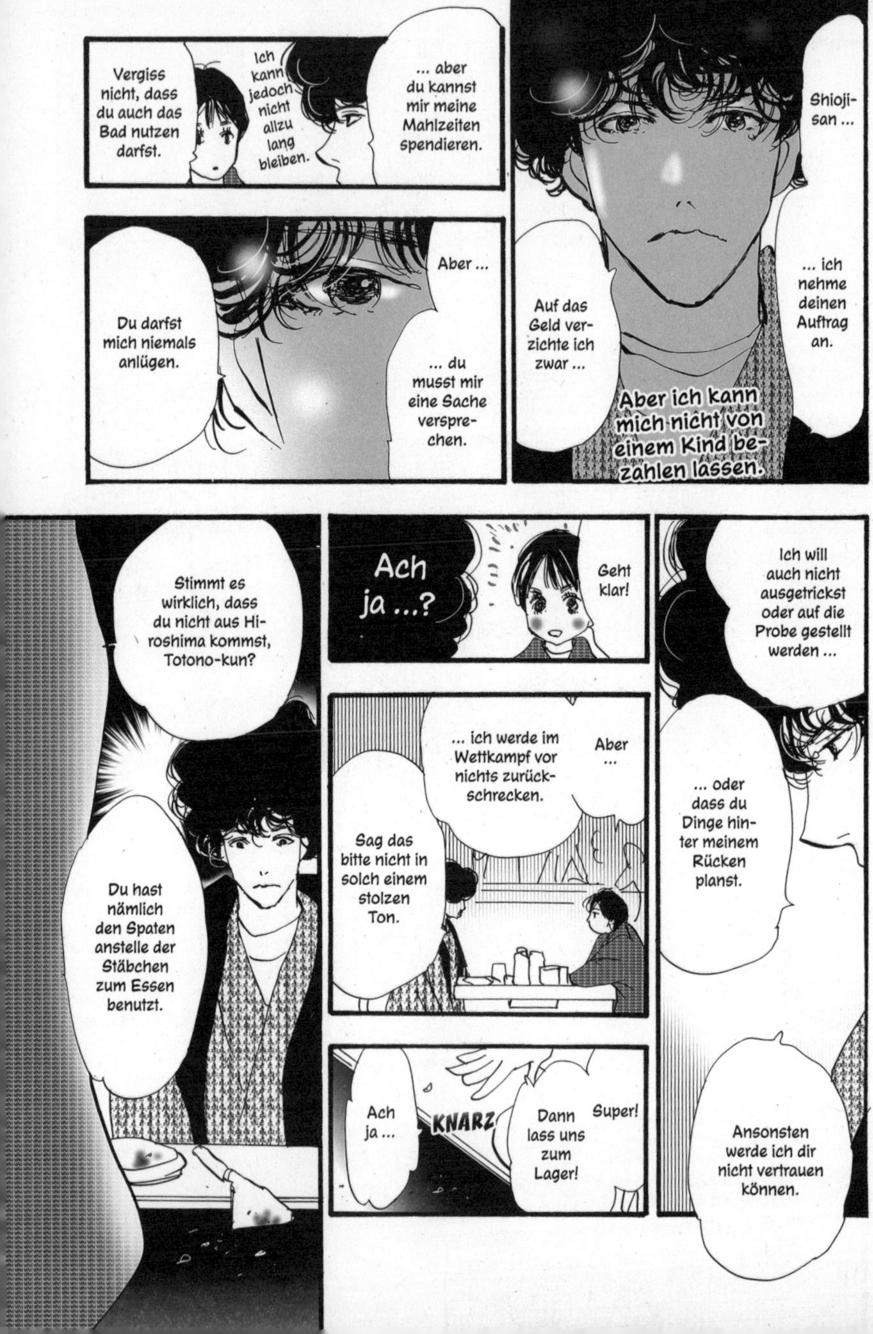

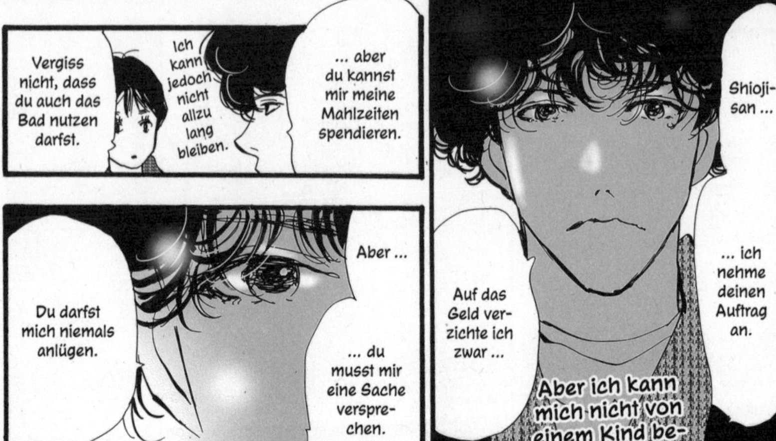

Ich will auch nicht ausgetrickst oder auf die Probe gestellt werden ...

... oder dass du Dinge hinter meinem Rücken planst.

Ansonsten werde ich dir nicht vertrauen können.

Geht klar!

Ach ja ...?

Aber ...

... ich werde im Wettkampf vor nichts zurückschrecken.

Sag das bitte nicht in solch einem stolzen Ton.

Super!

Dann lass uns zum Lager!

KNARZ

Ach ja ...

Stimmt es wirklich, dass du nicht aus Hiroshima kommst, Totono-kun?

Du hast nämlich den Spaten anstelle der Stäbchen zum Essen benutzt.

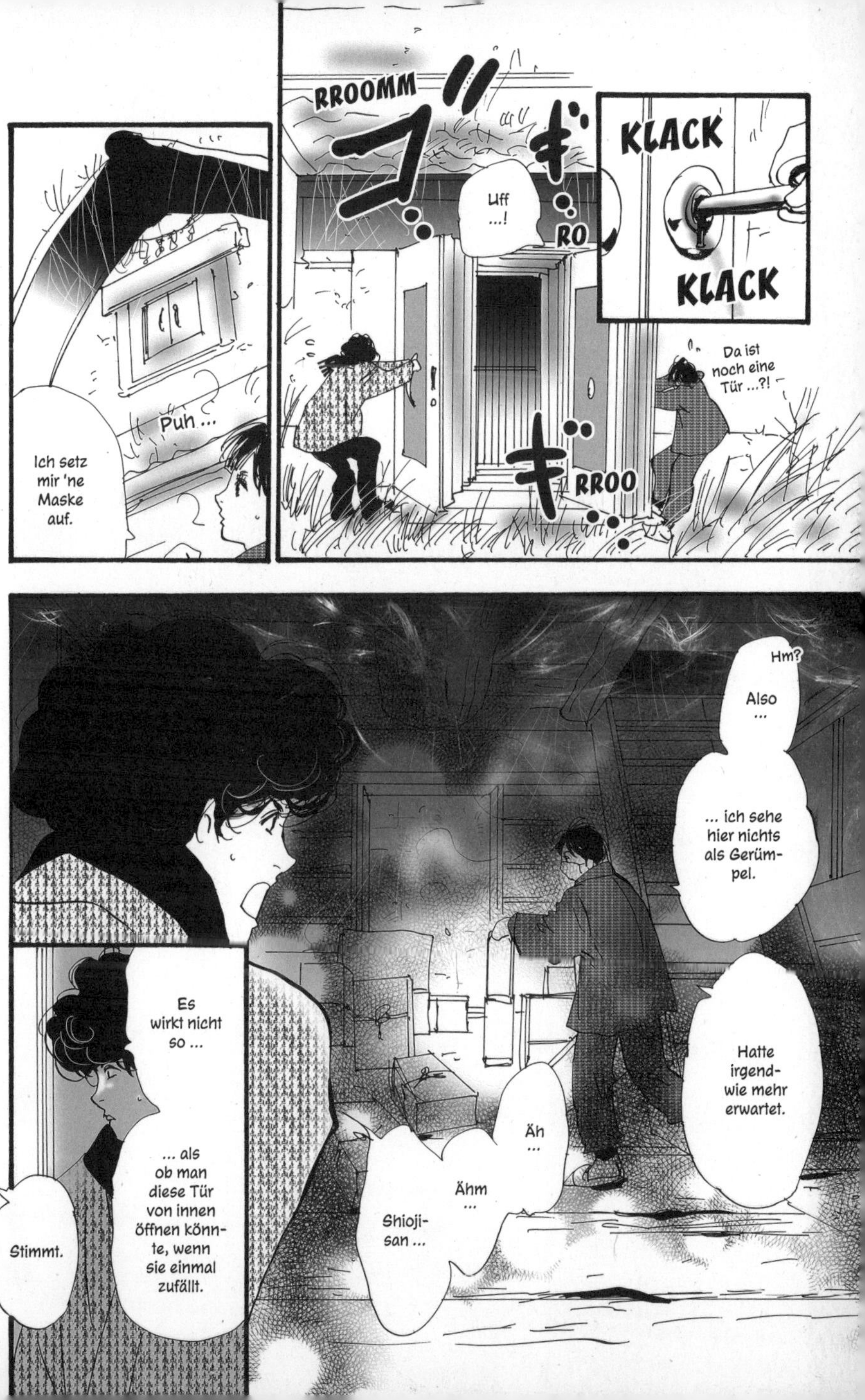

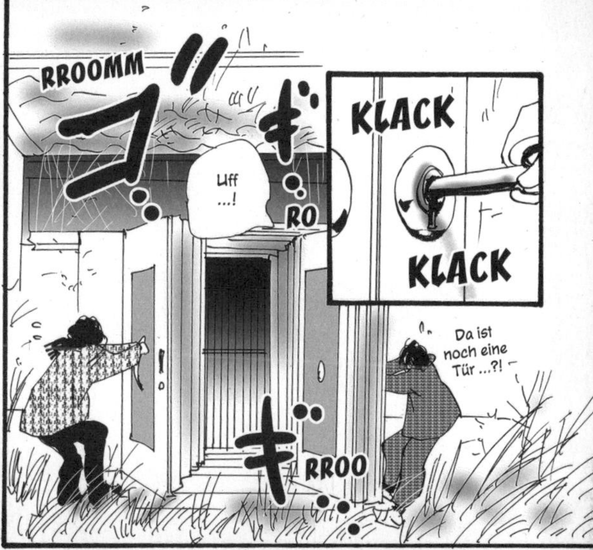

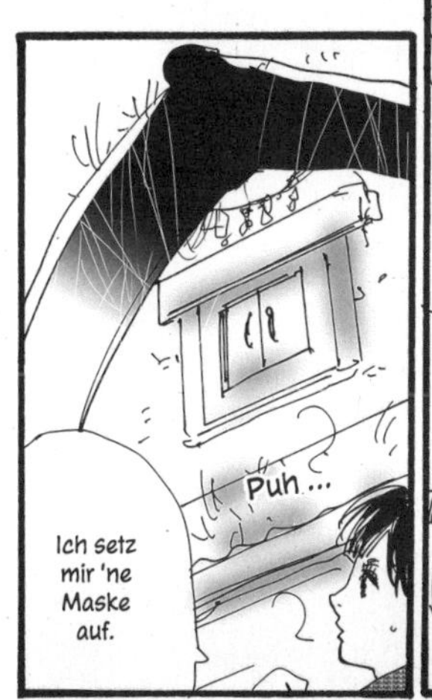

Hm?
Also ...
... ich sehe hier nichts als Gerümpel.
Hatte irgendwie mehr erwartet.
Äh ...
Ähm ...
Shioji-san ...
Es wirkt nicht so ...
... als ob man diese Tür von innen öffnen könnte, wenn sie einmal zufällt.
Stimmt.

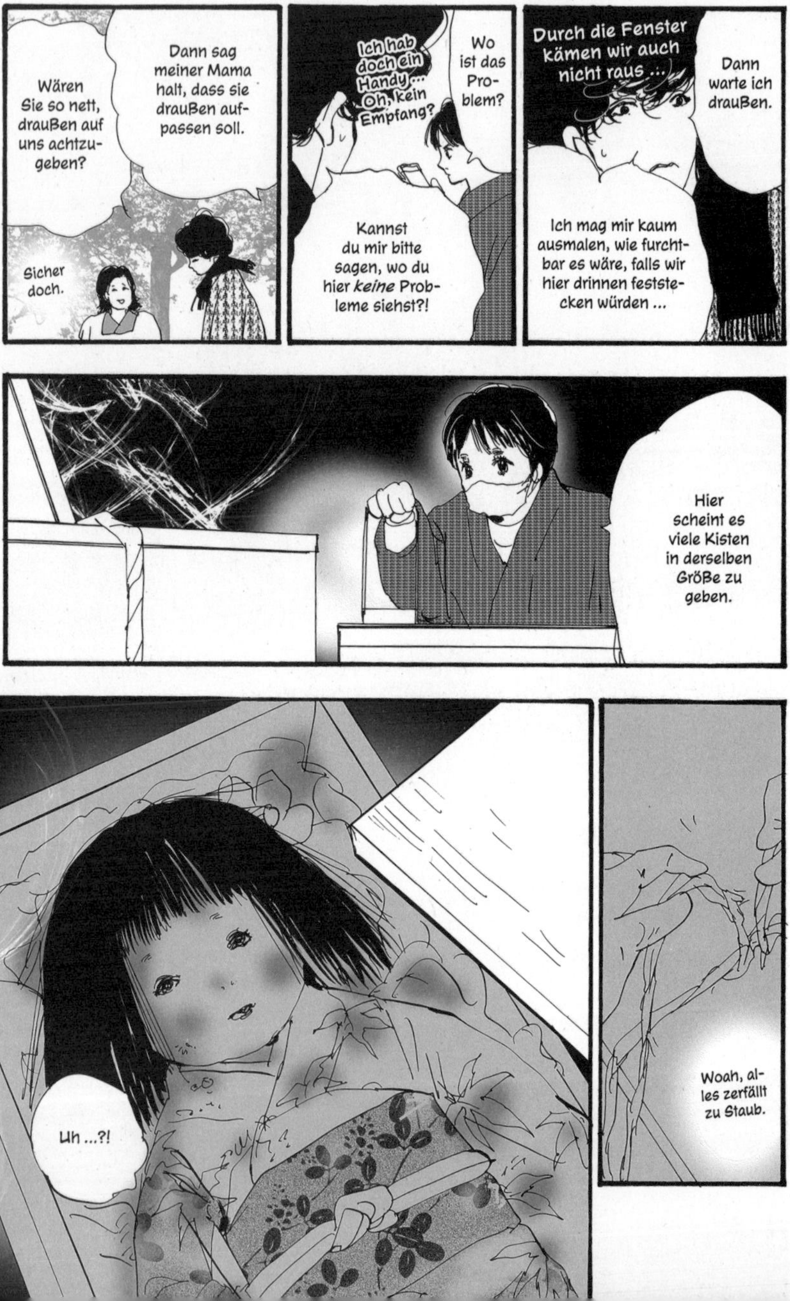

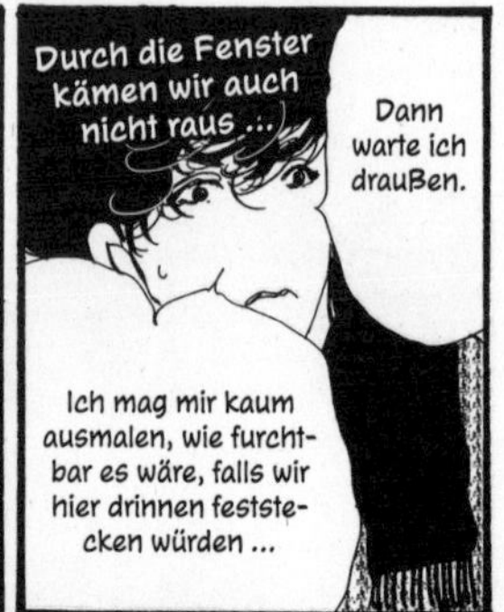
Dann warte ich draußen.
Durch die Fenster kämen wir auch nicht raus ...
Ich mag mir kaum ausmalen, wie furchtbar es wäre, falls wir hier drinnen feststecken würden ...

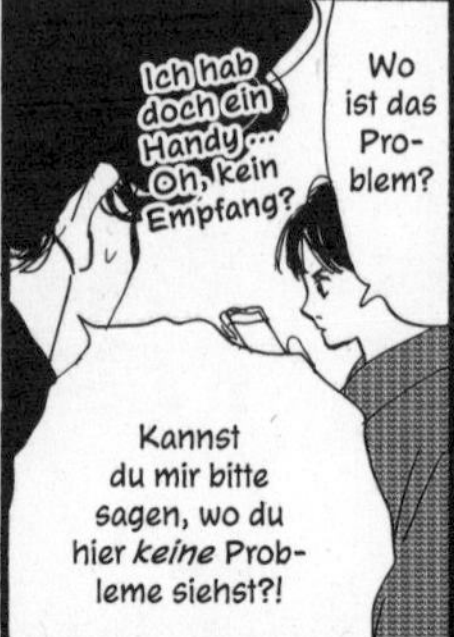
Wo ist das Problem?
Ich hab doch ein Handy ... Oh, kein Empfang?
Kannst du mir bitte sagen, wo du hier *keine* Probleme siehst?!

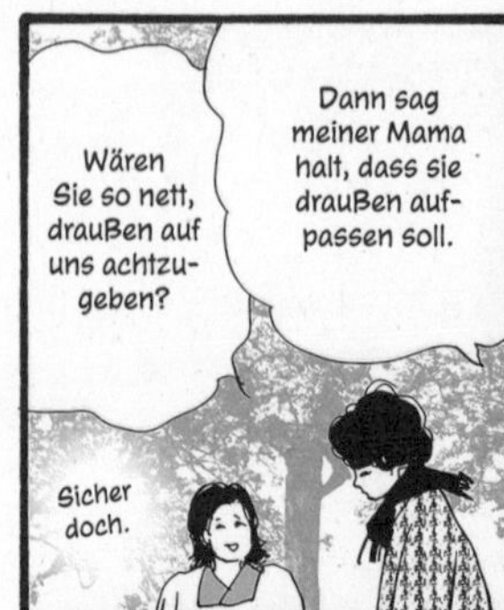
Dann sag meiner Mama halt, dass sie draußen aufpassen soll.
Wären Sie so nett, draußen auf uns achtzugeben?
Sicher doch.

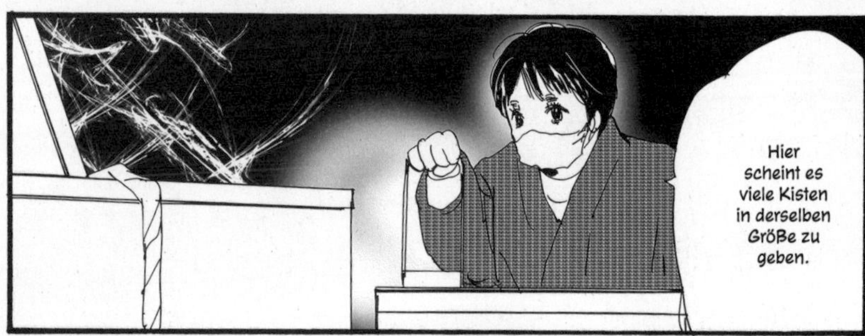
Hier scheint es viele Kisten in derselben Größe zu geben.

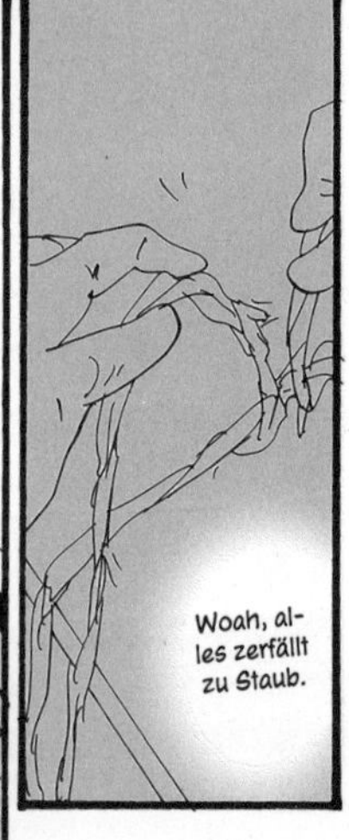
Woah, alles zerfällt zu Staub.

Uh ...?!

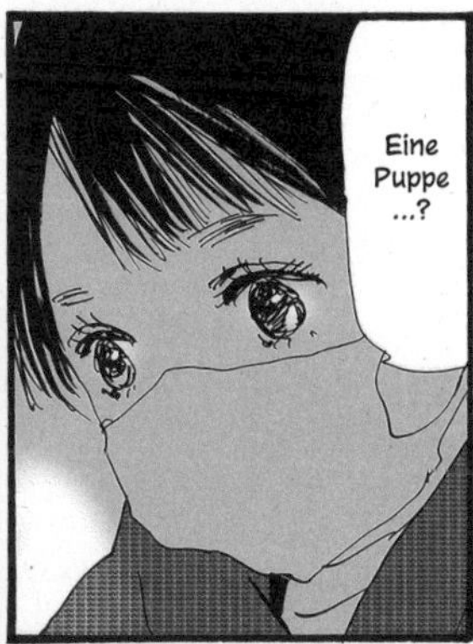
Eine Puppe ...?
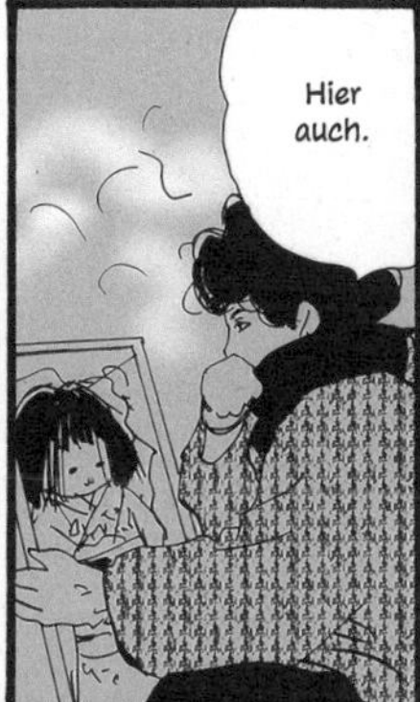
Hier auch.
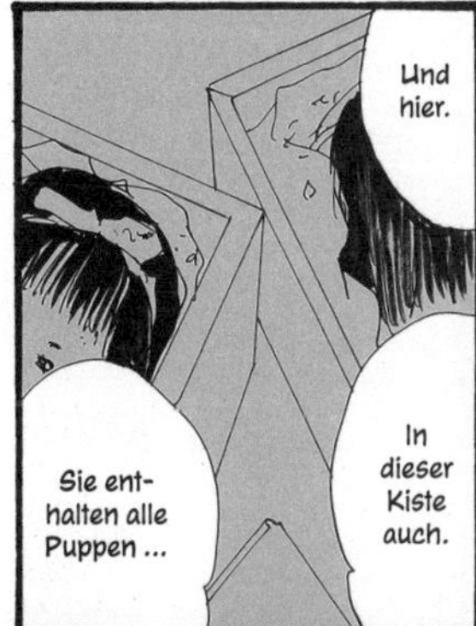
Und hier.
In dieser Kiste auch.
Sie enthalten alle Puppen ...
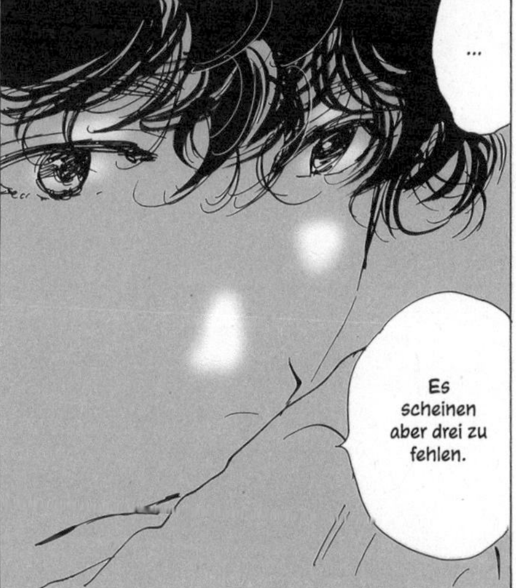
...
Es scheinen aber drei zu fehlen.
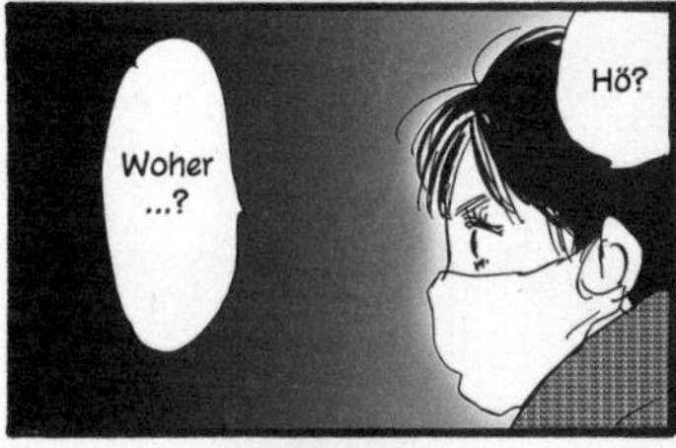
Hö?
Woher ...?
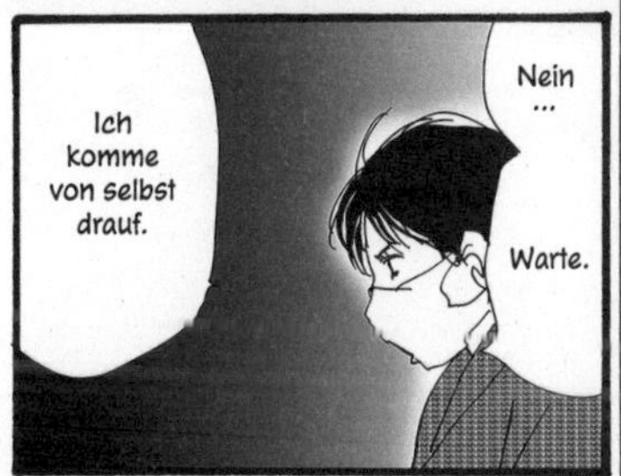
Nein ...
Warte.
Ich komme von selbst drauf.
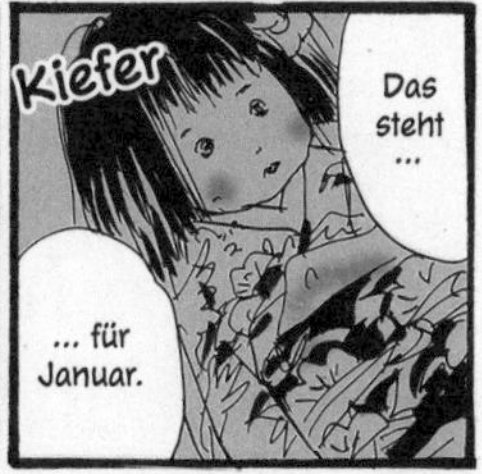
Kiefer
Das steht ...
... für Januar.
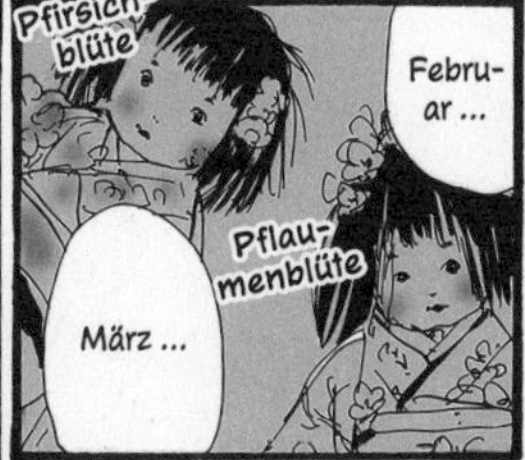
Februar ...
Pfirsichblüte
Pflaumenblüte
März ...
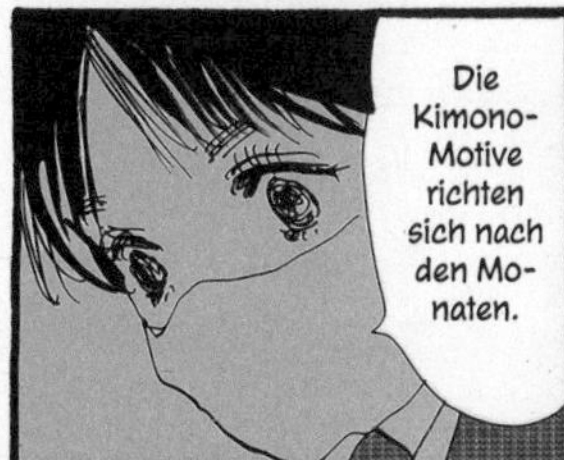
Die Kimono-Motive richten sich nach den Monaten.

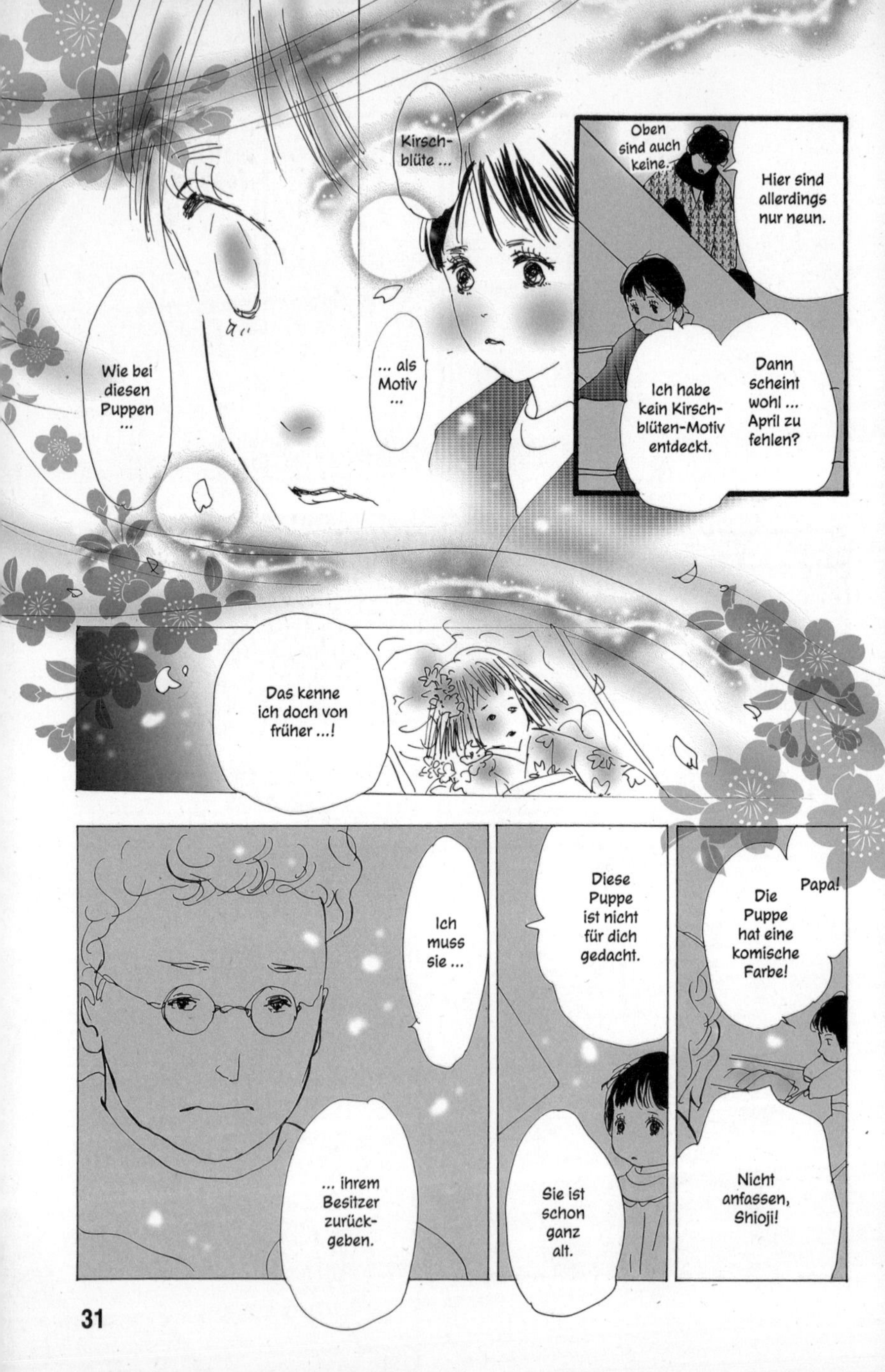
Oben sind auch keine.
Hier sind allerdings nur neun.
Dann scheint wohl ... April zu fehlen?
Ich habe kein Kirschblüten-Motiv entdeckt.
Kirschblüte ...
... als Motiv ...
Wie bei diesen Puppen ...
Das kenne ich doch von früher ...!
Papa!
Die Puppe hat eine komische Farbe!
Nicht anfassen, Shioji!
Diese Puppe ist nicht für dich gedacht.
Sie ist schon ganz alt.
Ich muss sie ...
... ihrem Besitzer zurückgeben.

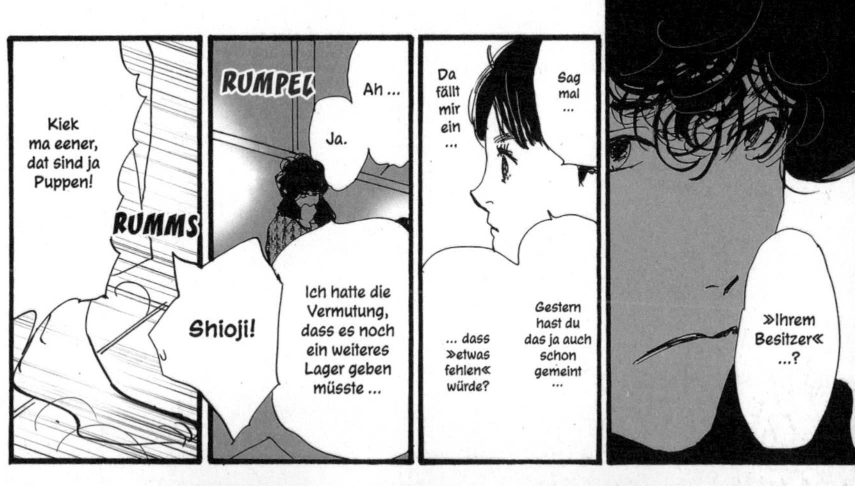
»Ihrem Besitzer« ...?
Sag mal ...
Da fällt mir ein ...
Gestern hast du das ja auch schon gemeint ...
... dass »etwas fehlen« würde?
Ah ...
Ja.
RUMPEL
Ich hatte die Vermutung, dass es noch ein weiteres Lager geben müsste ...
Shioji!
RUMMS
Kiek ma eener, dat sind ja Puppen!

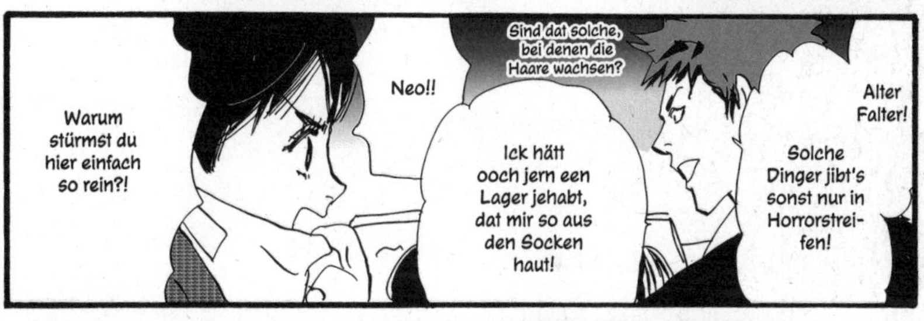
Alter Falter!
Solche Dinger jibt's sonst nur in Horrorstreifen!
Sind dat solche, bei denen die Haare wachsen?
Ick hätt ooch jern een Lager jehabt, dat mir so aus den Socken haut!
Neo!!
Warum stürmst du hier einfach so rein?!

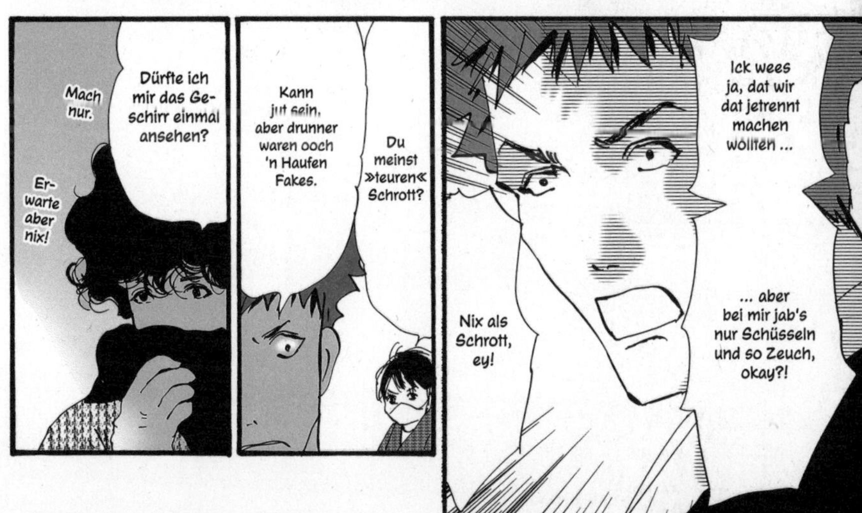
Ick wees ja, dat wir dat jetrennt machen wollten ...
... aber bei mir jab's nur Schüsseln und so Zeuch, okay?!
Nix als Schrott, ey!
Du meinst »teuren« Schrott?
Kann jut sein, aber drunner waren ooch 'n Haufen Fakes.
Dürfte ich mir das Geschirr einmal ansehen?
Mach nur.
Erwarte aber nix!

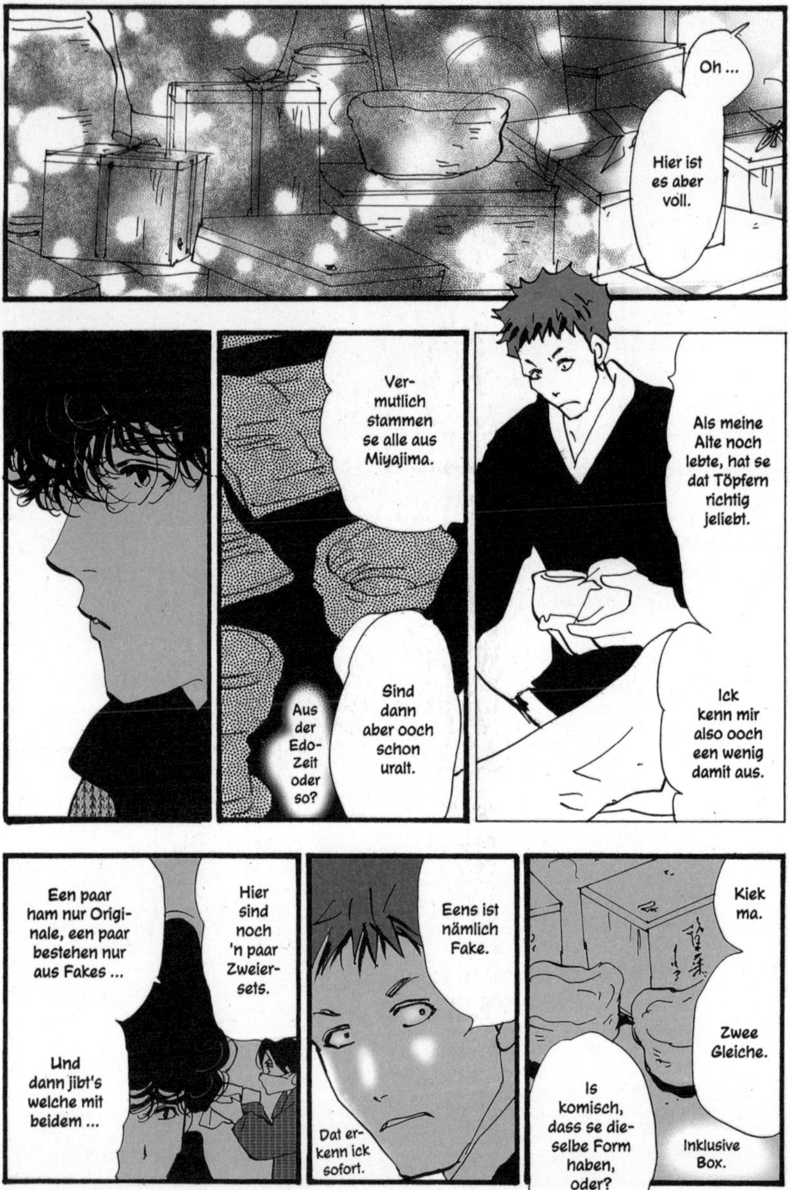

Oh ...
Hier ist es aber voll.

Als meine Alte noch lebte, hat se dat Töpfern richtig jeliebt.
Ick kenn mir also ooch een wenig damit aus.

Vermutlich stammen se alle aus Miyajima.
Sind dann aber ooch schon uralt.
Aus der Edo-Zeit oder so?

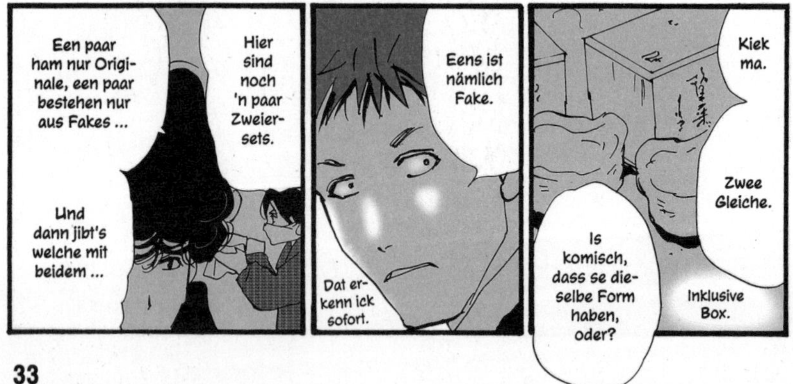

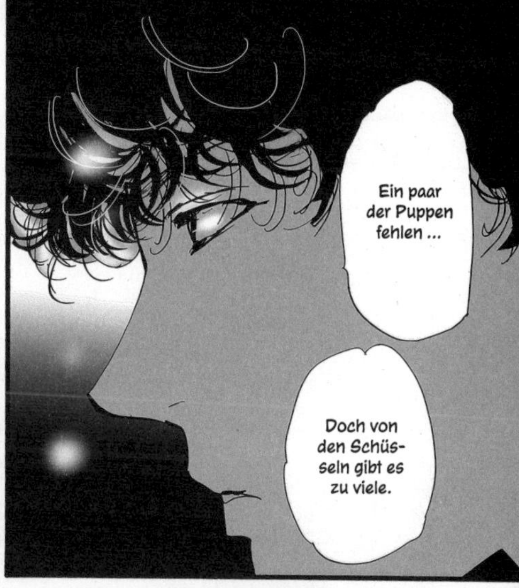
Ein paar der Puppen fehlen ...
Doch von den Schüsseln gibt es zu viele.

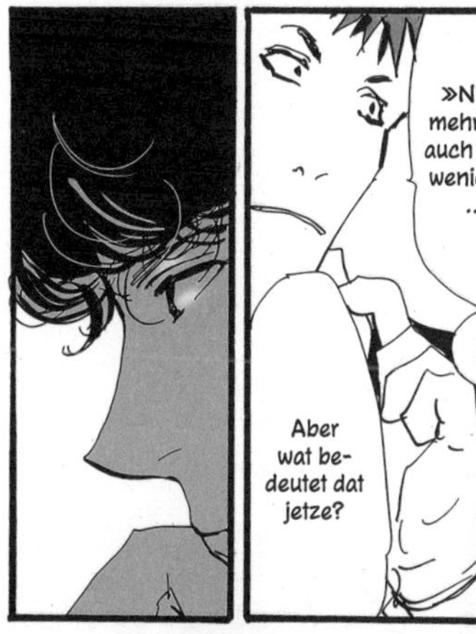
»Nicht mehr und auch nicht weniger« ...
Hm?
Aber wat bedeutet dat jetze?

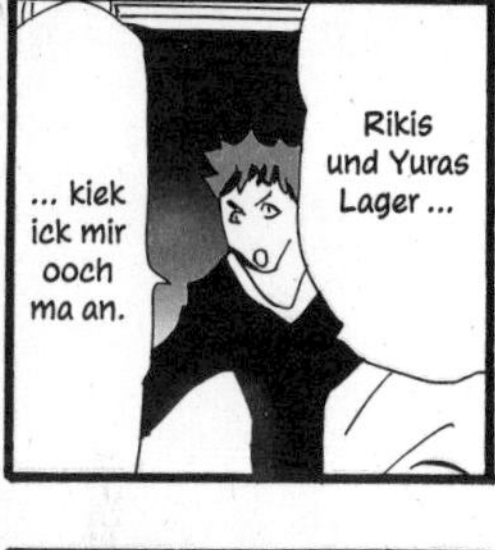
Rikis und Yuras Lager ...
... kiek ick mir ooch ma an.

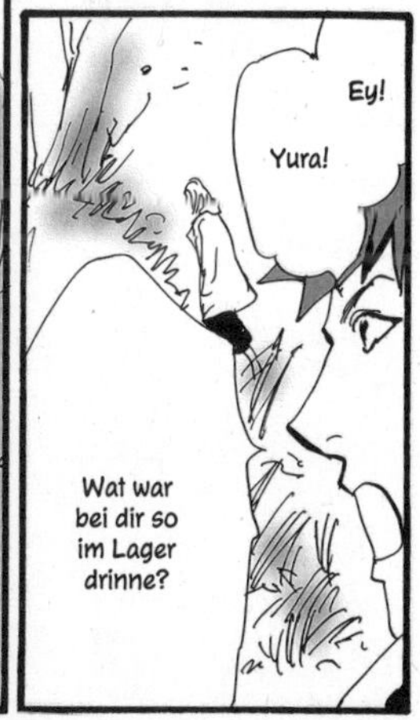
Ey!
Yura!
Wat war bei dir so im Lager drinne?

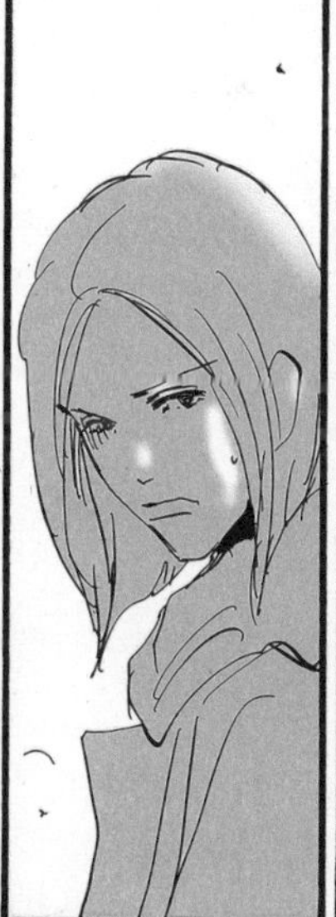

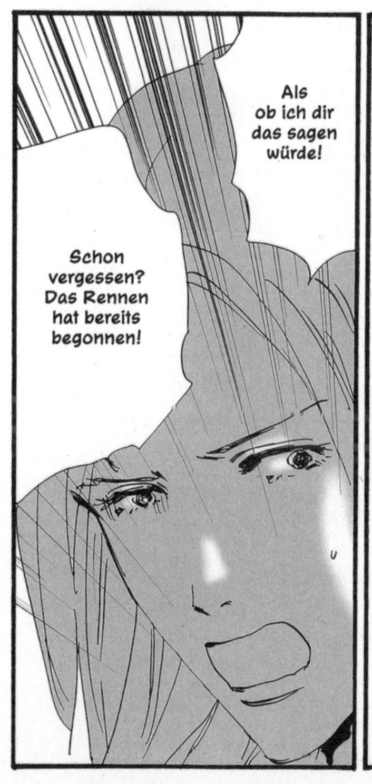
Als ob ich dir das sagen würde!
Schon vergessen? Das Rennen hat bereits begonnen!

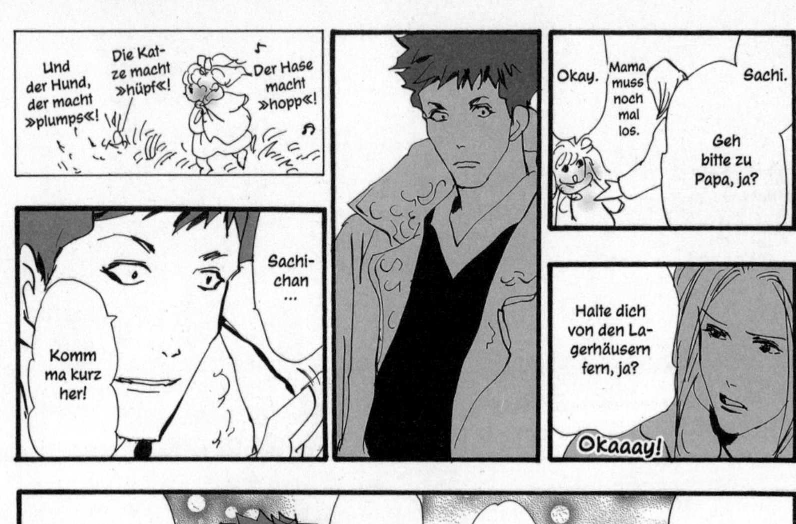

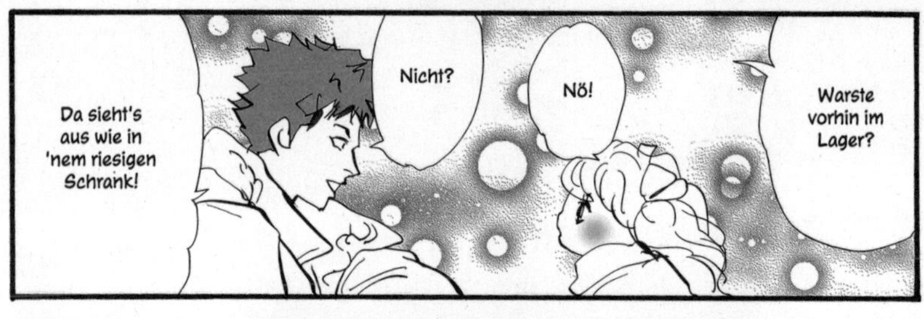

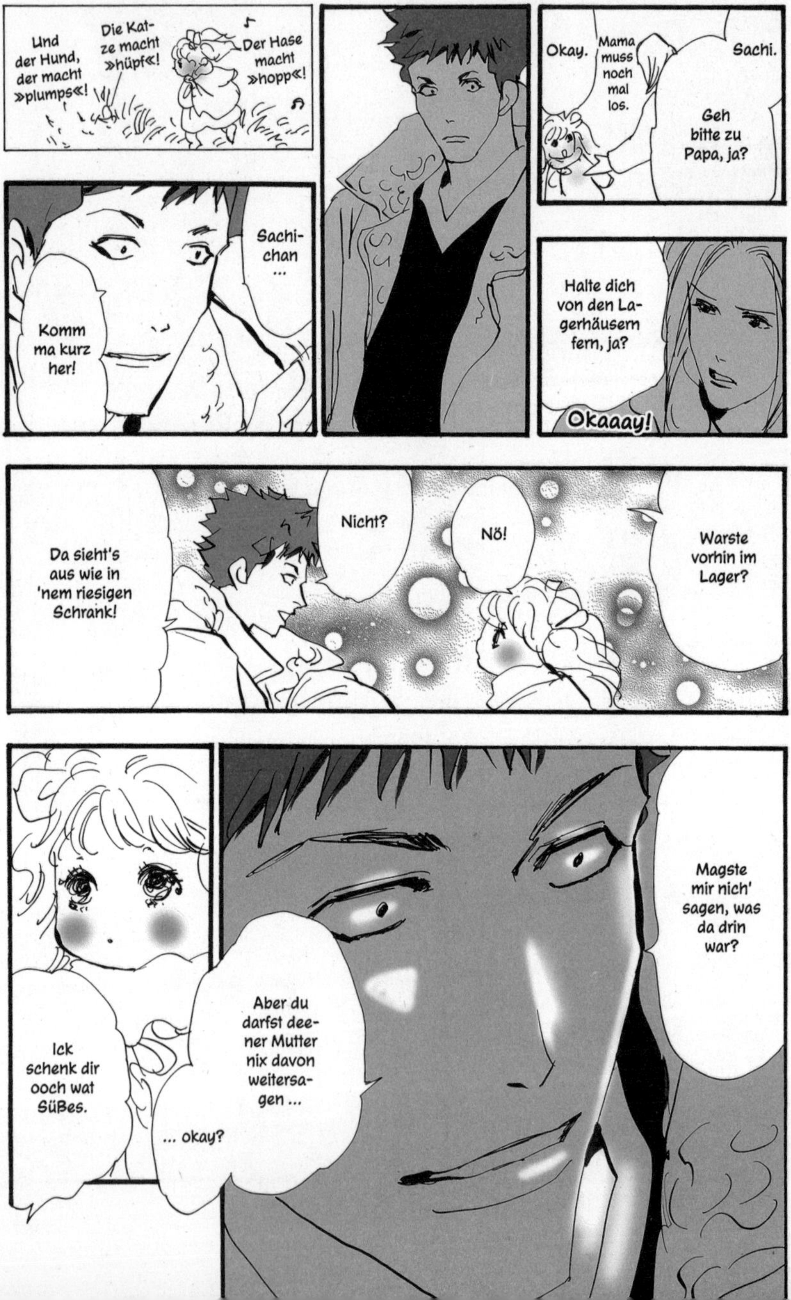

Magste mir nich' sagen, was da drin war?

Aber du darfst deener Mutter nix davon weitersagen ...

... okay?

Ick schenk dir ooch wat Süßes.

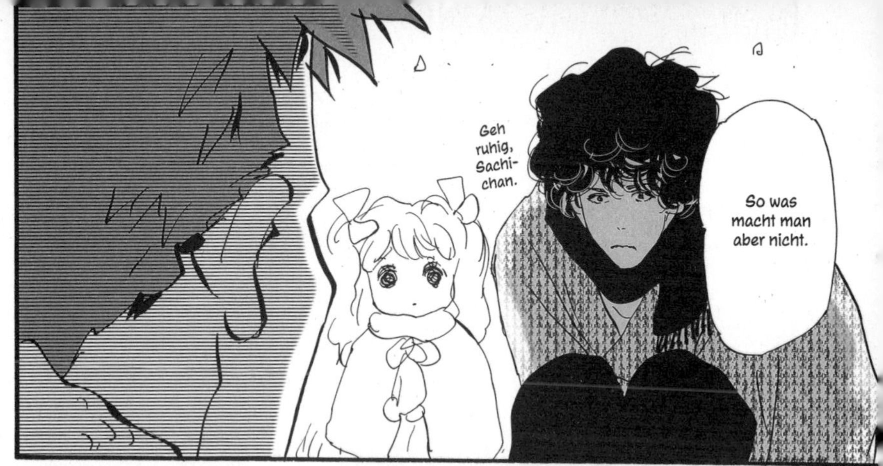
So was
macht man
aber nicht.
Geh
ruhig,
Sachi-
chan.

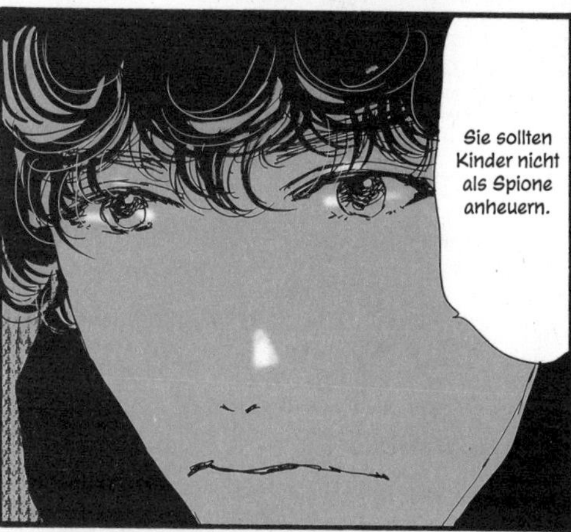
Sie sollten
Kinder nicht
als Spione
anheuern.

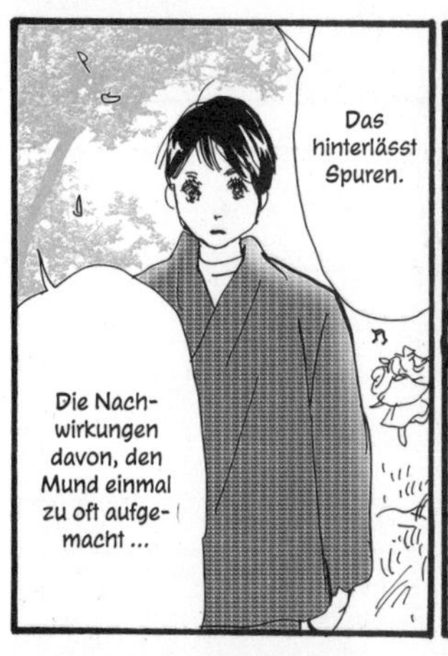
Das
hinterlässt
Spuren.
Die Nach-
wirkungen
davon, den
Mund einmal
zu oft aufge-
macht ...

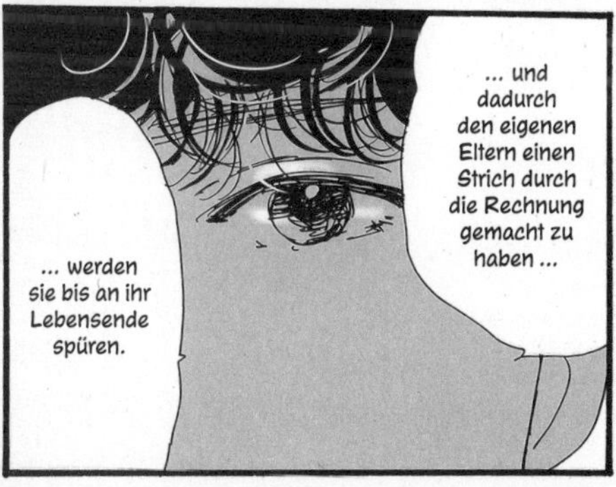
... und
dadurch
den eigenen
Eltern einen
Strich durch
die Rechnung
gemacht zu
haben ...
... werden
sie bis an ihr
Lebensende
spüren.

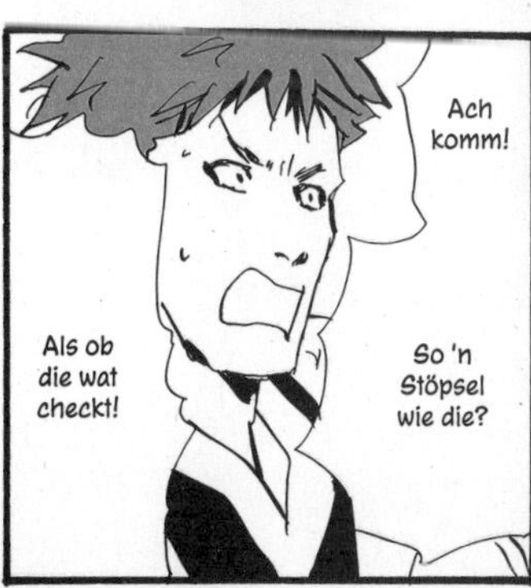
Ach
komm!
So 'n
Stöpsel
wie die?
Als ob
die wat
checkt!

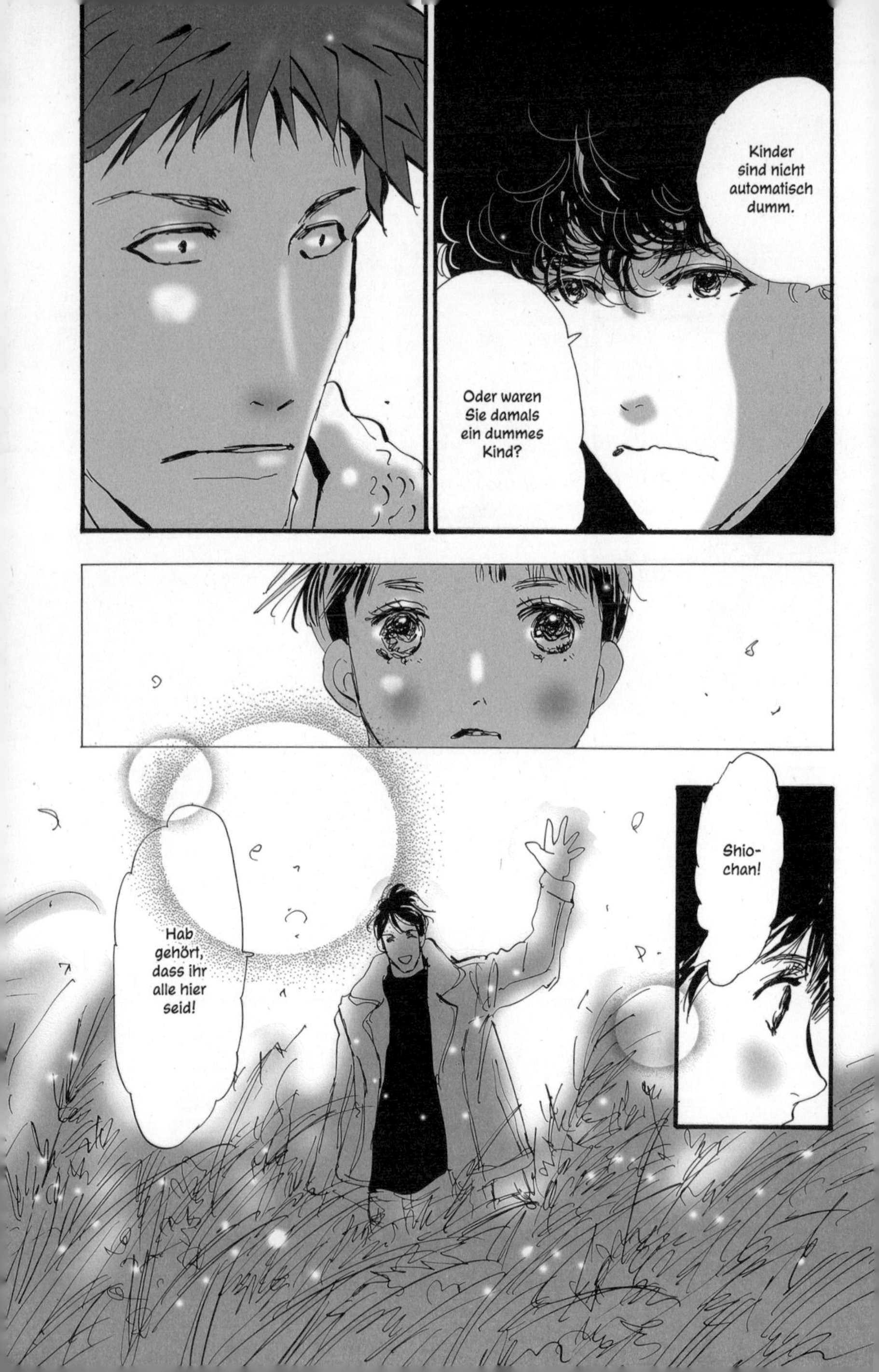

Kinder sind nicht automatisch dumm.

Oder waren Sie damals ein dummes Kind?

Shio-chan!

Hab gehört, dass ihr alle hier seid!

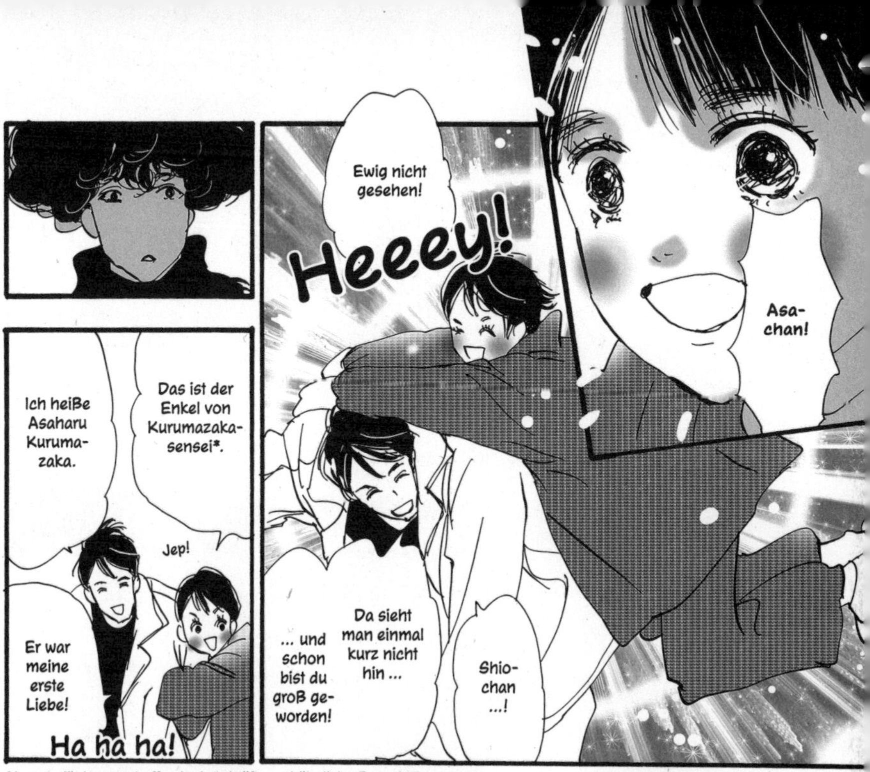

Asa-chan!

Heeey!

Ewig nicht gesehen!

Shio-chan ...!

Da sieht man einmal kurz nicht hin ...

... und schon bist du groß geworden!

Das ist der Enkel von Kurumazaka-sensei*.

Ich heiße Asaharu Kurumazaka.

Jep!

Er war meine erste Liebe!

Ha ha ha!

*Anrede für Kunstschaffende, Lehrkräfte und ähnliche Respektspersonen

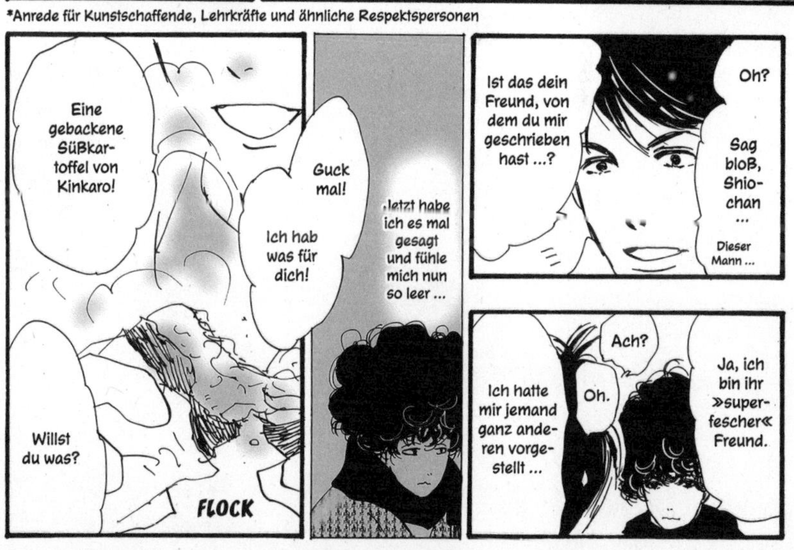

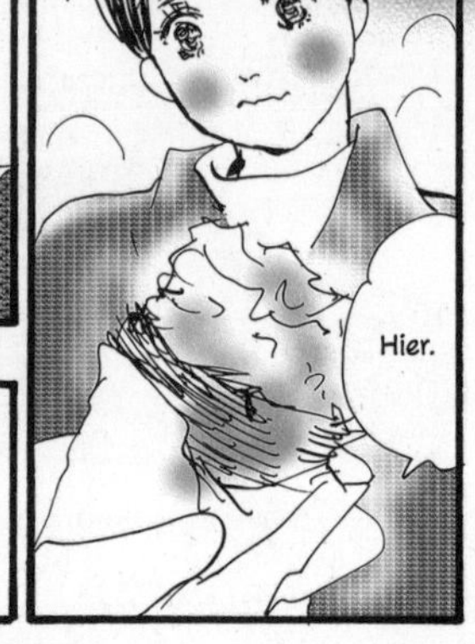
Hier.

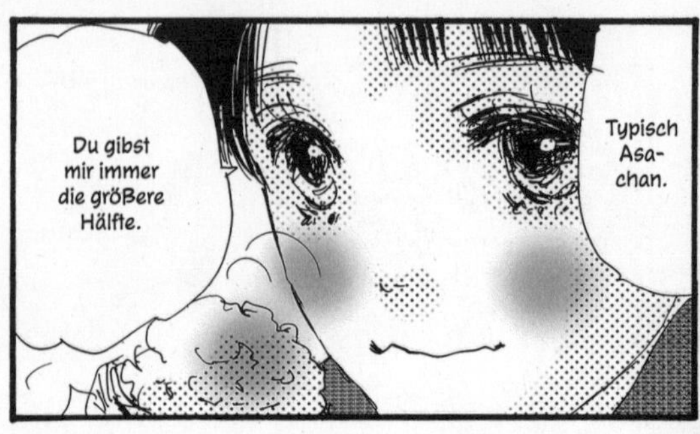
Typisch Asa-chan.
Du gibst mir immer die größere Hälfte.

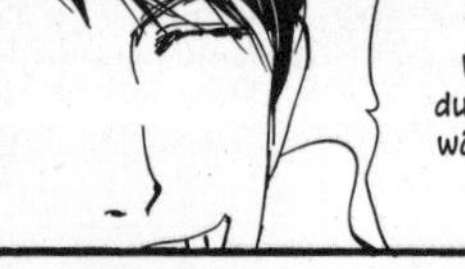
Weil du noch wächst!
So machen das große Leute eben.

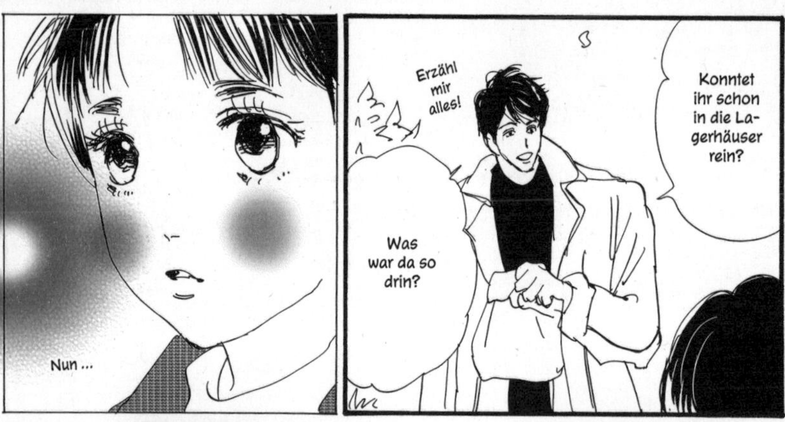
Konntet ihr schon in die Lagerhäuser rein?
Erzähl mir alles!
Was war da so drin?
Nun ...

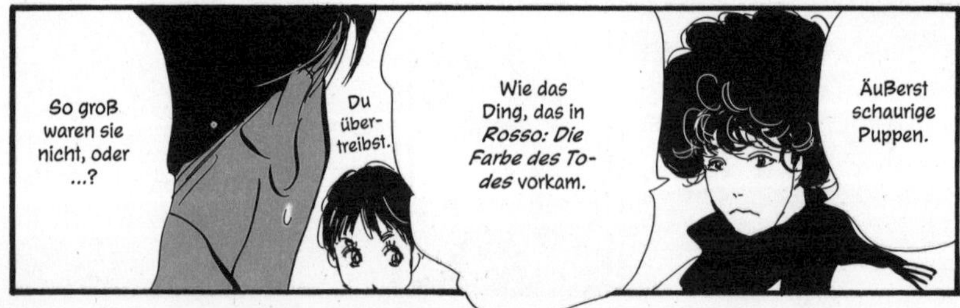
Äußerst schaurige Puppen.
Wie das Ding, das in *Rosso: Die Farbe des Todes* vorkam.
Du übertreibst.
So groß waren sie nicht, oder ...?

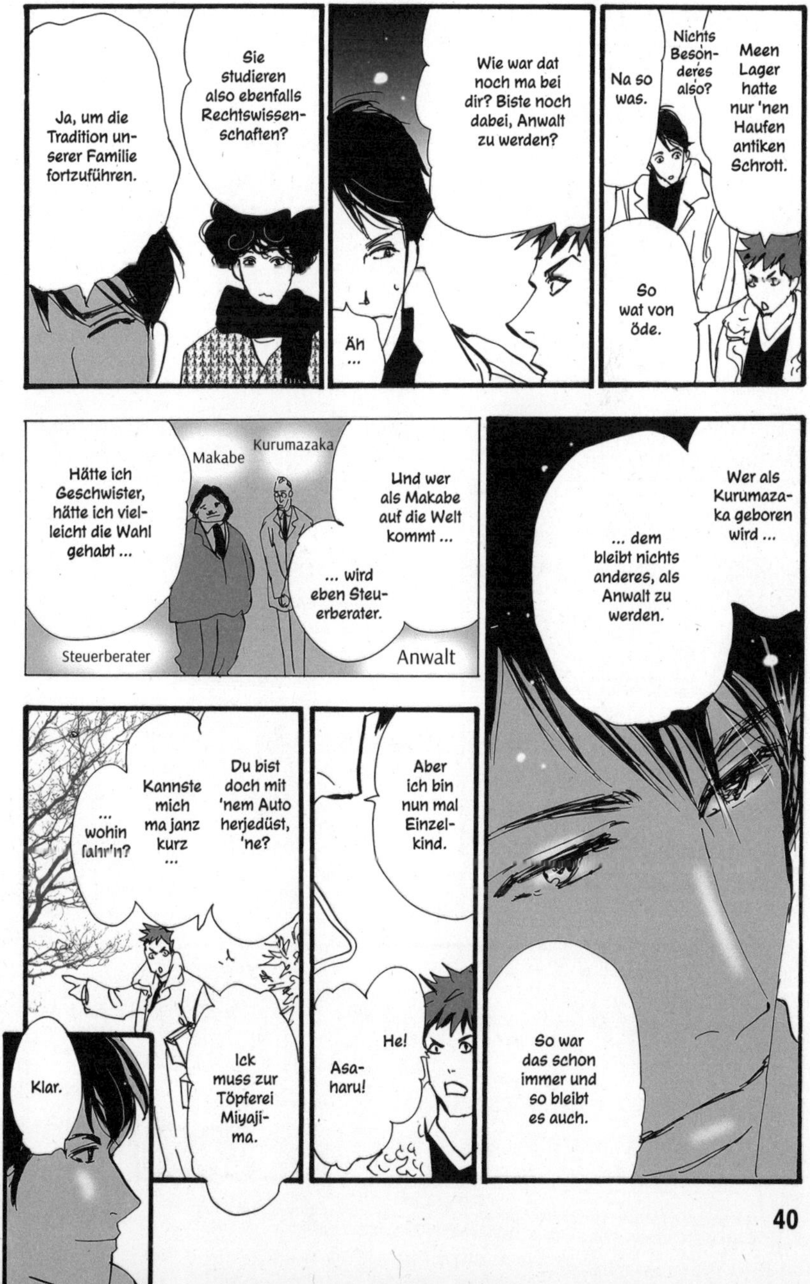

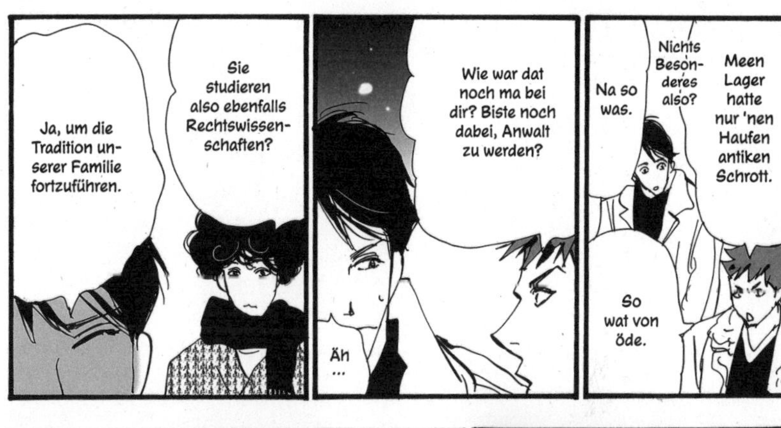

Wer als Kurumazaka geboren wird ...

... dem bleibt nichts anderes, als Anwalt zu werden.

So war das schon immer und so bleibt es auch.

Kurumazaka

Makabe

Und wer als Makabe auf die Welt kommt ...

... wird eben Steuerberater.

Hätte ich Geschwister, hätte ich vielleicht die Wahl gehabt ...

Anwalt

Steuerberater

Aber ich bin nun mal Einzelkind.

He!

Asaharu!

Du bist doch mit 'nem Auto herjedüst, 'ne?

Kannste mich ma janz kurz ...

... wohin fahr'n?

Ick muss zur Töpferei Miyajima.

Klar.

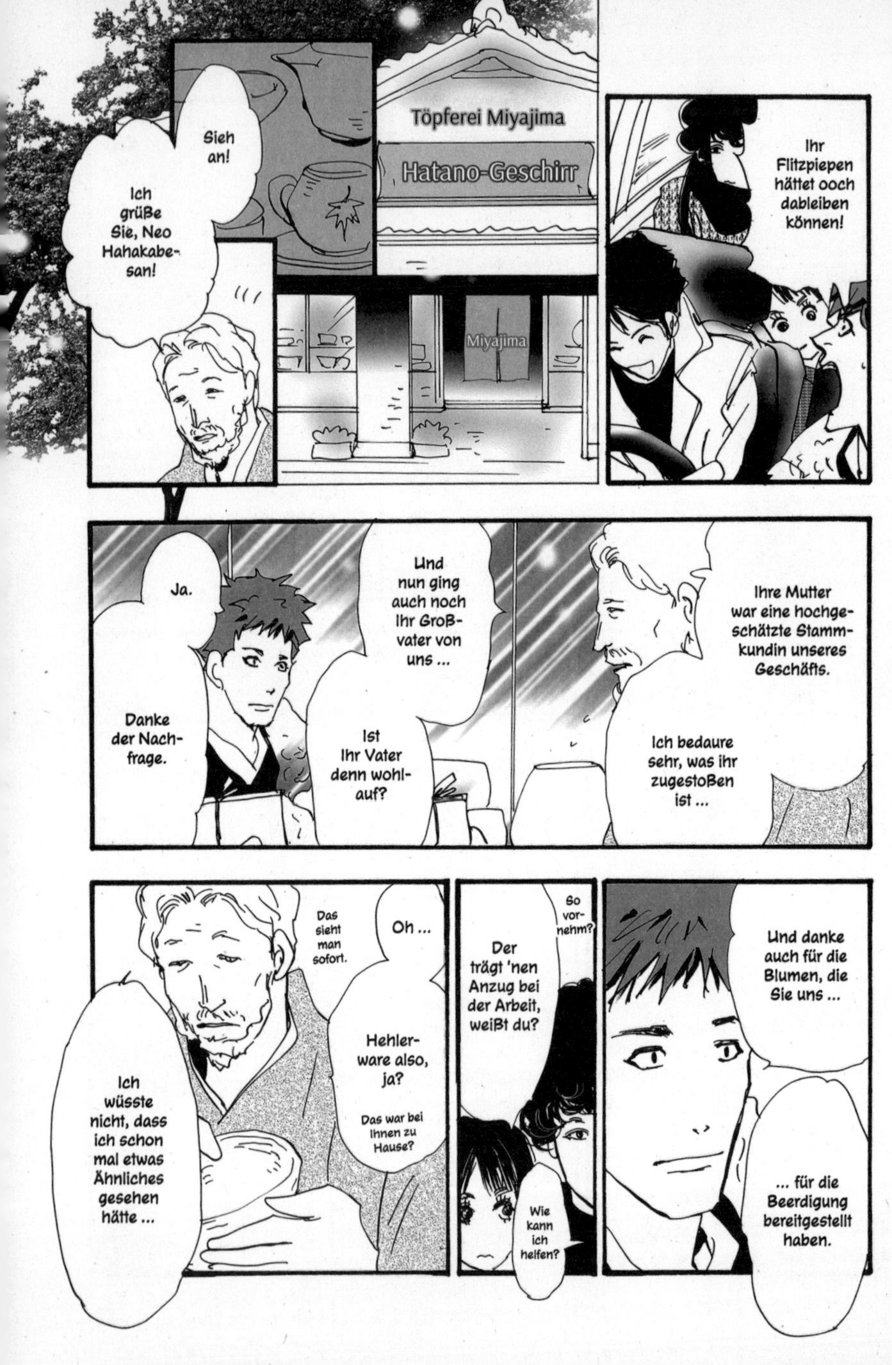
Ihr Flitzpiepen hättet ooch dableiben können!
Töpferei Miyajima
Hatano-Geschirr
Miyajima
Sieh an!
Ich grüße Sie, Neo Hahakabe-san!
Ihre Mutter war eine hochgeschätzte Stammkundin unseres Geschäfts.
Ich bedaure sehr, was ihr zugestoßen ist ...
Und nun ging auch noch Ihr Großvater von uns ...
Ist Ihr Vater denn wohlauf?
Ja.
Danke der Nachfrage.
Und danke auch für die Blumen, die Sie uns ...
... für die Beerdigung bereitgestellt haben.
So vornehm?
Der trägt 'nen Anzug bei der Arbeit, weißt du?
Wie kann ich helfen?
Oh ...
Das sieht man sofort.
Hehlerware also, ja?
Das war bei Ihnen zu Hause?
Ich wüsste nicht, dass ich schon mal etwas Ähnliches gesehen hätte ...

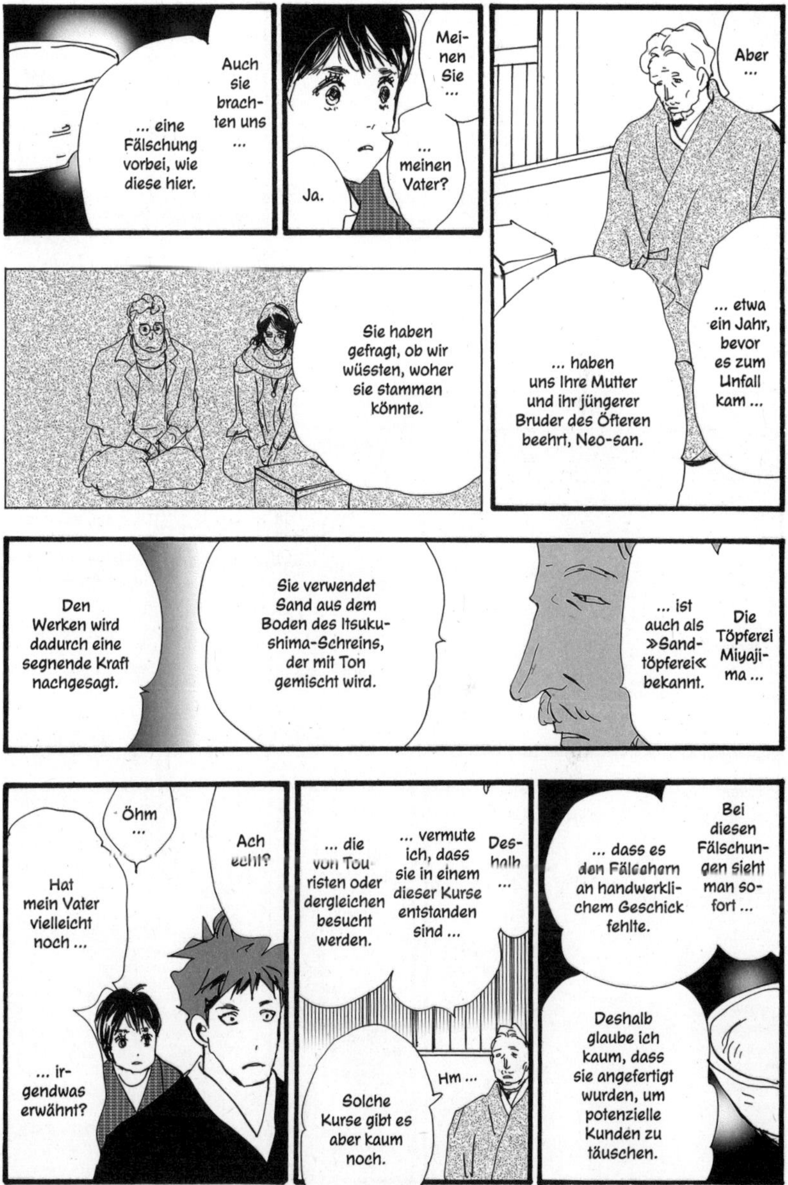

Aber ...
... etwa ein Jahr, bevor es zum Unfall kam ...
... haben uns Ihre Mutter und ihr jüngerer Bruder des Öfteren beehrt, Neo-san.
Meinen Sie ...
... meinen Vater?
Ja.
Auch sie brachten uns ...
... eine Fälschung vorbei, wie diese hier.
Sie haben gefragt, ob wir wüssten, woher sie stammen könnte.

Die Töpferei Miyajima ...
... ist auch als »Sandtöpferei« bekannt.
Sie verwendet Sand aus dem Boden des Itsukushima-Schreins, der mit Ton gemischt wird.
Den Werken wird dadurch eine segnende Kraft nachgesagt.

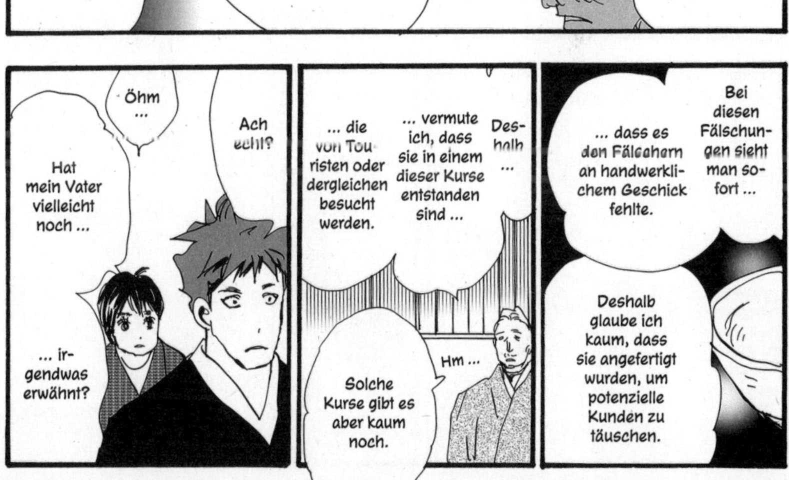

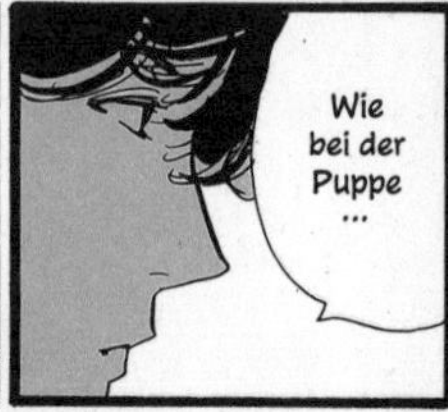
Wie
bei der
Puppe
...

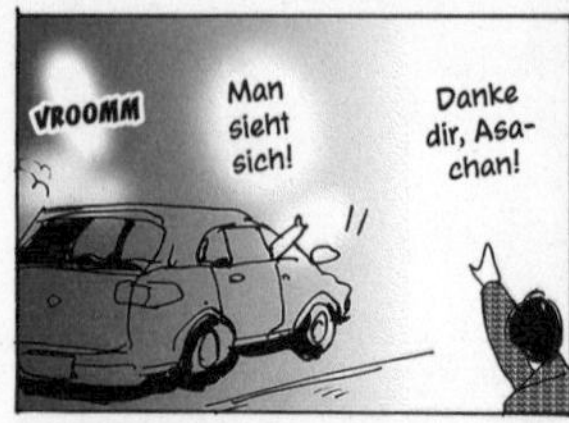
VROOMM
Danke
dir, Asa-
chan!
Man
sieht
sich!

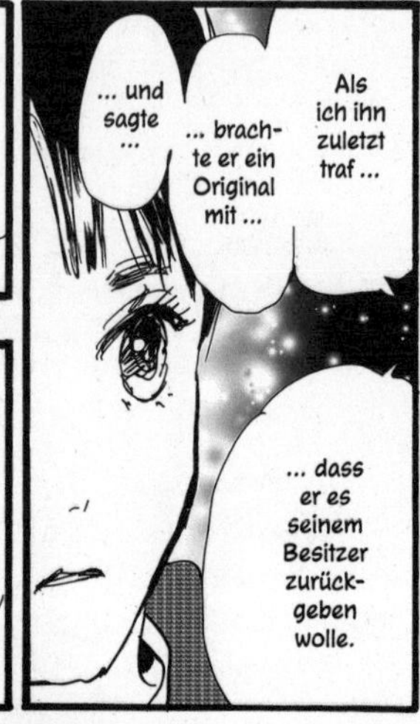
Als
ich ihn
zuletzt
traf ...
... brach-
te er ein
Original
mit ...
... und
sagte
...
... dass
er es
seinem
Besitzer
zurück-
geben
wolle.

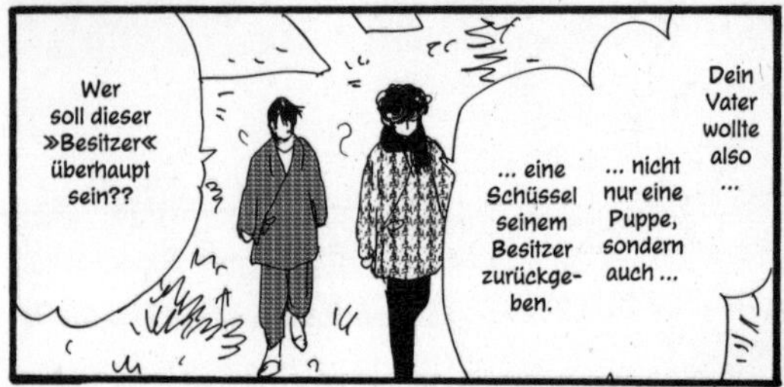
Dein
Vater
wollte
also
...
... nicht
nur eine
Puppe,
sondern
auch ...
... eine
Schüssel
seinem
Besitzer
zurückge-
ben.
Wer
soll dieser
»Besitzer«
überhaupt
sein??

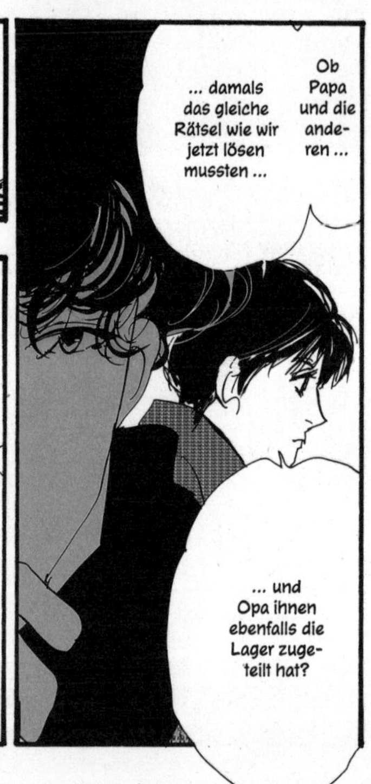
Ob
Papa
und die
ande-
ren ...
... damals
das gleiche
Rätsel wie wir
jetzt lösen
mussten ...
... und
Opa ihnen
ebenfalls die
Lager zuge-
teilt hat?

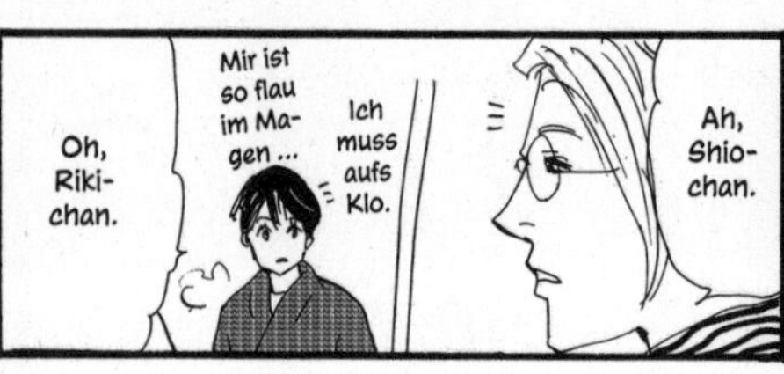
Ah,
Shio-
chan.
Ich
muss
aufs
Klo.
Mir ist
so flau
im Ma-
gen ...
Oh,
Riki-
chan.

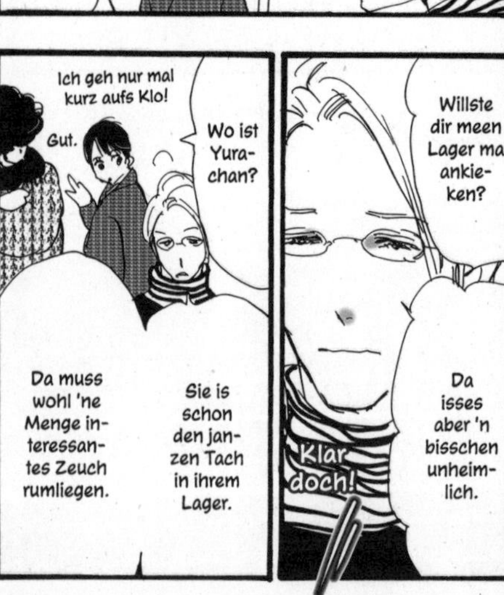
Willste
dir meen
Lager ma
ankie-
ken?
Da
isses
aber 'n
bisschen
unheim-
lich.
Klar
doch!
Wo ist
Yura-
chan?
Ich geh nur mal
kurz aufs Klo!
Gut.
Sie is
schon
den jan-
zen Tach
in ihrem
Lager.
Da muss
wohl 'ne
Menge in-
teressan-
tes Zeuch
rumliegen.

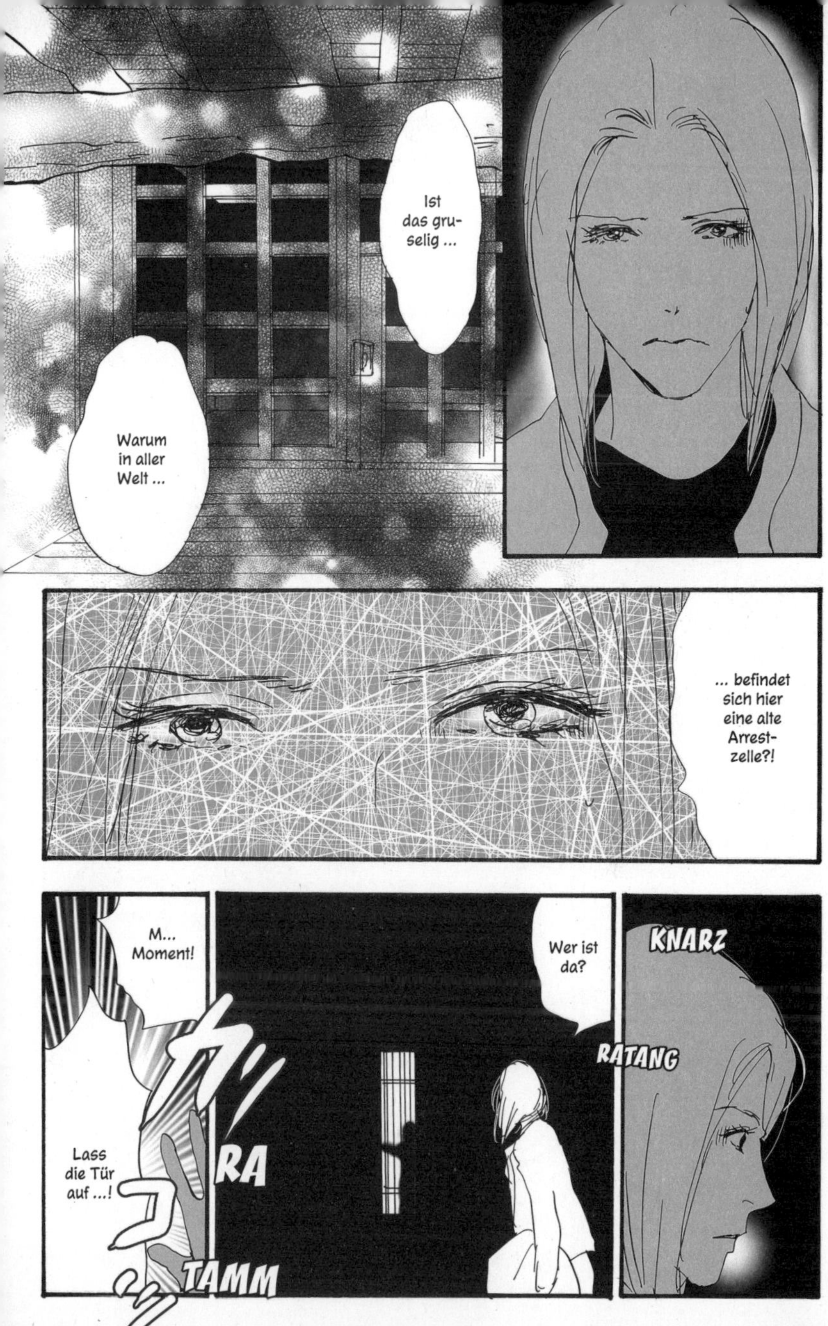

Ist das gruselig ...

Warum in aller Welt ...

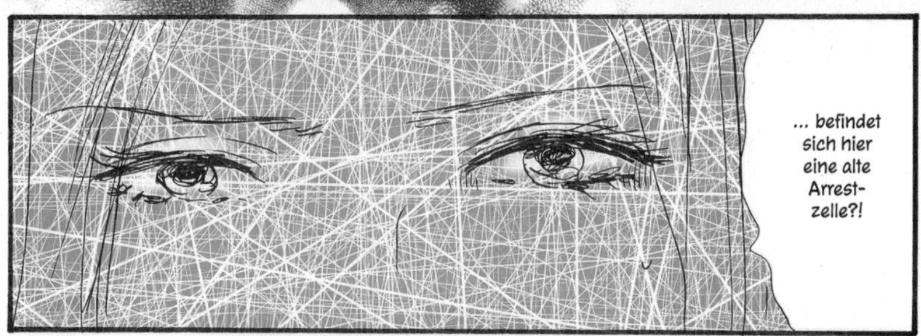

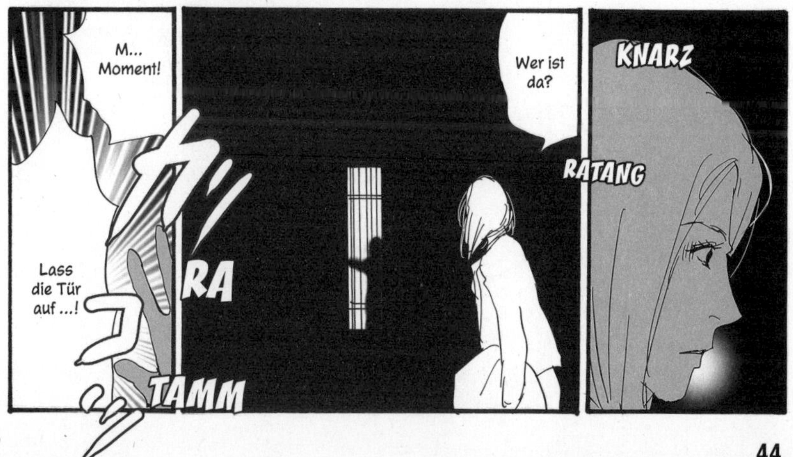

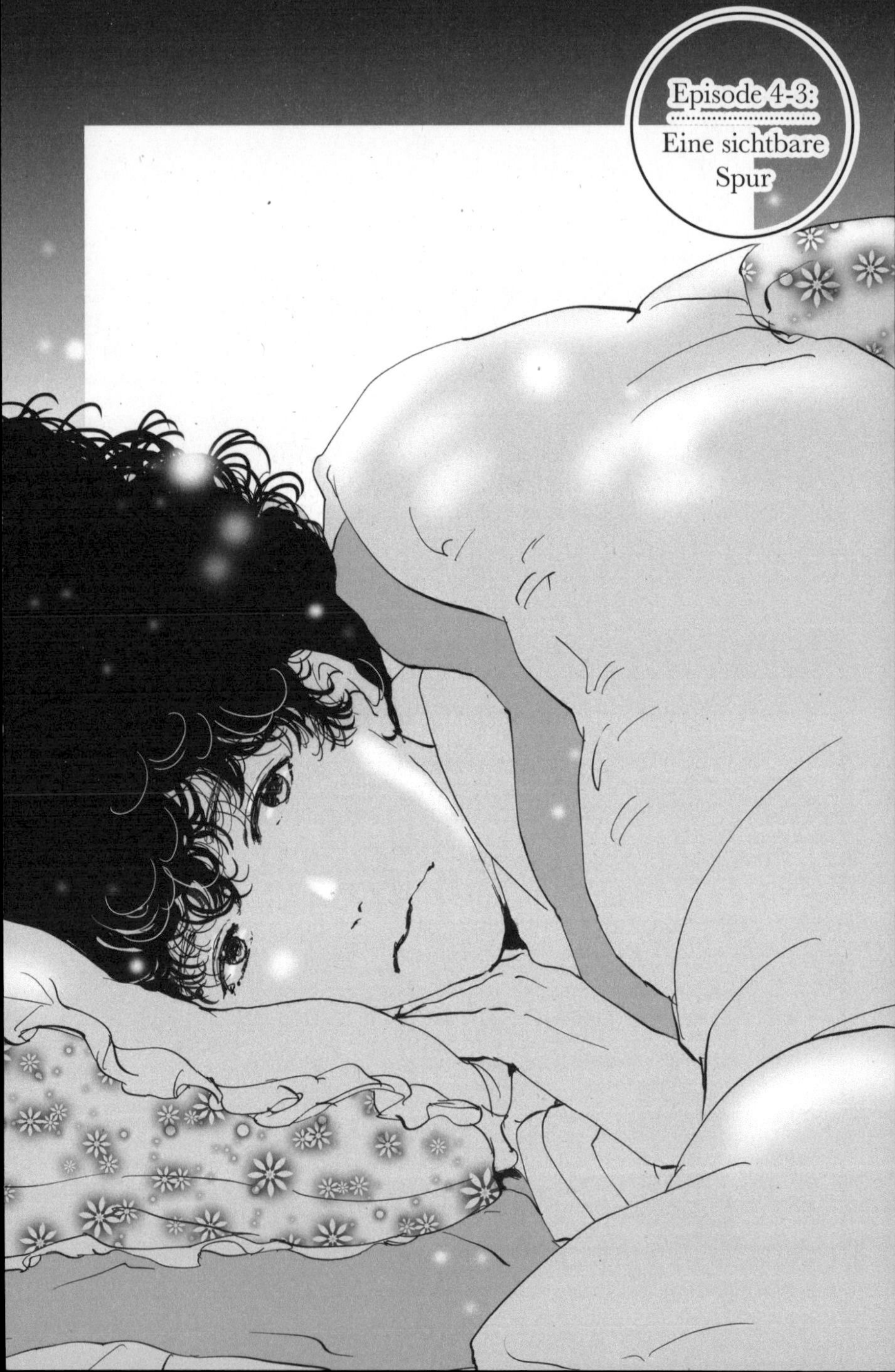
Episode 4-3:
Eine sichtbare
Spur

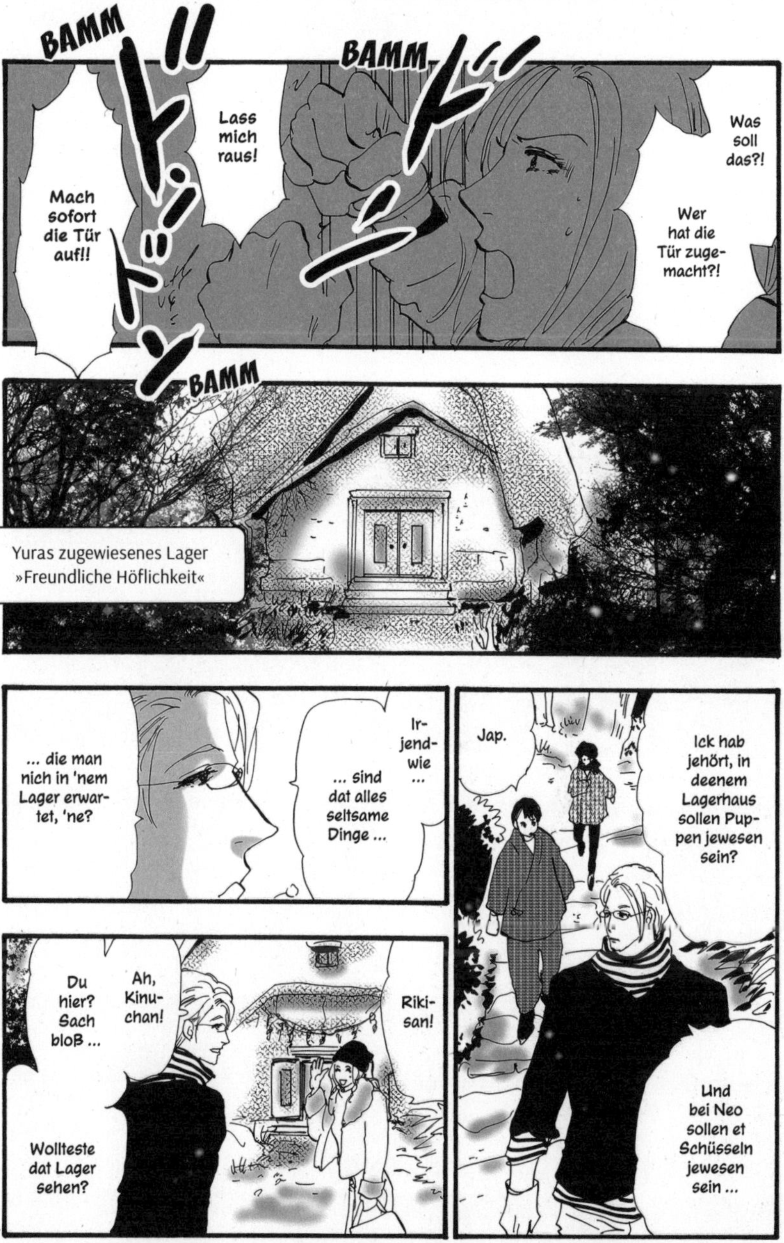

BAMM
BAMM
Was soll das?!
Wer hat die Tür zugemacht?!
Lass mich raus!
Mach sofort die Tür auf!!
BAMM

Yuras zugewiesenes Lager »Freundliche Höflichkeit«

Ick hab jehört, in deenem Lagerhaus sollen Puppen jewesen sein?
Jap.
Und bei Neo sollen et Schüsseln jewesen sein ...
Irjendwie ...
... sind dat alles seltsame Dinge ...
... die man nich in 'nem Lager erwartet, 'ne?
Riki-san!
Ah, Kinu-chan!
Du hier? Sach bloß ...
Wollteste dat Lager sehen?

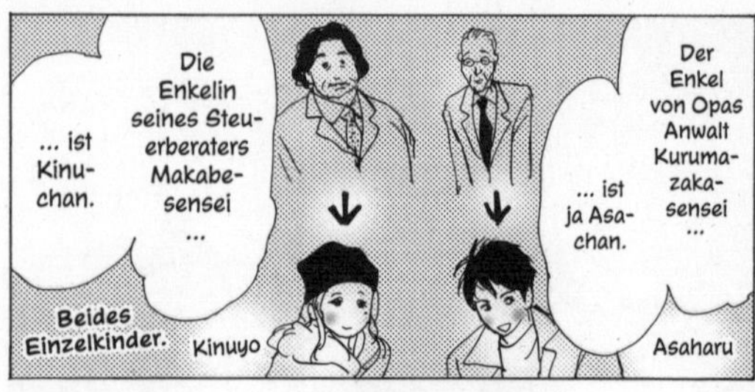

Der Enkel von Opas Anwalt Kurumazaka-sensei ...
... ist ja Asa-chan.
Die Enkelin seines Steuerberaters Makabe-sensei ...
... ist Kinu-chan.
Beides Einzelkinder.
Kinuyo
Asaharu

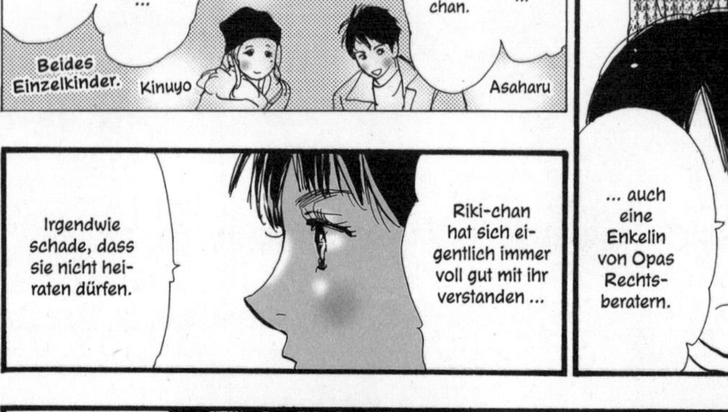

Wieder jemand Neues.
Das ist ...
... auch eine Enkelin von Opas Rechtsberatern.
Riki-chan hat sich eigentlich immer voll gut mit ihr verstanden ...
Irgendwie schade, dass sie nicht heiraten dürfen.

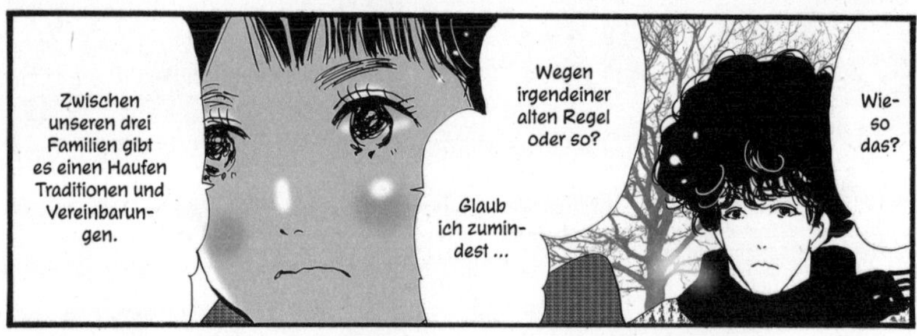

Wieso das?
Wegen irgendeiner alten Regel oder so?
Glaub ich zumindest ...
Zwischen unseren drei Familien gibt es einen Haufen Traditionen und Vereinbarungen.

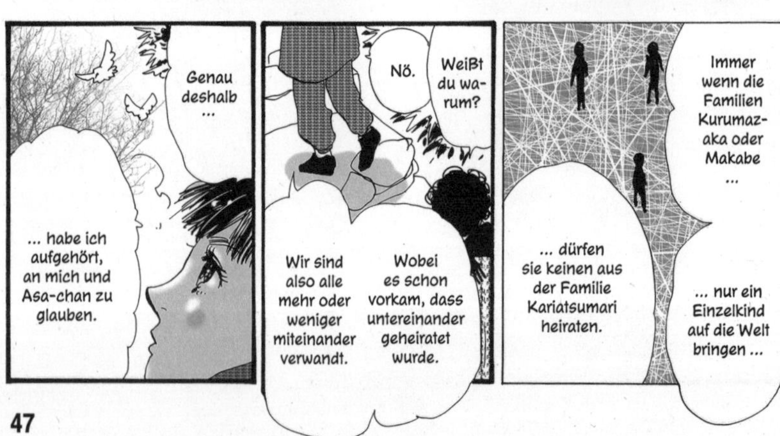

Immer wenn die Familien Kurumazaka oder Makabe ...
... nur ein Einzelkind auf die Welt bringen ...
... dürfen sie keinen aus der Familie Kariatsumari heiraten.
Weißt du warum?
Nö.
Wobei es schon vorkam, dass untereinander geheiratet wurde.
Wir sind also alle mehr oder weniger miteinander verwandt.
Genau deshalb ...
... habe ich aufgehört, an mich und Asa-chan zu glauben.

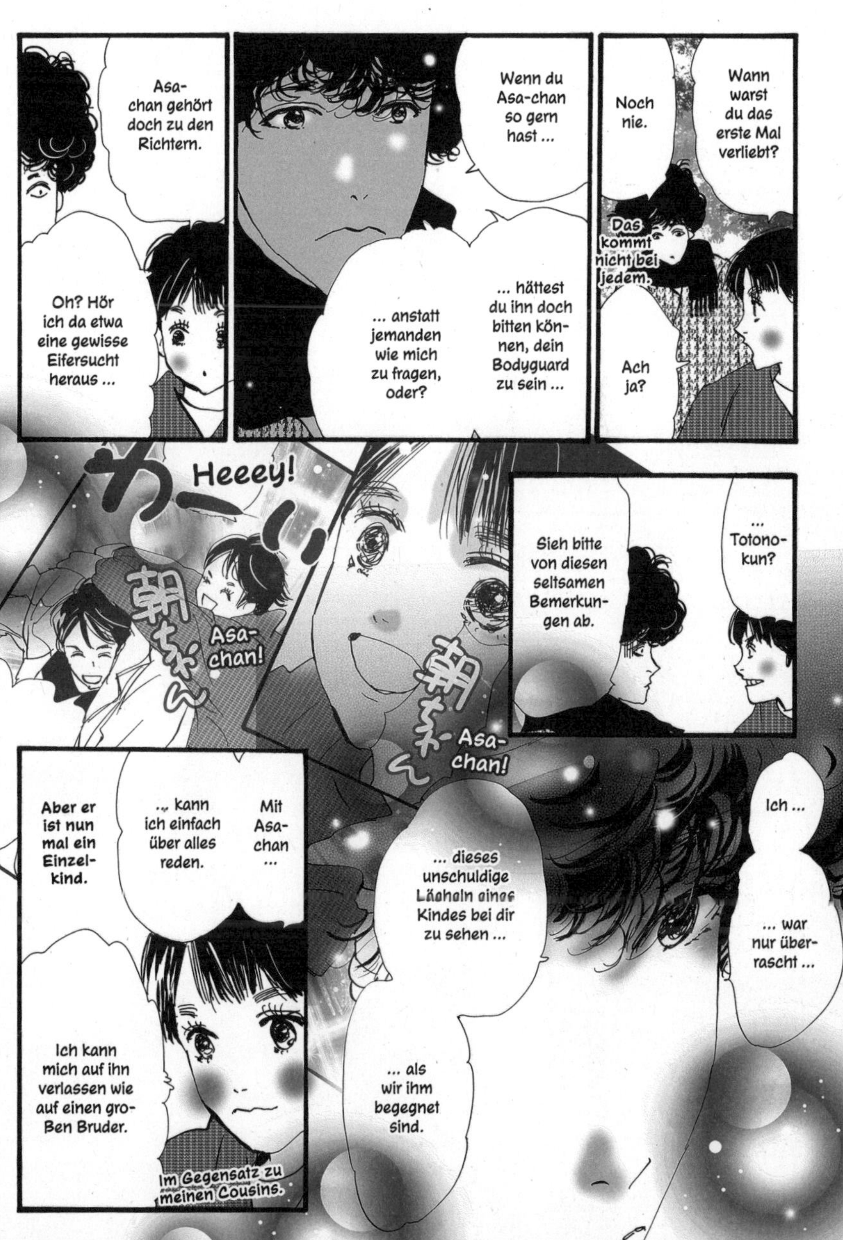
Wann warst du das erste Mal verliebt?
Noch nie.
Das kommt nicht bei jedem.
Ach ja?
Wenn du Asa-chan so gern hast …
… hättest du ihn doch bitten können, dein Bodyguard zu sein …
… anstatt jemanden wie mich zu fragen, oder?
Asa-chan gehört doch zu den Richtern.
Oh? Hör ich da etwa eine gewisse Eifersucht heraus …
… Totono-kun?
Sieh bitte von diesen seltsamen Bemerkungen ab.
Heeey!
朝ちゃん
Asa-chan!
朝ちゃん
Asa-chan!
Ich …
… war nur überrascht …
… dieses unschuldige Lächeln eines Kindes bei dir zu sehen …
… als wir ihm begegnet sind.
Mit Asa-chan …
… kann ich einfach über alles reden.
Aber er ist nun mal ein Einzelkind.
Ich kann mich auf ihn verlassen wie auf einen großen Bruder.
Im Gegensatz zu meinen Cousins.

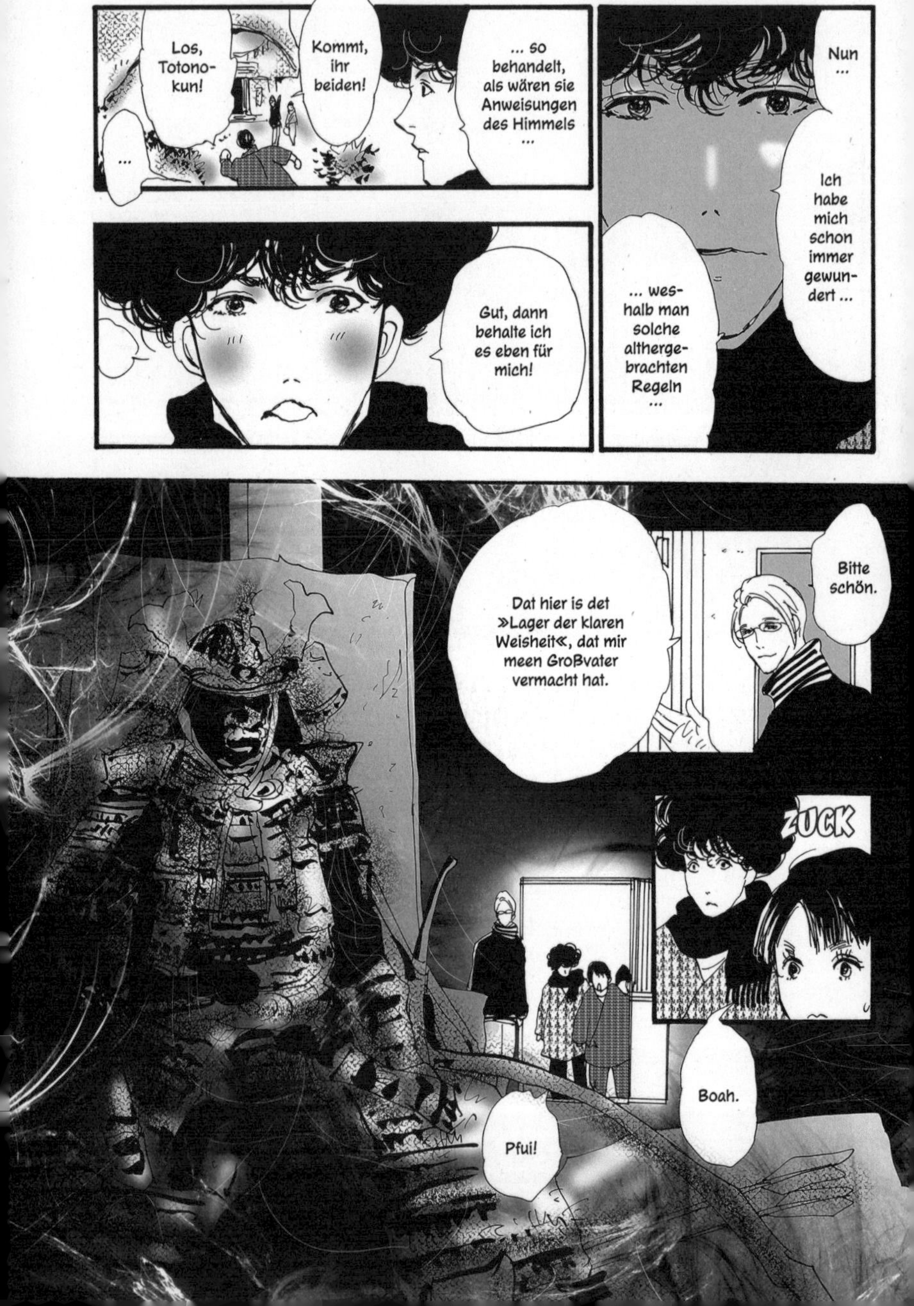

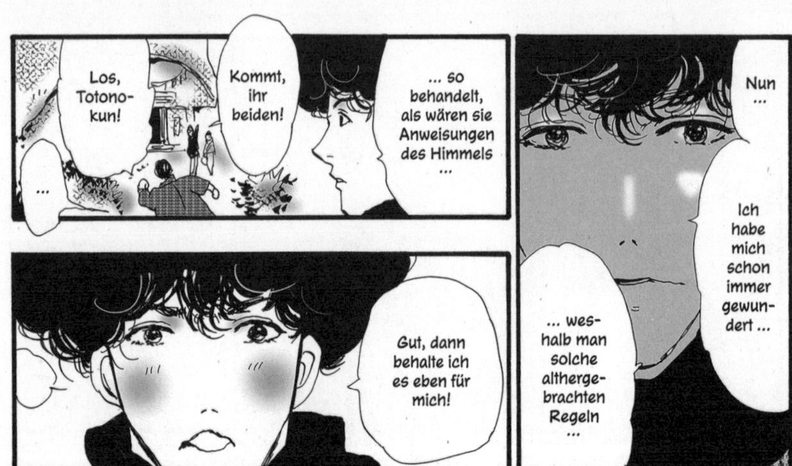
Nun ...
Ich habe mich schon immer gewundert ...
... weshalb man solche althergebrachten Regeln ...
... so behandelt, als wären sie Anweisungen des Himmels ...
Kommt, ihr beiden!
Los, Totono-kun!
...
Gut, dann behalte ich es eben für mich!

Bitte schön.
Dat hier is det »Lager der klaren Weisheit«, dat mir meen Großvater vermacht hat.
ZUCK
Boah.
Pfui!

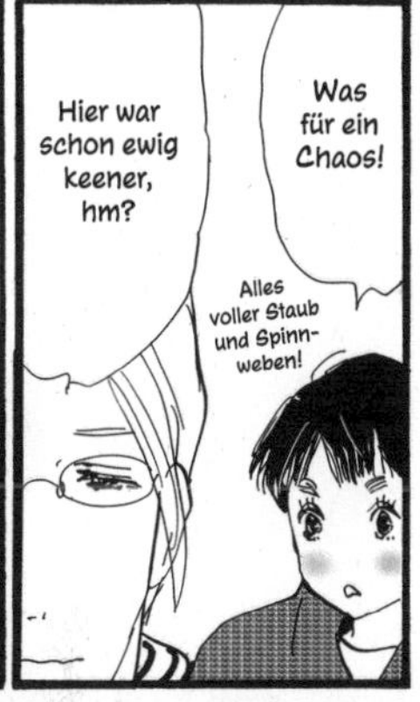
Was für ein Chaos!
Alles voller Staub und Spinnweben!
Hier war schon ewig keener, hm?
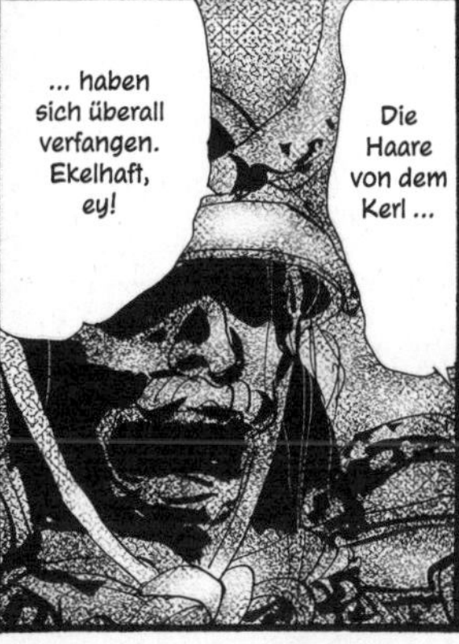
Die Haare von dem Kerl ...
... haben sich überall verfangen. Ekelhaft, ey!
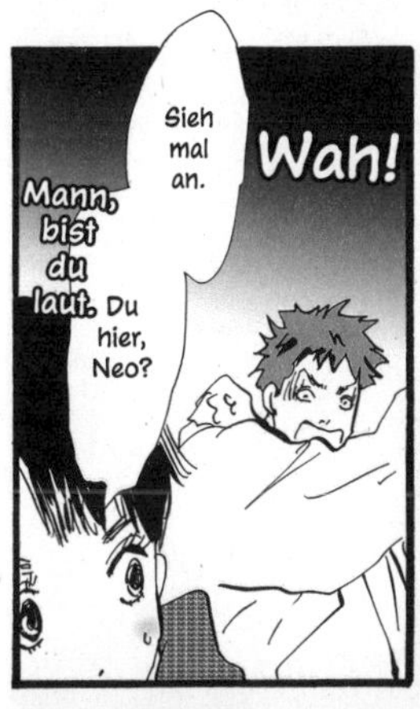
Wah!
Sieh mal an.
Du hier, Neo?
Mann, bist du laut.
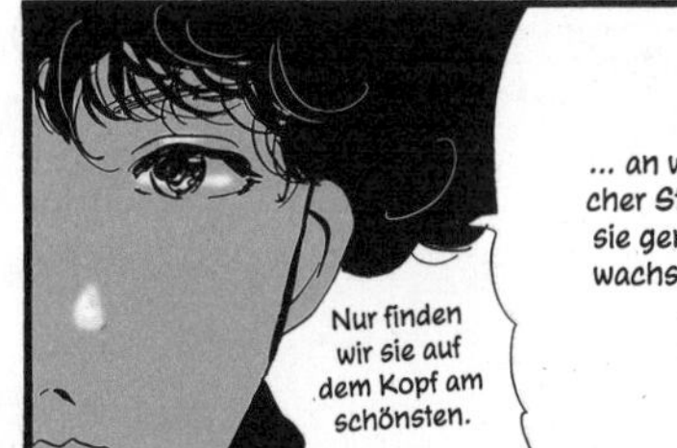
Ja ...
Alter ...
So was wolltest du doch, oder?
Bei Haaren ...
... sollte es eigentlich keine Rolle spielen ...
... an welcher Stelle sie genau wachsen.
Nur finden wir sie auf dem Kopf am schönsten.
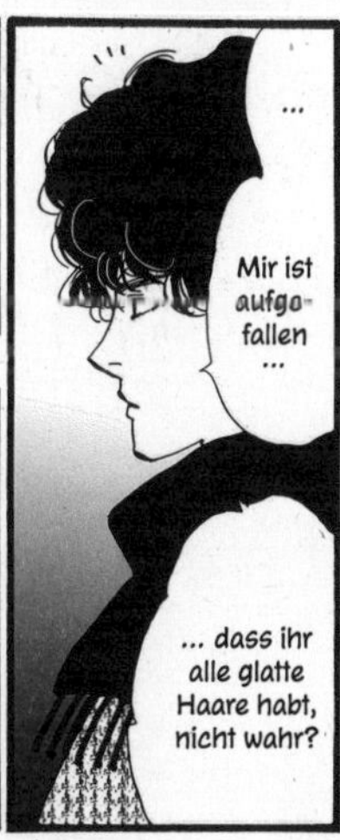
...
Mir ist aufgefallen ...
... dass ihr alle glatte Haare habt, nicht wahr?
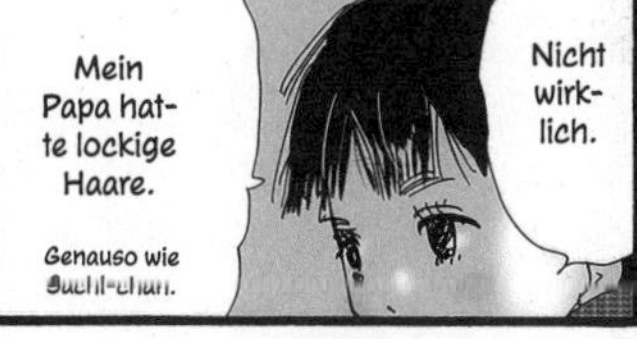
Nicht wirklich.
Mein Papa hatte lockige Haare.
Genauso wie Suchi-chan.
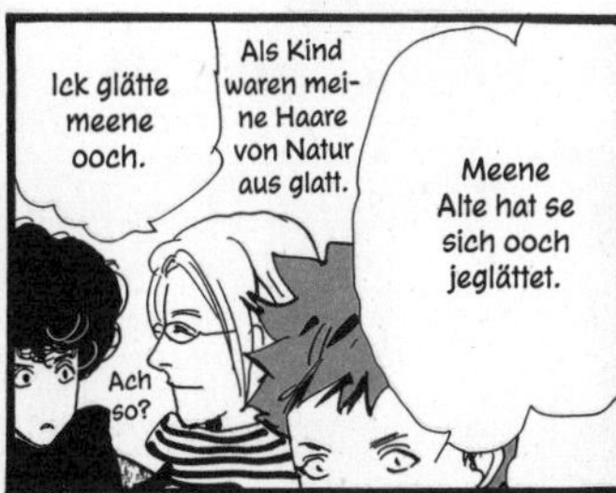
Meene Alte hat se sich ooch jeglättet.
Als Kind waren meine Haare von Natur aus glatt.
Ick glätte meene ooch.
Ach so?
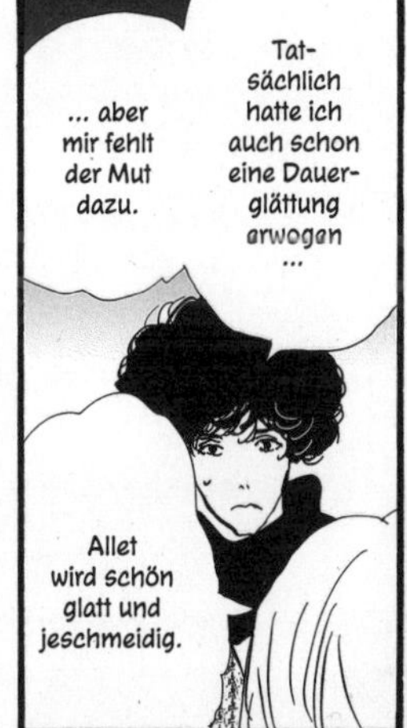
Tatsächlich hatte ich auch schon eine Dauerglättung erwogen ...
... aber mir fehlt der Mut dazu.
Allet wird schön glatt und jeschmeidig.

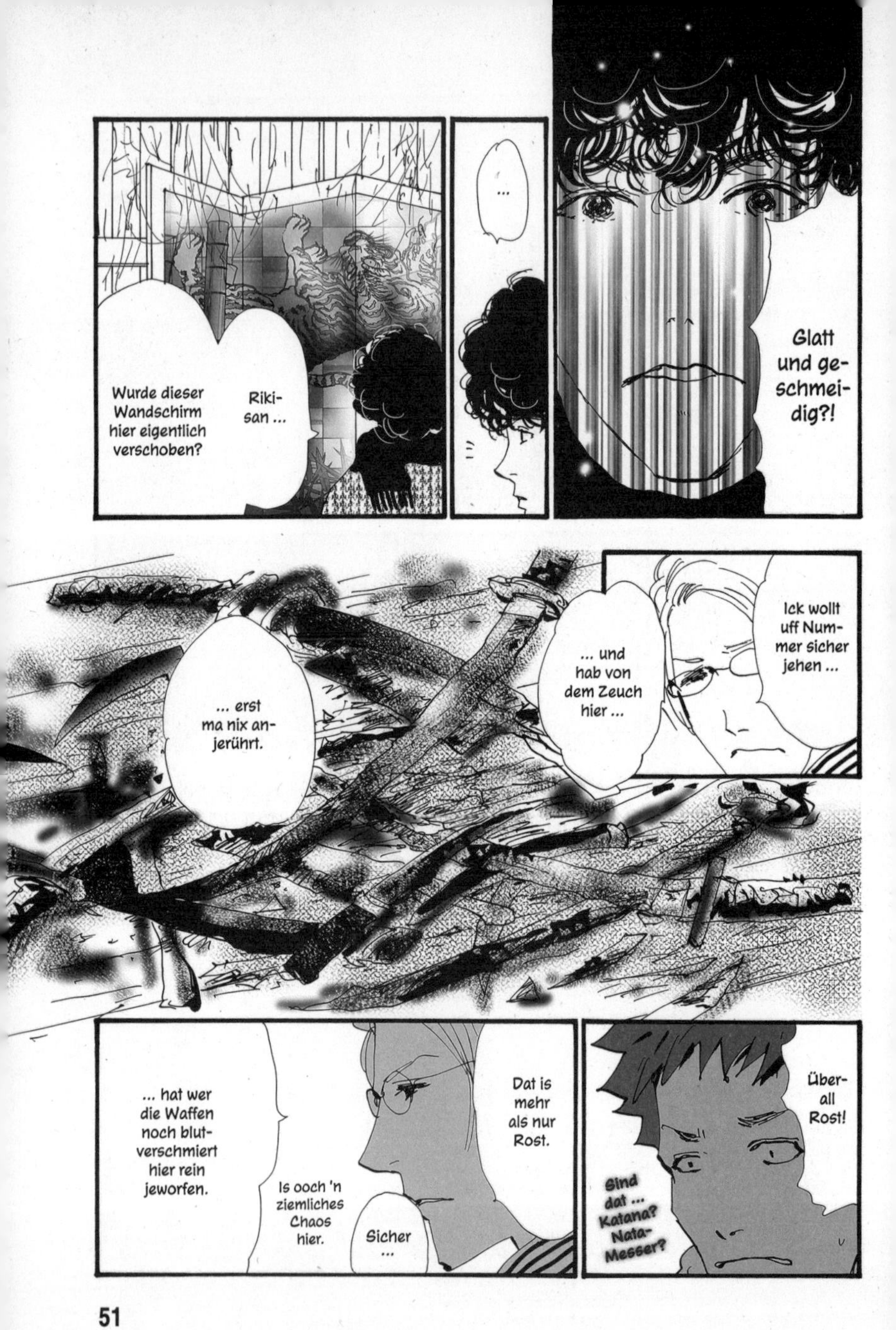

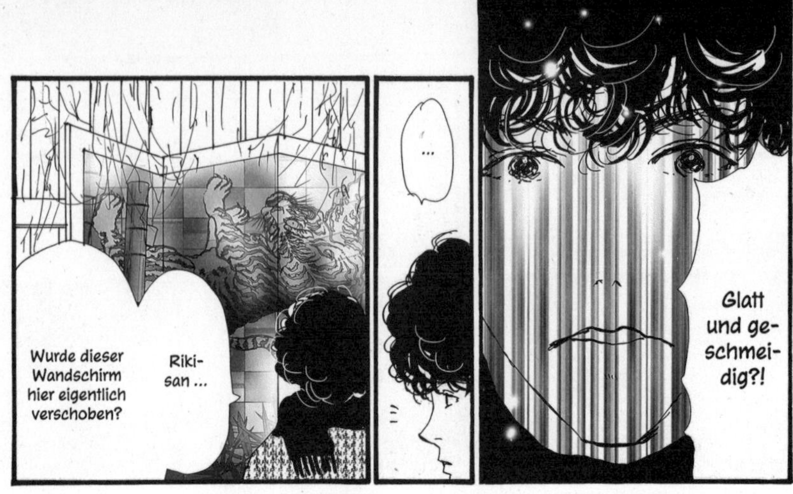
Glatt und geschmeidig?!
...
Riki-san ...
Wurde dieser Wandschirm hier eigentlich verschoben?
Ick wollt uff Nummer sicher jehen ...
... und hab von dem Zeuch hier ...
... erst ma nix anjerührt.
Überall Rost!
Sind dat ... Katana? Nata-Messer?
Dat is mehr als nur Rost.
Is ooch 'n ziemliches Chaos hier.
Sicher ...
... hat wer die Waffen noch blutverschmiert hier rein jeworfen.

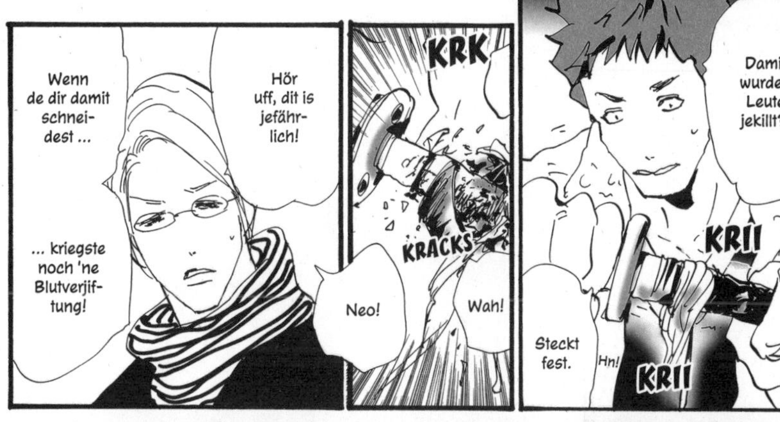
Damit wurden Leute jekillt?!
KRII
KRII
Hn!
Steckt fest.
KRK
KRACKS
Wah!
Neo!
Hör uff, dit is jefährlich!
Wenn de dir damit schneidest ...
... kriegste noch 'ne Blutverjiftung!
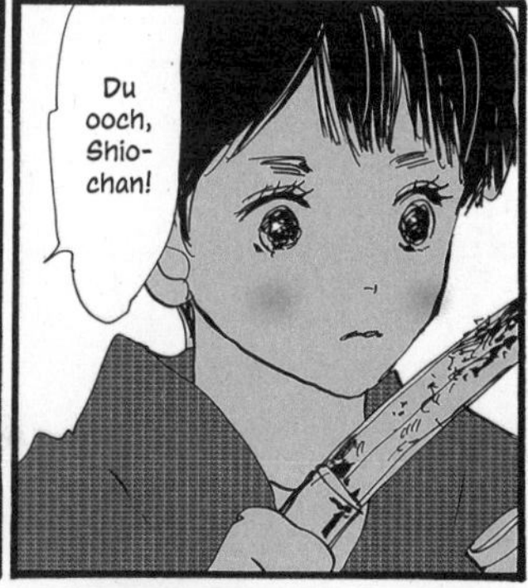
Du ooch, Shio-chan!
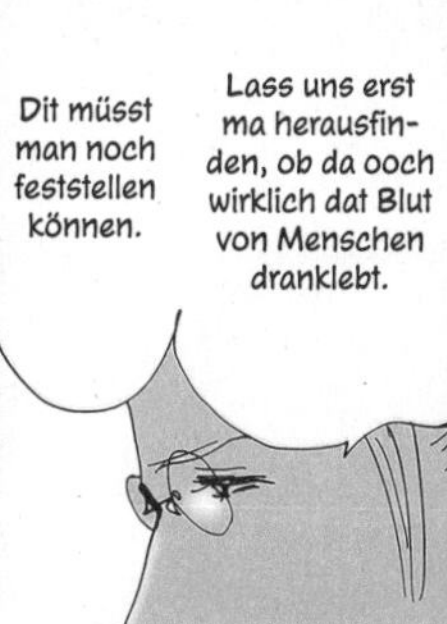
Lass uns erst ma herausfinden, ob da ooch wirklich dat Blut von Menschen dranklebt.
Dit müsst man noch feststellen können.
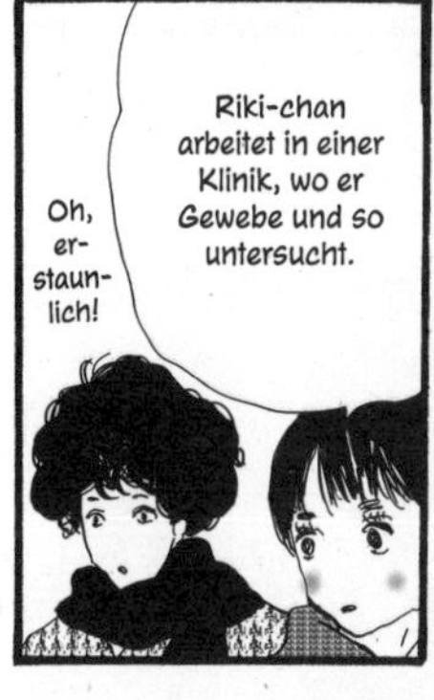
Riki-chan arbeitet in einer Klinik, wo er Gewebe und so untersucht.
Oh, erstaunlich!
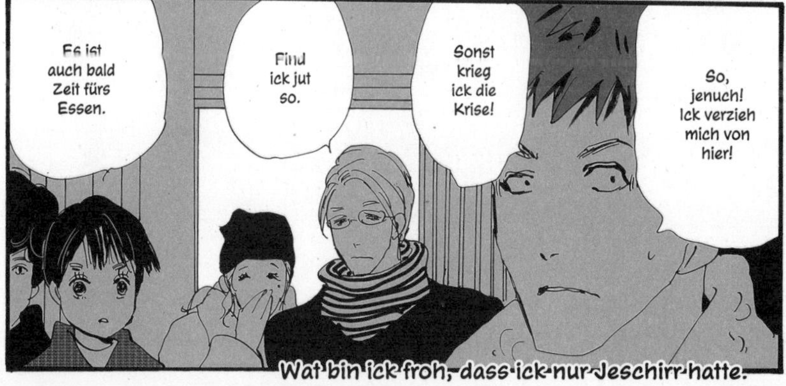
So, jenuch! Ick verzieh mich von hier!
Sonst krieg ick die Krise!
Find ick jut so.
Es ist auch bald Zeit fürs Essen.
Wat bin ick froh, dass ick nur Jeschirr hatte.

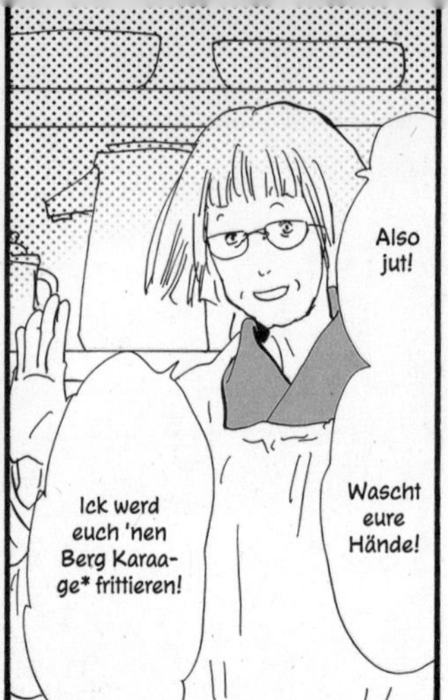

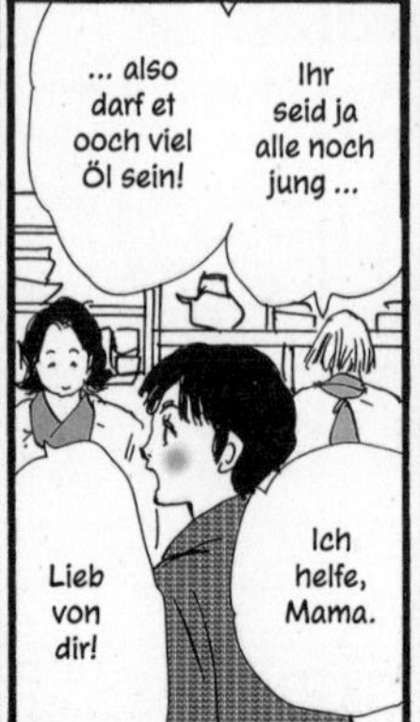

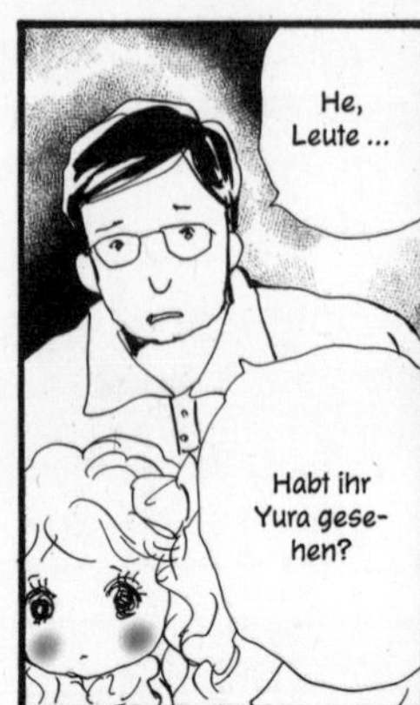

*frittiertes Hühnerfleisch

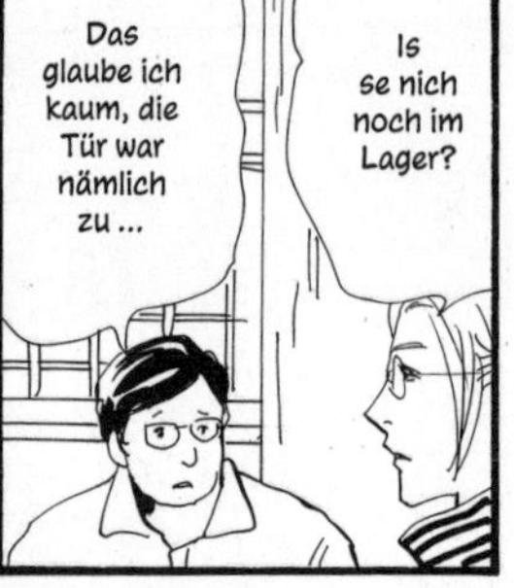

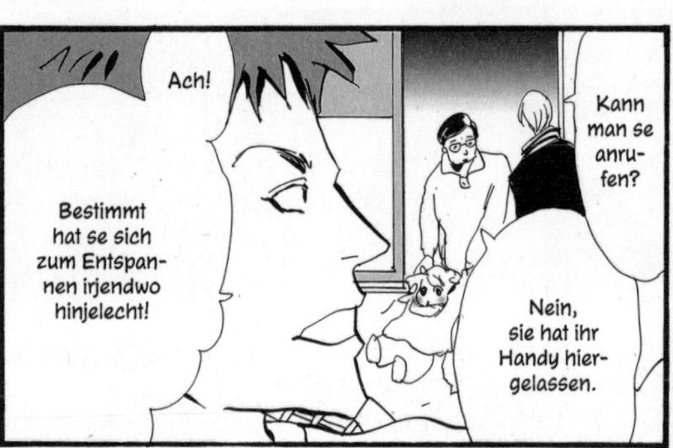

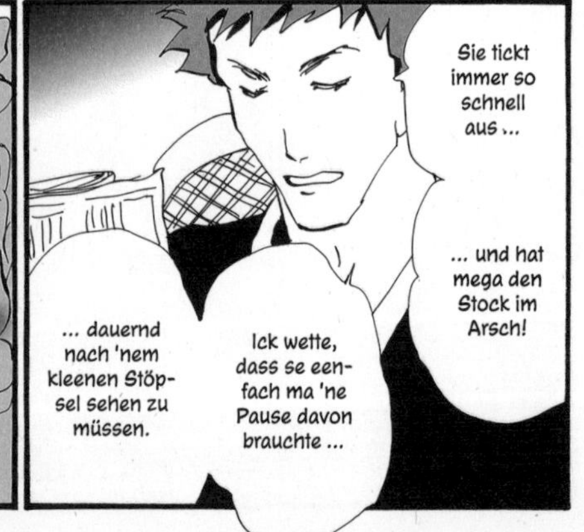

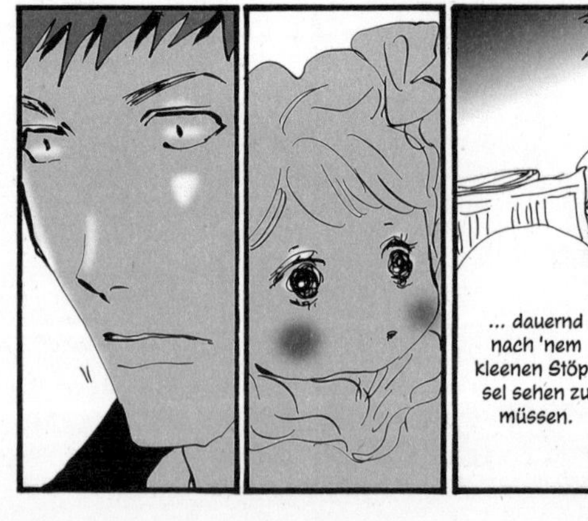

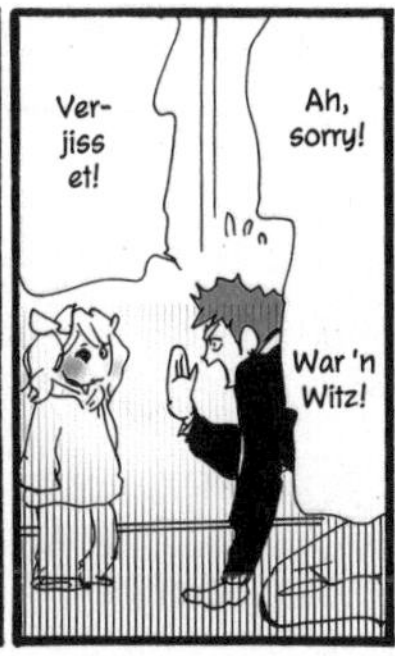
Ah, sorry!
War 'n Witz!
Ver-
jiss
et!

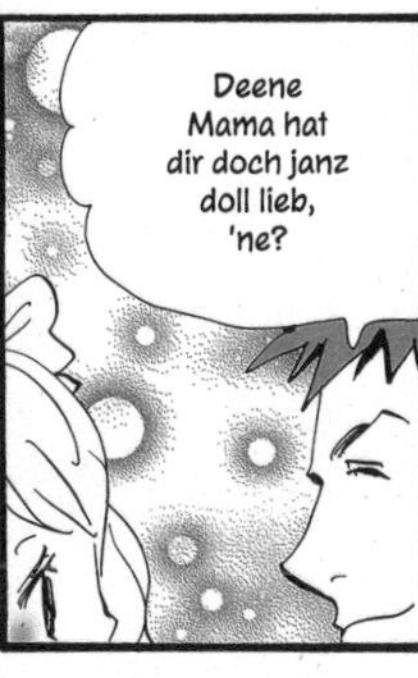
Deene Mama hat dir doch janz doll lieb, 'ne?

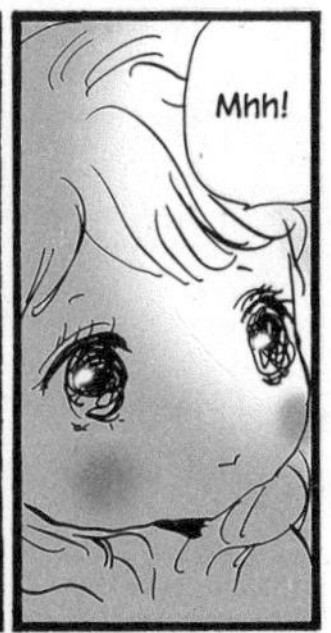
Mhh!

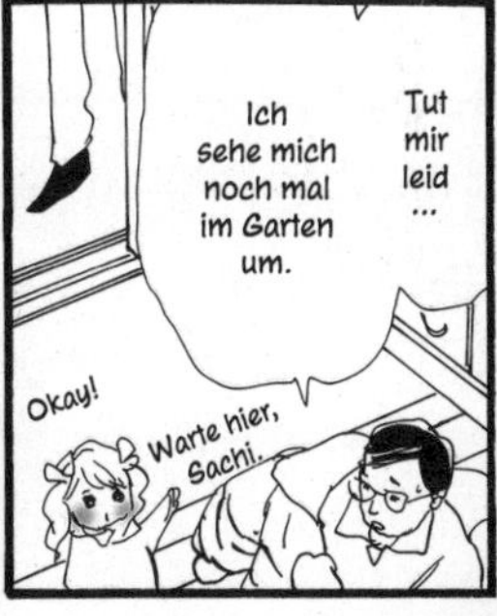
Tut mir leid ...
Ich sehe mich noch mal im Garten um.
Warte hier, Sachi.
Okay!

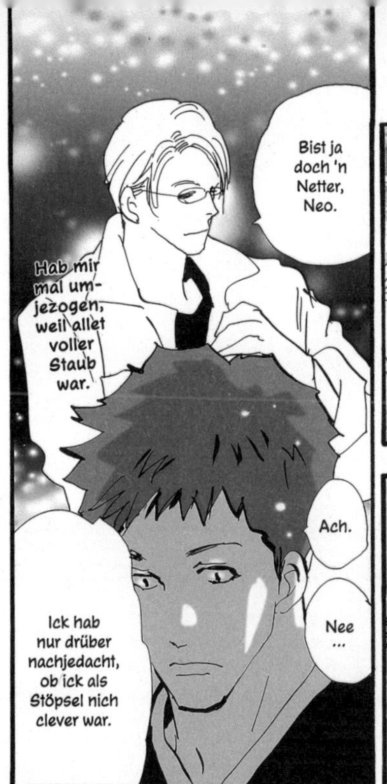
Bist ja doch 'n Netter, Neo.
Hab mir mal umjezogen, weil allet voller Staub war.
Ach.
Nee ...
Ick hab nur drüber nachjedacht, ob ick als Stöpsel nich clever war.

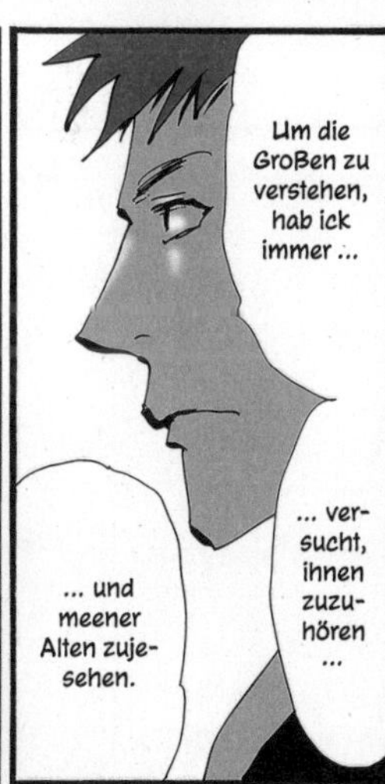
Um die Großen zu verstehen, hab ick immer ...
... ver-
sucht, ihnen zuzu-
hören ...
... und meener Alten zuje-
sehen.

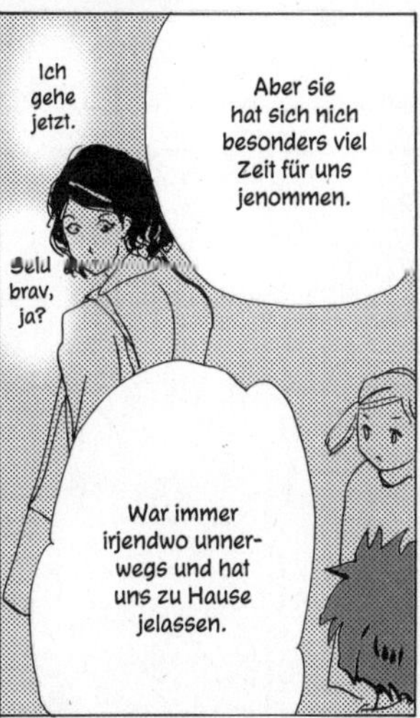
Aber sie hat sich nich besonders viel Zeit für uns jenommen.
Ich gehe jetzt.
brav, ja?
War immer irjendwo unner-
wegs und hat uns zu Hause jelassen.

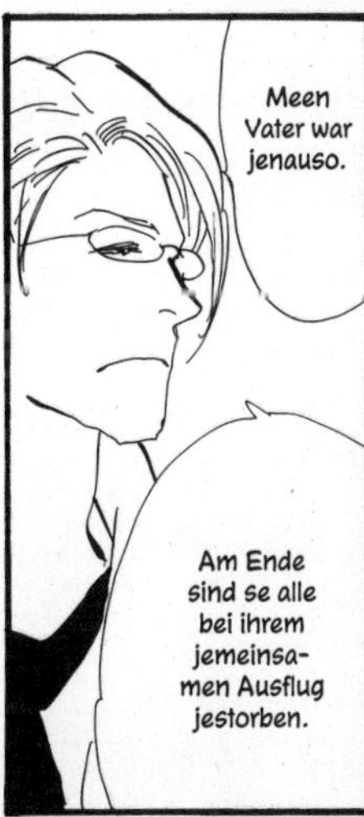
Meen Vater war jenauso.
Am Ende sind se alle bei ihrem jemeinsa-
men Ausflug jestorben.

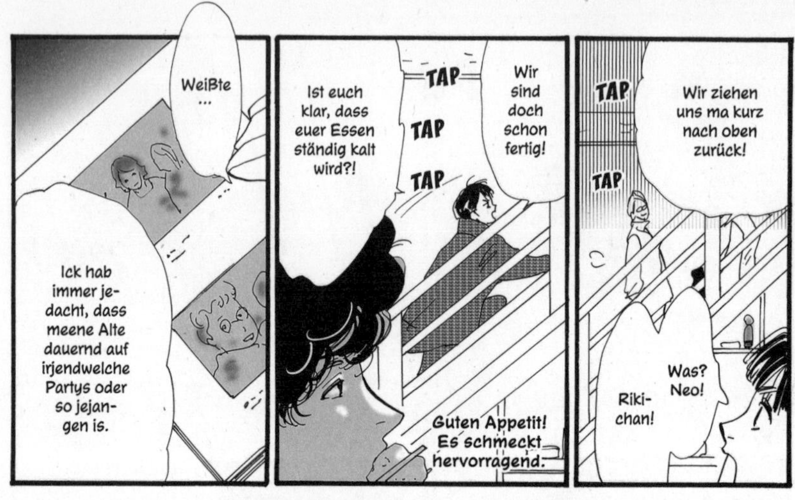
TAP
Wir ziehen uns ma kurz nach oben zurück!
TAP
Was? Neo!
Riki-chan!
Wir sind doch schon fertig!
TAP
TAP
TAP
Ist euch klar, dass euer Essen ständig kalt wird?!
Guten Appetit! Es schmeckt hervorragend.
Weißte ...
Ick hab immer jedacht, dass meene Alte dauernd auf irjendwelche Partys oder so jejangen is.

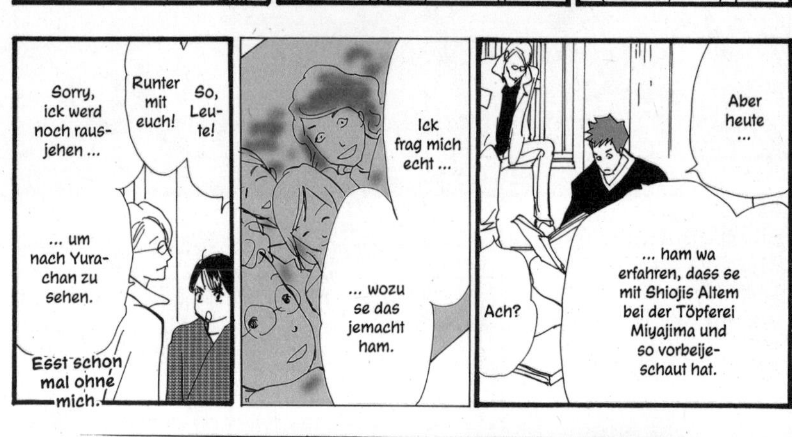
Aber heute ...
... ham wa erfahren, dass se mit Shiojis Altem bei der Töpferei Miyajima und so vorbeijeschaut hat.
Ach?
Ick frag mich echt ...
... wozu se das jemacht ham.
So, Leute!
Runter mit euch!
Sorry, ick werd noch rausjehen ...
... um nach Yura-chan zu sehen.
Esst schon mal ohne mich.

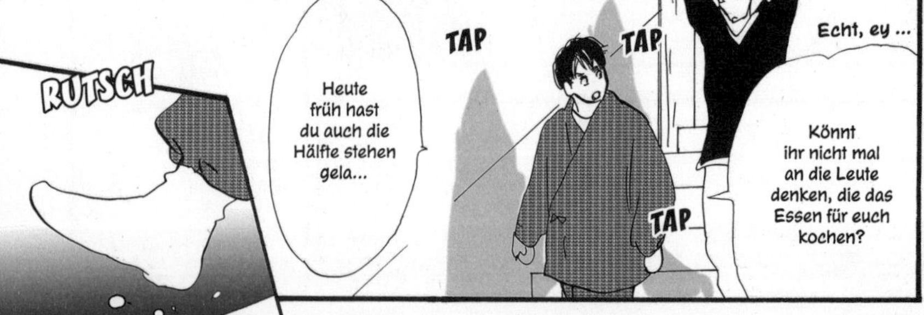
Echt, ey ...
Könnt ihr nicht mal an die Leute denken, die das Essen für euch kochen?
TAP
TAP
TAP
Heute früh hast du auch die Hälfte stehen gela...
RUTSCH

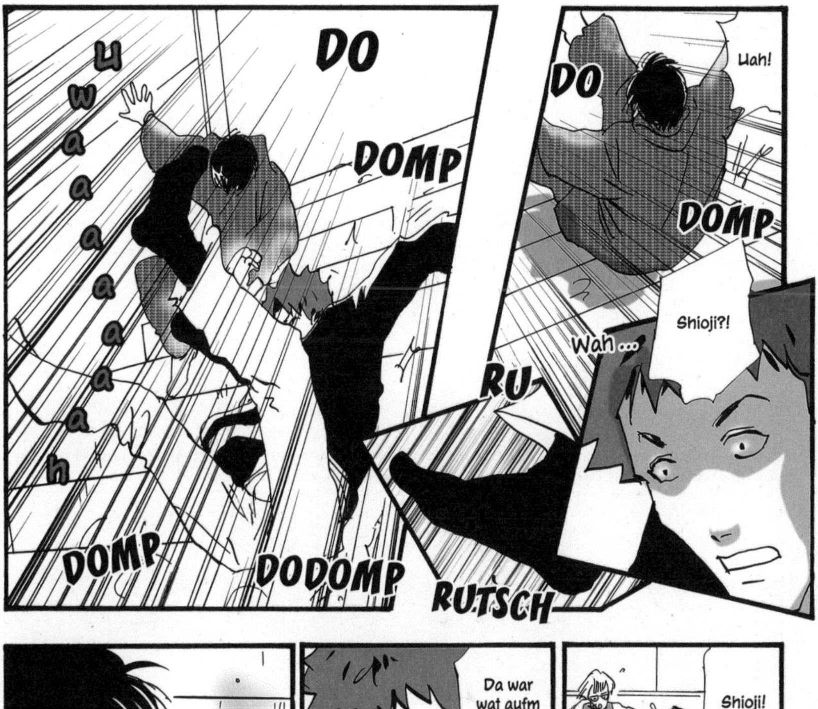

Uah!
DO
DOMP
DO
DOMP
Uwaaaaaaaaah
DOMP
DODOMP
Wah ...
RU
RUTSCH
Shioji?!

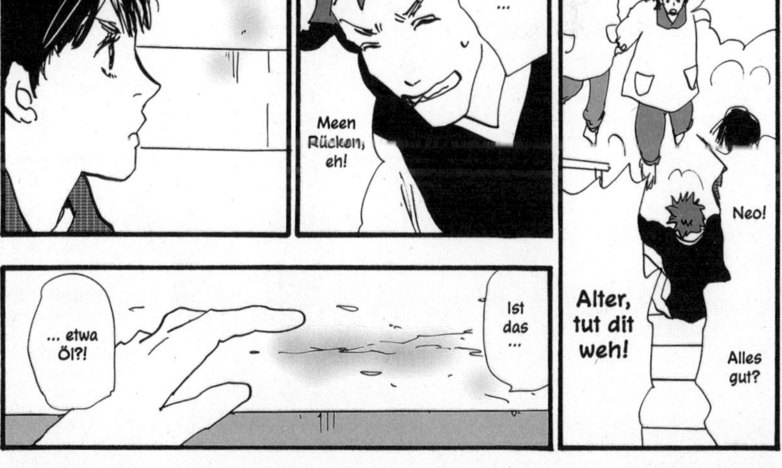
Shioji!
Neo!
Alter, tut dit weh!
Alles gut?
Da war wat aufm Boden ...
Meen Rücken, eh!
Ist das ...
... etwa Öl?!

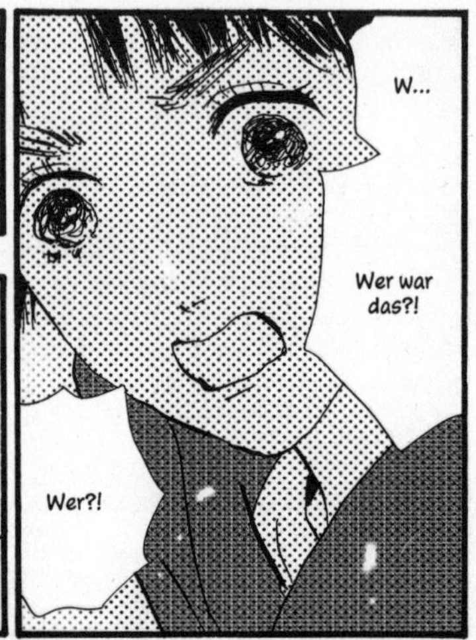
W...
Wer war das?!
Wer?!

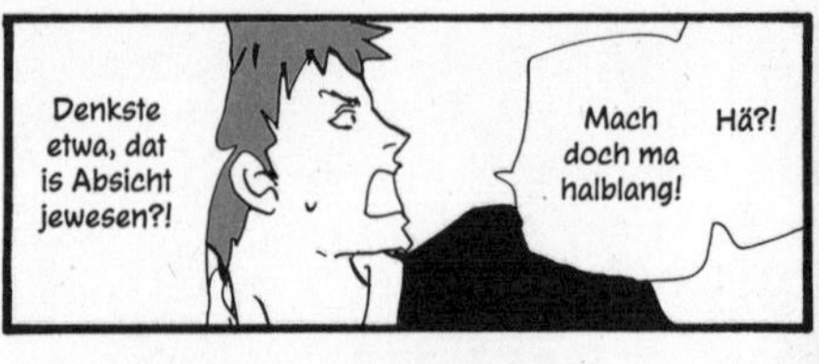
Hä?!
Mach doch ma halblang!
Denkste etwa, dat is Absicht jewesen?!

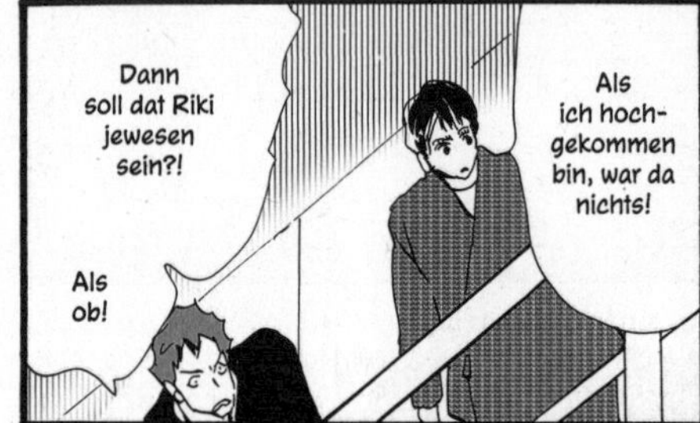
Als ich hochgekommen bin, war da nichts!
Dann soll dat Riki jewesen sein?!
Als ob!

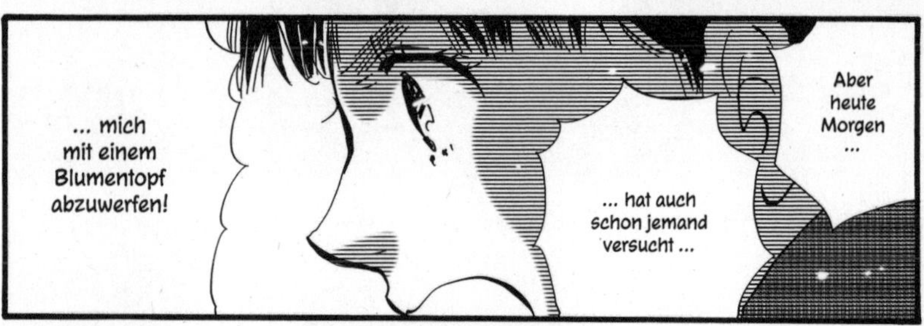
Aber heute Morgen ...
... hat auch schon jemand versucht ...
... mich mit einem Blumentopf abzuwerfen!

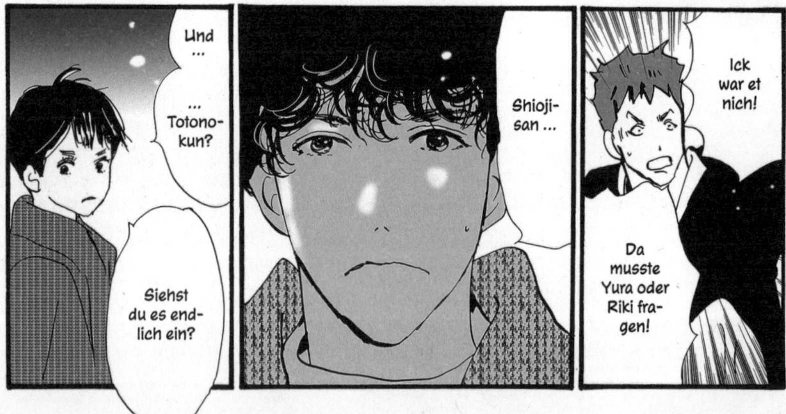
Ick war et nich!
Da musste Yura oder Riki fragen!
Shioji-san ...
Und ...
... Totono-kun?
Siehst du es endlich ein?

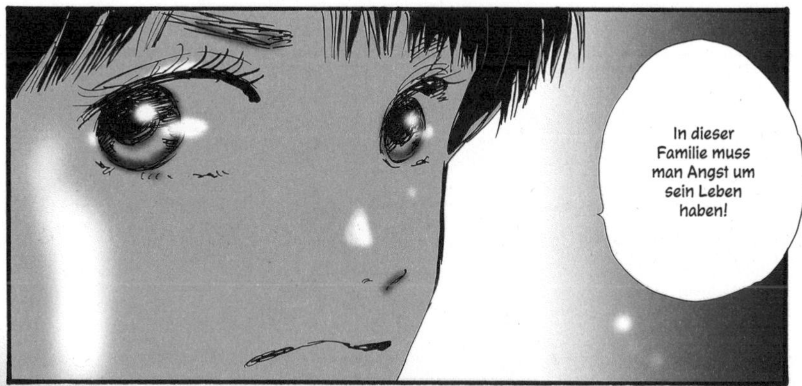
In dieser Familie muss man Angst um sein Leben haben!

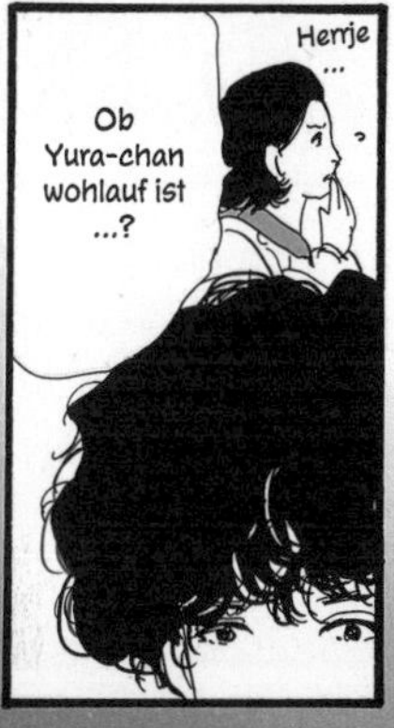
Herrje ...
Ob Yura-chan wohlauf ist ...?

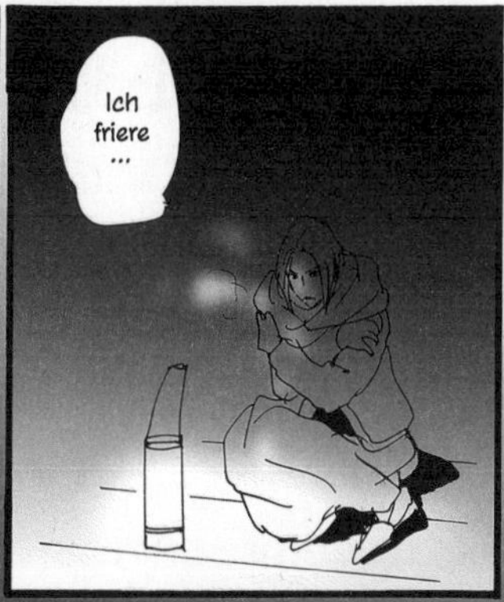
Ich friere ...

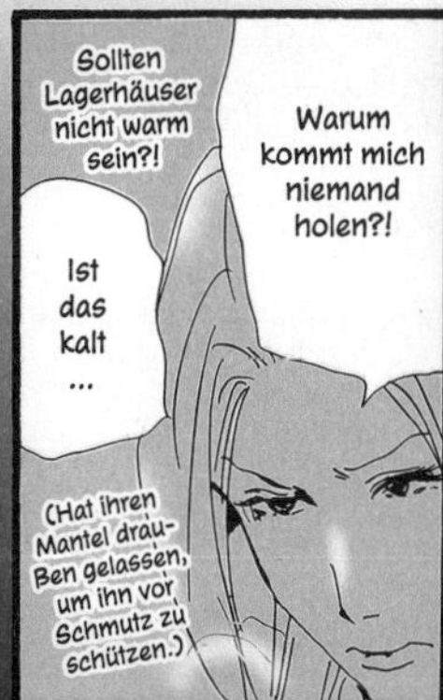
Warum kommt mich niemand holen?!
Sollten Lagerhäuser nicht warm sein?!
Ist das kalt ...
(Hat ihren Mantel drau-ßen gelassen, um ihn vor Schmutz zu schützen.)

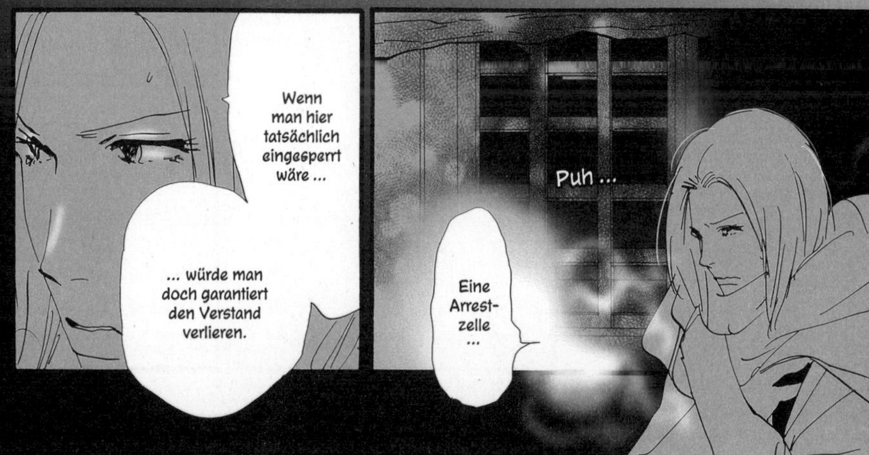
Puh ...
Eine Arrest-zelle ...
Wenn man hier tatsächlich eingesperrt wäre ...
... würde man doch garantiert den Verstand verlieren.

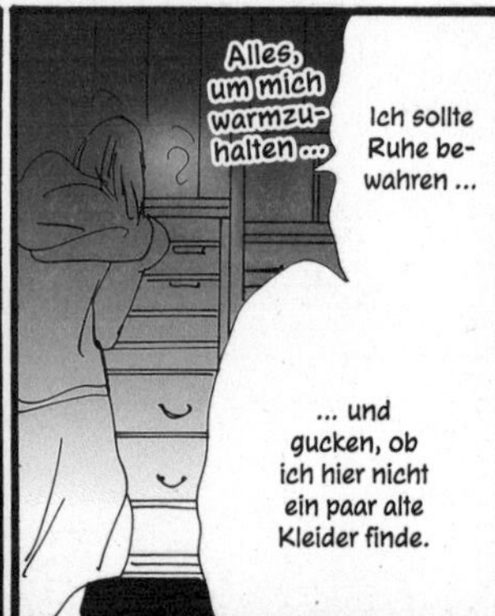
Ich sollte Ruhe bewahren ...
... und gucken, ob ich hier nicht ein paar alte Kleider finde.
Alles, um mich warmzuhalten ...

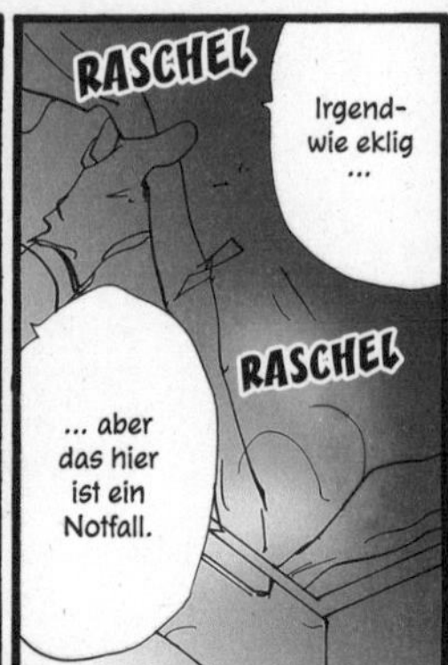
RASCHEL
Irgend-wie eklig ...
RASCHEL
... aber das hier ist ein Notfall.

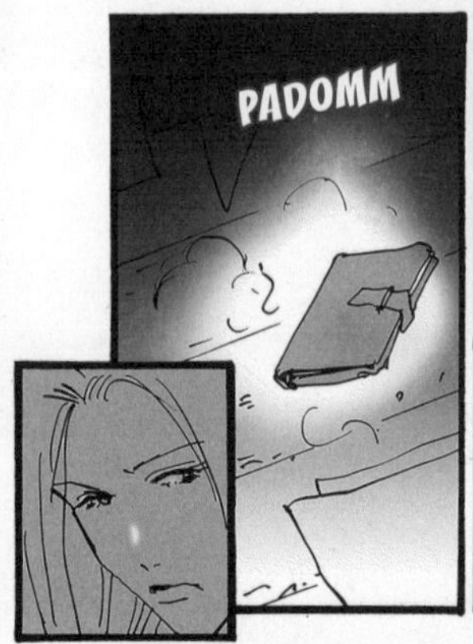
PADOMM

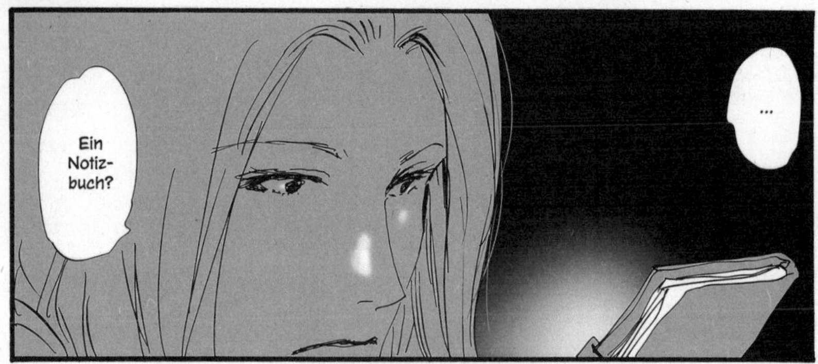
...
Ein Notiz-buch?

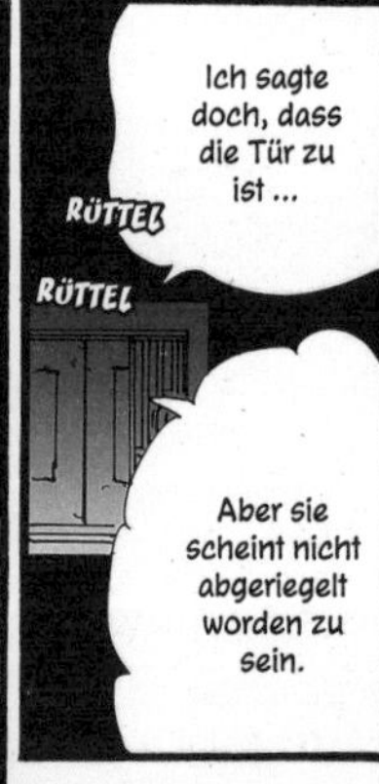
Ich sagte doch, dass die Tür zu ist ...
RÜTTEL
RÜTTEL
Aber sie scheint nicht abgeriegelt worden zu sein.

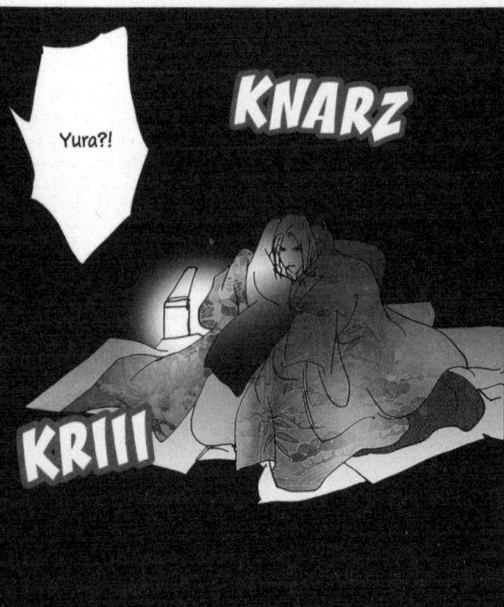
KNARZ
KRIII
Yura?!

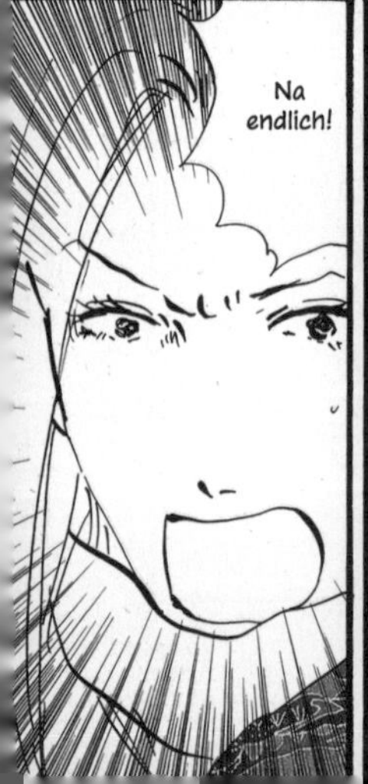
Na endlich!

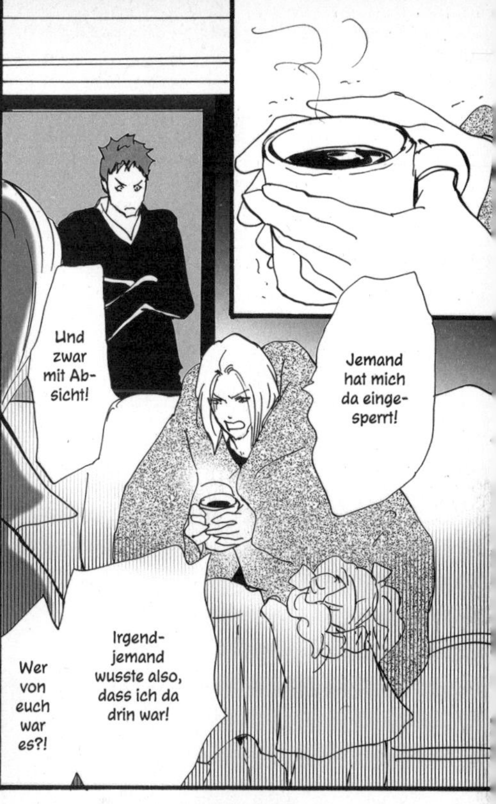

Jemand hat mich da eingesperrt!
Und zwar mit Absicht!
Irgendjemand wusste also, dass ich da drin war!
Wer von euch war es?!

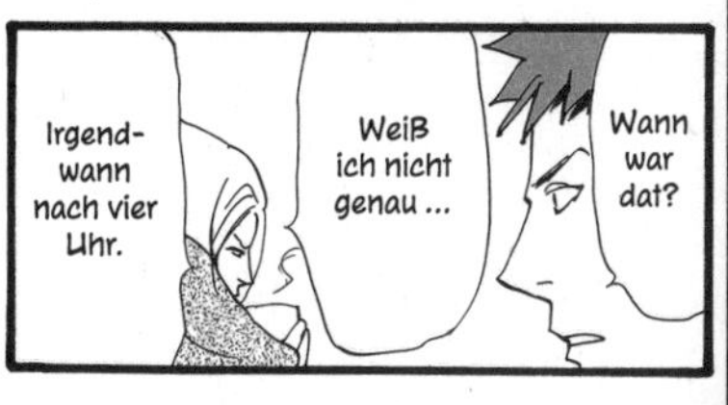

Wann war dat?
Weiß ich nicht genau ...
Irgendwann nach vier Uhr.

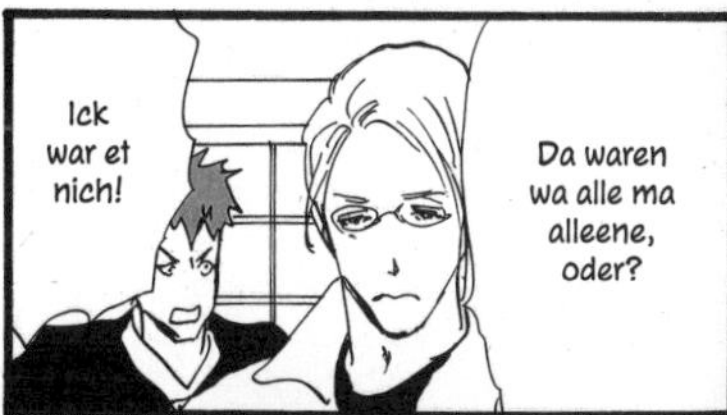

Da waren wa alle ma alleene, oder?
Ick war et nich!

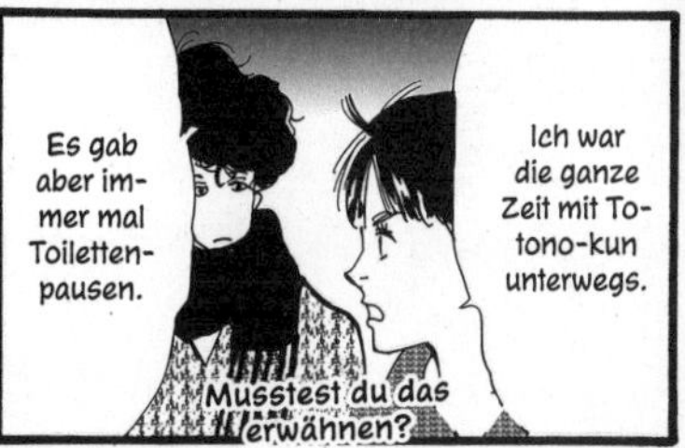

Ich war die ganze Zeit mit Totono-kun unterwegs.
Es gab aber immer mal Toilettenpausen.
Musstest du das erwähnen?

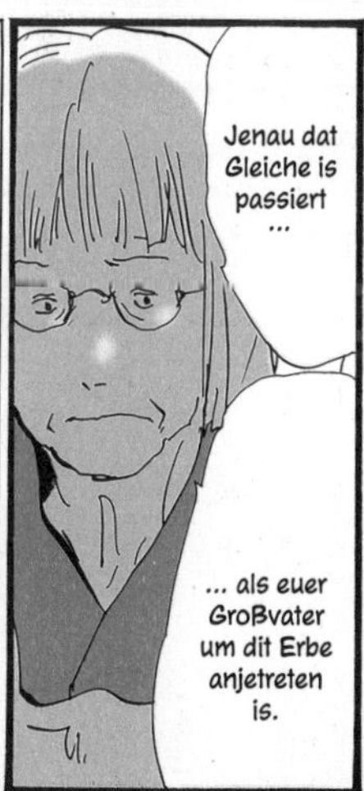

Jenau dat Gleiche is passiert ...
... als euer Großvater um dit Erbe anjetreten is.

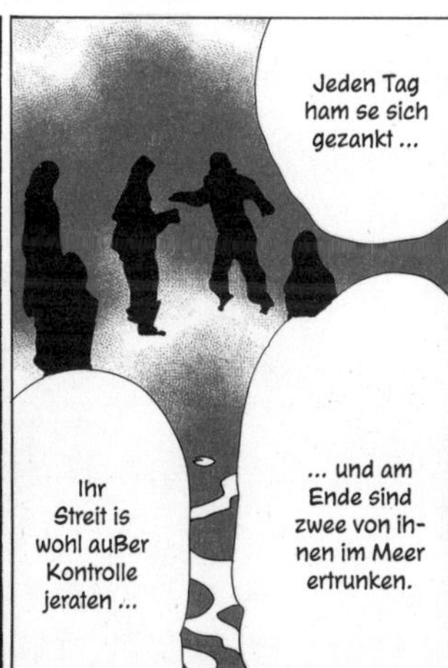

Jeden Tag ham se sich gezankt ...
... und am Ende sind zwee von ihnen im Meer ertrunken.
Ihr Streit is wohl außer Kontrolle jeraten ...

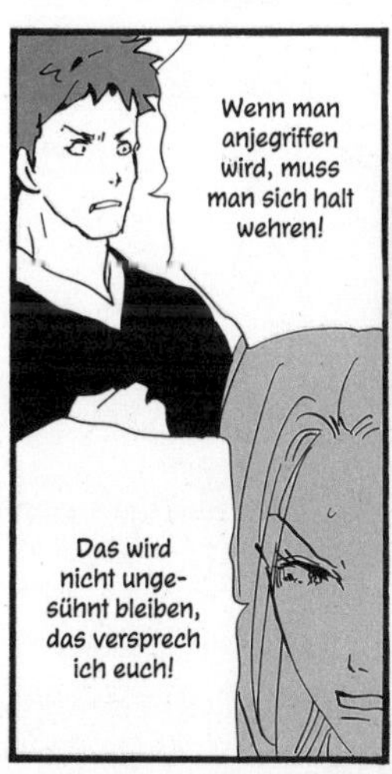

Wenn man anjegriffen wird, muss man sich halt wehren!
Das wird nicht ungesühnt bleiben, das versprech ich euch!

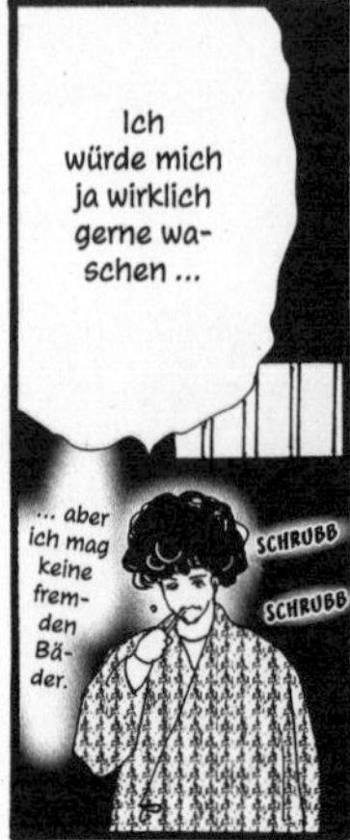
Ich würde mich ja wirklich gerne waschen ...
... aber ich mag keine fremden Bäder.
SCHRUBB
SCHRUBB
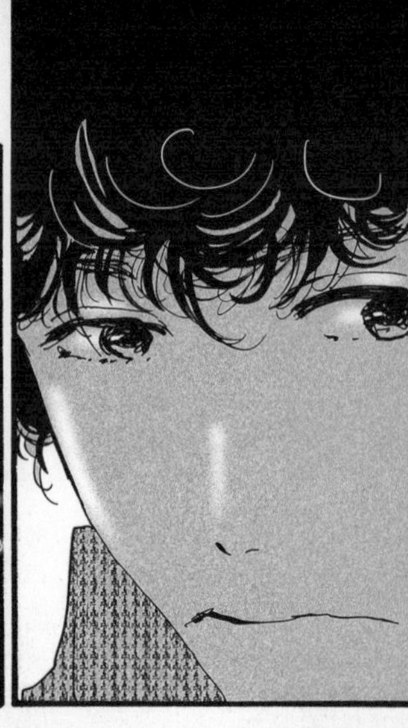
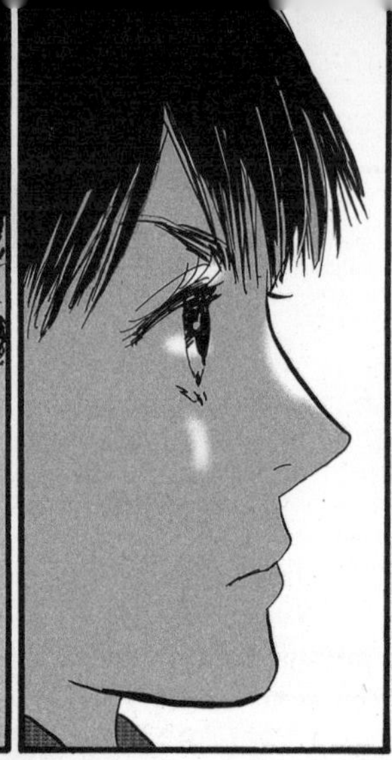
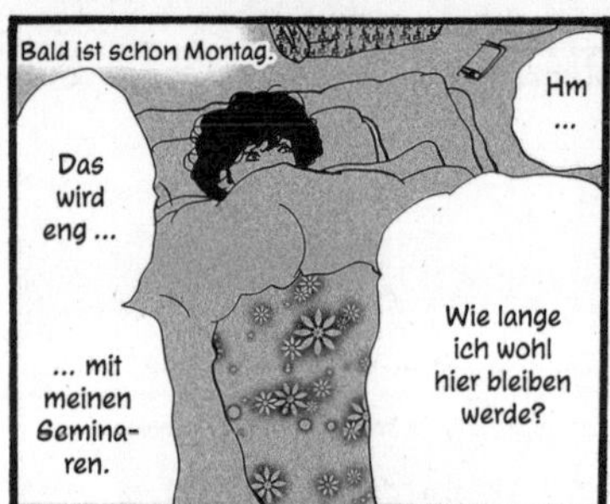
Bald ist schon Montag.
Hm ...
Das wird eng ...
... mit meinen Seminaren.
Wie lange ich wohl hier bleiben werde?
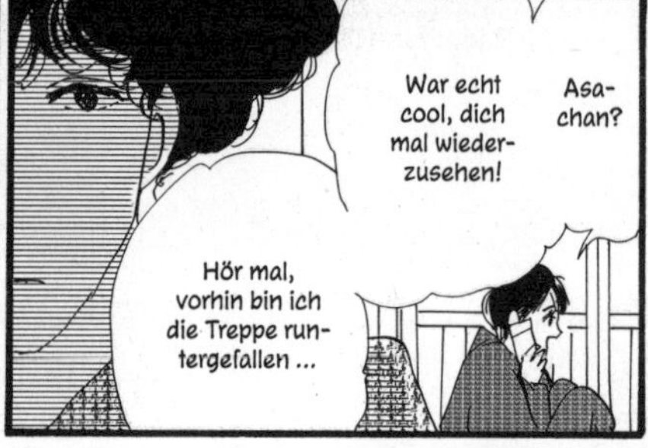
Asa-chan?
War echt cool, dich mal wiederzusehen!
Hör mal, vorhin bin ich die Treppe runtergefallen ...
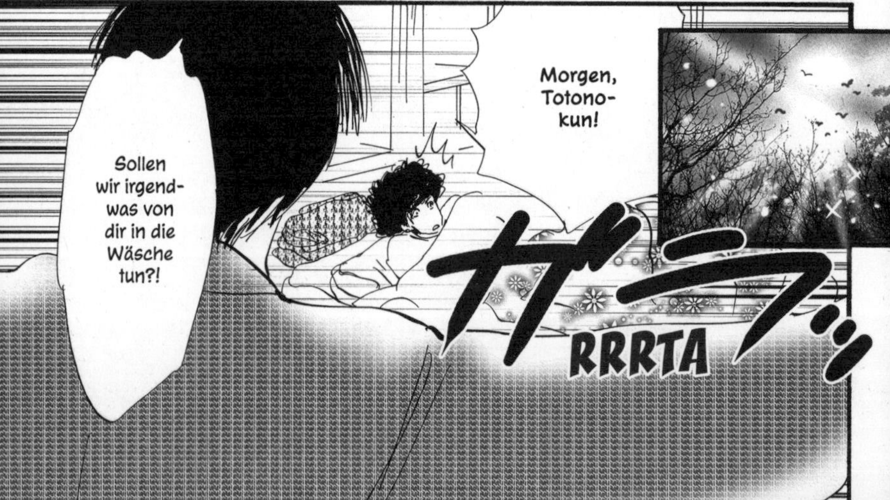
Morgen, Totono-kun!
Sollen wir irgendwas von dir in die Wäsche tun?!
RRRTA

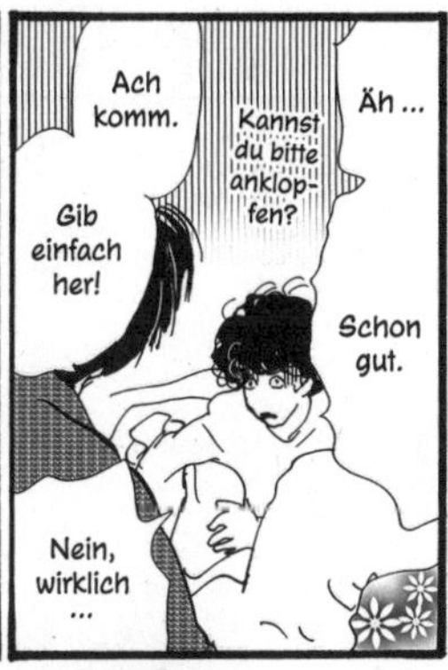
Äh ...
Kannst du bitte anklopfen?
Ach komm.
Gib einfach her!
Schon gut.
Nein, wirklich ...

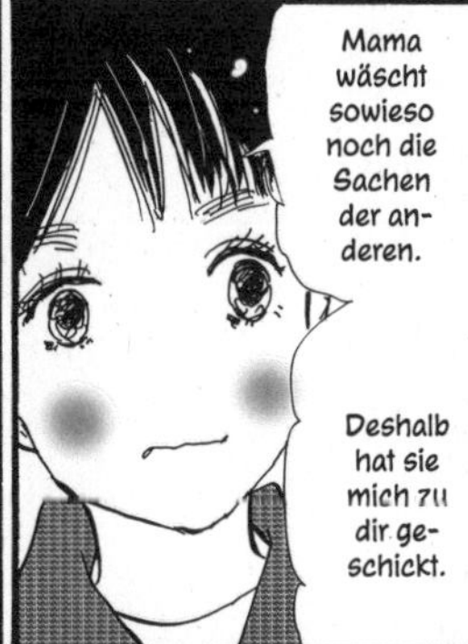
Mama wäscht sowieso noch die Sachen der anderen.
Deshalb hat sie mich zu dir geschickt.

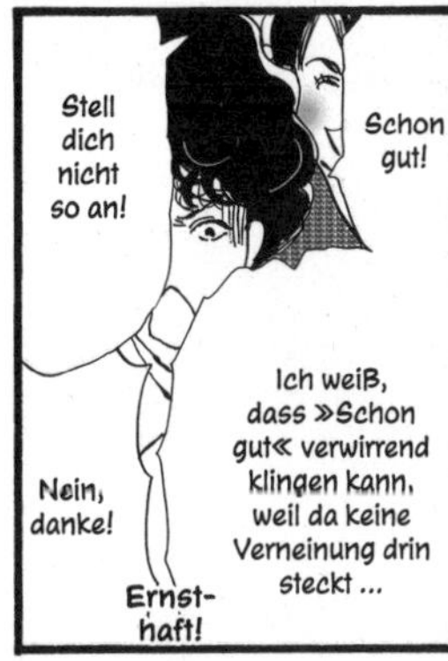
Schon gut!
Stell dich nicht so an!
Ich weiß, dass »Schon gut« verwirrend klingen kann, weil da keine Verneinung drin steckt ...
Nein, danke!
Ernsthaft!

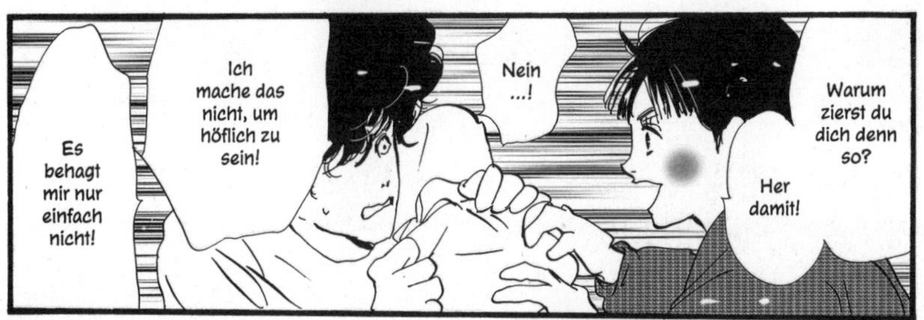
Warum zierst du dich denn so?
Her damit!
Nein ...!
Ich mache das nicht, um höflich zu sein!
Es behagt mir nur einfach nicht!

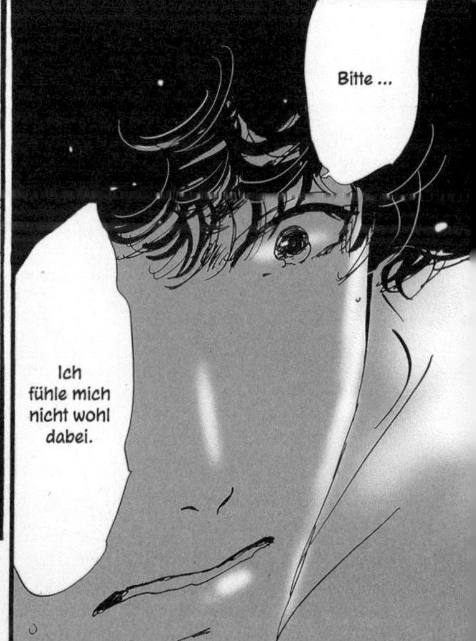
Bitte ...
Ich fühle mich nicht wohl dabei.

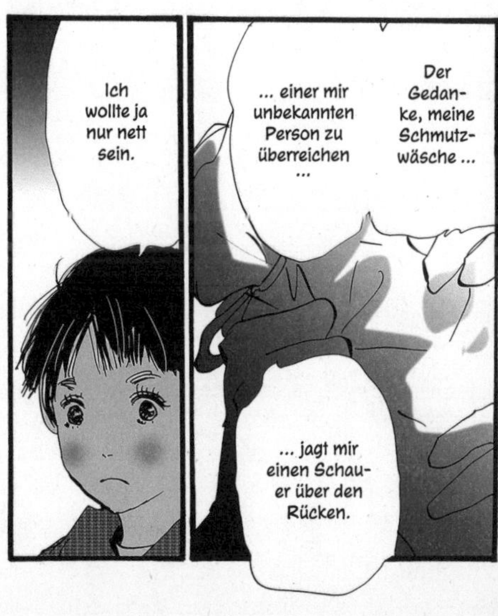
Der Gedanke, meine Schmutzwäsche ...
... einer mir unbekannten Person zu überreichen ...
... jagt mir einen Schauer über den Rücken.
Ich wollte ja nur nett sein.

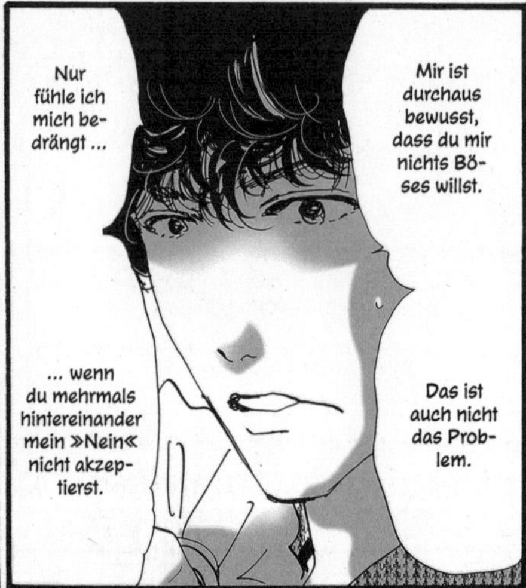

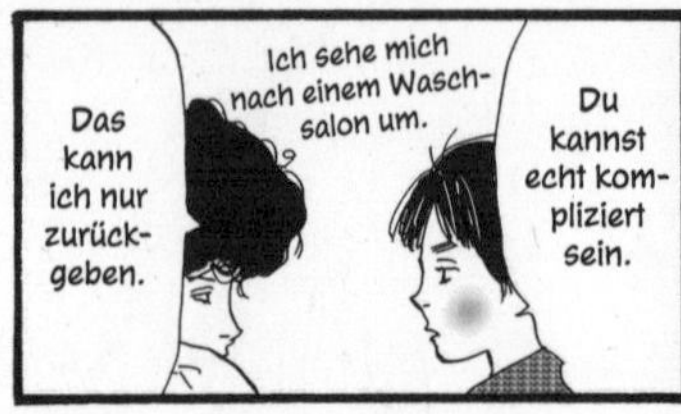

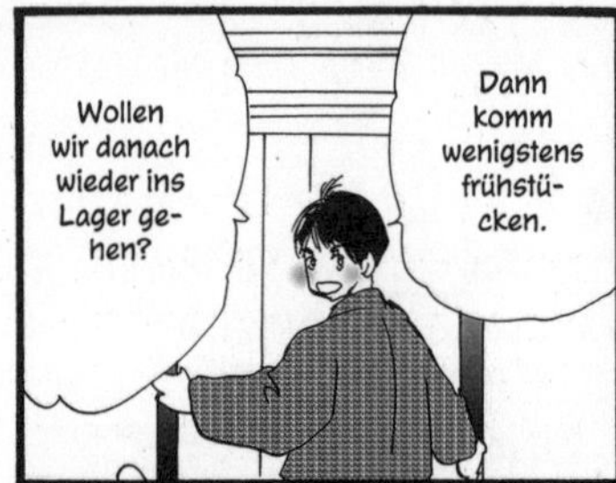

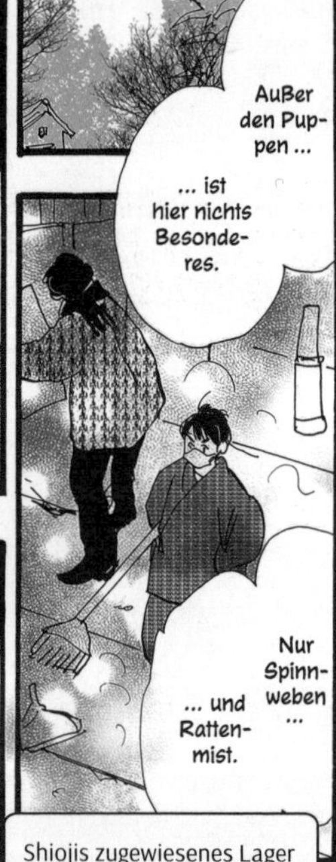

Shiojis zugewiesenes Lager
»Fragende Bedenken«

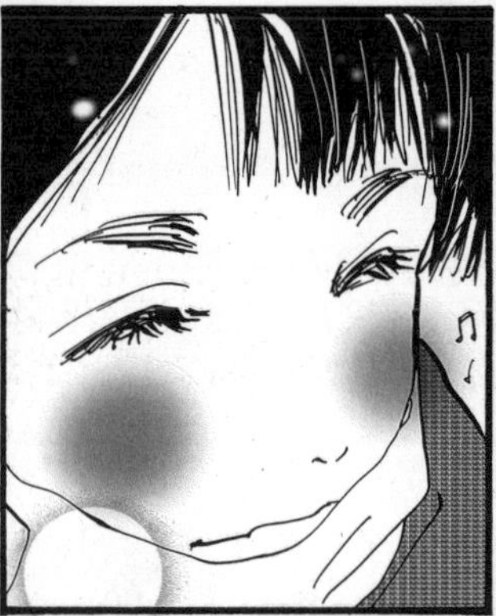

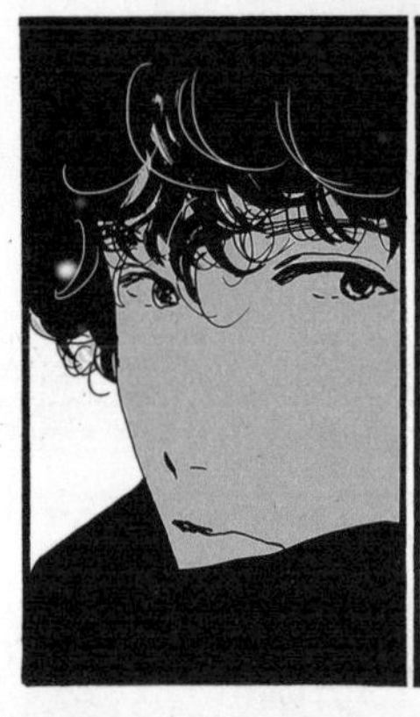

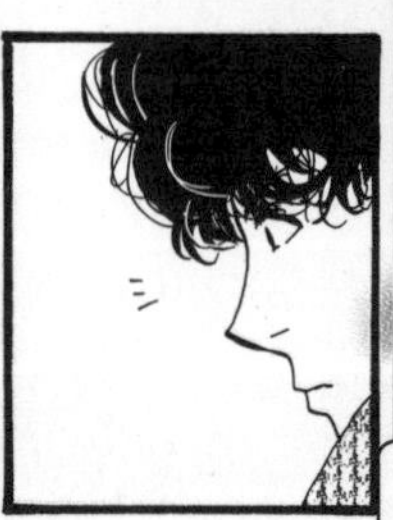

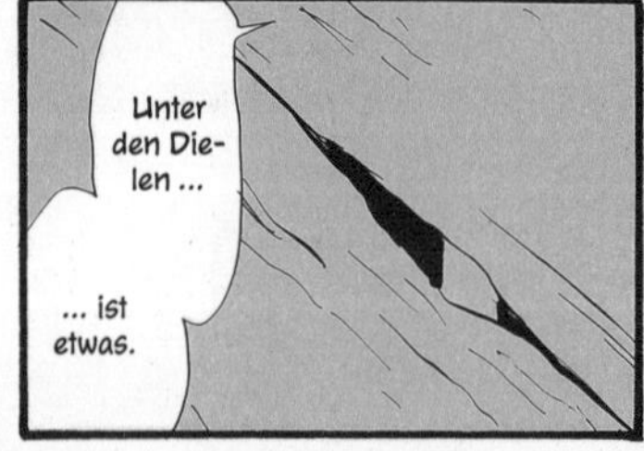

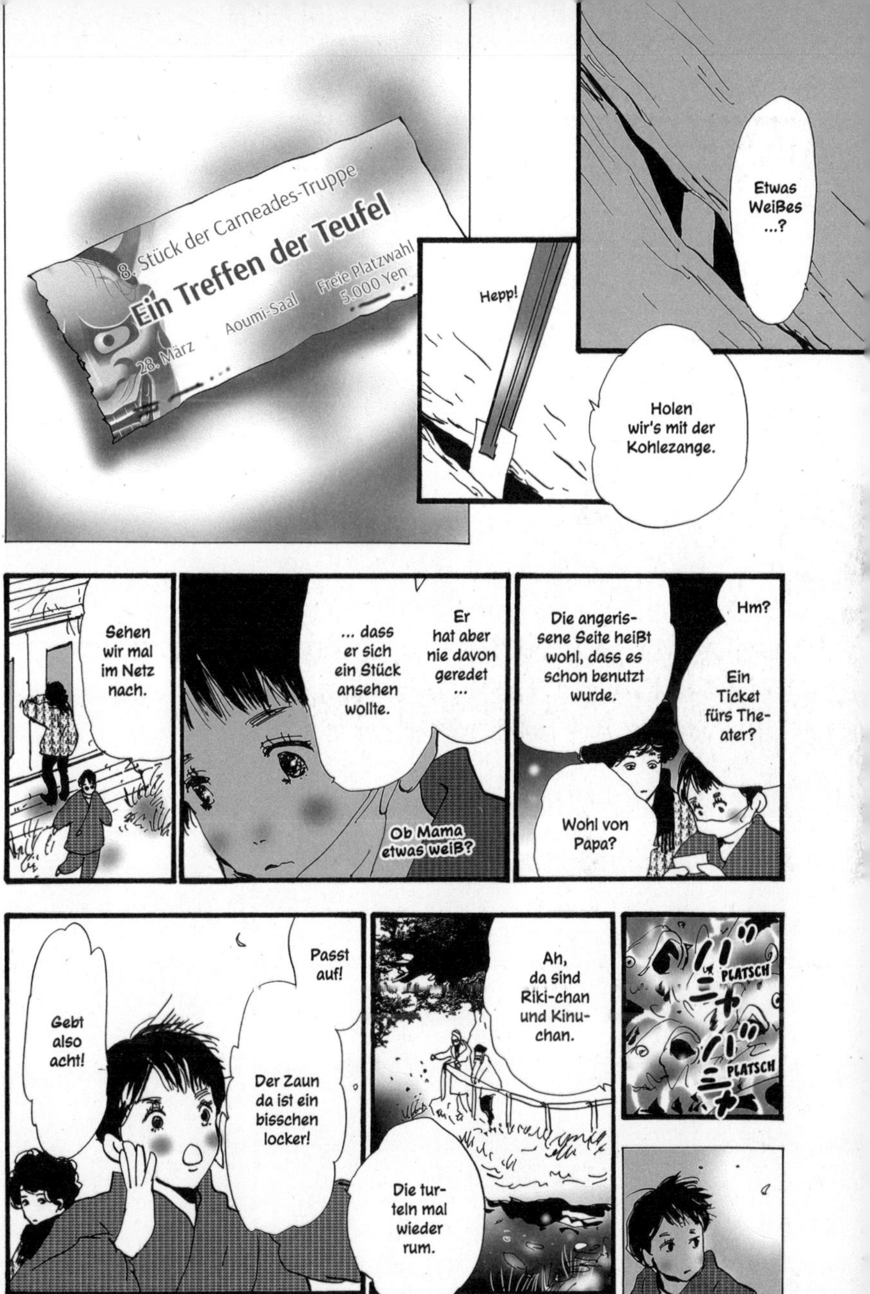

Etwas Weißes ...?
Hepp!
Holen wir's mit der Kohlezange.
8. Stück der Carneades-Truppe
Ein Treffen der Teufel
28. März
Aoumi-Saal
Freie Platzwahl 5.000 Yen

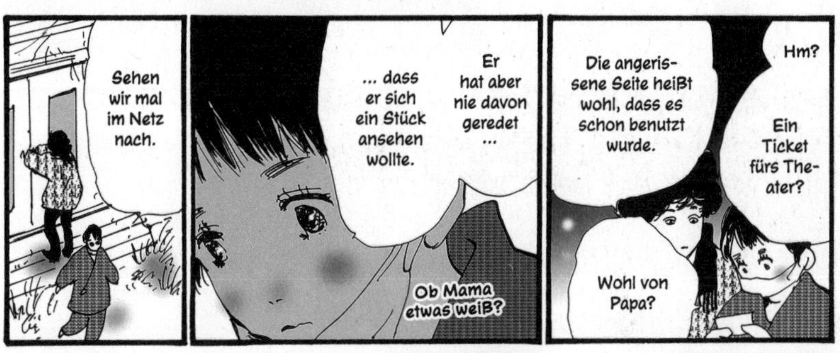

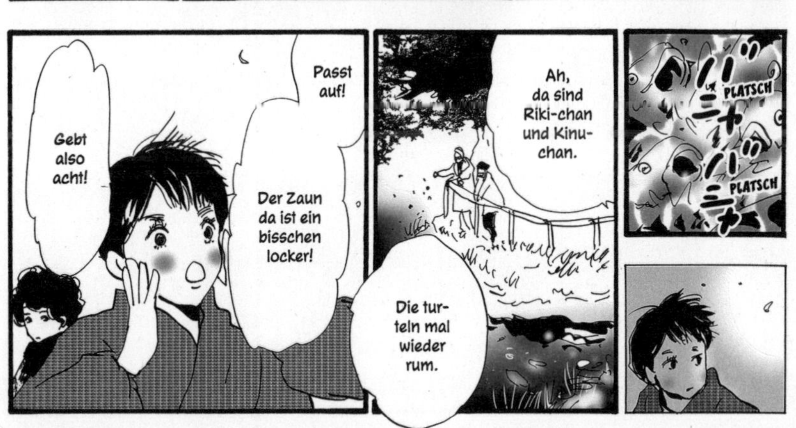

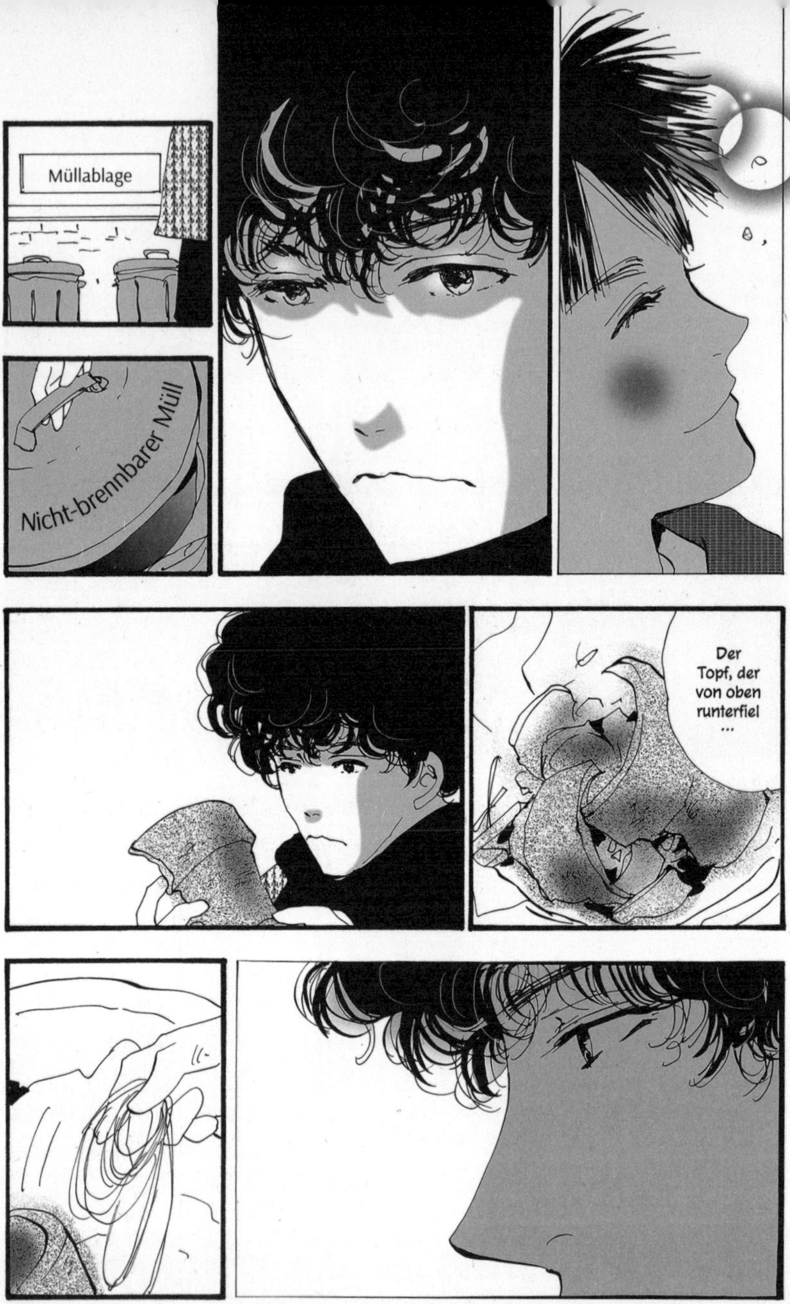

Müllablage

Nicht-brennbarer Müll

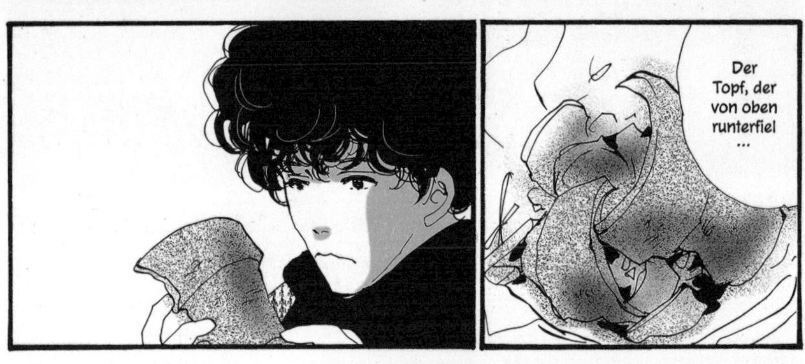

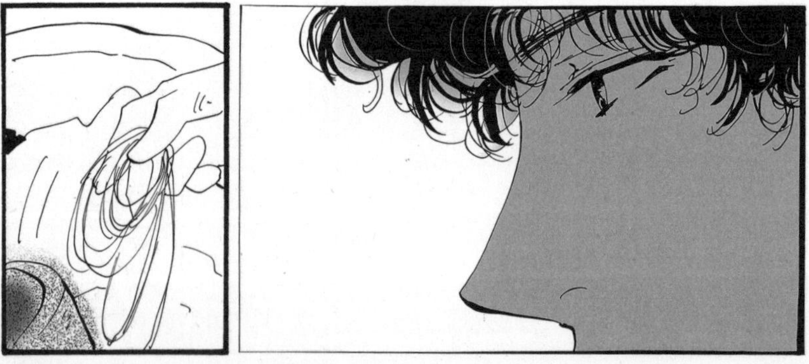

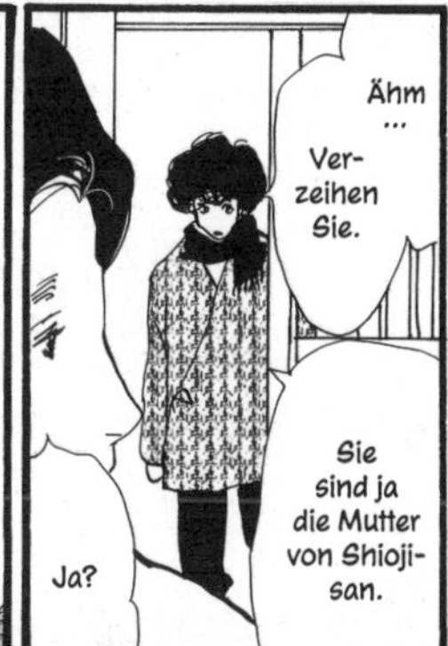
Ähm ...
Verzeihen Sie.
Sie sind ja die Mutter von Shioji-san.
Ja?

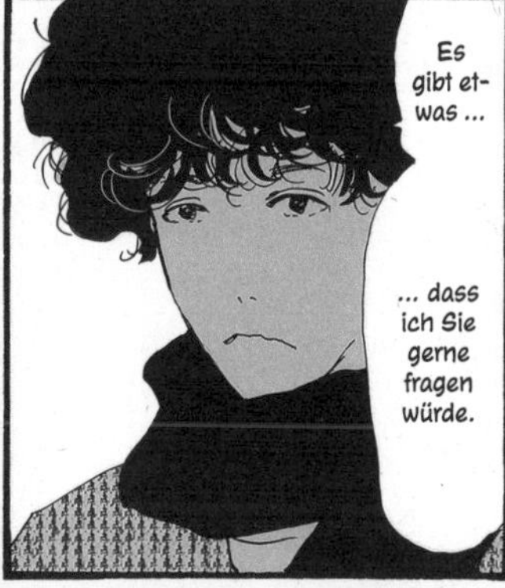
Es gibt etwas ...
... dass ich Sie gerne fragen würde.

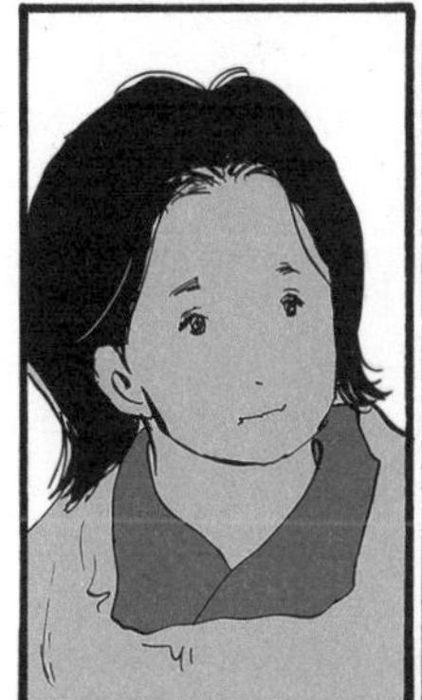

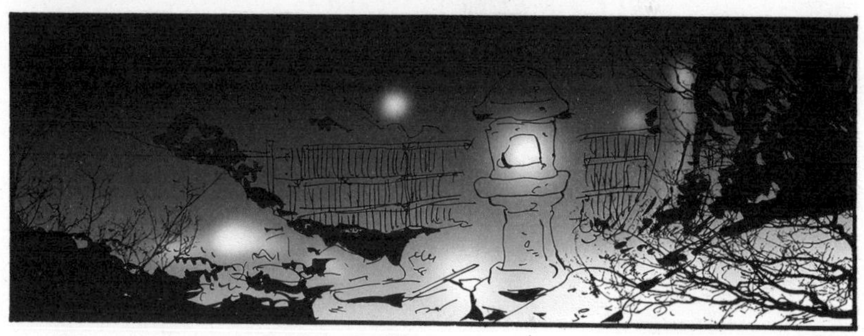

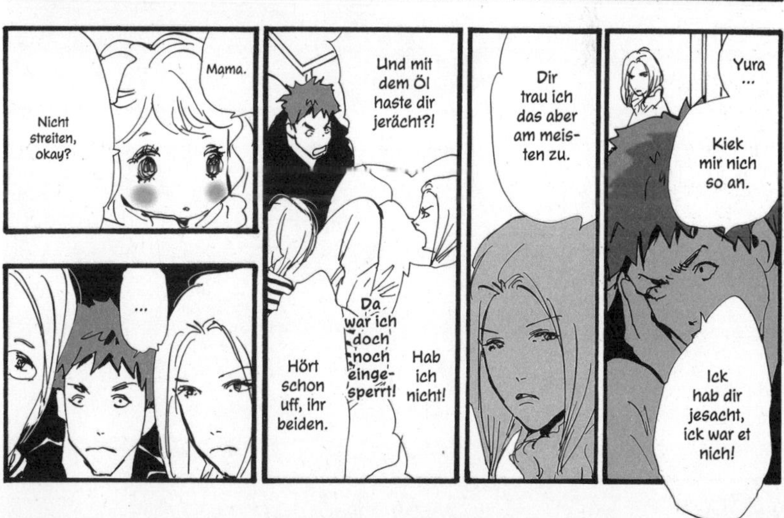
Yura ...
Kiek mir nich so an.
Ick hab dir jesacht, ick war et nich!
Dir trau ich das aber am meisten zu.
Und mit dem Öl haste dir jerächt?!
Da war ich doch noch eingesperrt!
Hab ich nicht!
Hört schon uff, ihr beiden.
Mama.
Nicht streiten, okay?
...

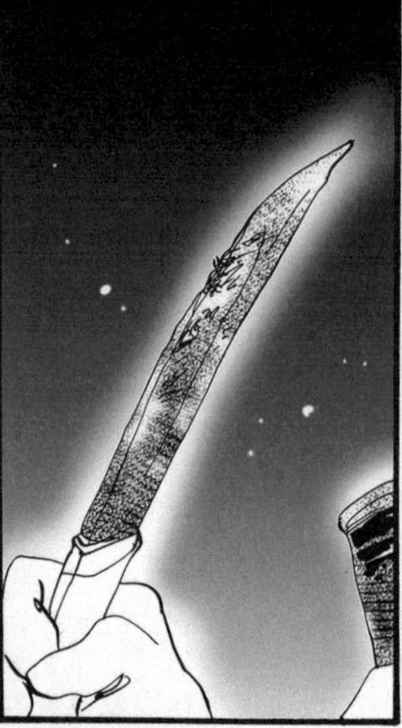
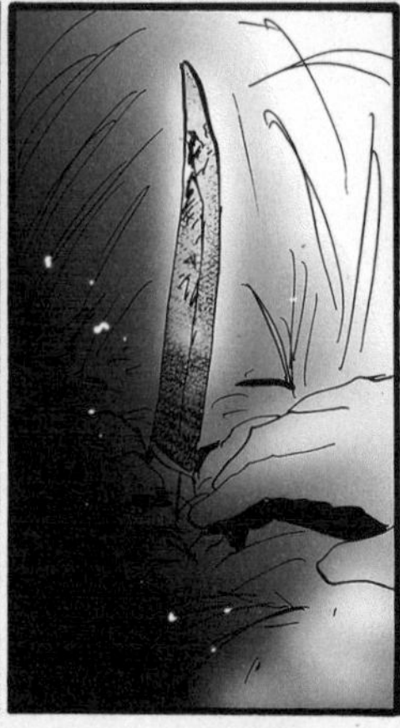
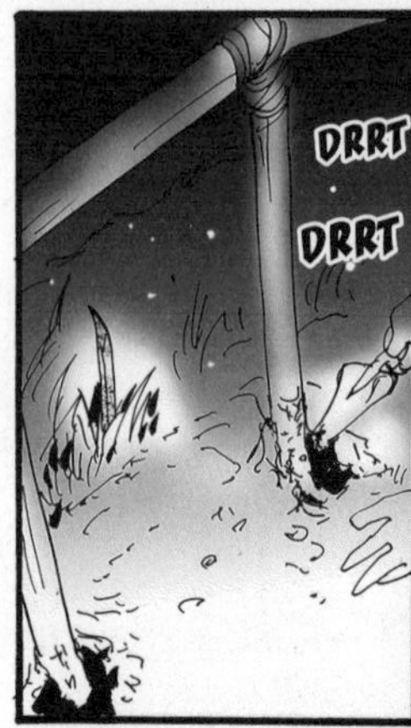
DRRT
DRRT
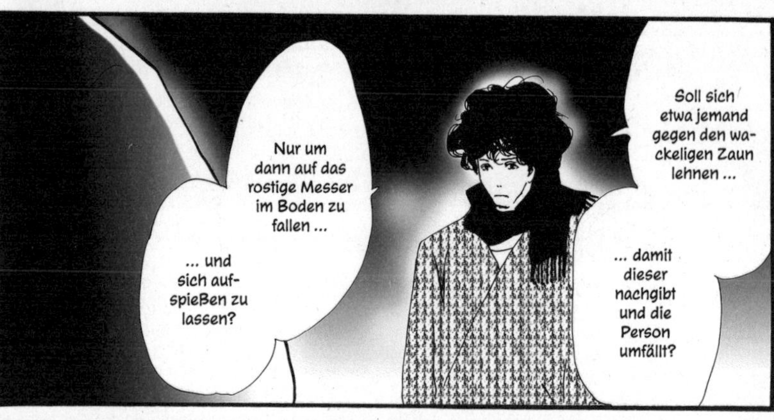
Soll sich etwa jemand gegen den wackeligen Zaun lehnen ...
... damit dieser nachgibt und die Person umfällt?
Nur um dann auf das rostige Messer im Boden zu fallen ...
... und sich aufspießen zu lassen?
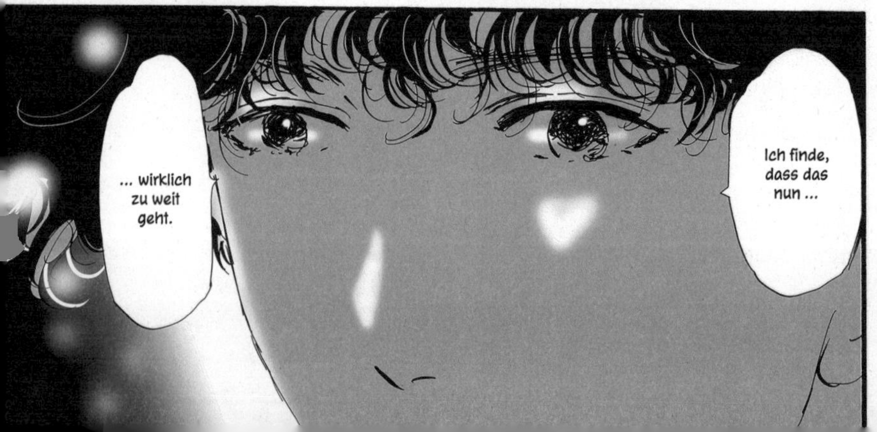
Ich finde, dass das nun ...
... wirklich zu weit geht.

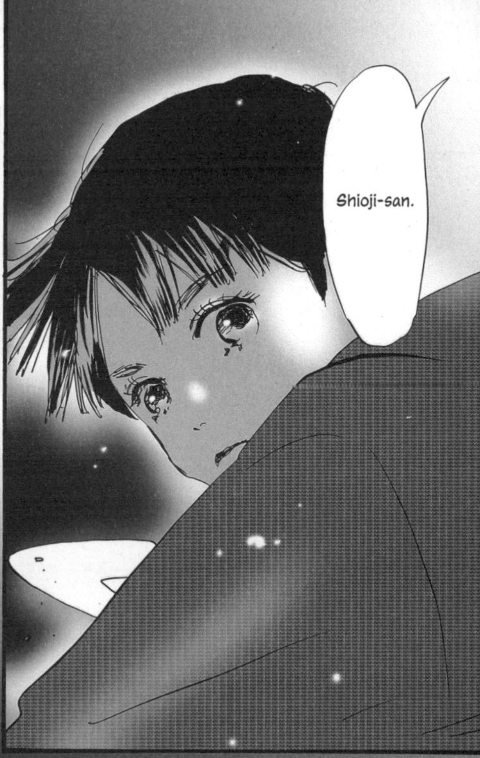
Shioji-san.

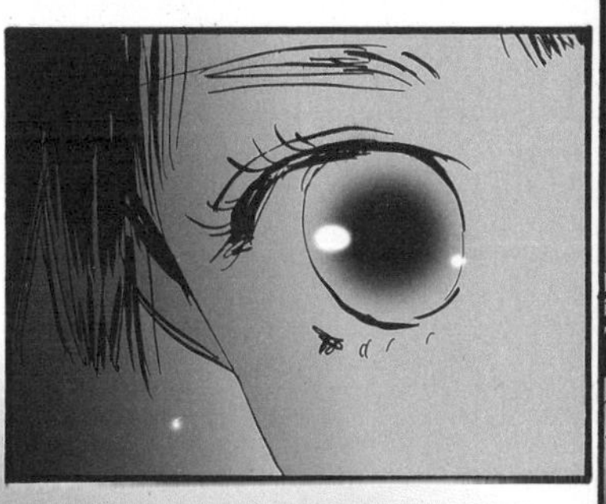

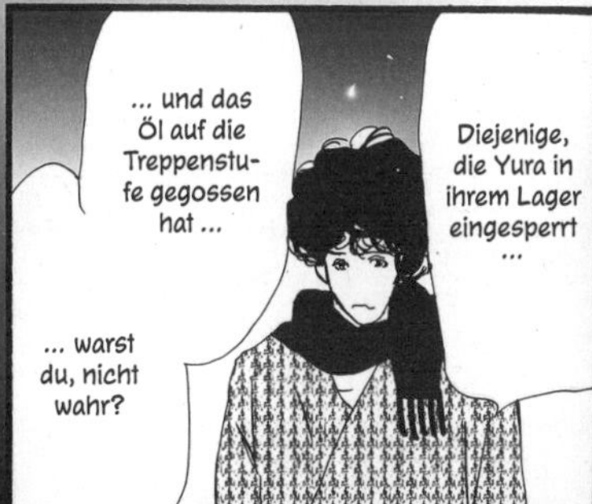
Diejenige, die Yura in ihrem Lager eingesperrt ...
... und das Öl auf die Treppenstufe gegossen hat ...
... warst du, nicht wahr?

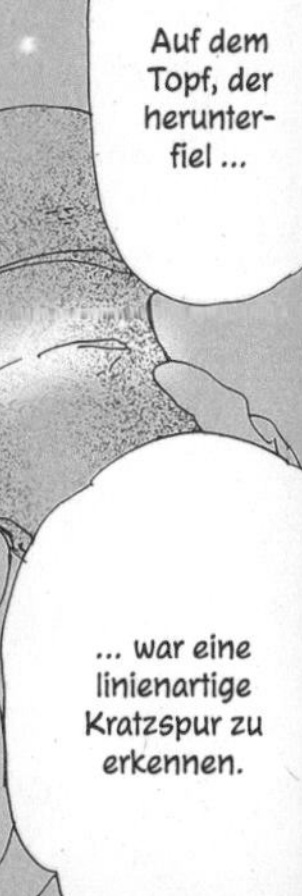
Auf dem Topf, der herunterfiel ...
... war eine linienartige Kratzspur zu erkennen.

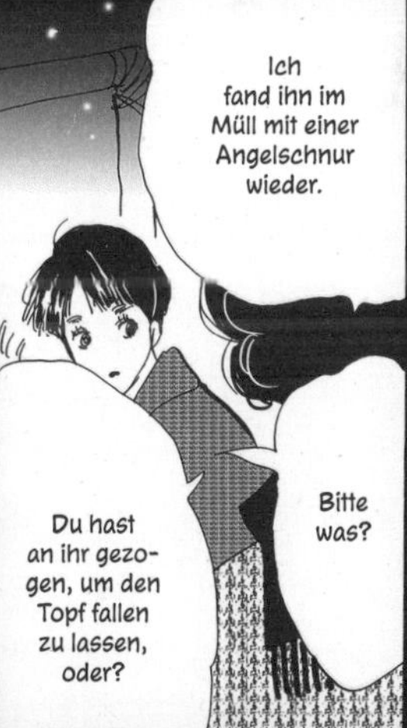
Ich fand ihn im Müll mit einer Angelschnur wieder.
Bitte was?
Du hast an ihr gezogen, um den Topf fallen zu lassen, oder?

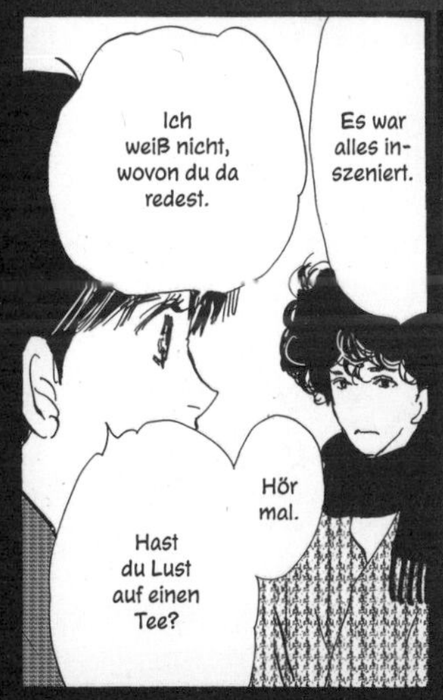
Es war alles inszeniert.
Ich weiß nicht, wovon du da redest.
Hör mal.
Hast du Lust auf einen Tee?

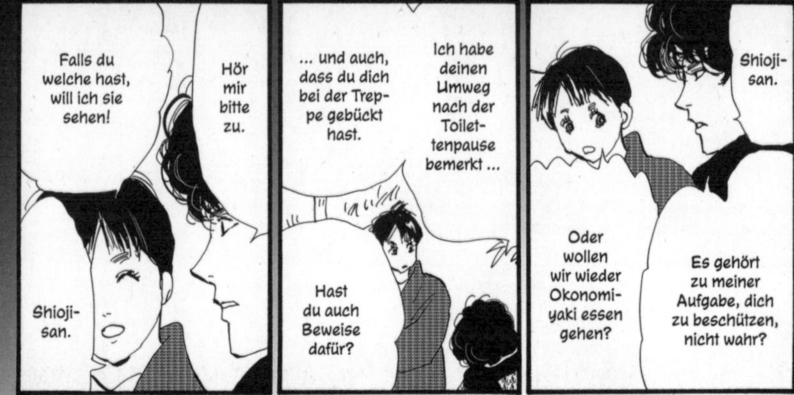
Shioji-san.
Es gehört zu meiner Aufgabe, dich zu beschützen, nicht wahr?
Oder wollen wir wieder Okonomiyaki essen gehen?
Ich habe deinen Umweg nach der Toilettenpause bemerkt ...
... und auch, dass du dich bei der Treppe gebückt hast.
Hast du auch Beweise dafür?
Hör mir bitte zu.
Falls du welche hast, will ich sie sehen!
Shioji-san.

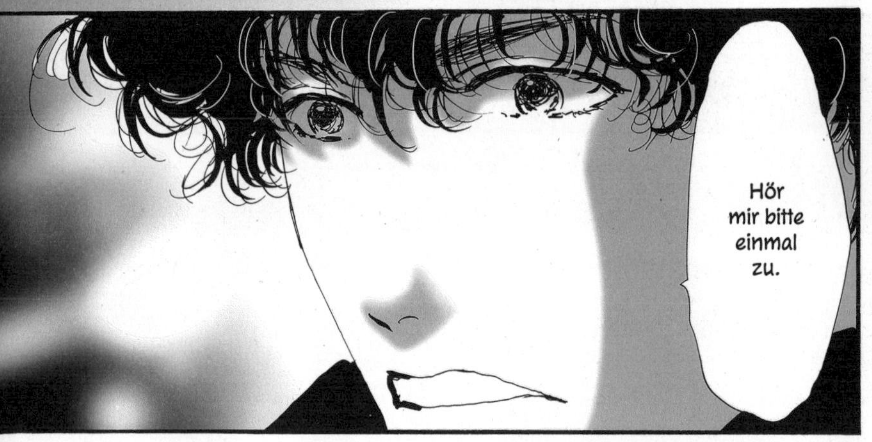
Hör mir bitte einmal zu.

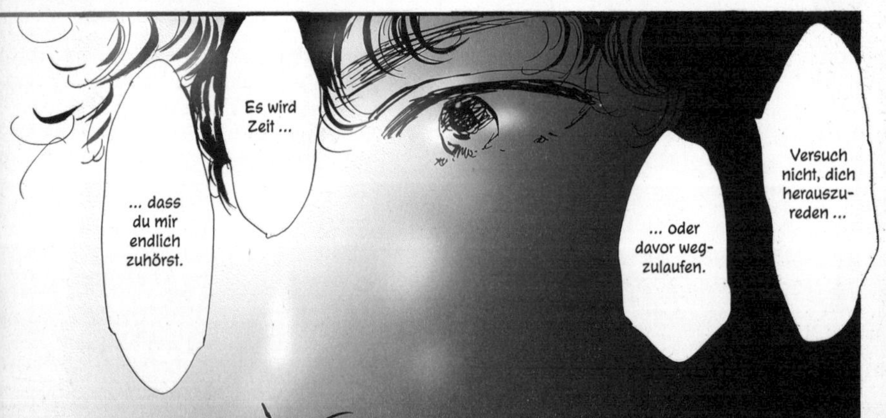
Versuch nicht, dich herauszureden ...
... oder davor wegzulaufen.
Es wird Zeit ...
... dass du mir endlich zuhörst.

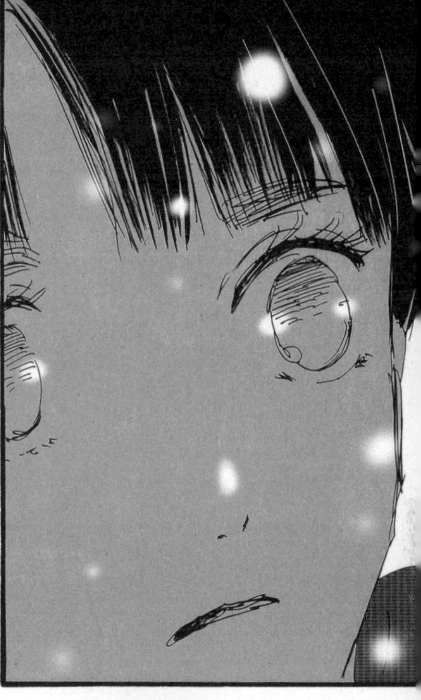

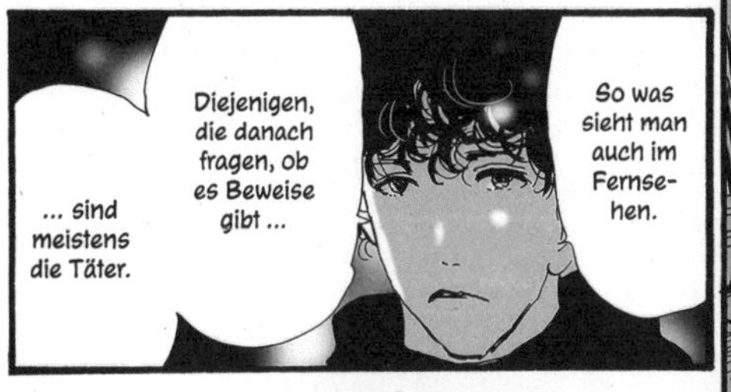
So was sieht man auch im Fernsehen.
Diejenigen, die danach fragen, ob es Beweise gibt ...
... sind meistens die Täter.

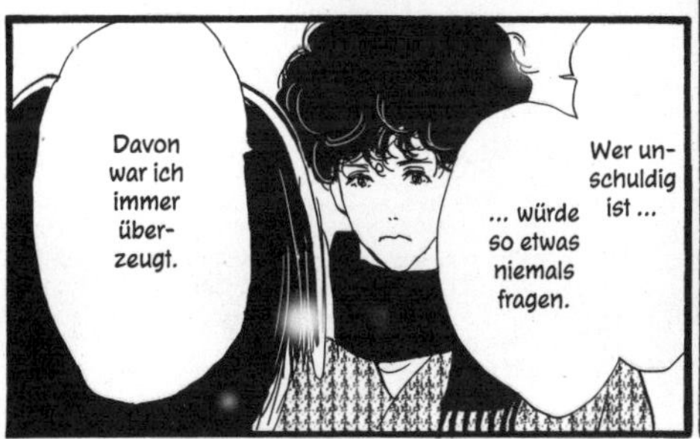
Wer unschuldig ist ...
... würde so etwas niemals fragen.
Davon war ich immer überzeugt.

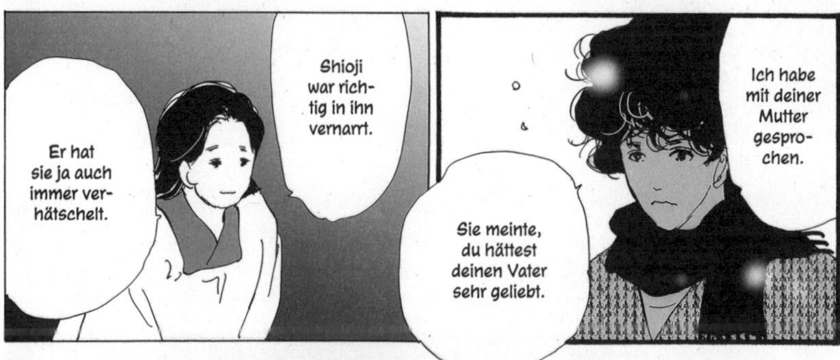
Ich habe mit deiner Mutter gesprochen.
Sie meinte, du hättest deinen Vater sehr geliebt.
Shioji war richtig in ihn vernarrt.
Er hat sie ja auch immer verhätschelt.

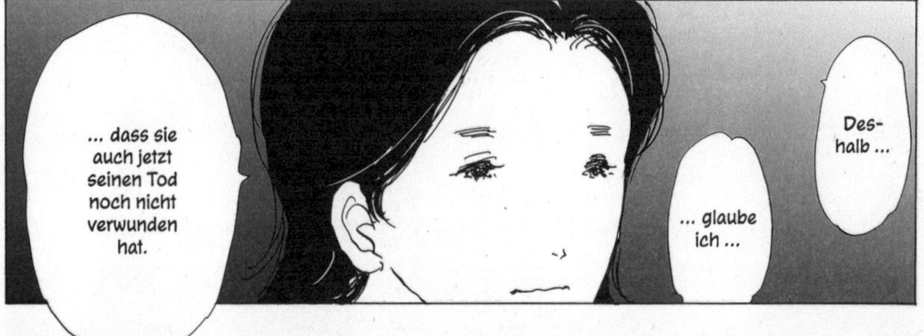
Deshalb ...
... glaube ich ...
... dass sie auch jetzt seinen Tod noch nicht verwunden hat.

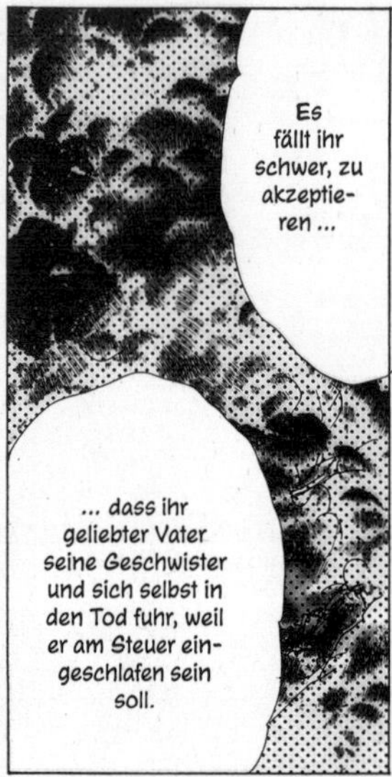
Es fällt ihr schwer, zu akzeptieren ...
... dass ihr geliebter Vater seine Geschwister und sich selbst in den Tod fuhr, weil er am Steuer eingeschlafen sein soll.

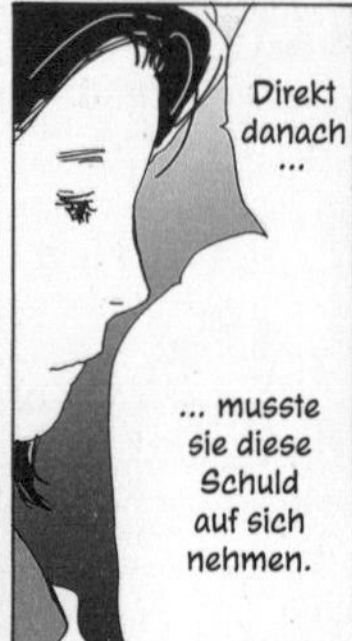
Direkt danach ...
... musste sie diese Schuld auf sich nehmen.

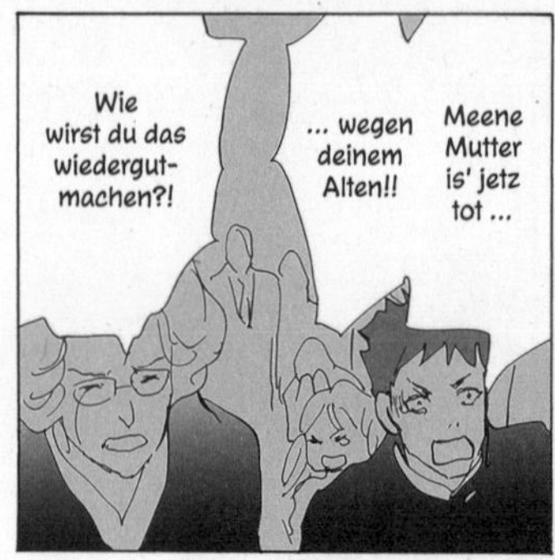
Meene Mutter is' jetz tot ...
... wegen deinem Alten!!
Wie wirst du das wiedergutmachen?!

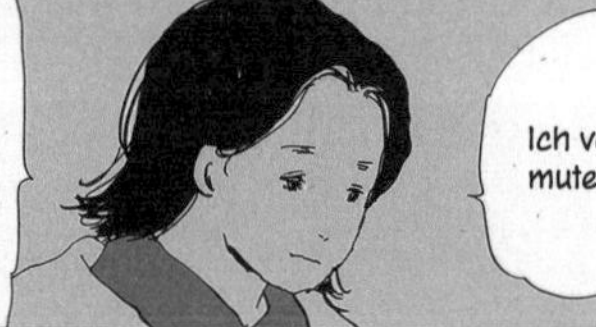
Ich vermute ...

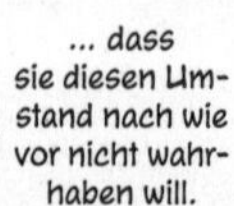
... dass sie diesen Umstand nach wie vor nicht wahrhaben will.

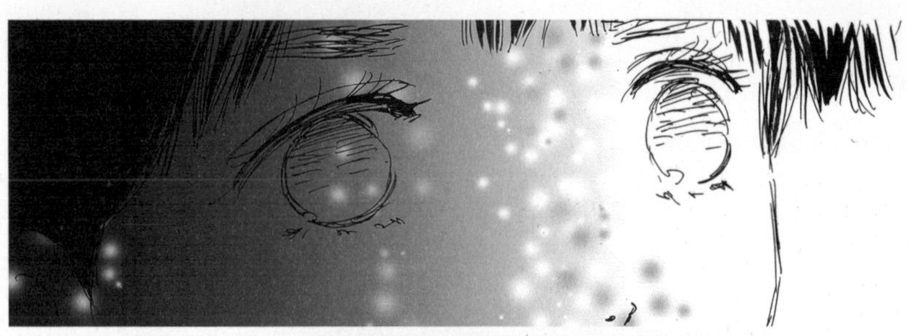

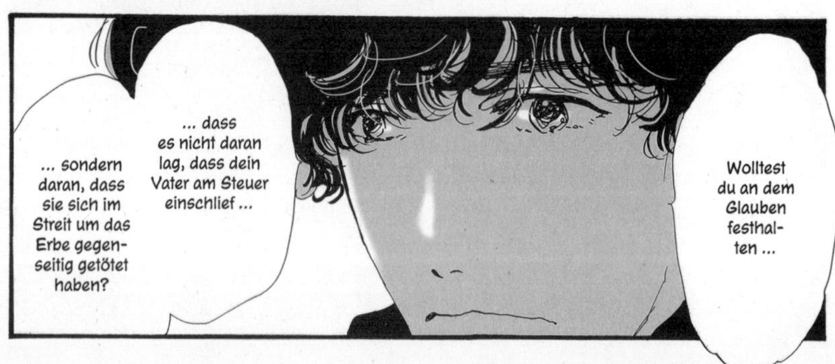
Wolltest du an dem Glauben festhalten ...
... dass es nicht daran lag, dass dein Vater am Steuer einschlief ...
... sondern daran, dass sie sich im Streit um das Erbe gegenseitig getötet haben?

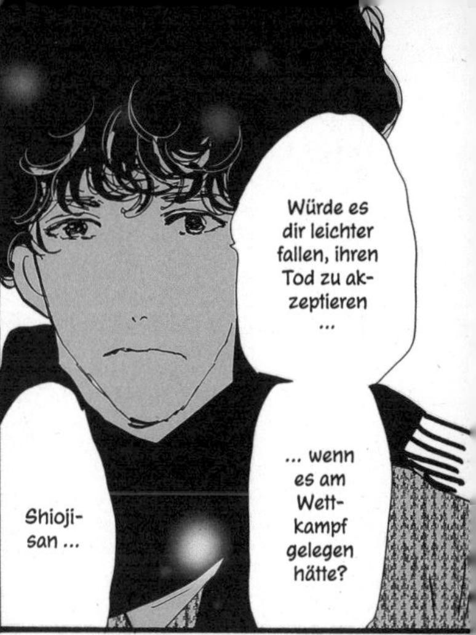
Würde es dir leichter fallen, ihren Tod zu akzeptieren ...
... wenn es am Wettkampf gelegen hätte?
Shioji-san ...

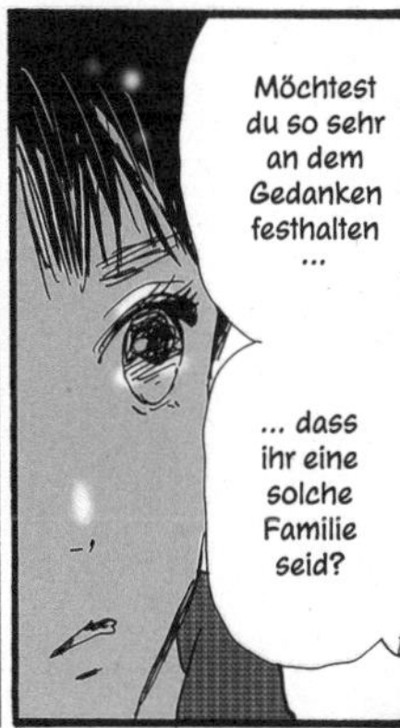
Möchtest du so sehr an dem Gedanken festhalten ...
... dass ihr eine solche Familie seid?

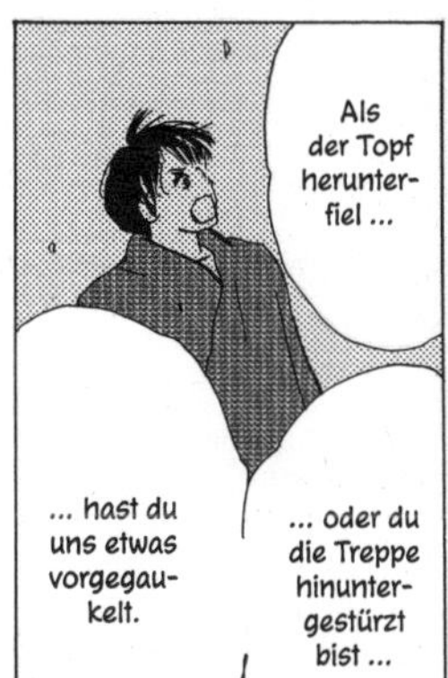
Als der Topf herunterfiel ...
... oder du die Treppe hinuntergestürzt bist ...
... hast du uns etwas vorgegaukelt.

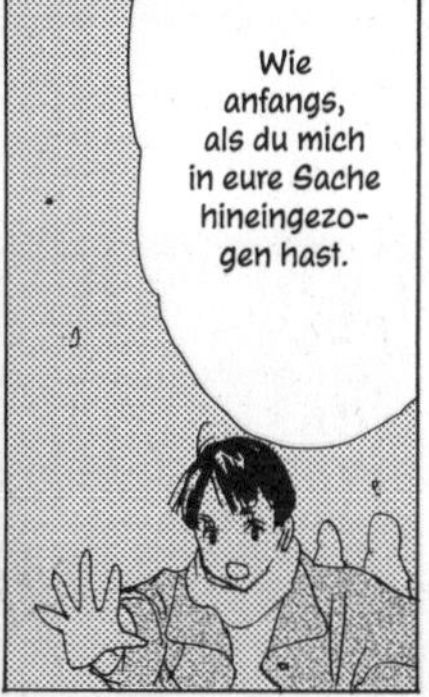
Wie anfangs, als du mich in eure Sache hineingezogen hast.

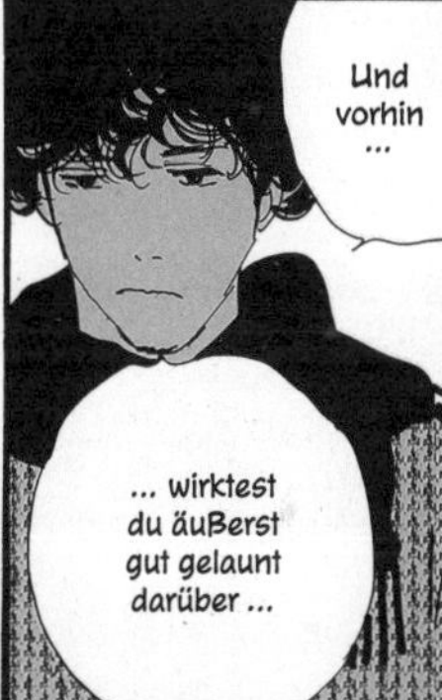
Und vorhin ...
... wirktest du äußerst gut gelaunt darüber ...

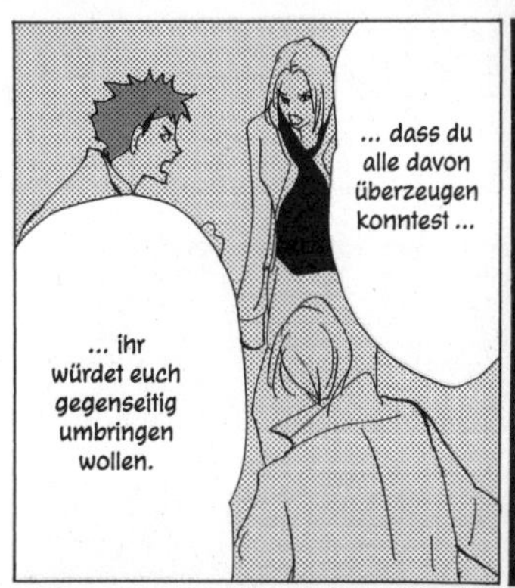
... dass du alle davon überzeugen konntest ...
... ihr würdet euch gegenseitig umbringen wollen.

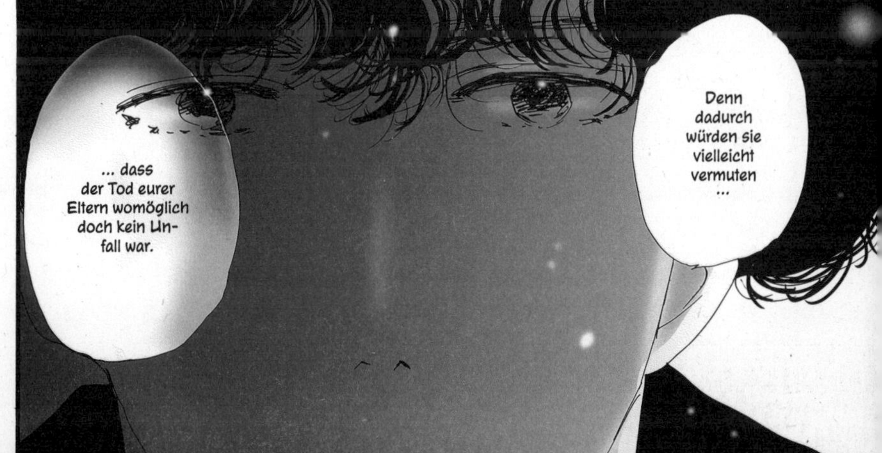
Denn dadurch würden sie vielleicht vermuten ...
... dass der Tod eurer Eltern womöglich doch kein Unfall war.

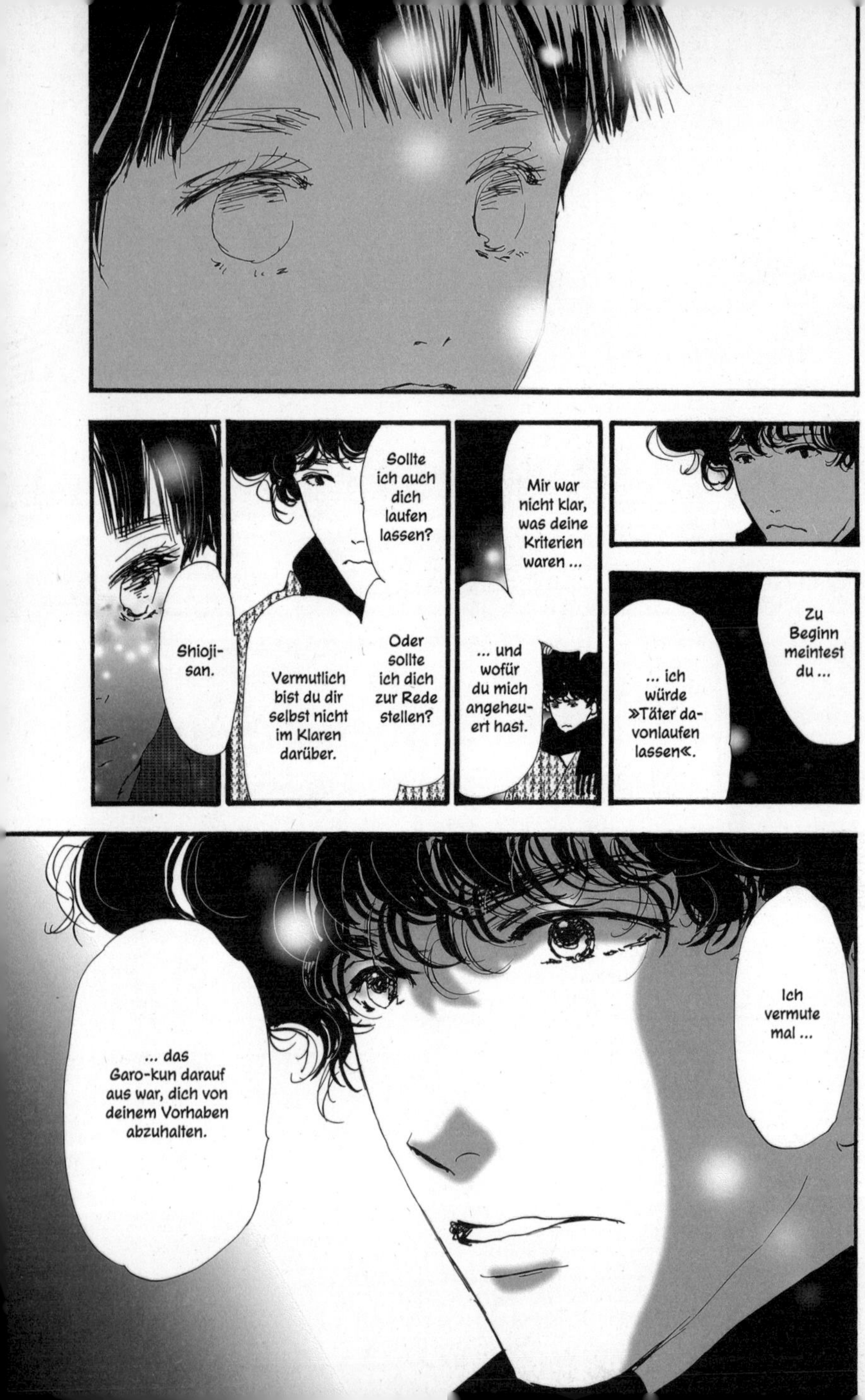

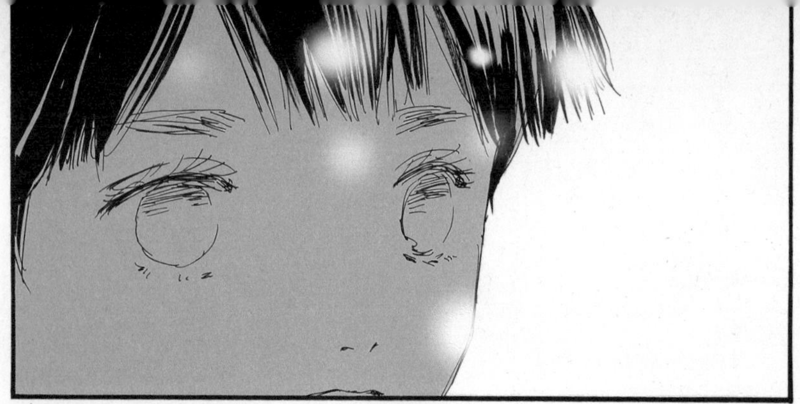

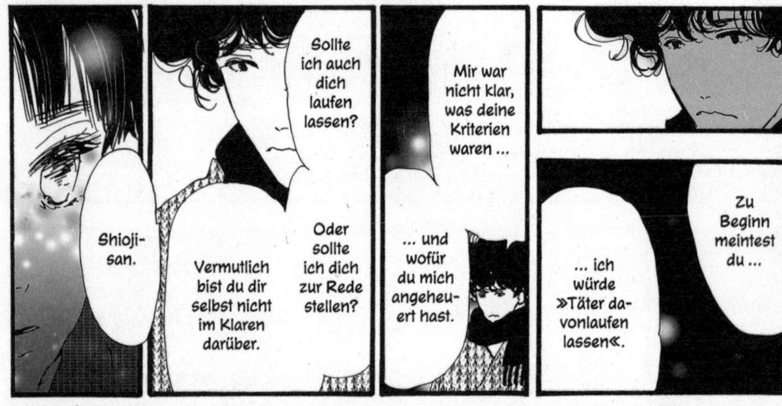

Ich vermute mal ...

... das Garo-kun darauf aus war, dich von deinem Vorhaben abzuhalten.

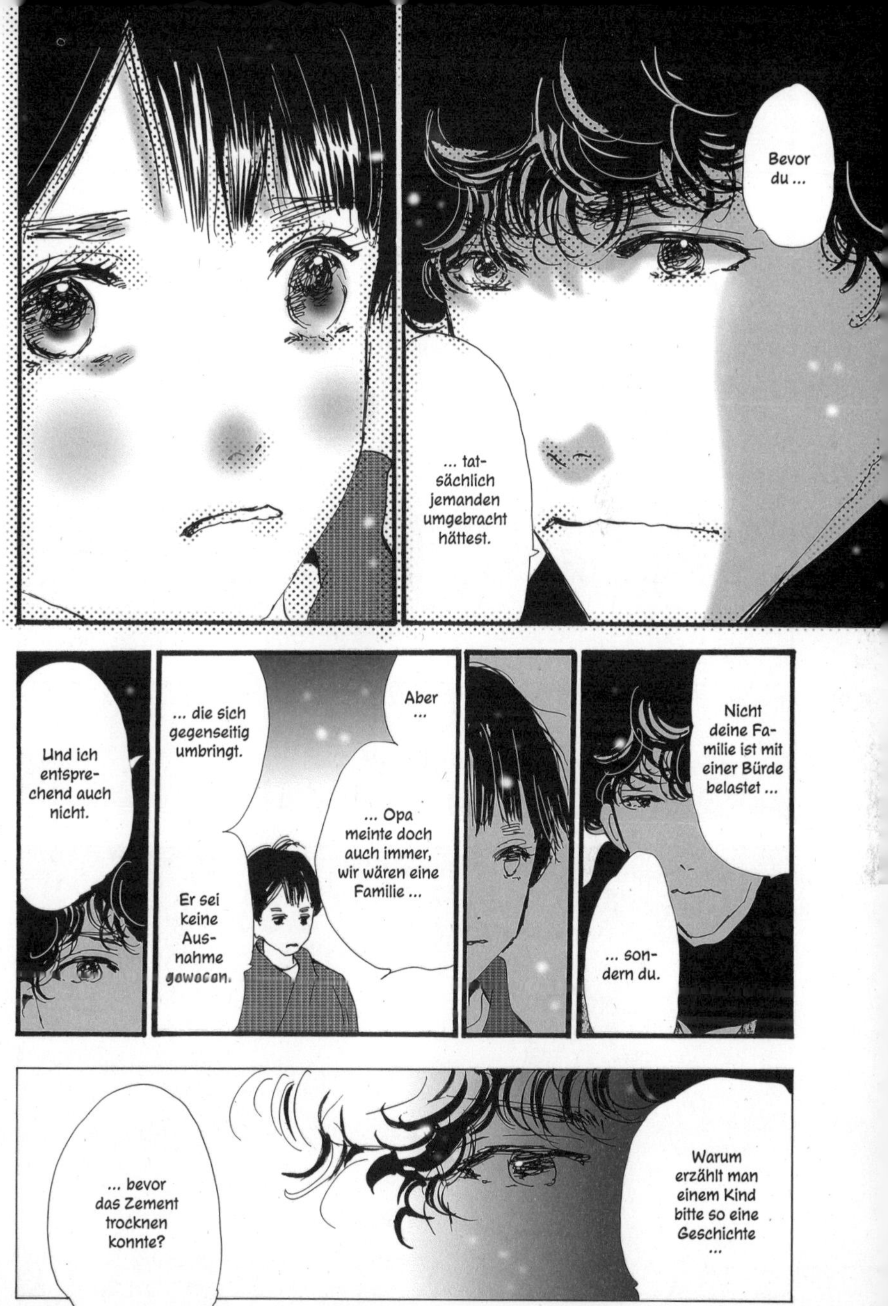

Bevor du ...
... tatsächlich jemanden umgebracht hättest.

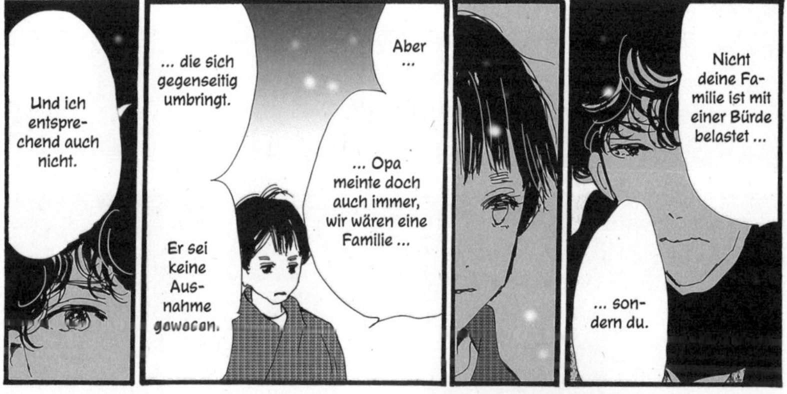

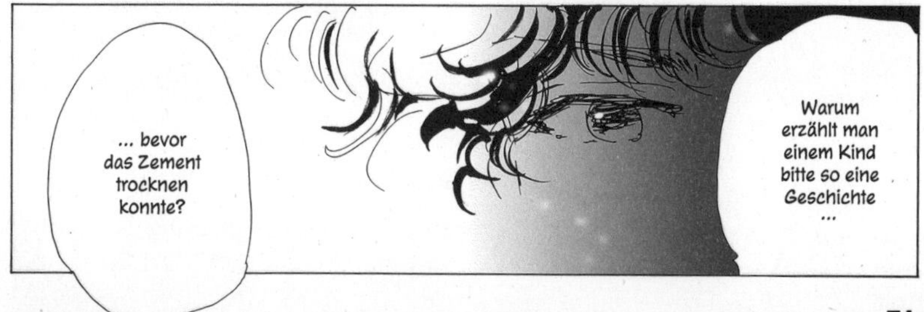

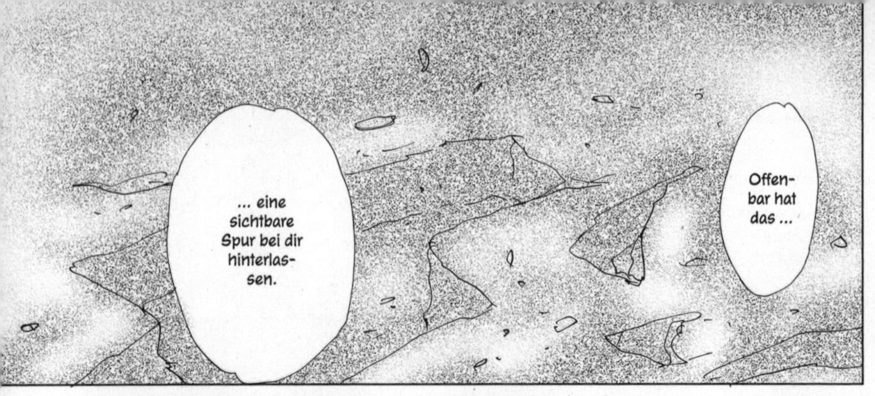
Offen-
bar hat
das ...
... eine
sichtbare
Spur bei dir
hinterlas-
sen.

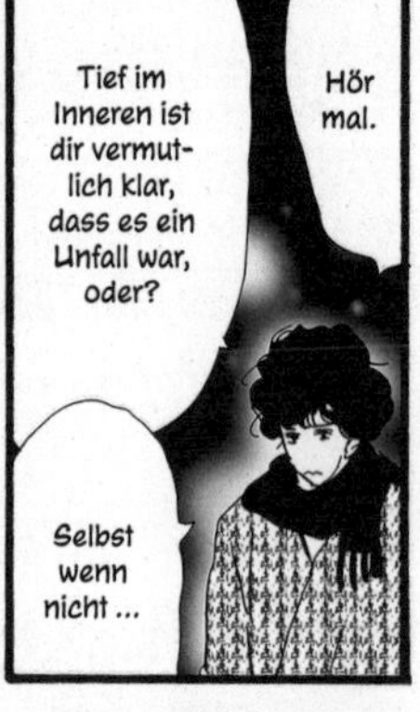
Hör
mal.
Tief im
Inneren ist
dir vermut-
lich klar,
dass es ein
Unfall war,
oder?
Selbst
wenn
nicht ...

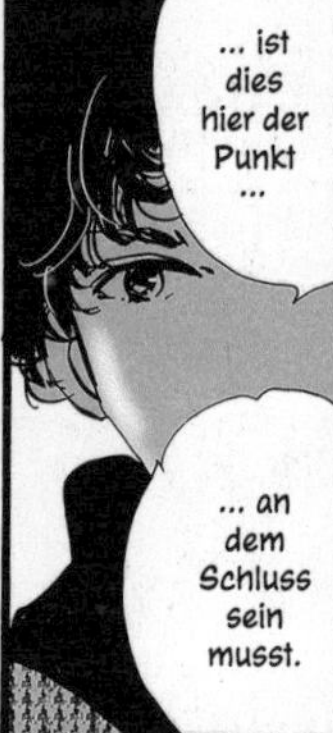
... ist
dies
hier der
Punkt
...
... an
dem
Schluss
sein
musst.

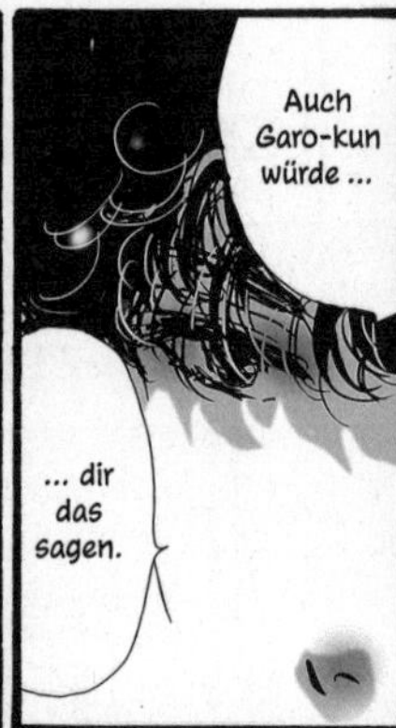
Auch
Garo-kun
würde ...
... dir
das
sagen.

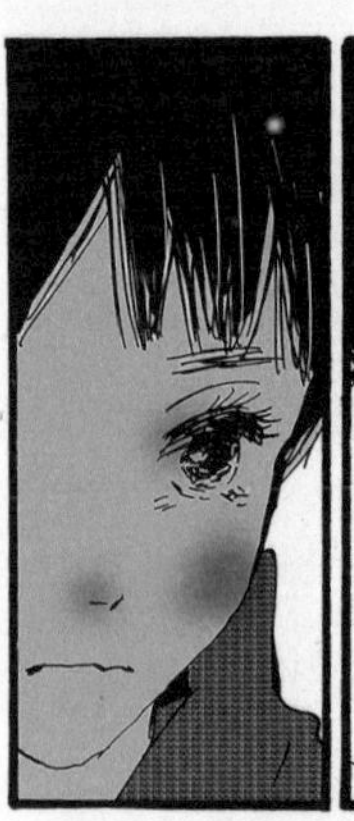

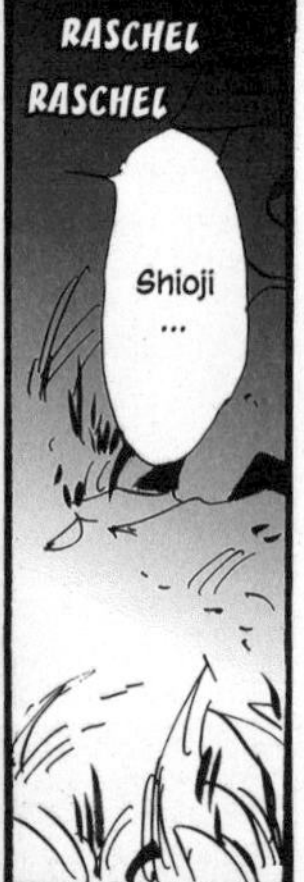
RASCHEL
RASCHEL
Shioji
...

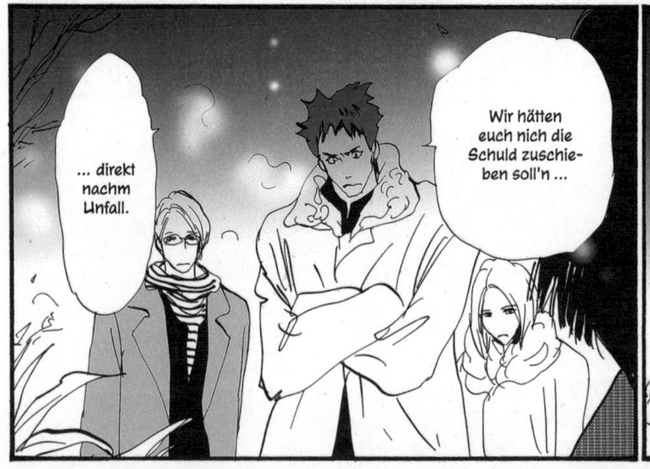
Wir hätten
euch nich die
Schuld zuschie-
ben soll'n ...
... direkt
nachm
Unfall.

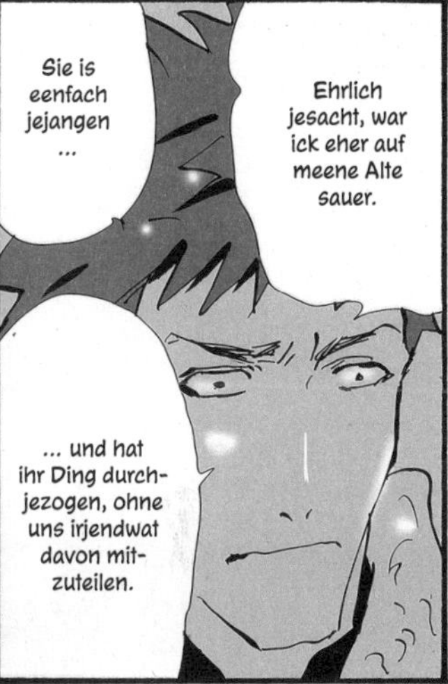
Ehrlich jesacht, war ick eher auf meene Alte sauer.
Sie is eenfach jejangen ...
... und hat ihr Ding durchjezogen, ohne uns irjendwat davon mitzuteilen.

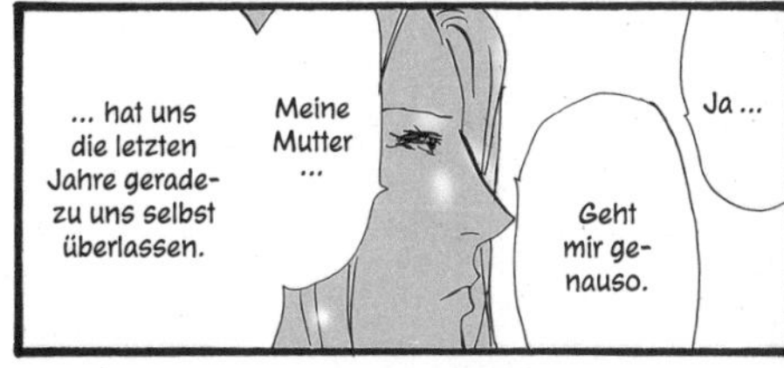
Ja ...
Geht mir genauso.
Meine Mutter ...
... hat uns die letzten Jahre geradezu uns selbst überlassen.

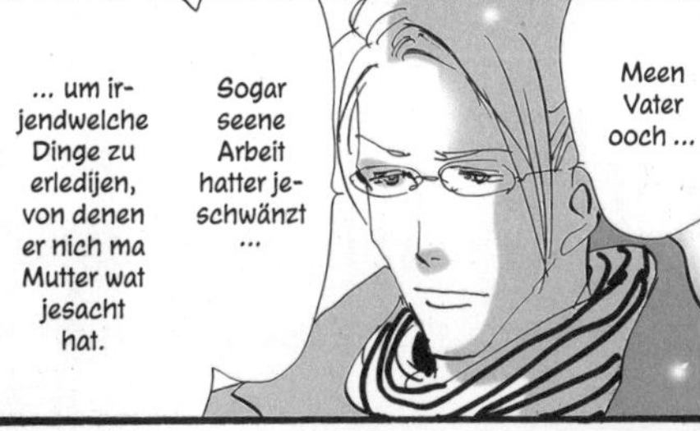
Meen Vater ooch ...
Sogar seene Arbeit hatter jeschwänzt ...
... um irjendwelche Dinge zu erledijen, von denen er nich ma Mutter wat jesacht hat.

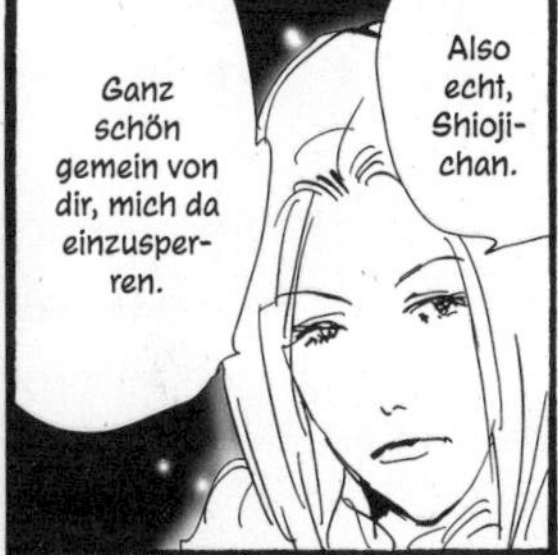
Also echt, Shioji-chan.
Ganz schön gemein von dir, mich da einzusperren.

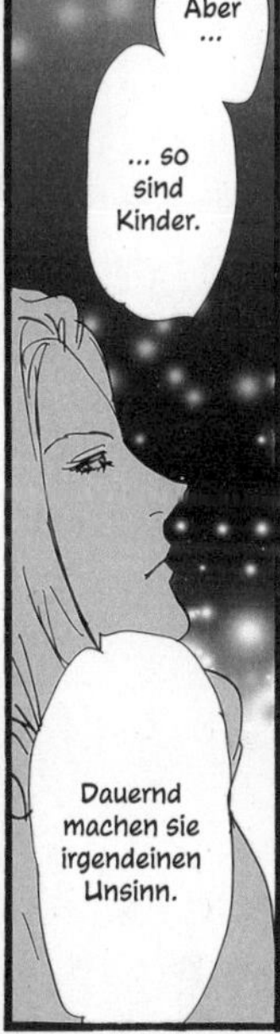
Aber ...
... so sind Kinder.
Dauernd machen sie irgendeinen Unsinn.

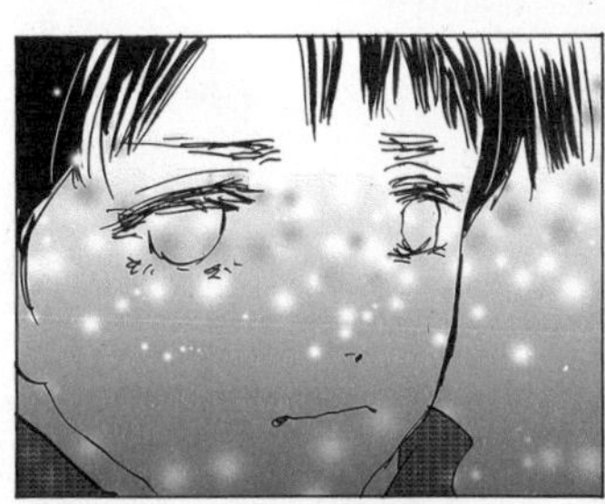

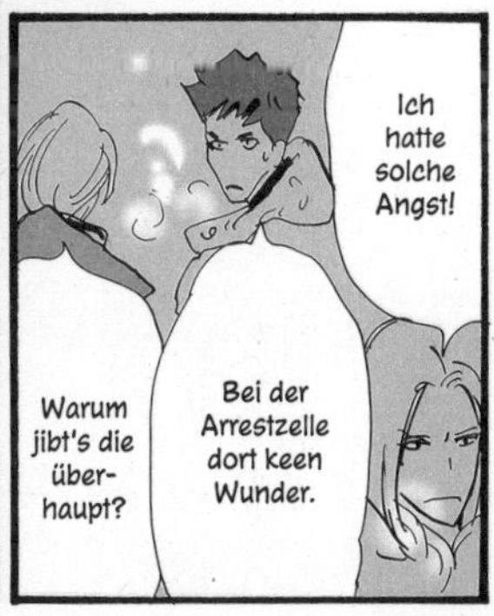
Ich hatte solche Angst!
Bei der Arrestzelle dort keen Wunder.
Warum jibt's die überhaupt?

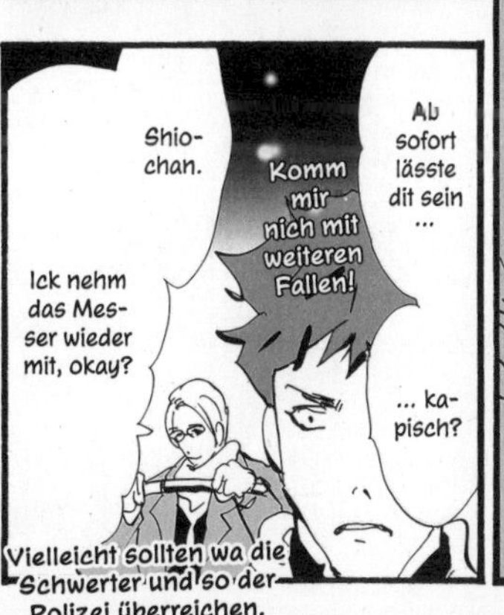
Ab sofort lässte dit sein ...
Komm mir nich mit weiteren Fallen!
... kapisch?
Shio-chan.
Ick nehm das Messer wieder mit, okay?
Vielleicht sollten wa die Schwerter und so der Polizei überreichen.

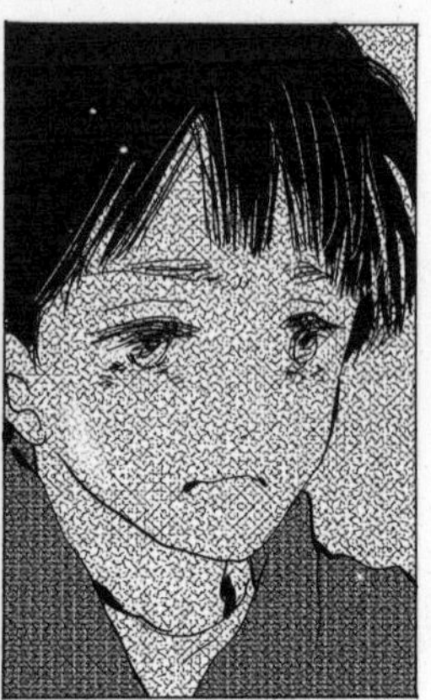

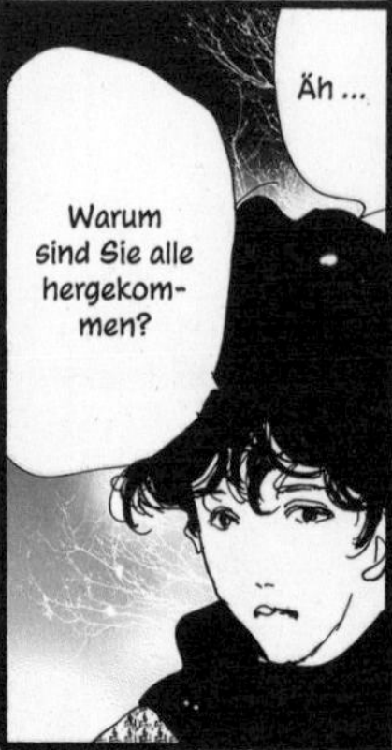

Äh ...
Warum sind Sie alle hergekommen?

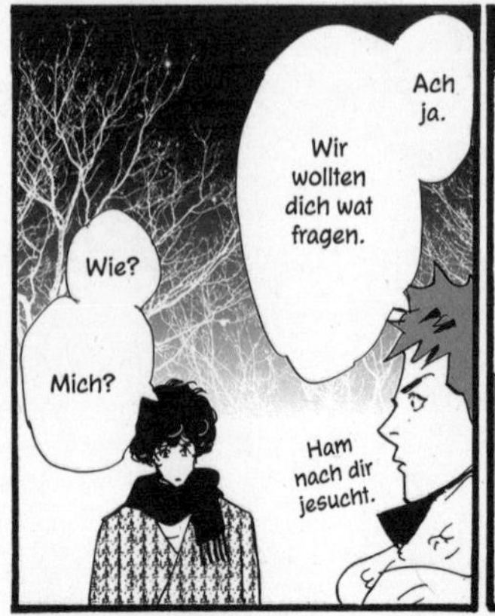

Ach ja.
Wir wollten dich wat fragen.
Ham nach dir jesucht.
Wie?
Mich?

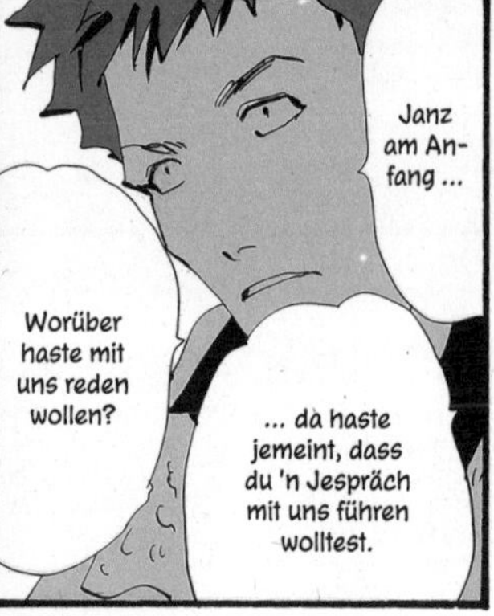

Janz am Anfang ...
... da haste jemeint, dass du 'n Jespräch mit uns führen wolltest.
Worüber haste mit uns reden wollen?

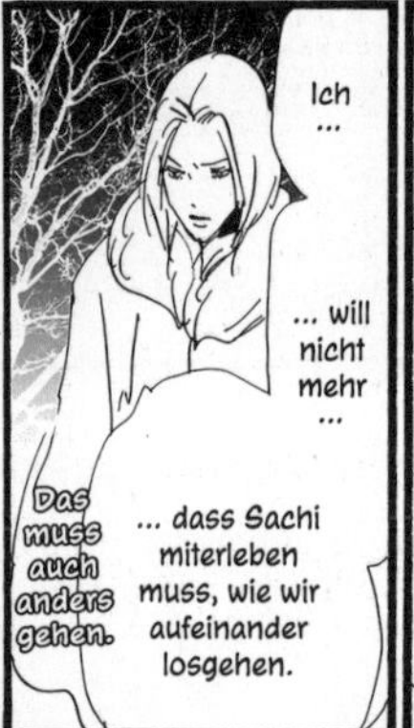

Ich ...
... will nicht mehr ...
... dass Sachi miterleben muss, wie wir aufeinander losgehen.
Das muss auch anders gehen.

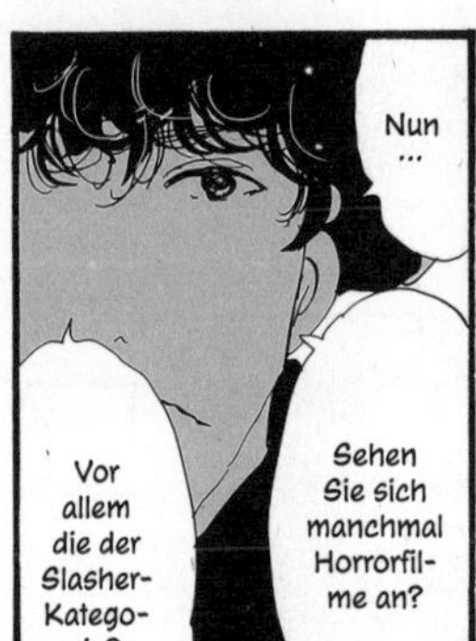

Nun ...
Sehen Sie sich manchmal Horrorfilme an?
Vor allem die der Slasher-Kategorie?

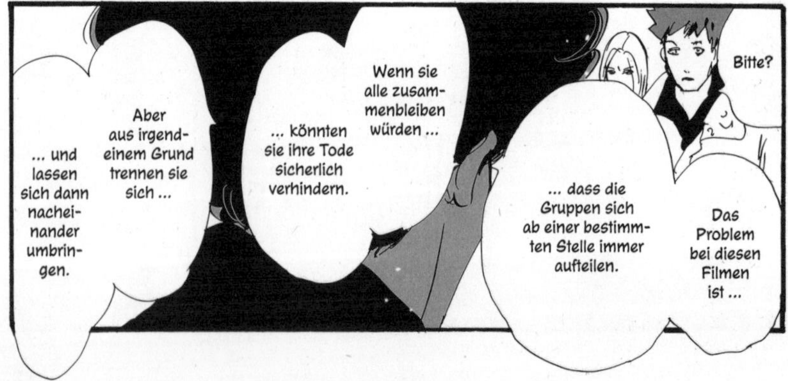

Bitte?
Das Problem bei diesen Filmen ist ...
... dass die Gruppen sich ab einer bestimmten Stelle immer aufteilen.
Wenn sie alle zusammenbleiben würden ...
... könnten sie ihre Tode sicherlich verhindern.
Aber aus irgendeinem Grund trennen sie sich ...
... und lassen sich dann nacheinander umbringen.

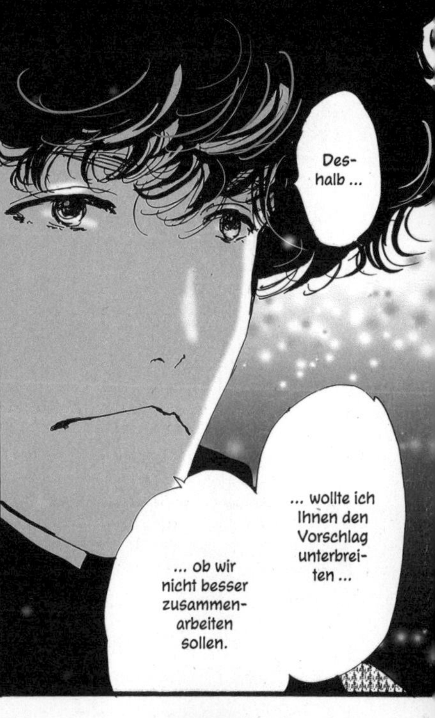

Deshalb ...
... wollte ich Ihnen den Vorschlag unterbreiten ...
... ob wir nicht besser zusammenarbeiten sollen.

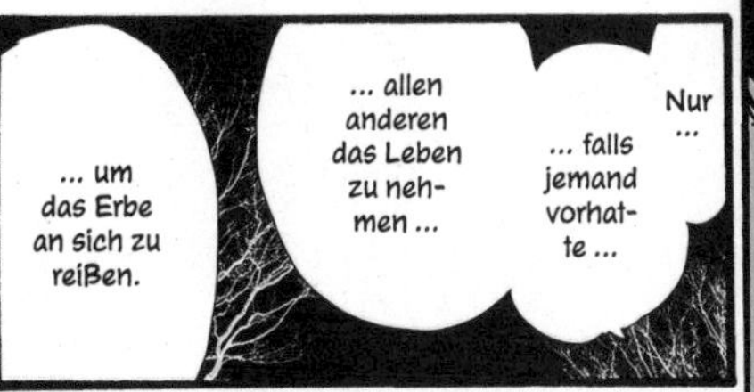

Nur ...
... falls jemand vorhatte ...
... allen anderen das Leben zu nehmen ...
... um das Erbe an sich zu reißen.

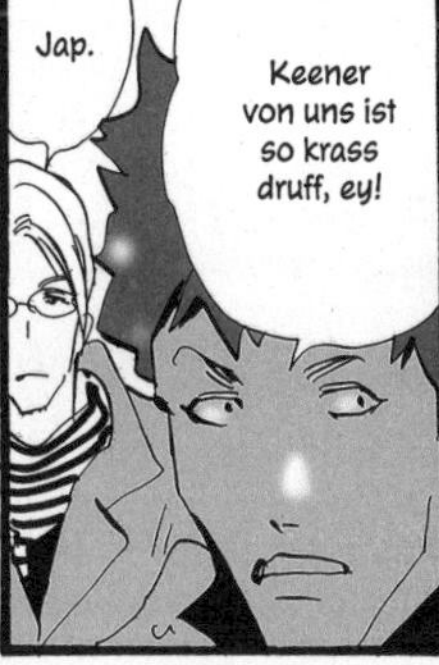

Keener von uns ist so krass druff, ey!
Jap.

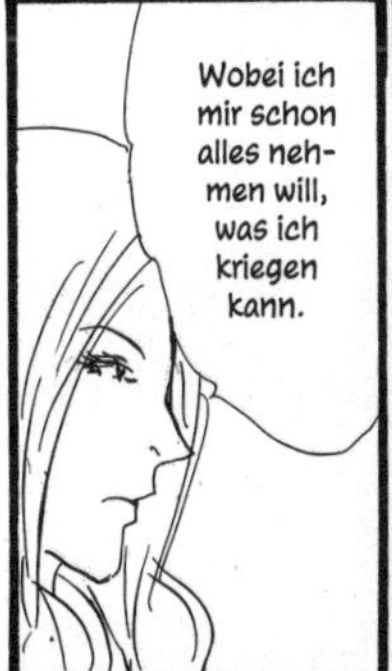

Wobei ich mir schon alles nehmen will, was ich kriegen kann.

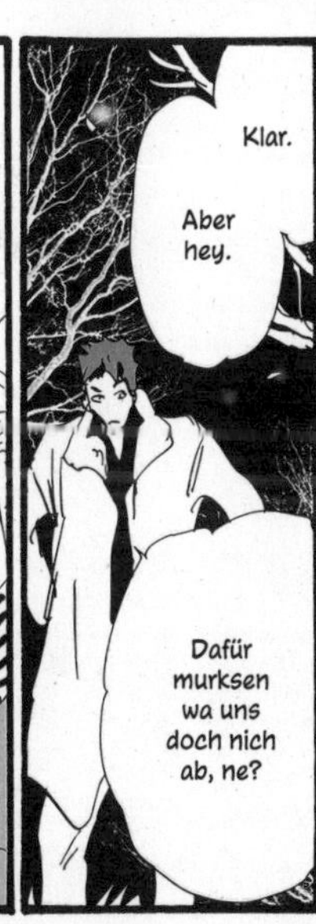

Klar.
Aber hey.
Dafür murksen wa uns doch nich ab, ne?

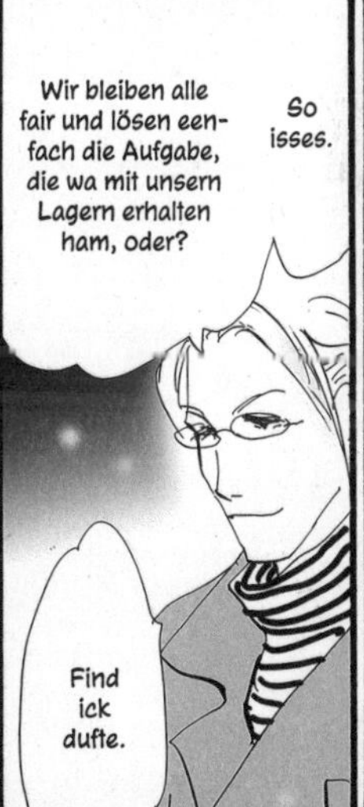

So isses.
Wir bleiben alle fair und lösen eenfach die Aufgabe, die wa mit unsern Lagern erhalten ham, oder?
Find ick dufte.

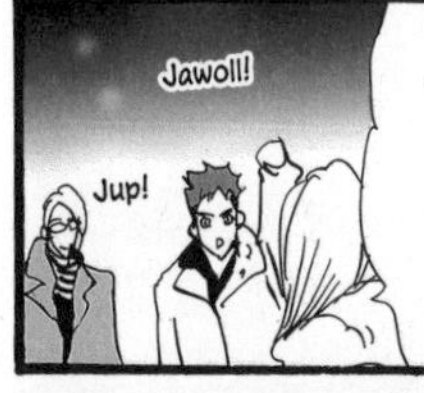

Und am Ende dieses Wettstreits herrscht kein böses Blut zwischen uns.
Jawoll!
Jup!

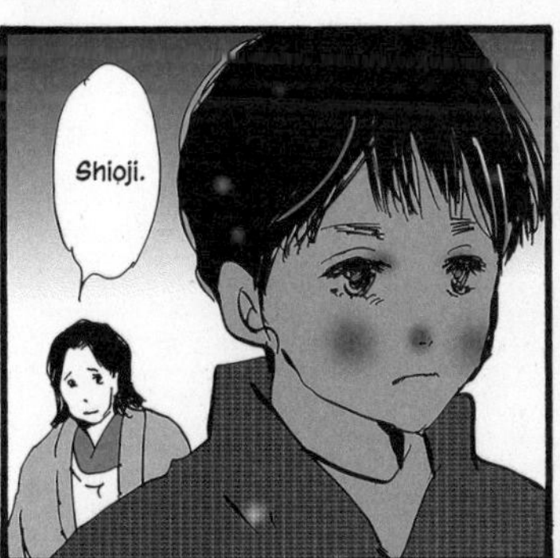

Shioji.

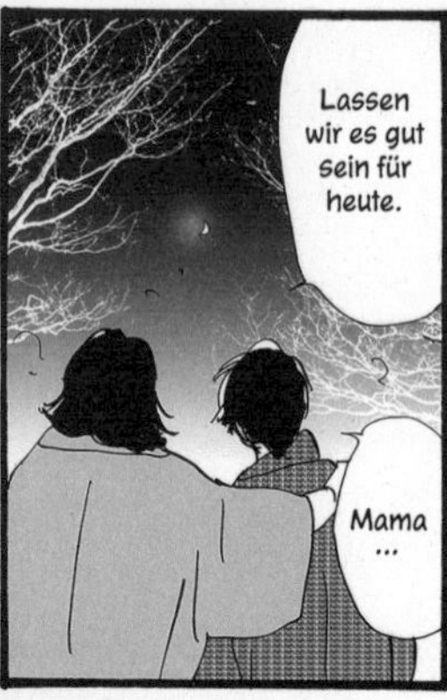
Lassen wir es gut sein für heute.
Mama ...
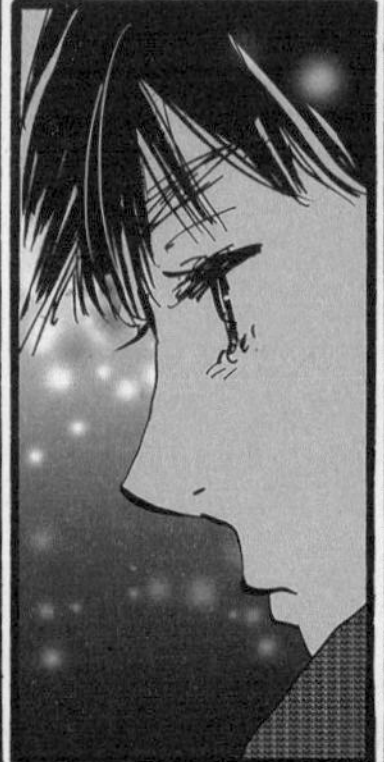
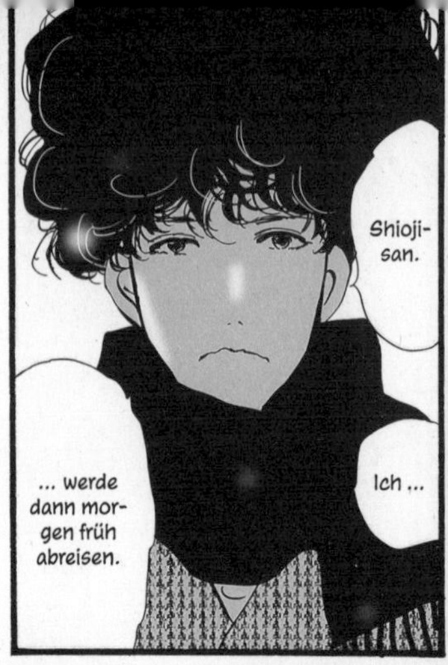
Shioji-san.
Ich ...
... werde dann morgen früh abreisen.
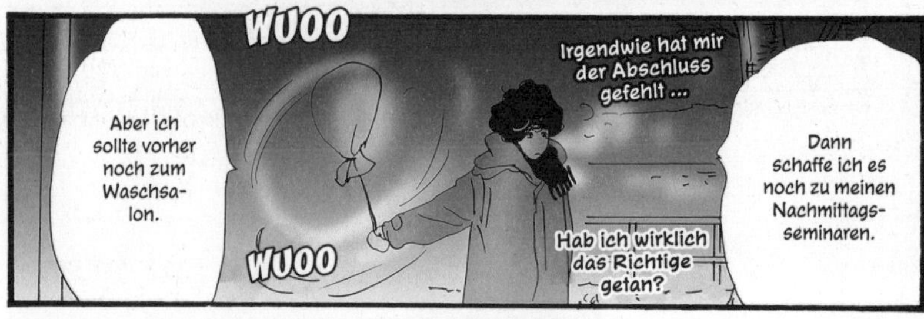
Dann schaffe ich es noch zu meinen Nachmittagsseminaren.
Irgendwie hat mir der Abschluss gefehlt ...
Hab ich wirklich das Richtige getan?
WUOO
WUOO
Aber ich sollte vorher noch zum Waschsalon.
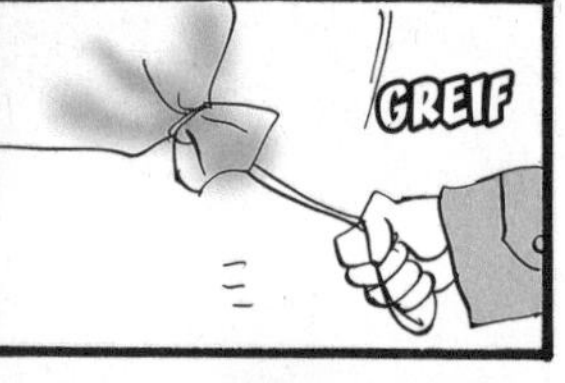
GREIF
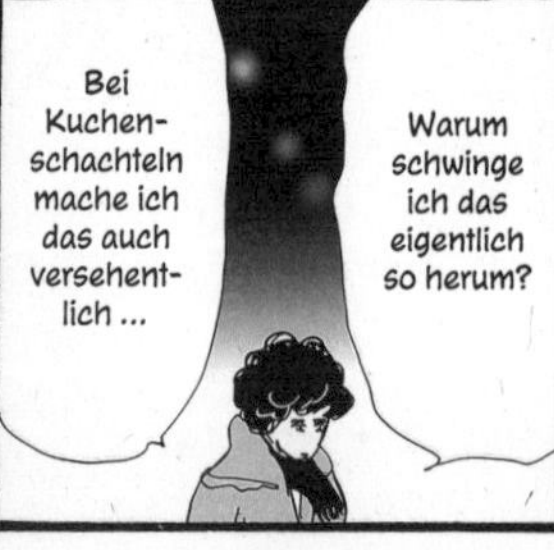
Warum schwinge ich das eigentlich so herum?
Bei Kuchenschachteln mache ich das auch versehentlich ...
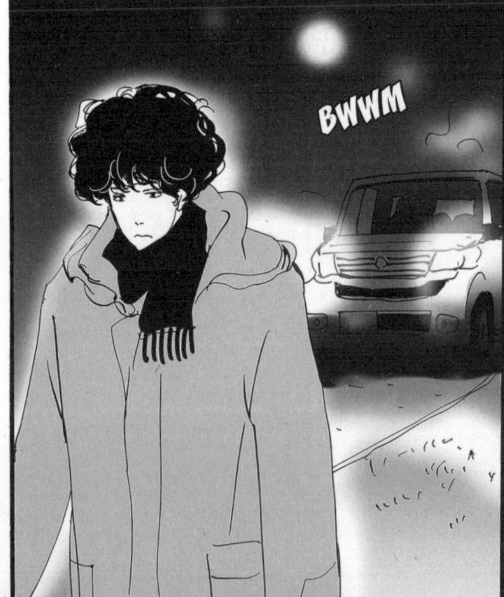
BWWM

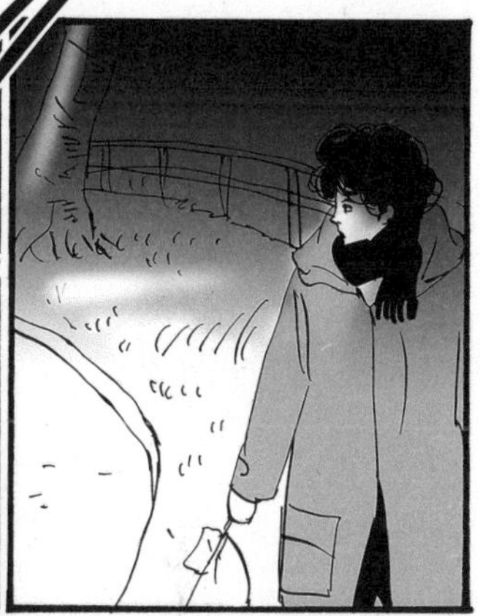

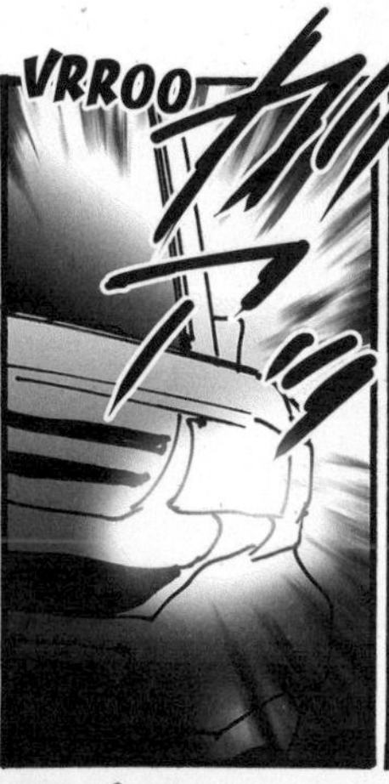
VRROO

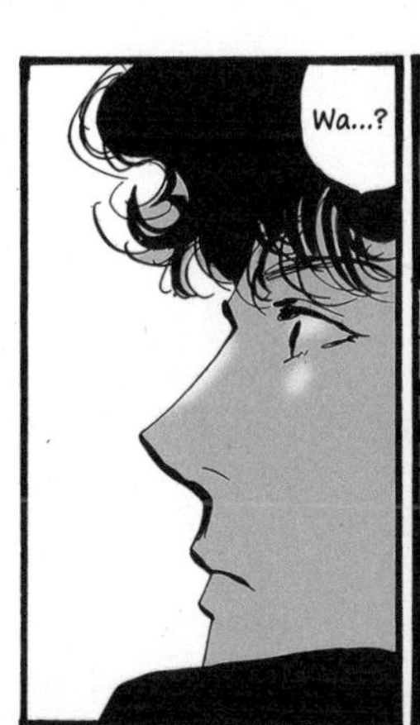
Wa...?

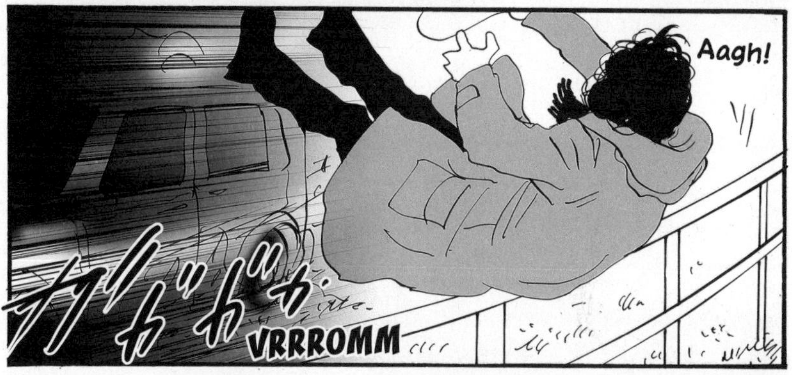
Aagh!
VRRROMM

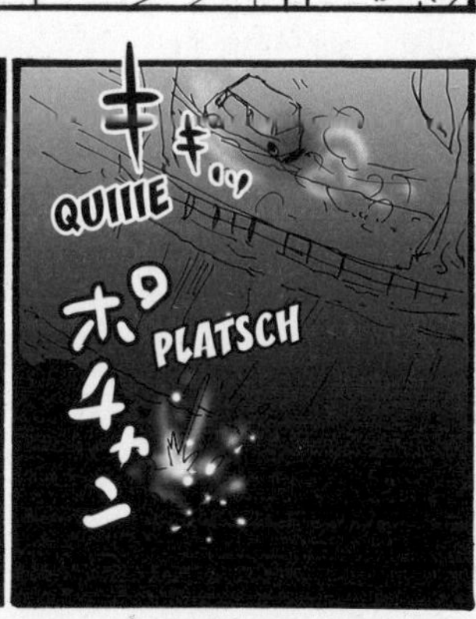
QUIIIE
PLATSCH

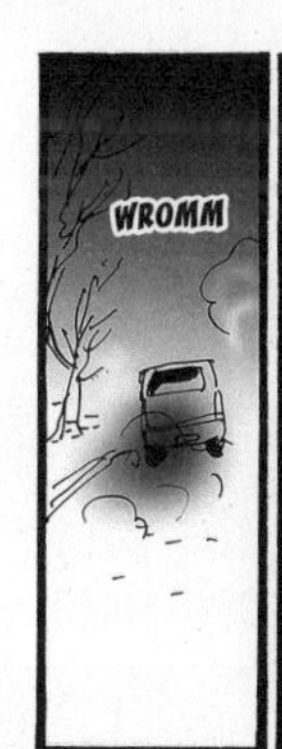
WROMM

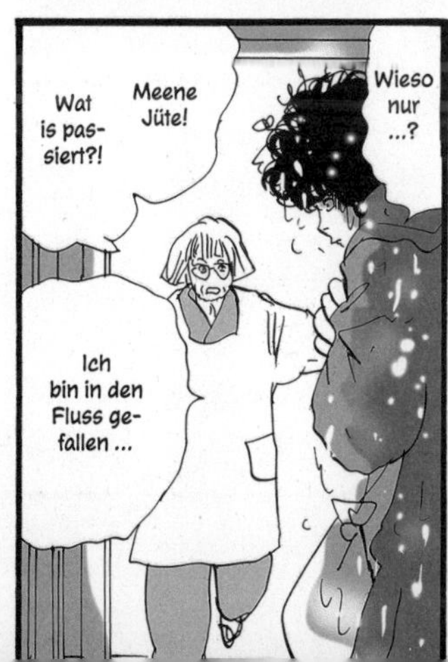
Wieso nur ...?
Meene Jüte!
Wat is passiert?!
Ich bin in den Fluss gefallen ...

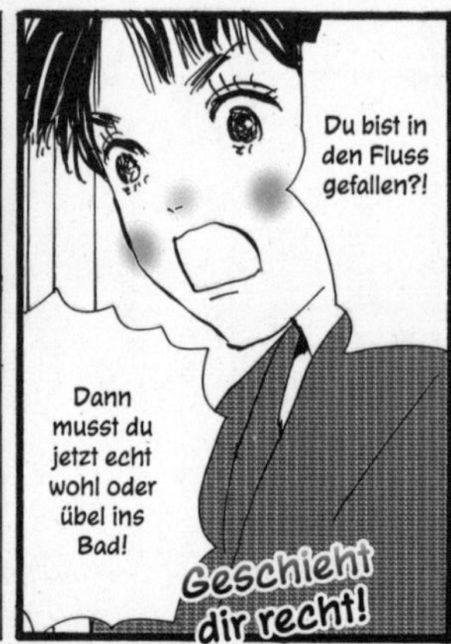
Du bist in den Fluss gefallen?!
Dann musst du jetzt echt wohl oder übel ins Bad!
Geschieht dir recht!

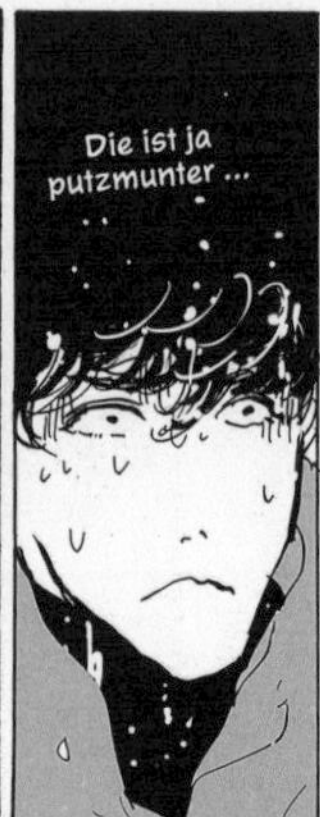
Die ist ja putzmunter ...

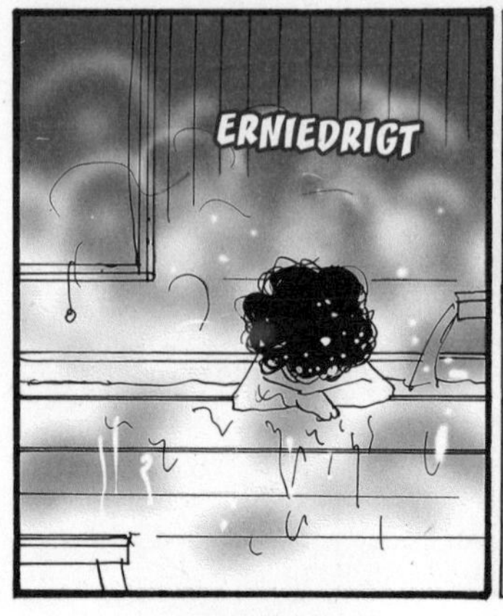
ERNIEDRIGT

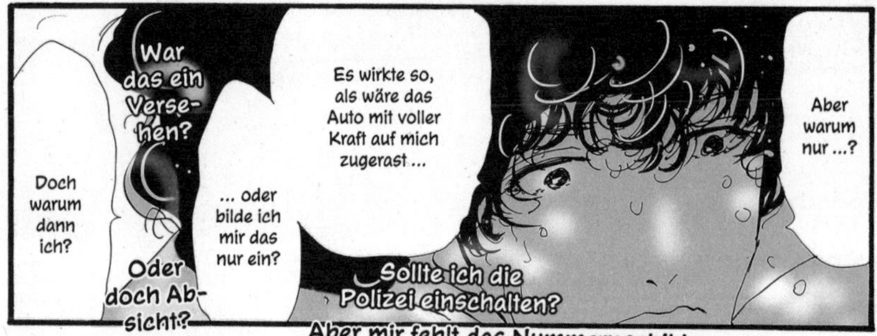
Aber warum nur ...?
Es wirkte so, als wäre das Auto mit voller Kraft auf mich zugerast ...
... oder bilde ich mir das nur ein?
War das ein Versehen?
Oder doch Absicht?
Doch warum dann ich?
Sollte ich die Polizei einschalten?
Aber mir fehlt das Nummernschild ...

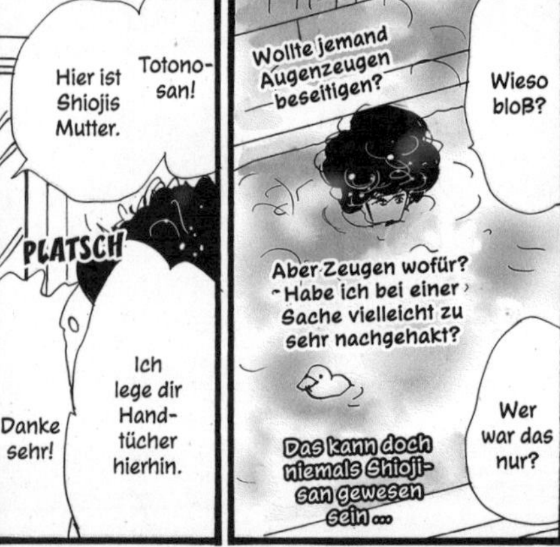
Wieso bloß?
Wollte jemand Augenzeugen beseitigen?
Aber Zeugen wofür? Habe ich bei einer Sache vielleicht zu sehr nachgehakt?
Wer war das nur?
Das kann doch niemals Shioji-san gewesen sein ...
Totono-san!
Hier ist Shiojis Mutter.
PLATSCH
Ich lege dir Handtücher hierhin.
Danke sehr!

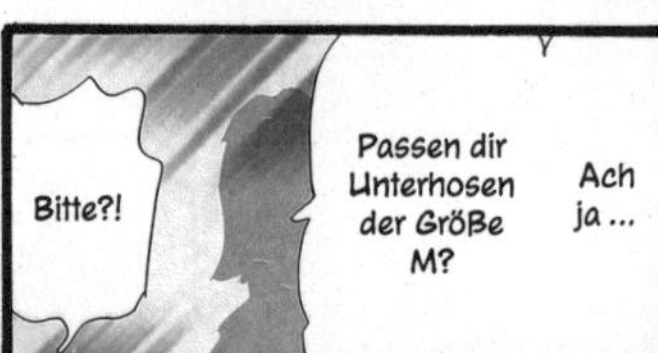
Ach ja ...
Passen dir Unterhosen der Größe M?
Bitte?!

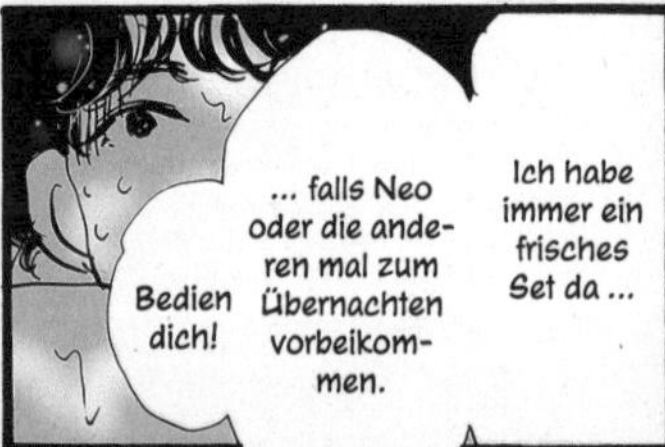
Ich habe immer ein frisches Set da ...
... falls Neo oder die anderen mal zum Übernachten vorbeikommen.
Bedien dich!

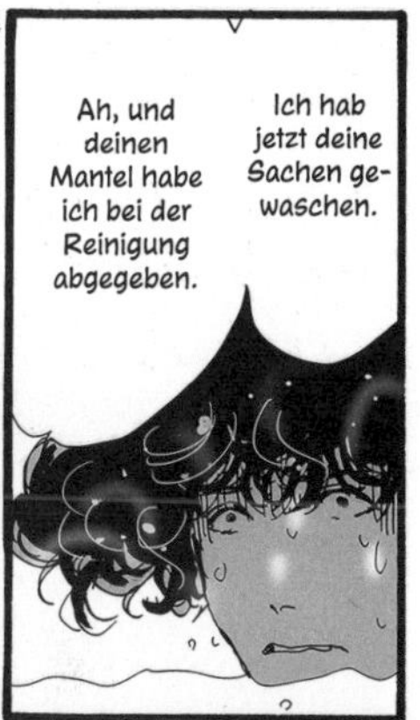
Ich hab jetzt deine Sachen gewaschen.
Ah, und deinen Mantel habe ich bei der Reinigung abgegeben.

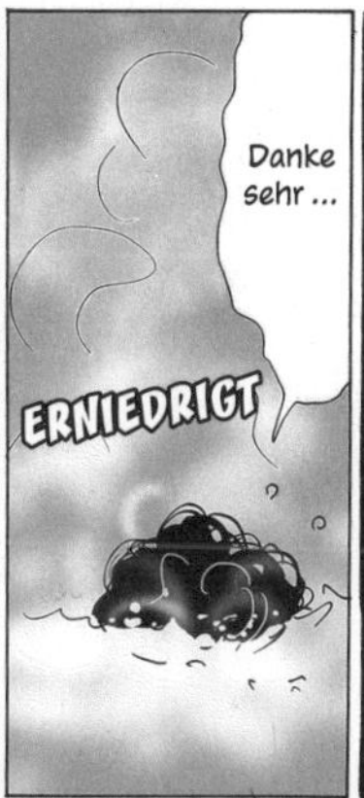
Danke sehr ...
ERNIEDRIGT

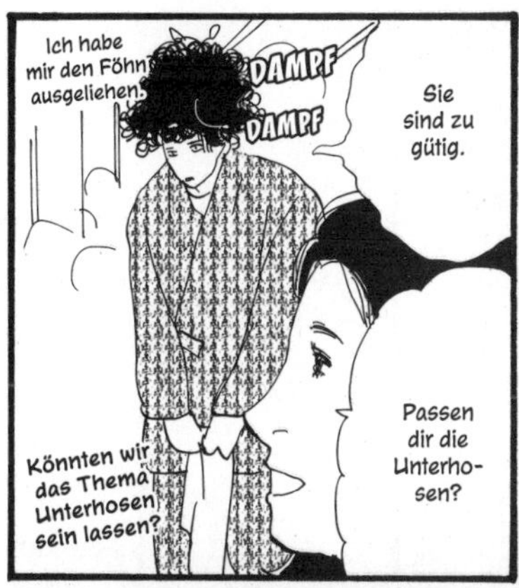
Sie sind zu gütig.
Ich habe mir den Föhn ausgeliehen.
DAMPF
DAMPF
Passen dir die Unterhosen?
Könnten wir das Thema Unterhosen sein lassen?

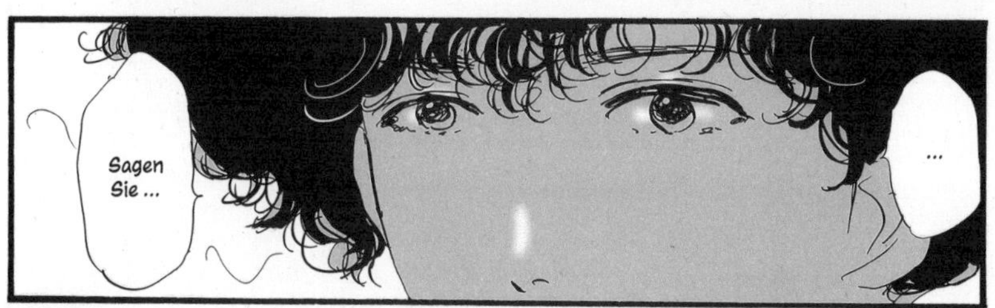
...
Sagen Sie ...

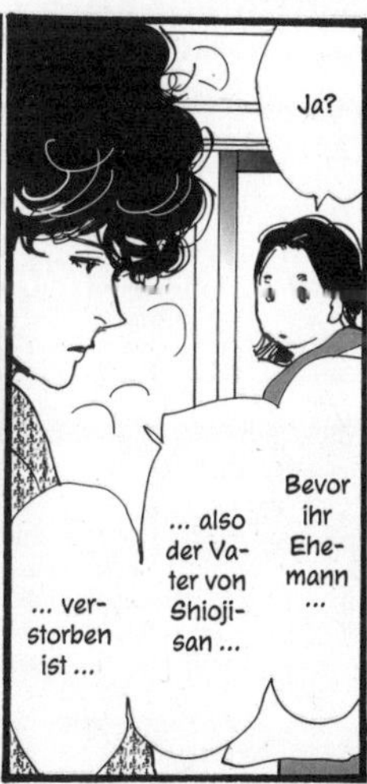
Ja?
Bevor ihr Ehemann ...
... also der Vater von Shioji-san ...
... verstorben ist ...

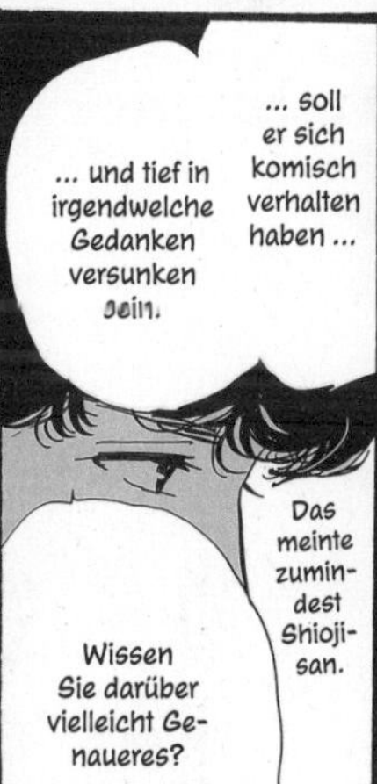
... soll er sich komisch verhalten haben ...
... und tief in irgendwelche Gedanken versunken sein.
Das meinte zumindest Shioji-san.
Wissen Sie darüber vielleicht Genaueres?

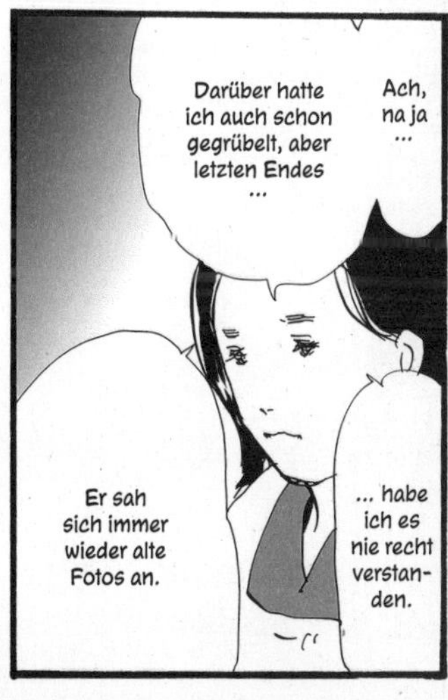
Ach, na ja ...
Darüber hatte ich auch schon gegrübelt, aber letzten Endes ...
... habe ich es nie recht verstanden.
Er sah sich immer wieder alte Fotos an.

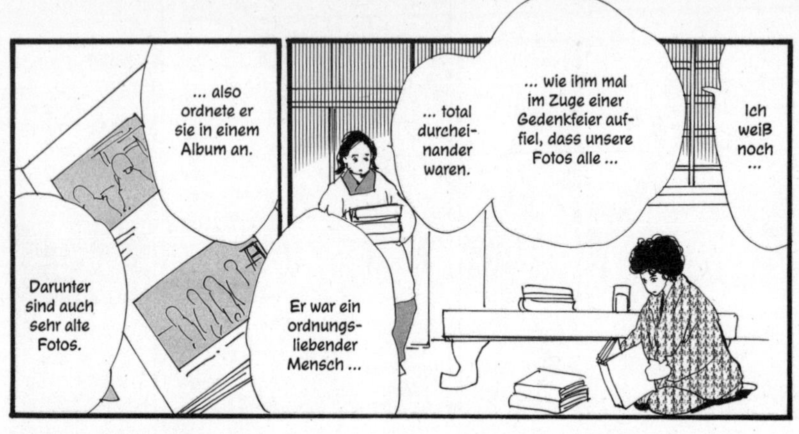

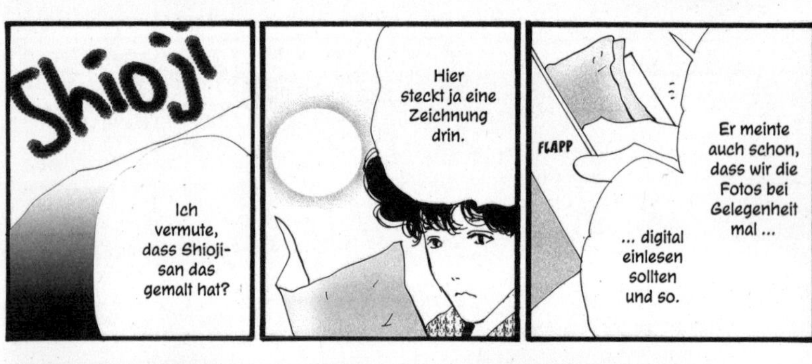

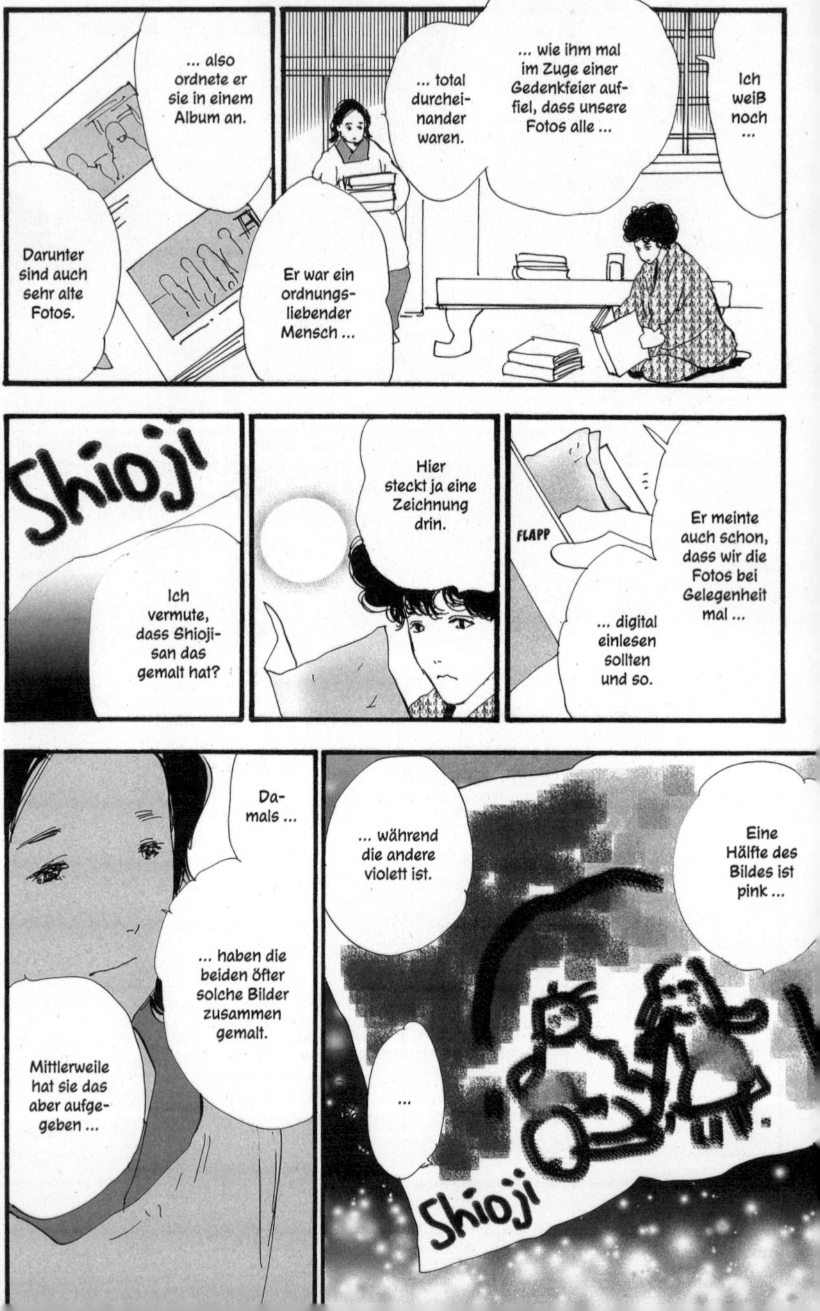

Eine Hälfte des Bildes ist pink ...

... während die andere violett ist.

...

Shioji

Damals ...

... haben die beiden öfter solche Bilder zusammen gemalt.

Mittlerweile hat sie das aber aufgegeben ...

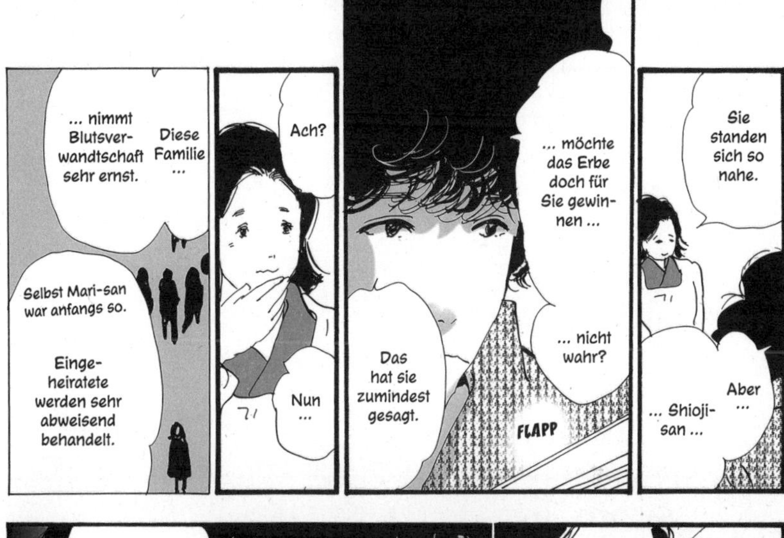
Sie standen sich so nahe.
Aber ...
... Shioji-san ...
... möchte das Erbe doch für Sie gewinnen ...
... nicht wahr?
Das hat sie zumindest gesagt.
FLAPP
Ach?
Nun ...
Diese Familie ...
... nimmt Blutsverwandtschaft sehr ernst.
Selbst Mari-san war anfangs so.
Eingeheiratete werden sehr abweisend behandelt.

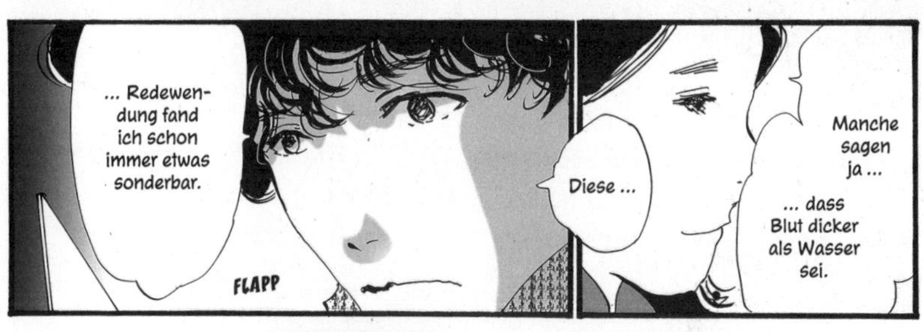
Manche sagen ja ...
... dass Blut dicker als Wasser sei.
Diese ...
... Redewendung fand ich schon immer etwas sonderbar.
FLAPP

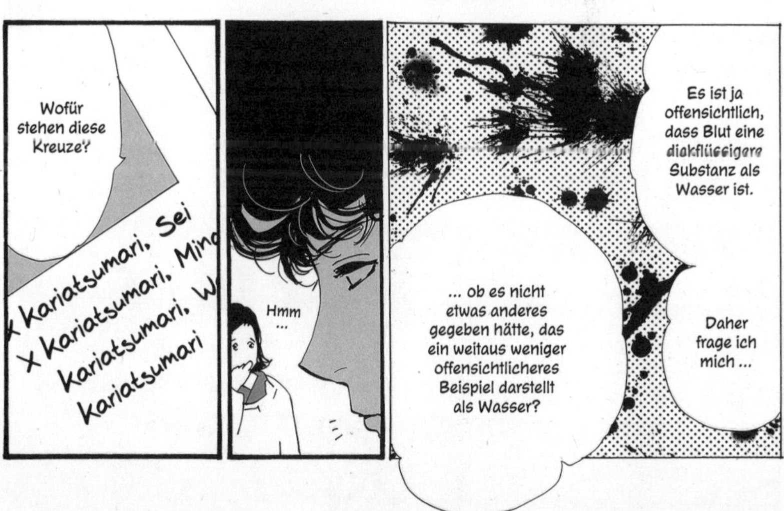
Es ist ja offensichtlich, dass Blut eine dickflüssigere Substanz als Wasser ist.
Daher frage ich mich ...
... ob es nicht etwas anderes gegeben hätte, das ein weitaus weniger offensichtlicheres Beispiel darstellt als Wasser?
Hmm ...
Wofür stehen diese Kreuze?
x kariatsumari, Sei
x kariatsumari, Min
kariatsumari, W
kariatsumari

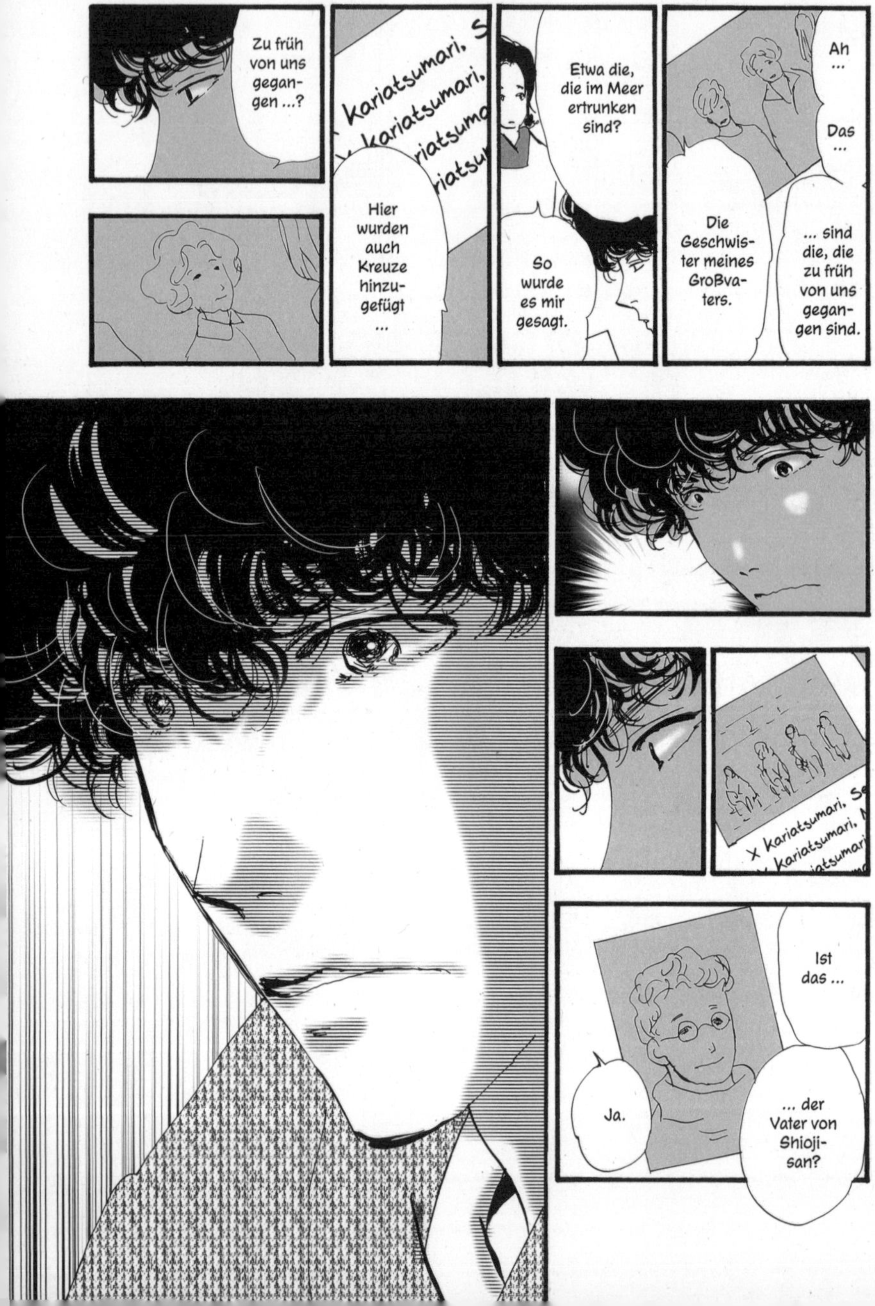

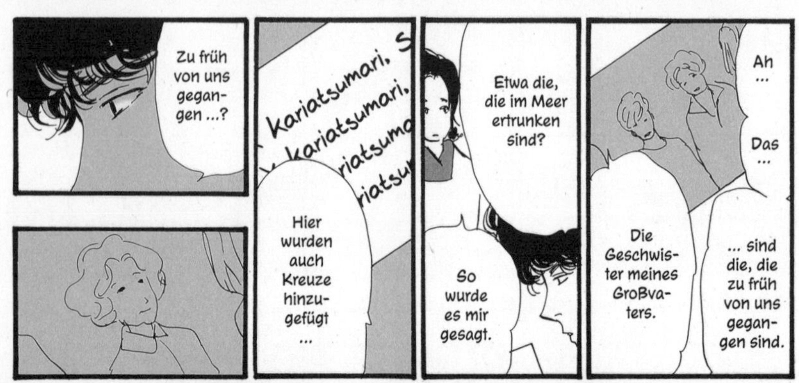
Ah ...
Das ...
... sind die, die zu früh von uns gegangen sind.
Die Geschwister meines Großvaters.
Etwa die, die im Meer ertrunken sind?
So wurde es mir gesagt.
kariatsumari,
kariatsumari,
Hier wurden auch Kreuze hinzugefügt ...
Zu früh von uns gegangen ...?
Ist das ...
... der Vater von Shioji-san?
Ja.

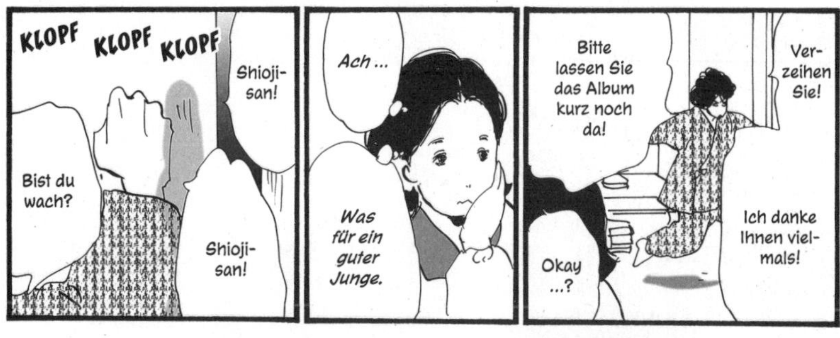
Verzeihen Sie!
Ich danke Ihnen vielmals!
Bitte lassen Sie das Album kurz noch da!
Okay ...?
Ach ...
Was für ein guter Junge.
Shioji-san!
KLOPF KLOPF KLOPF
Shioji-san!
Bist du wach?

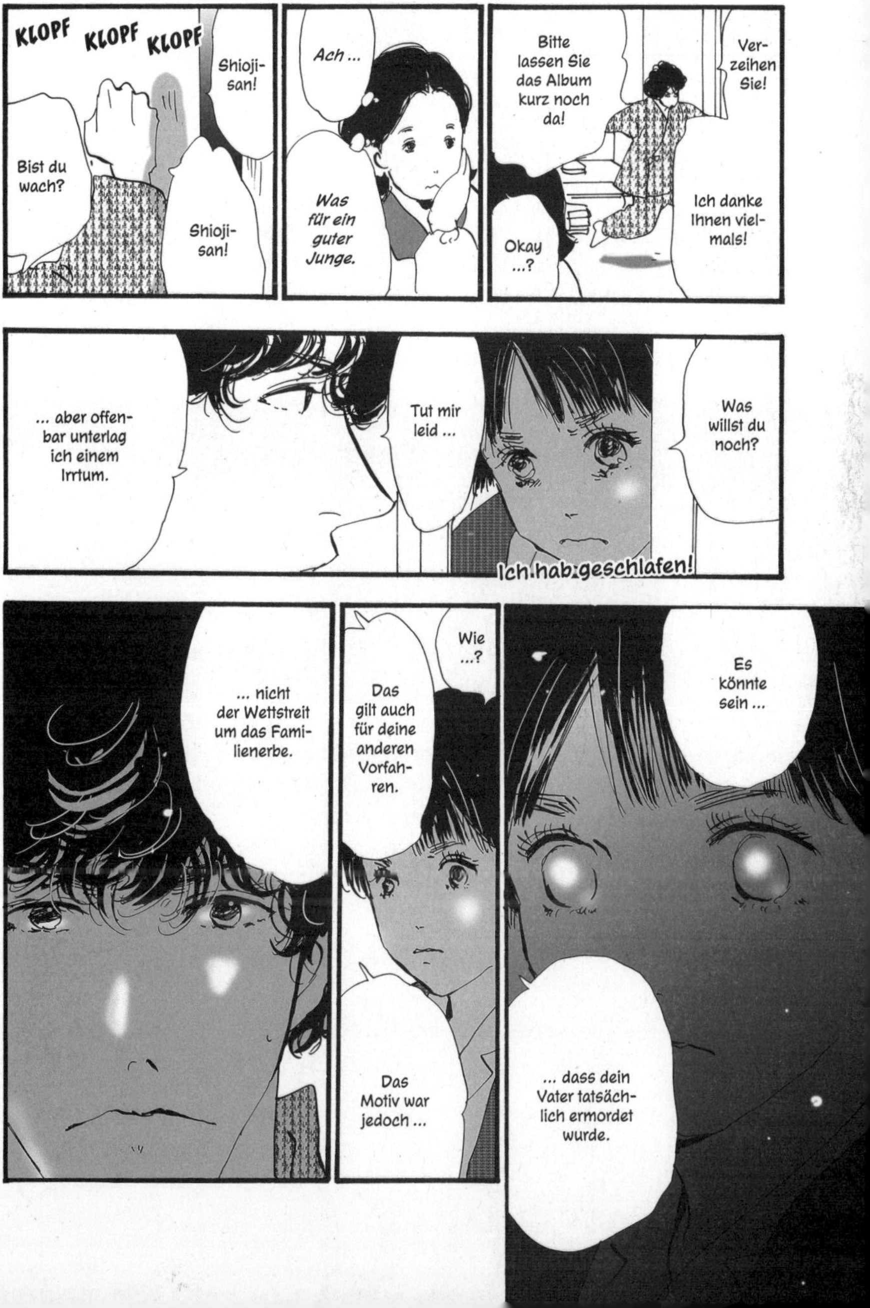

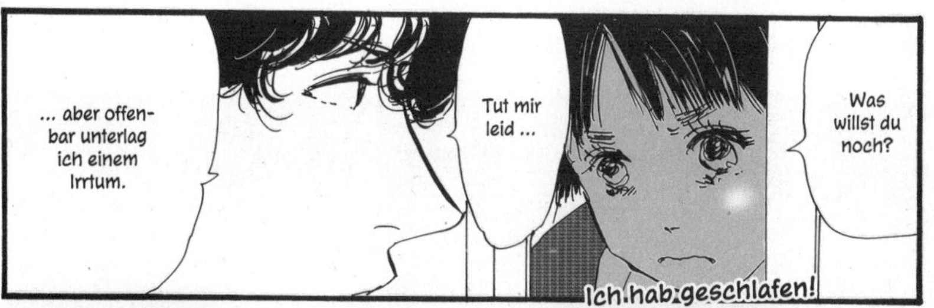
Was willst du noch?
Ich hab geschlafen!
Tut mir leid ...
... aber offenbar unterlag ich einem Irrtum.

Es könnte sein ...
... dass dein Vater tatsächlich ermordet wurde.
Wie ...?
Das gilt auch für deine anderen Vorfahren.
Das Motiv war jedoch ...
... nicht der Wettstreit um das Familienerbe.

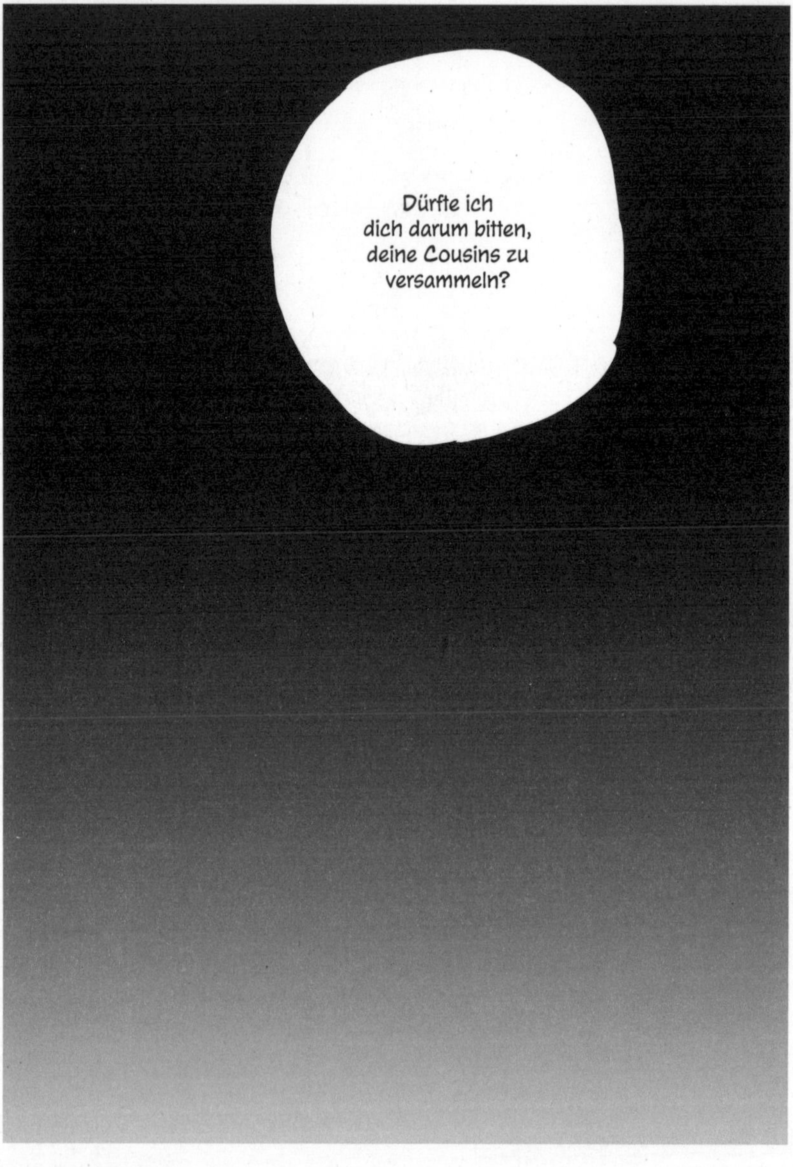

Dürfte ich
dich darum bitten,
deine Cousins zu
versammeln?

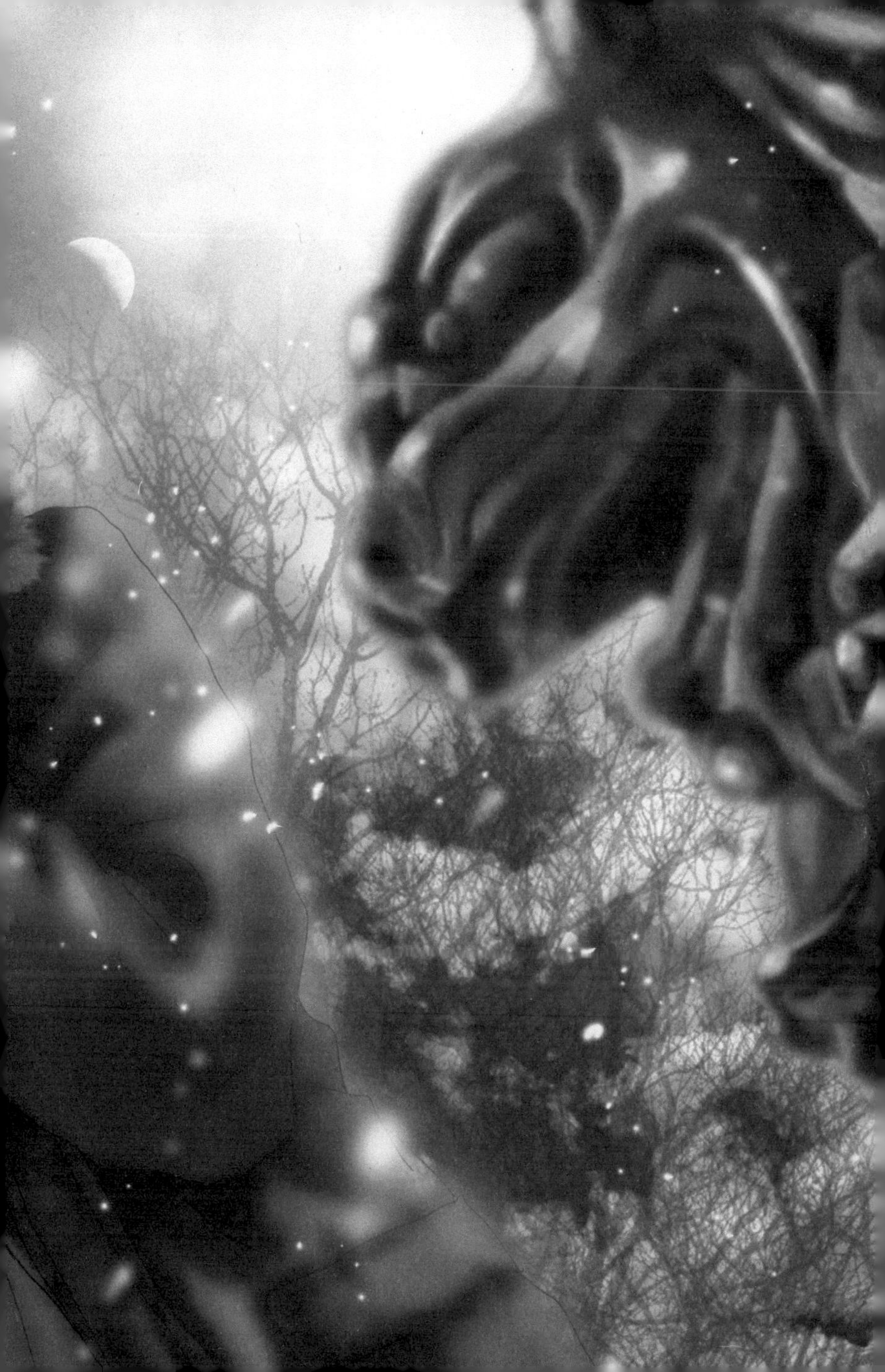

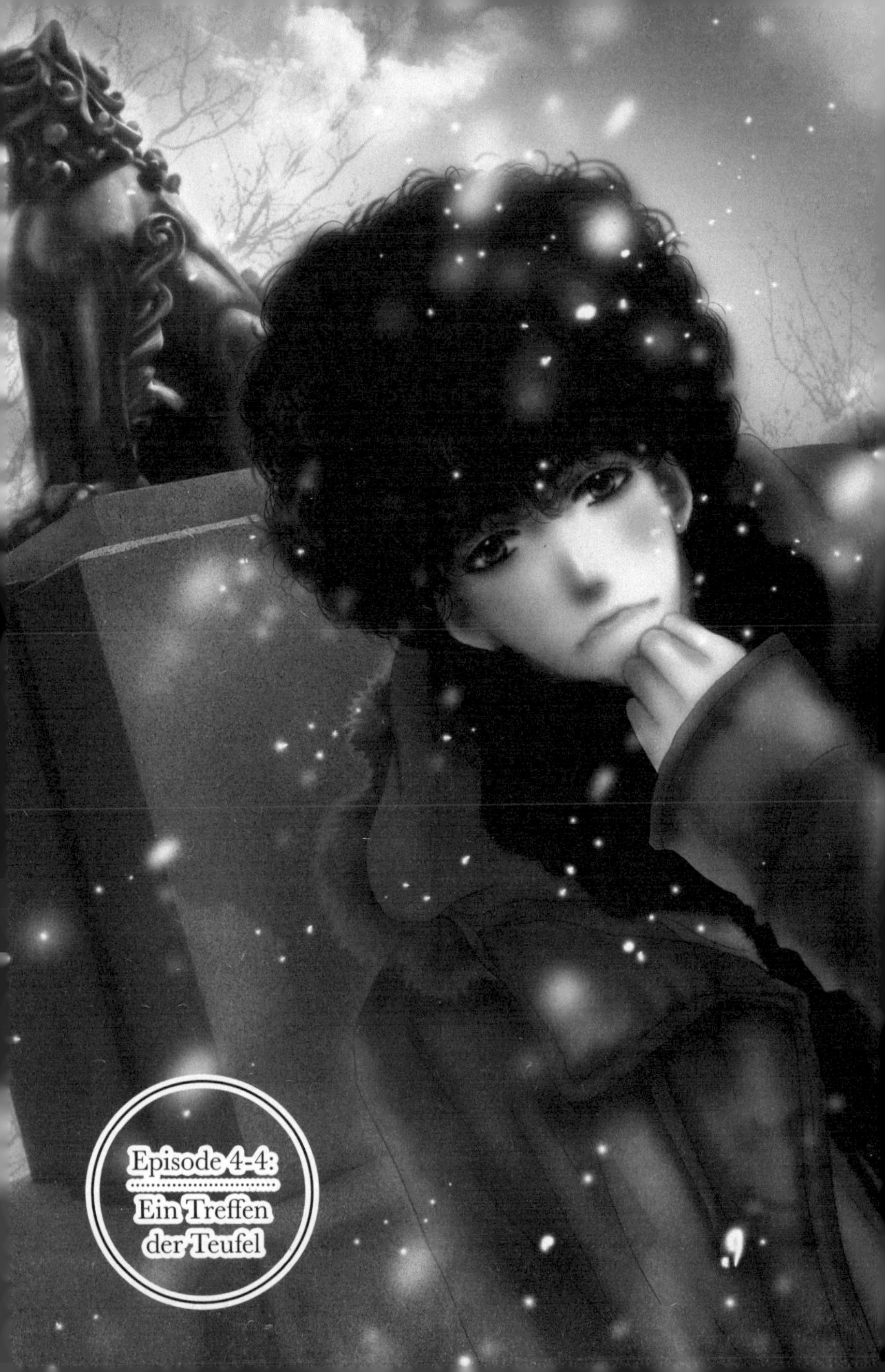
Episode 4-4:
Ein Treffen
der Teufel

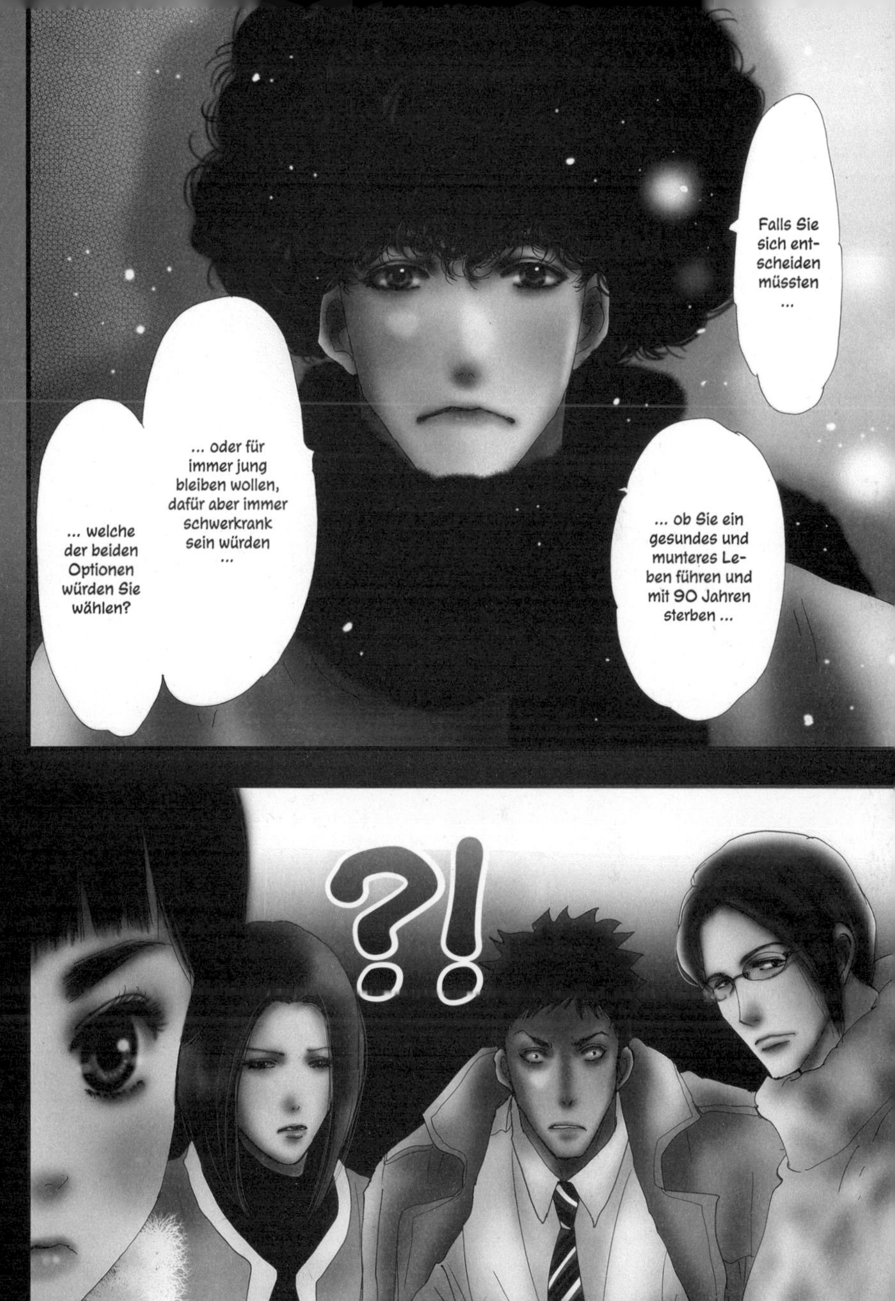
Falls Sie sich entscheiden müssten ...
... ob Sie ein gesundes und munteres Leben führen und mit 90 Jahren sterben ...
... oder für immer jung bleiben wollen, dafür aber immer schwerkrank sein würden ...
... welche der beiden Optionen würden Sie wählen?
?!

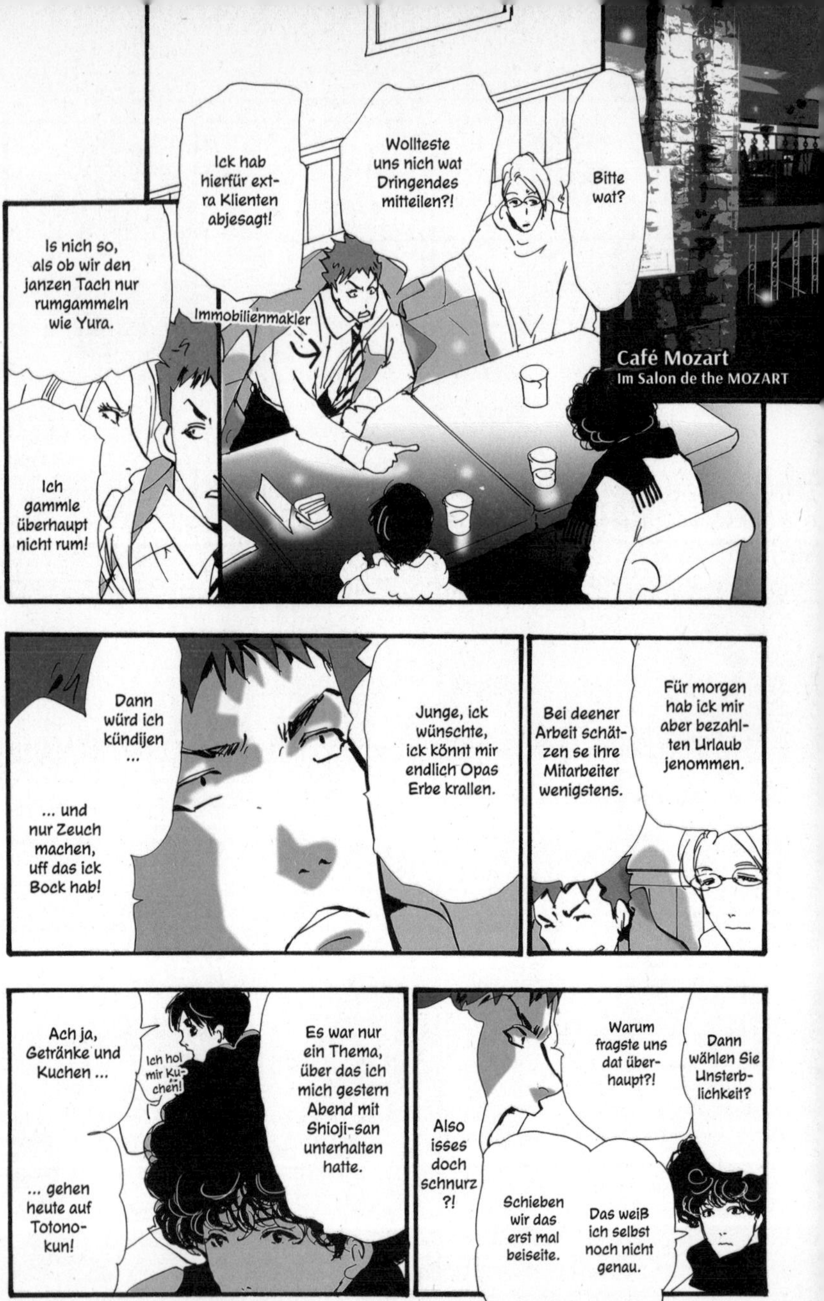

Bitte wat?

Wollteste uns nich wat Dringendes mitteilen?!

Ick hab hierfür extra Klienten abjesagt!

Café Mozart
Im Salon de the MOZART

Is nich so, als ob wir den janzen Tach nur rumgammeln wie Yura.

Immobilienmakler

Ich gammle überhaupt nicht rum!

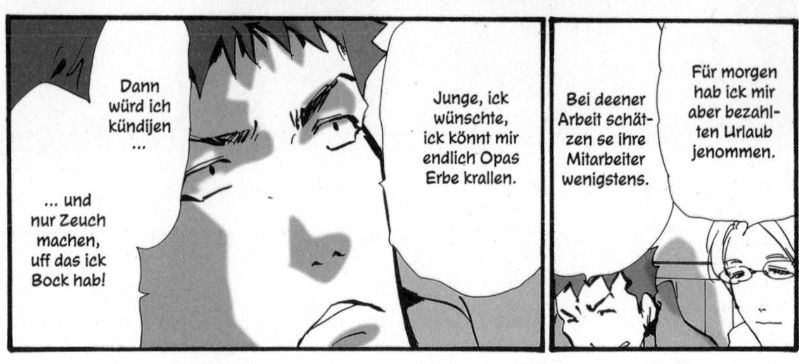

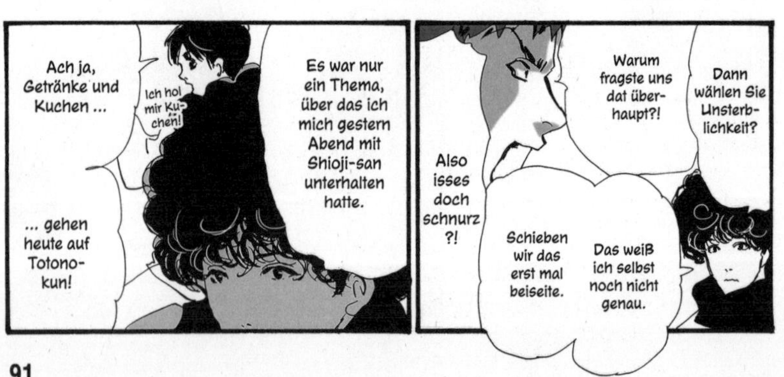

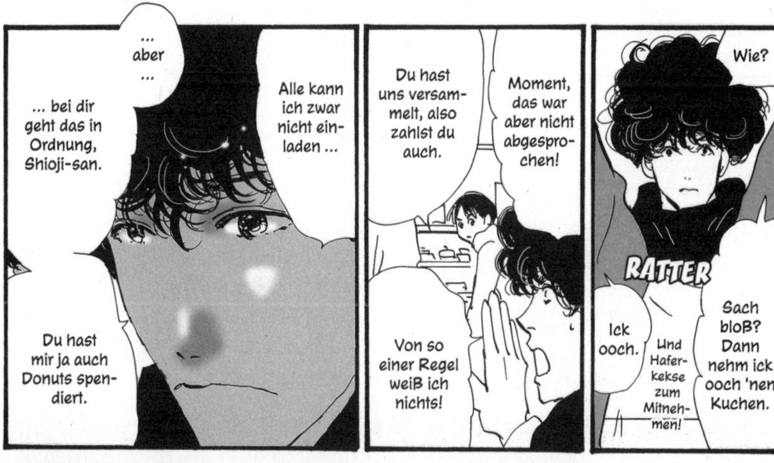
Wie?
RATTER
Sach bloß? Dann nehm ick ooch 'nen Kuchen.
Ick ooch.
Und Haferkekse zum Mitnehmen!
Moment, das war aber nicht abgesprochen!
Du hast uns versammelt, also zahlst du auch.
Von so einer Regel weiß ich nichts!
Alle kann ich zwar nicht einladen ...
... aber ...
... bei dir geht das in Ordnung, Shioji-san.
Du hast mir ja auch Donuts spendiert.

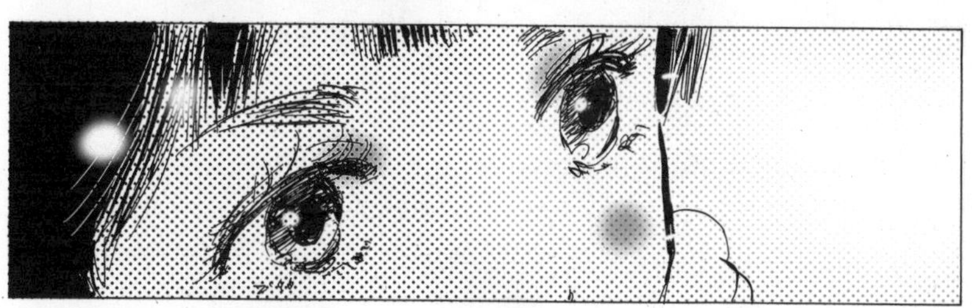

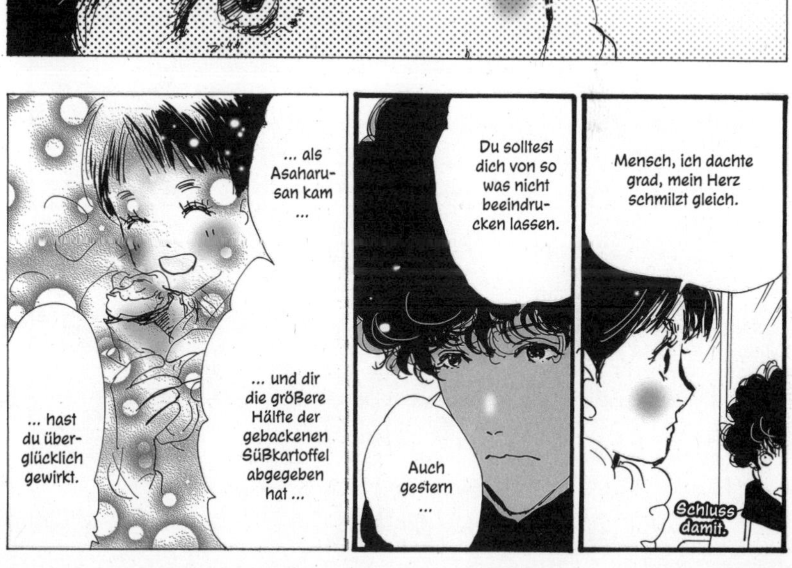
Mensch, ich dachte grad, mein Herz schmilzt gleich.
Schluss damit.
Du solltest dich von so was nicht beeindrucken lassen.
Auch gestern ...
... als Asaharu-san kam ...
... und dir die größere Hälfte der gebackenen Süßkartoffel abgegeben hat ...
... hast du überglücklich gewirkt.

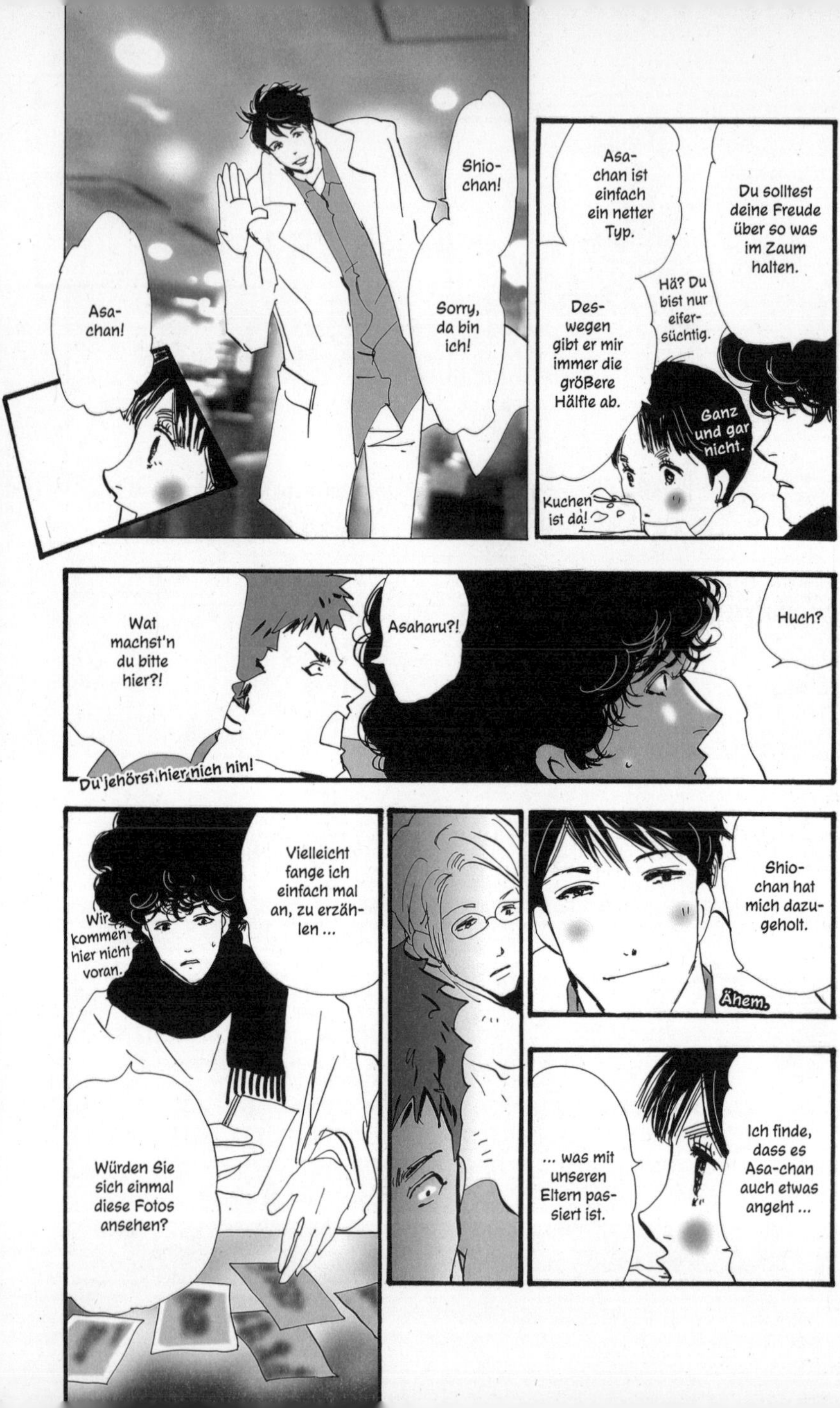

Asa-chan ist einfach ein netter Typ.
Deswegen gibt er mir immer die größere Hälfte ab.
Kuchen ist da!
Du solltest deine Freude über so was im Zaum halten.
Hä? Du bist nur eifersüchtig.
Ganz und gar nicht.
Shio-chan!
Sorry, da bin ich!
Asa-chan!

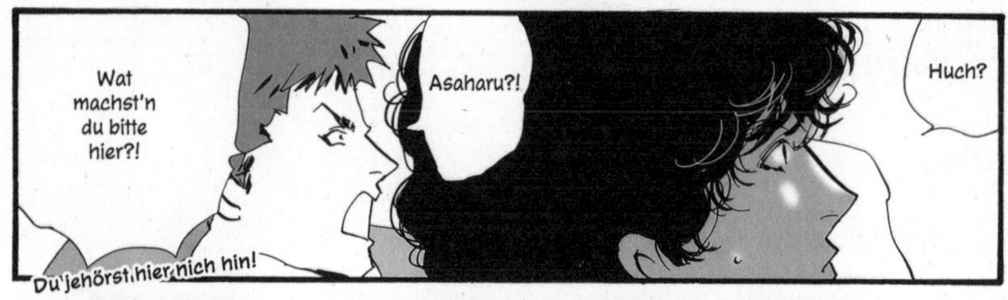

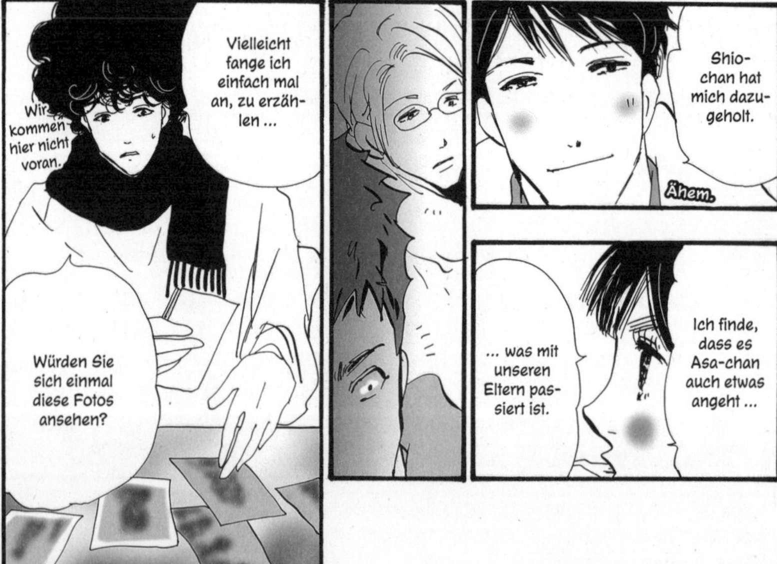

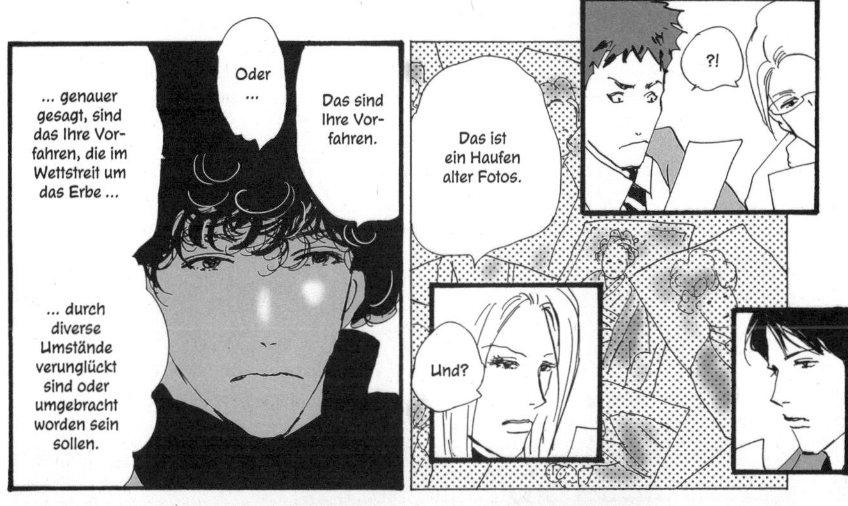
?!
Das ist ein Haufen alter Fotos.
Und?
Das sind Ihre Vorfahren.
Oder ...
... genauer gesagt, sind das Ihre Vorfahren, die im Wettstreit um das Erbe ...
... durch diverse Umstände verunglückt sind oder umgebracht worden sein sollen.

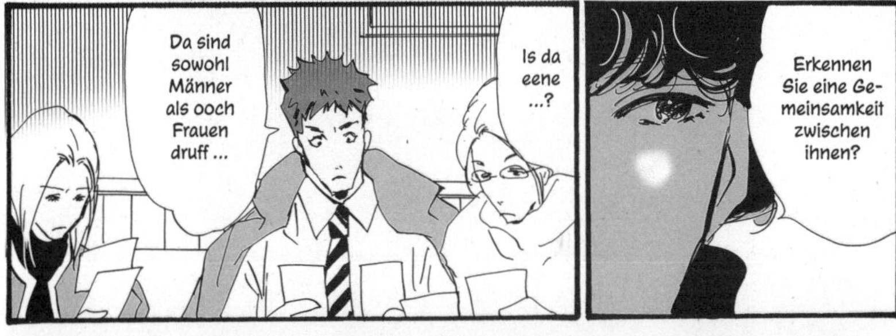
Erkennen Sie eine Gemeinsamkeit zwischen ihnen?
Is da eene ...?
Da sind sowohl Männer als ooch Frauen druff ...

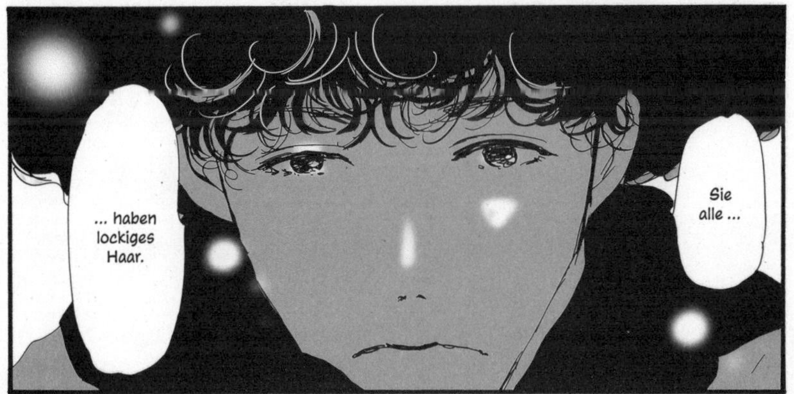
Sie alle ...
... haben lockiges Haar.

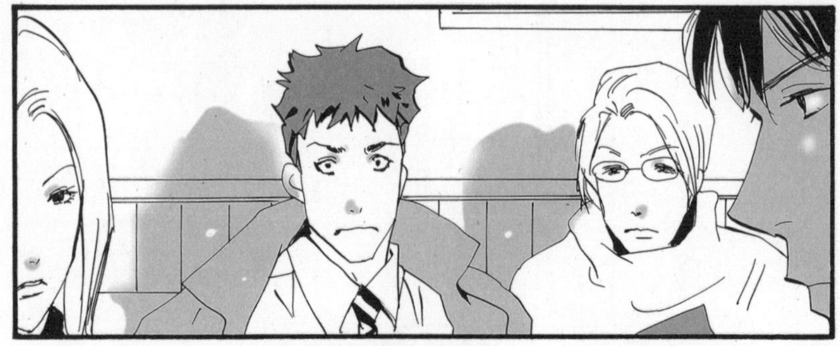

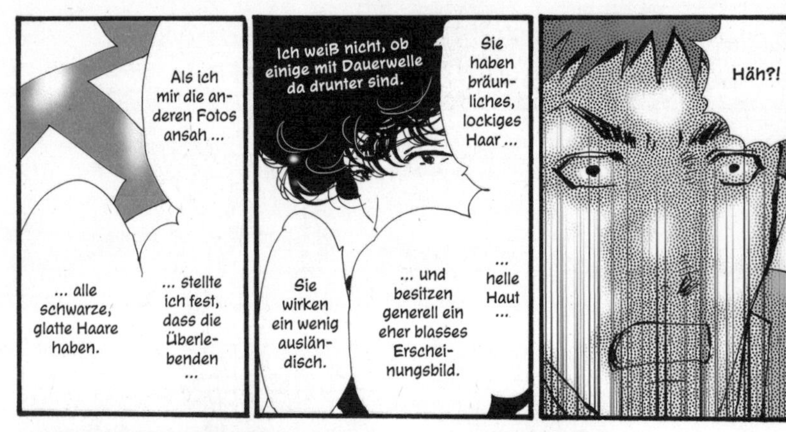
Häh?!
Sie haben bräunliches, lockiges Haar ...
... helle Haut ...
... und besitzen generell ein eher blasses Erscheinungsbild.
Sie wirken ein wenig ausländisch.
Ich weiß nicht, ob einige mit Dauerwelle da drunter sind.
Als ich mir die anderen Fotos ansah ...
... stellte ich fest, dass die Überlebenden ...
... alle schwarze, glatte Haare haben.

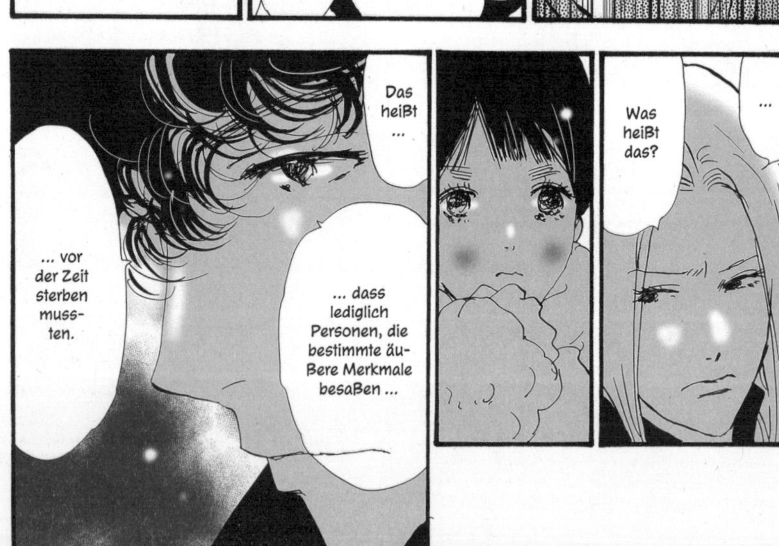
...
Was heißt das?
Das heißt ...
... dass lediglich Personen, die bestimmte äußere Merkmale besaßen ...
... vor der Zeit sterben mussten.

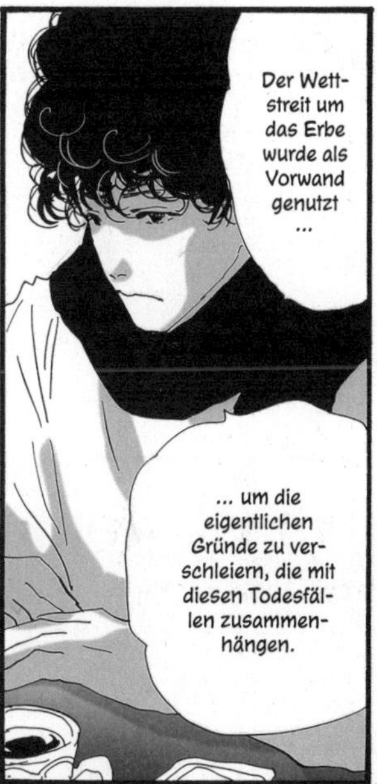
Der Wettstreit um das Erbe wurde als Vorwand genutzt ...
... um die eigentlichen Gründe zu verschleiern, die mit diesen Todesfällen zusammenhängen.

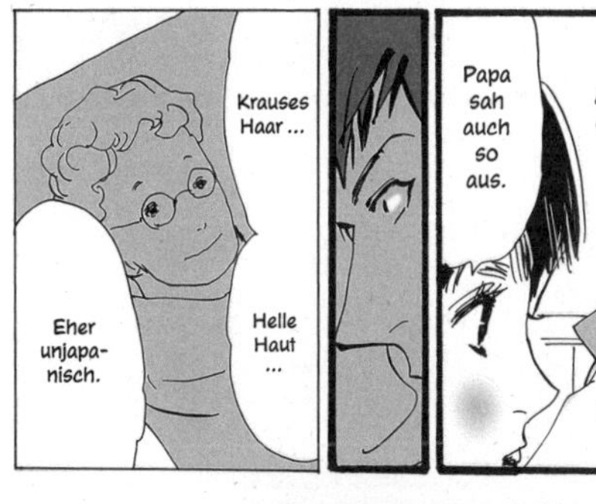
Ach komm ...!
Als ob!
Papa sah auch so aus.
Krauses Haar ...
Helle Haut ...
Eher unjapanisch.

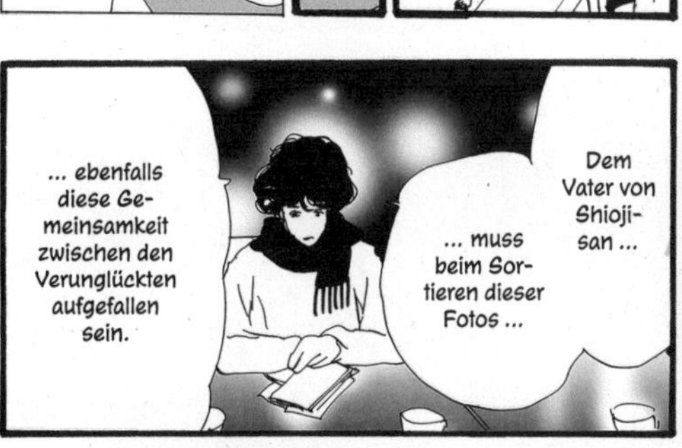
Dem Vater von Shioji-san ...
... muss beim Sortieren dieser Fotos ...
... ebenfalls diese Gemeinsamkeit zwischen den Verunglückten aufgefallen sein.

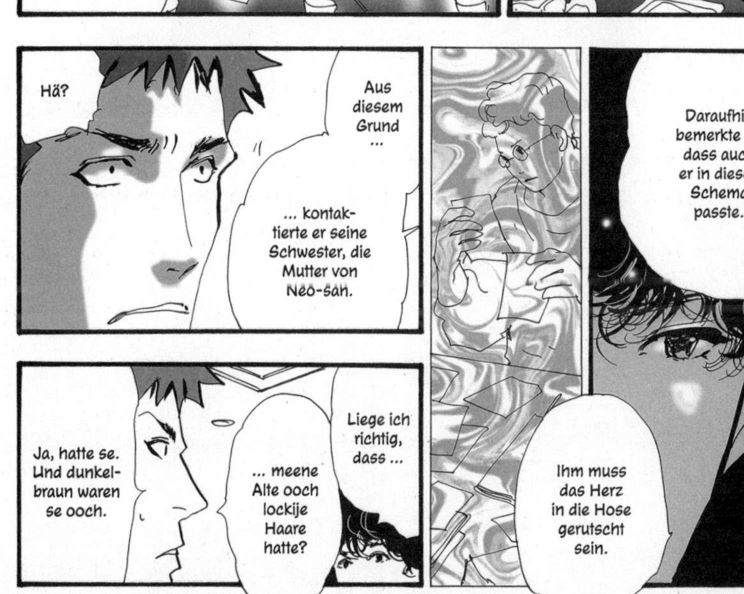
Daraufhin bemerkte er, dass auch er in dieses Schema passte.
Aus diesem Grund ...
... kontaktierte er seine Schwester, die Mutter von Neo-san.
Hä?
Ihm muss das Herz in die Hose gerutscht sein.
Liege ich richtig, dass ...
... meene Alte ooch lockije Haare hatte?
Ja, hatte se. Und dunkelbraun waren se ooch.

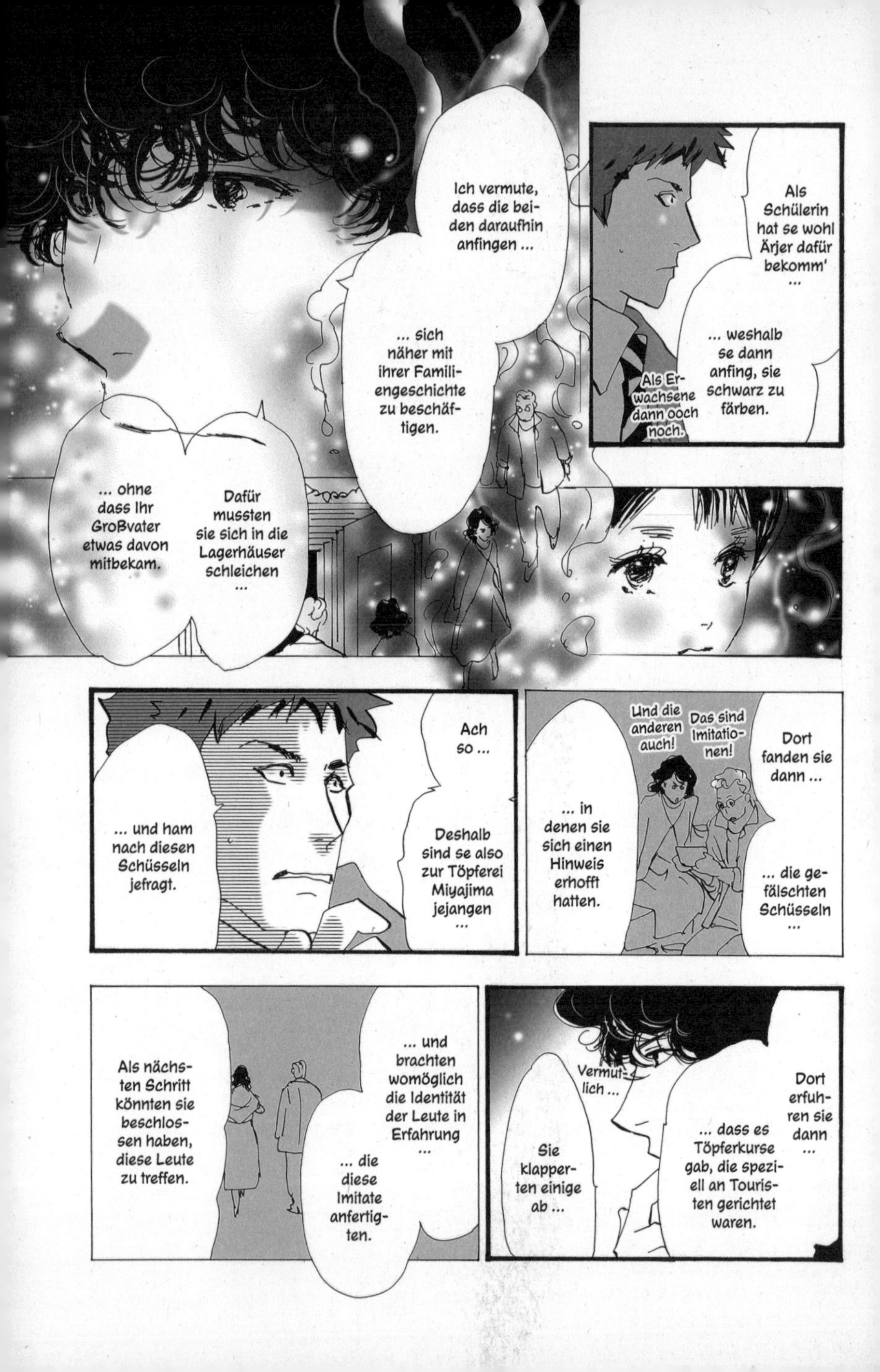

Als Schülerin hat se wohl Ärjer dafür bekomm' ...
... weshalb se dann anfing, sie schwarz zu färben.
Als Erwachsene dann ooch noch.
Ich vermute, dass die beiden daraufhin anfingen ...
... sich näher mit ihrer Familiengeschichte zu beschäftigen.
Dafür mussten sie sich in die Lagerhäuser schleichen ...
... ohne dass Ihr Großvater etwas davon mitbekam.
Dort fanden sie dann ...
... die gefälschten Schüsseln ...
Das sind Imitationen!
Und die anderen auch!
... in denen sie sich einen Hinweis erhofft hatten.
Ach so ...
Deshalb sind se also zur Töpferei Miyajima jejangen ...
... und ham nach diesen Schüsseln jefragt.

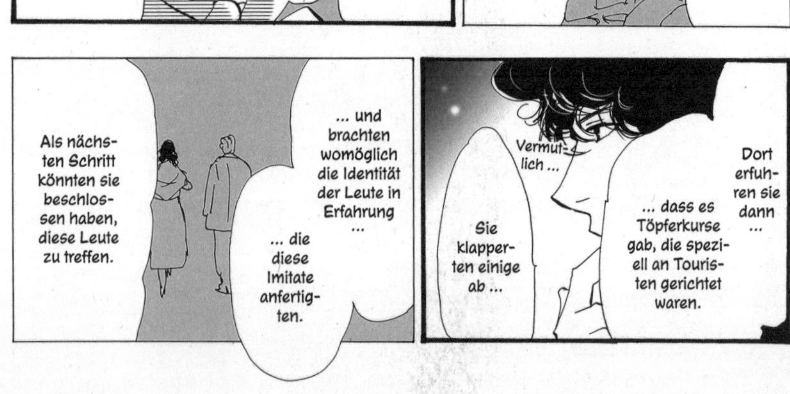

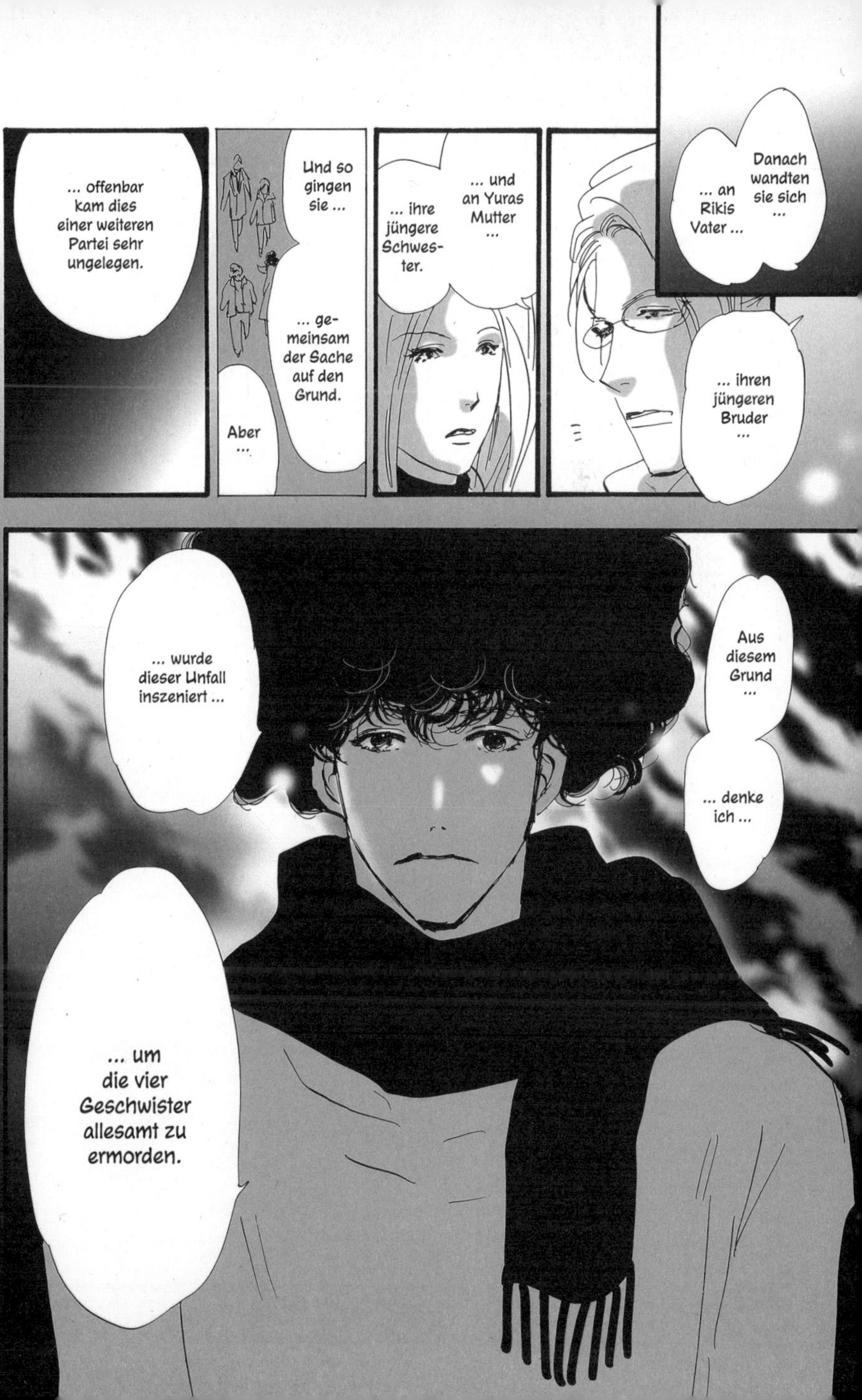

Danach wandten sie sich ...
... an Rikis Vater ...
... ihren jüngeren Bruder ...
... und an Yuras Mutter ...
... ihre jüngere Schwester.
Und so gingen sie ...
... gemeinsam der Sache auf den Grund.
Aber ...
... offenbar kam dies einer weiteren Partei sehr ungelegen.
Aus diesem Grund ...
... denke ich ...
... wurde dieser Unfall inszeniert ...
... um die vier Geschwister allesamt zu ermorden.

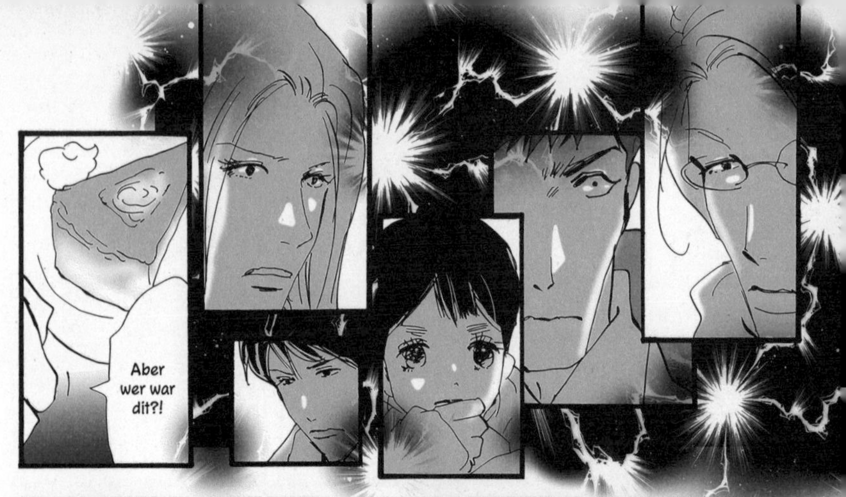
Aber wer war dit?!

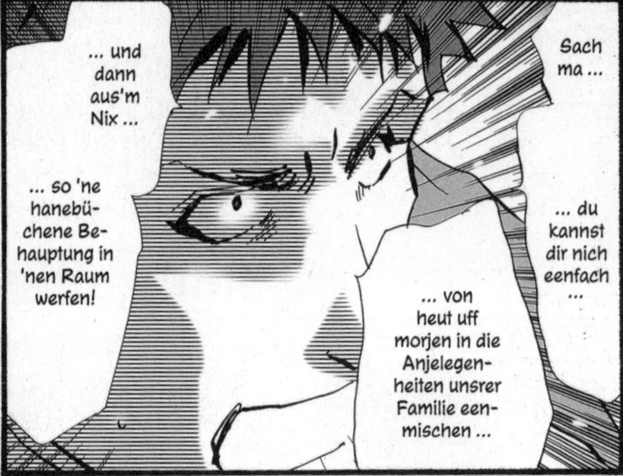
Sach ma ...
... du kannst dir nich eenfach ...
... von heut uff morjen in die Anjelegenheiten unsrer Familie eenmischen ...
... und dann aus'm Nix ...
... so 'ne hanebüchene Behauptung in 'nen Raum werfen!

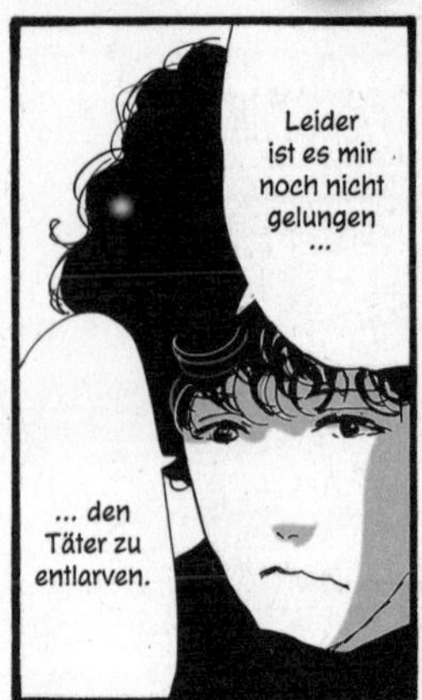
Leider ist es mir noch nicht gelungen ...
... den Täter zu entlarven.

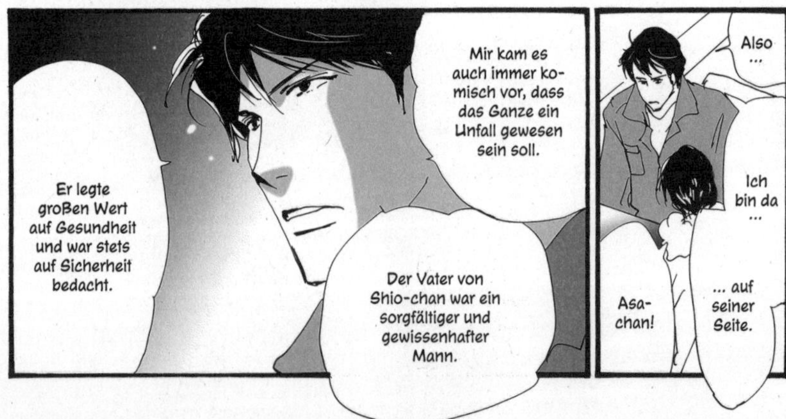
Also ...
Ich bin da ...
... auf seiner Seite.
Asa-chan!
Mir kam es auch immer komisch vor, dass das Ganze ein Unfall gewesen sein soll.
Der Vater von Shio-chan war ein sorgfältiger und gewissenhafter Mann.
Er legte großen Wert auf Gesundheit und war stets auf Sicherheit bedacht.

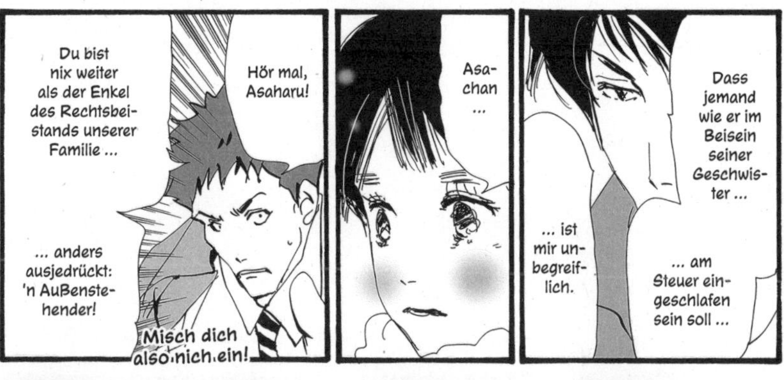
Dass jemand wie er im Beisein seiner Geschwister ...
... am Steuer eingeschlafen sein soll ...
... ist mir unbegreiflich.
Asa-chan ...
Hör mal, Asaharu!
Du bist nix weiter als der Enkel des Rechtsbeistands unserer Familie ...
... anders ausjedrückt: 'n Außenstehender!
Misch dich also nich ein!

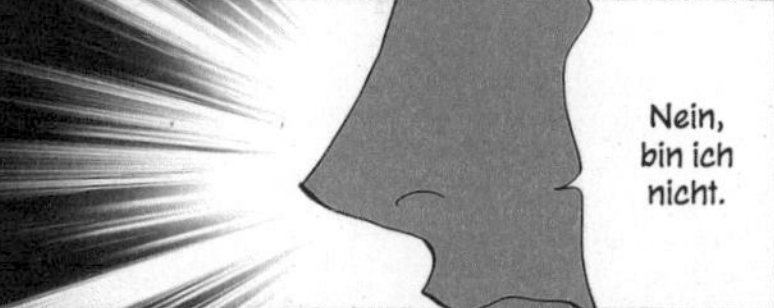
Nein, bin ich nicht.

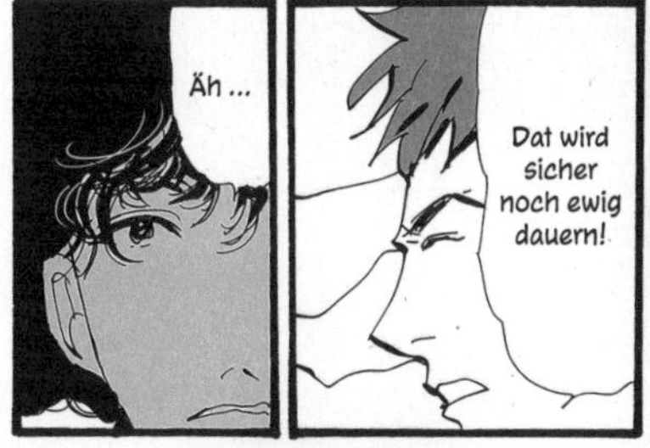
Dat wird sicher noch ewig dauern!
Äh ...

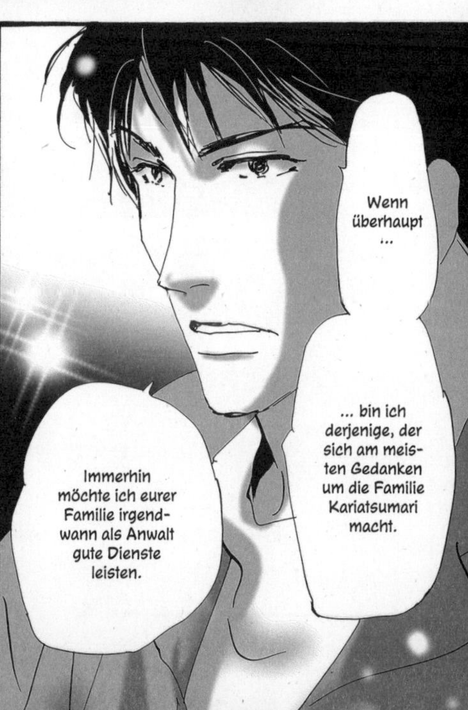
Wenn überhaupt ...
... bin ich derjenige, der sich am meisten Gedanken um die Familie Kariatsumari macht.
Immerhin möchte ich eurer Familie irgendwann als Anwalt gute Dienste leisten.

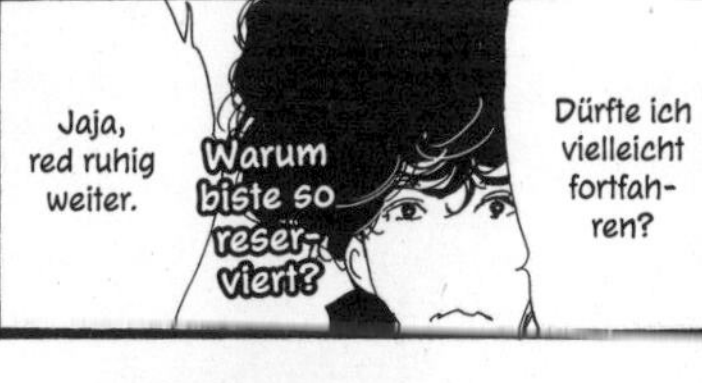
Dürfte ich vielleicht fortfahren?
Warum biste so reserviert?
Jaja, red ruhig weiter.

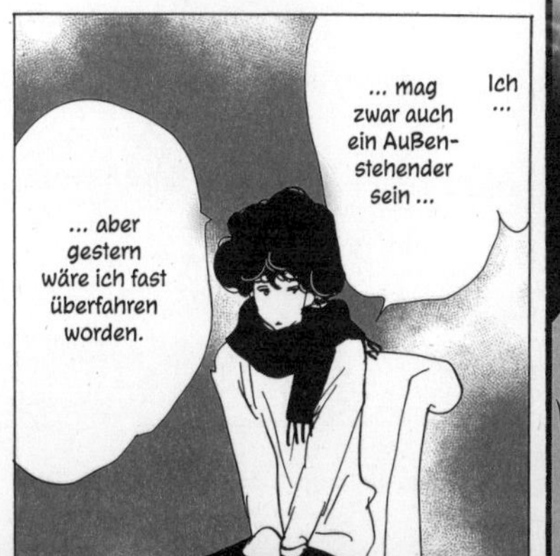
Ich ...
... mag zwar auch ein Außenstehender sein ...
... aber gestern wäre ich fast überfahren worden.

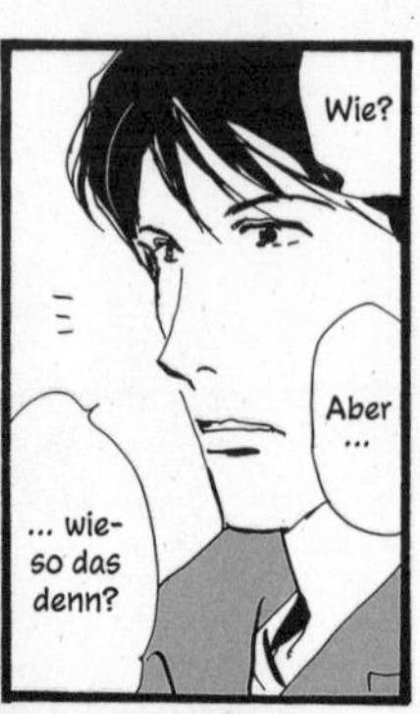
Wie?
Aber ...
... wieso das denn?

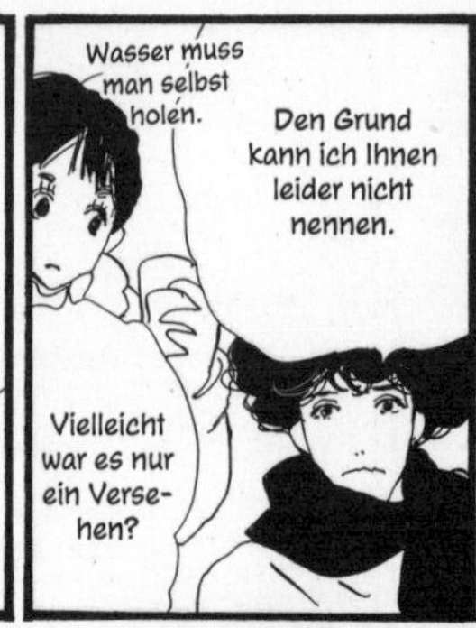
Den Grund kann ich Ihnen leider nicht nennen.
Wasser muss man selbst holen.
Vielleicht war es nur ein Versehen?

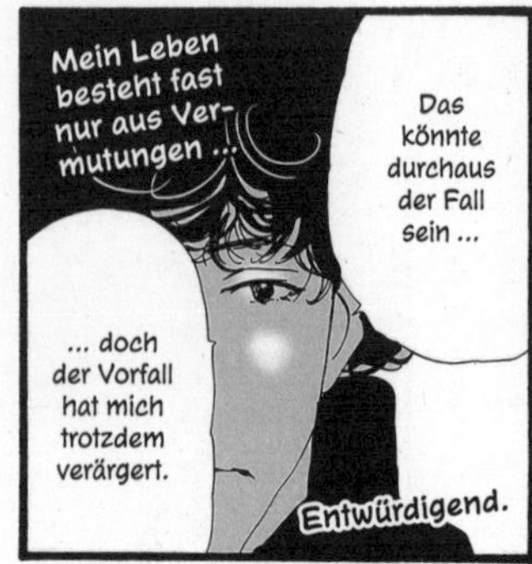
Das könnte durchaus der Fall sein ...
Mein Leben besteht fast nur aus Vermutungen ...
... doch der Vorfall hat mich trotzdem verärgert.
Entwürdigend.

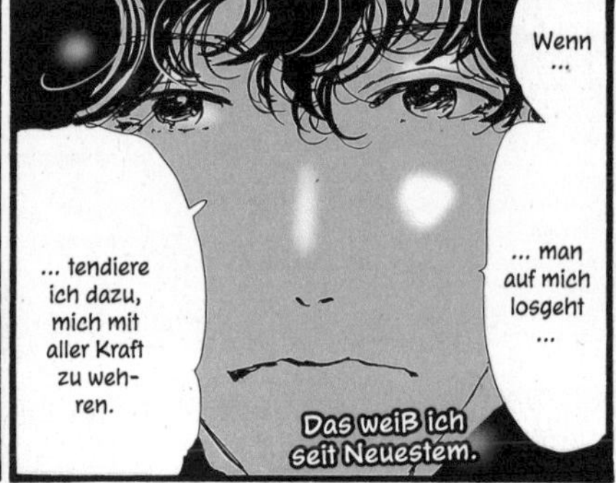
Wenn ...
... man auf mich losgeht ...
... tendiere ich dazu, mich mit aller Kraft zu wehren.
Das weiß ich seit Neuestem.

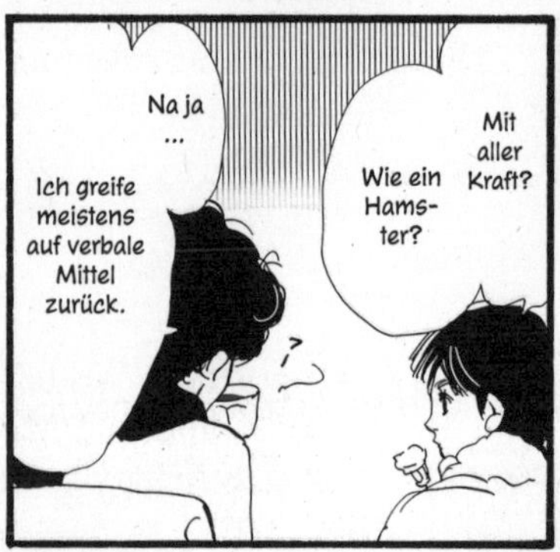
Mit aller Kraft?
Wie ein Hamster?
Na ja ...
Ich greife meistens auf verbale Mittel zurück.

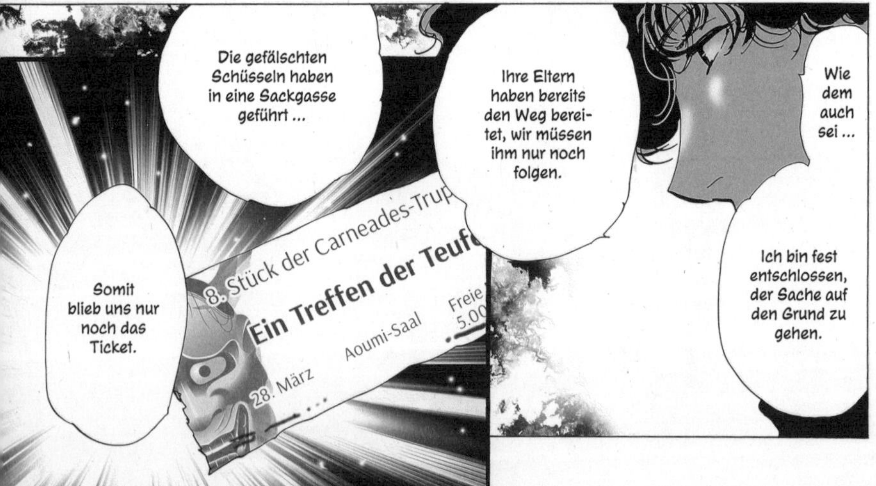
Wie dem auch sei ...
Ich bin fest entschlossen, der Sache auf den Grund zu gehen.
Ihre Eltern haben bereits den Weg bereitet, wir müssen ihm nur noch folgen.
Die gefälschten Schüsseln haben in eine Sackgasse geführt ...
Somit blieb uns nur noch das Ticket.
8. Stück der Carneades-Trup
Ein Treffen der Teuf
Freie
5.00
Aoumi-Saal
28. März

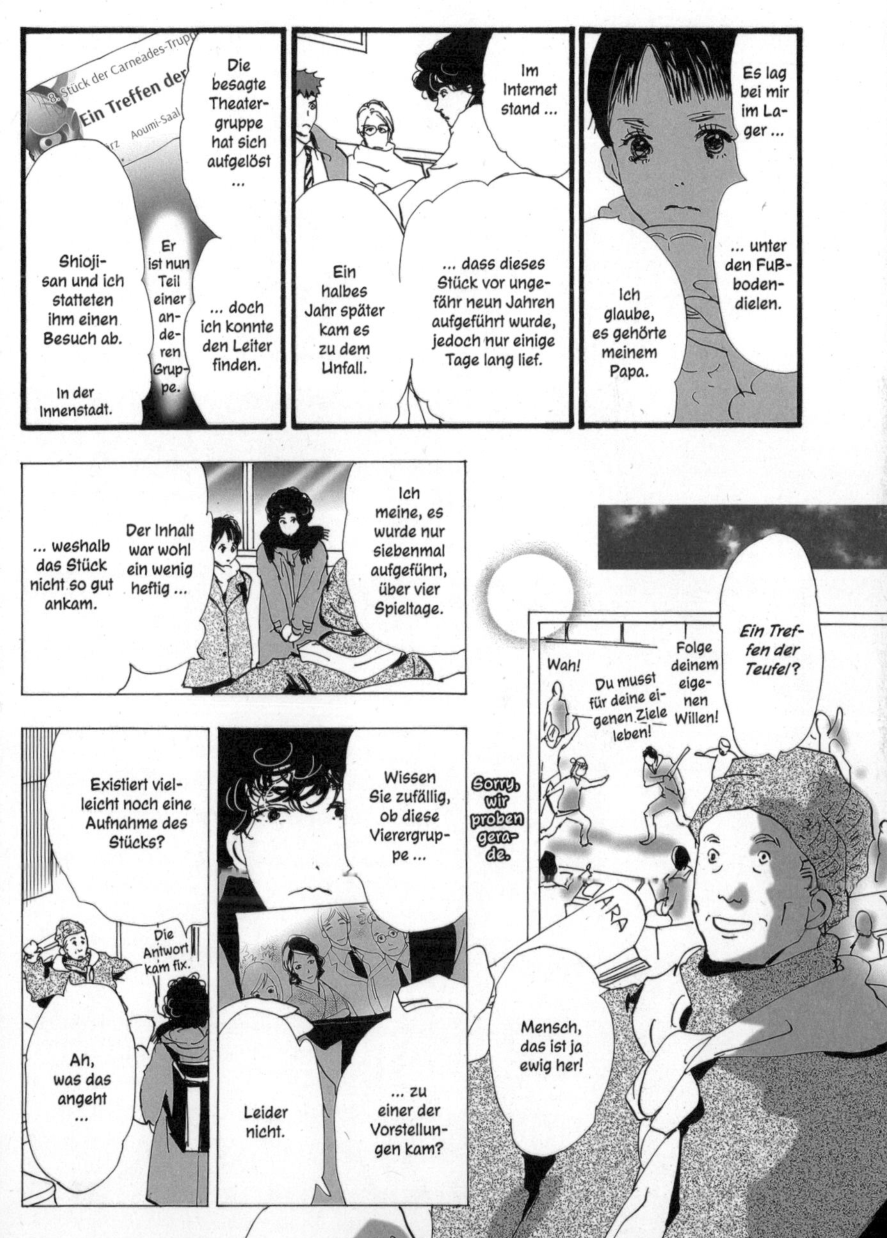

Es lag bei mir im Lager ...
... unter den Fußbodendielen.
Ich glaube, es gehörte meinem Papa.
Im Internet stand ...
... dass dieses Stück vor ungefähr neun Jahren aufgeführt wurde, jedoch nur einige Tage lang lief.
Ein halbes Jahr später kam es zu dem Unfall.
8. Stück der Carneades-Trupp
Ein Treffen der
Aoumi-Saal
Die besagte Theatergruppe hat sich aufgelöst ...
... doch ich konnte den Leiter finden.
Er ist nun Teil einer anderen Gruppe.
Shioji-san und ich statteten ihm einen Besuch ab.
In der Innenstadt.
Ein Treffen der Teufel?
Folge deinem eigenen Willen!
Du musst für deine eigenen Ziele leben!
Wah!
Sorry, wir proben gerade.
Mensch, das ist ja ewig her!
Ich meine, es wurde nur siebenmal aufgeführt, über vier Spieltage.
Der Inhalt war wohl ein wenig heftig ...
... weshalb das Stück nicht so gut ankam.
Wissen Sie zufällig, ob diese Vierergruppe ...
... zu einer der Vorstellungen kam?
Leider nicht.
Existiert vielleicht noch eine Aufnahme des Stücks?
Die Antwort kam fix.
Ah, was das angeht ...

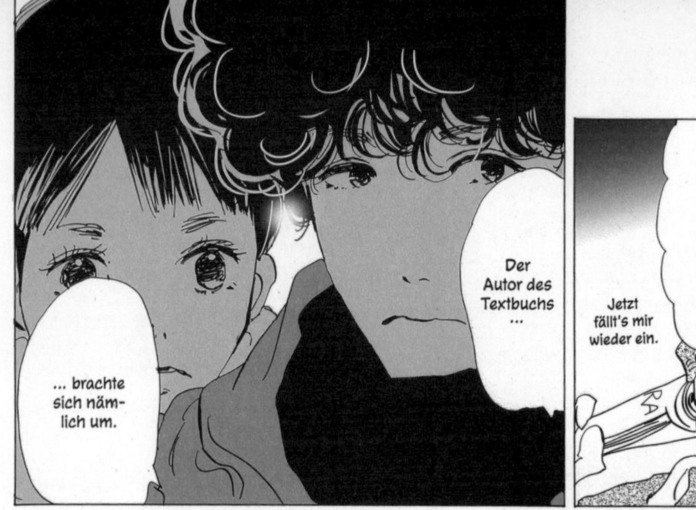
Nach dem Ende der Vorführungen wurde es ziemlich unschön.
Jetzt fällt's mir wieder ein.
Der Autor des Textbuchs ...
... brachte sich nämlich um.

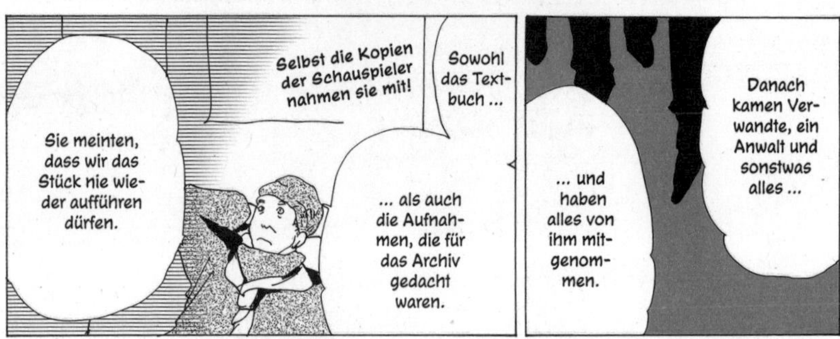
Danach kamen Verwandte, ein Anwalt und sonstwas alles ...
... und haben alles von ihm mitgenommen.
Sowohl das Textbuch ...
... als auch die Aufnahmen, die für das Archiv gedacht waren.
Selbst die Kopien der Schauspieler nahmen sie mit!
Sie meinten, dass wir das Stück nie wieder aufführen dürfen.

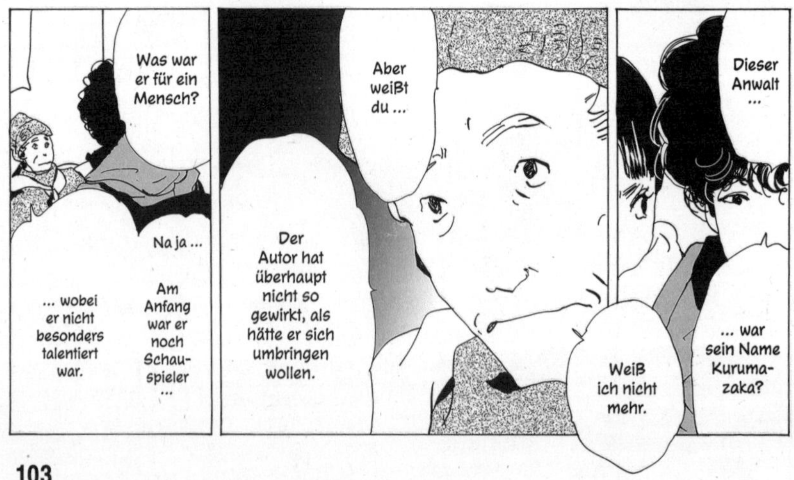
Dieser Anwalt ...
... war sein Name Kurumazaka?
Weiß ich nicht mehr.
Aber weißt du ...
Der Autor hat überhaupt nicht so gewirkt, als hätte er sich umbringen wollen.
Was war er für ein Mensch?
Na ja ...
Am Anfang war er noch Schauspieler ...
... wobei er nicht besonders talentiert war.

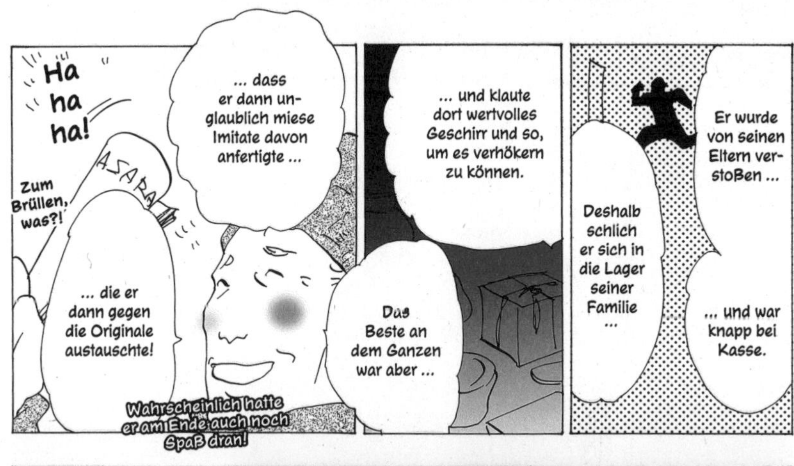
Er wurde von seinen Eltern verstoßen ...
... und war knapp bei Kasse.
Deshalb schlich er sich in die Lager seiner Familie ...
... und klaute dort wertvolles Geschirr und so, um es verhökern zu können.
Das Beste an dem Ganzen war aber ...
... dass er dann unglaublich miese Imitate davon anfertigte ...
... die er dann gegen die Originale austauschte!
Wahrscheinlich hatte er am Ende auch noch Spaß dran!
Ha ha ha!
Zum Brüllen, was?!

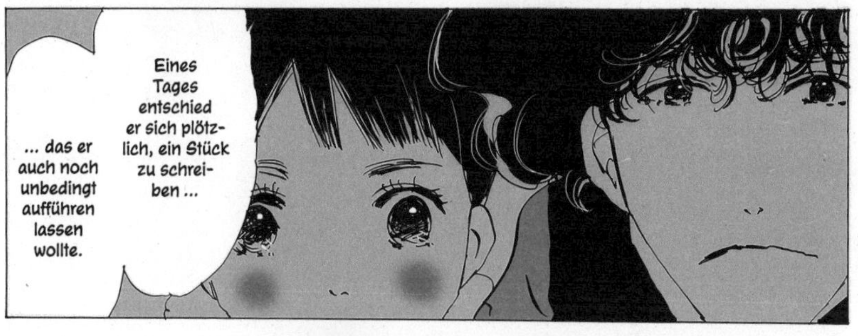
Eines Tages entschied er sich plötzlich, ein Stück zu schreiben ...
... das er auch noch unbedingt aufführen lassen wollte.

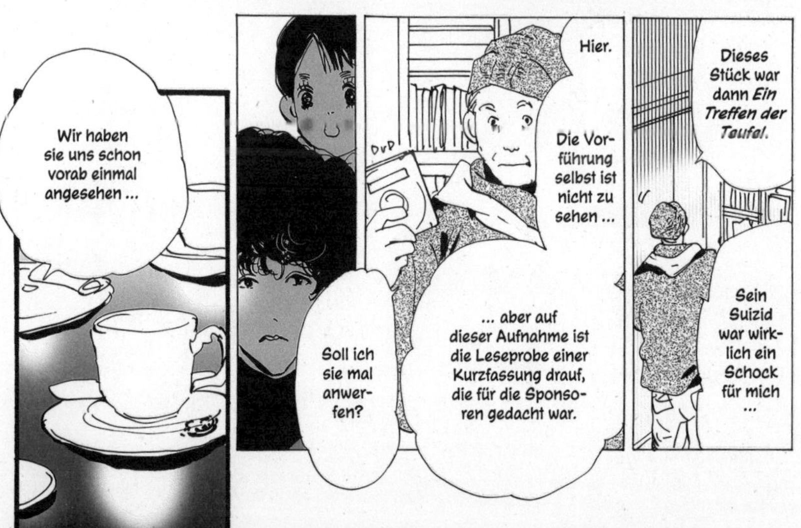
Dieses Stück war dann *Ein Treffen der Teufel*.
Sein Suizid war wirklich ein Schock für mich ...
Hier.
Die Vorführung selbst ist nicht zu sehen ...
... aber auf dieser Aufnahme ist die Leseprobe einer Kurzfassung drauf, die für die Sponsoren gedacht war.
Soll ich sie mal anwerfen?
Wir haben sie uns schon vorab einmal angesehen ...

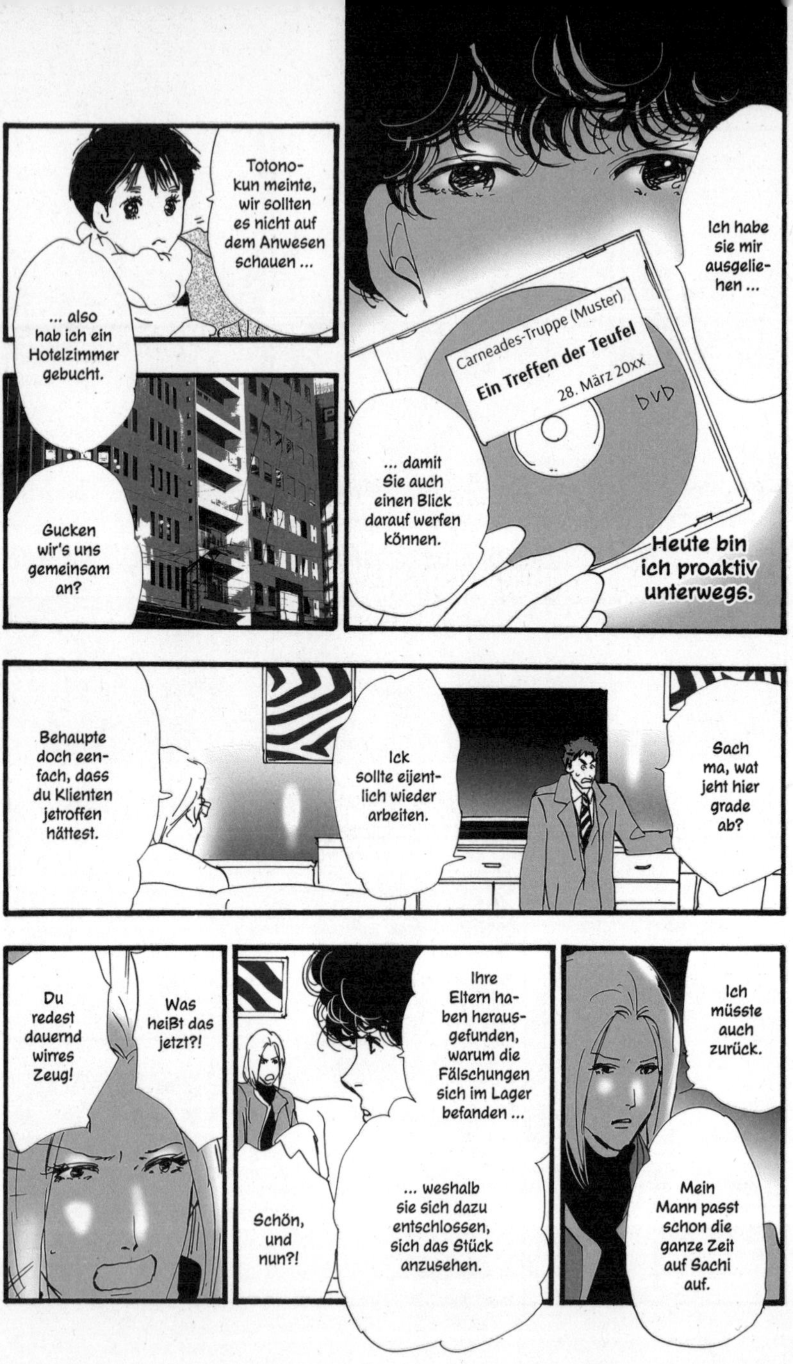

Ich habe sie mir ausgeliehen ...

Carneades-Truppe (Muster)
Ein Treffen der Teufel
28. März 20xx
DVD

... damit Sie auch einen Blick darauf werfen können.

Heute bin ich proaktiv unterwegs.

Totono-kun meinte, wir sollten es nicht auf dem Anwesen schauen ...

... also hab ich ein Hotelzimmer gebucht.

Gucken wir's uns gemeinsam an?

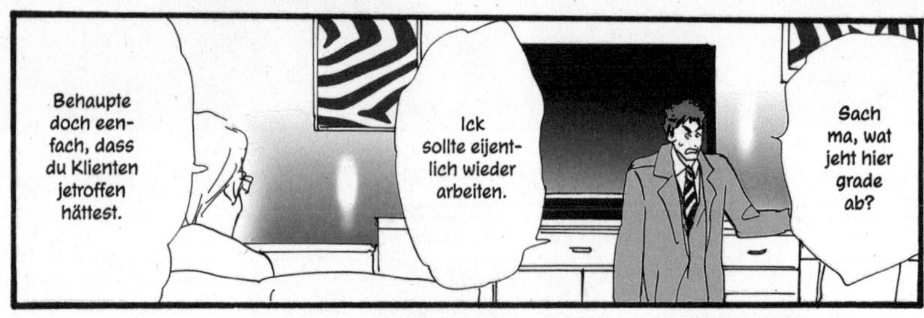

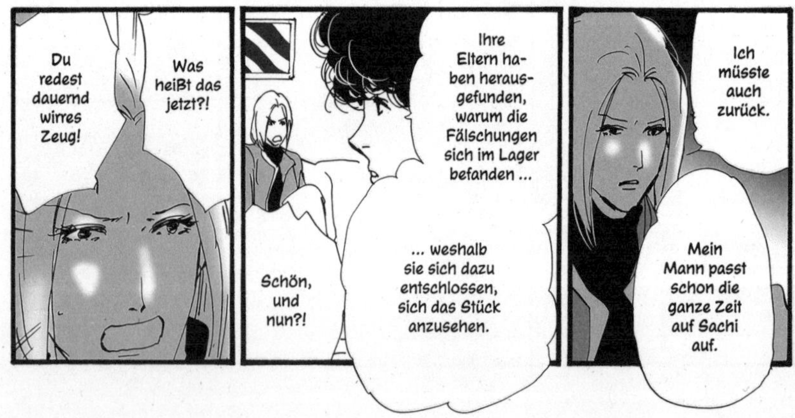

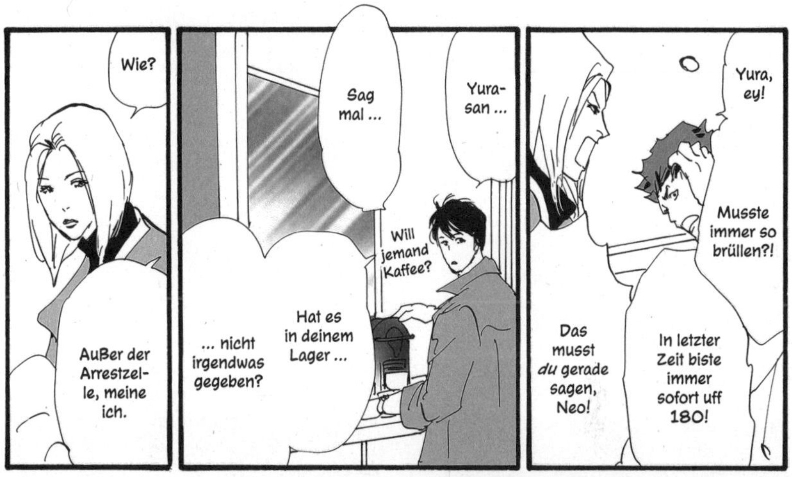
Yura, ey!
Musste immer so brüllen?!
In letzter Zeit biste immer sofort uff 180!
Das musst *du* gerade sagen, Neo!
Yura-san ...
Sag mal ...
Will jemand Kaffee?
Hat es in deinem Lager ...
... nicht irgendwas gegeben?
Wie?
Außer der Arrestzelle, meine ich.

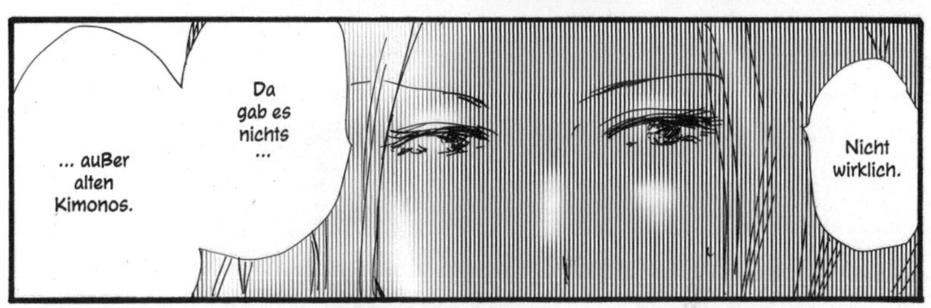
Nicht wirklich.
Da gab es nichts ...
... außer alten Kimonos.

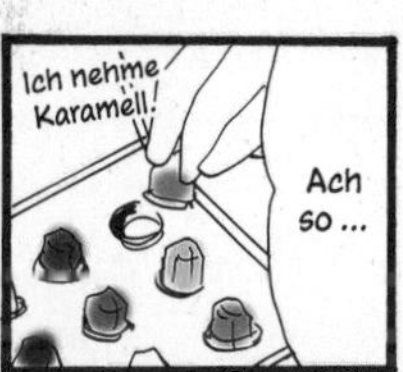
Ach so ...
Ich nehme Karamell!

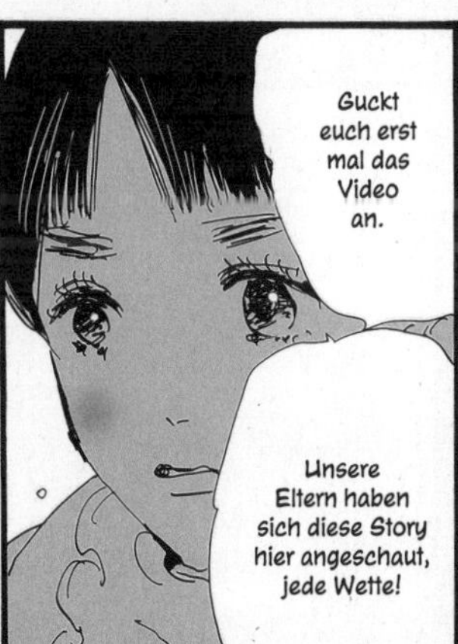
Guckt euch erst mal das Video an.
Unsere Eltern haben sich diese Story hier angeschaut, jede Wette!

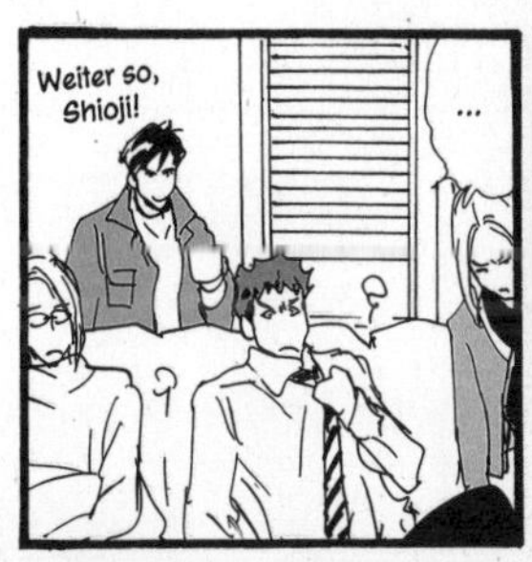
...
Weiter so, Shioji!

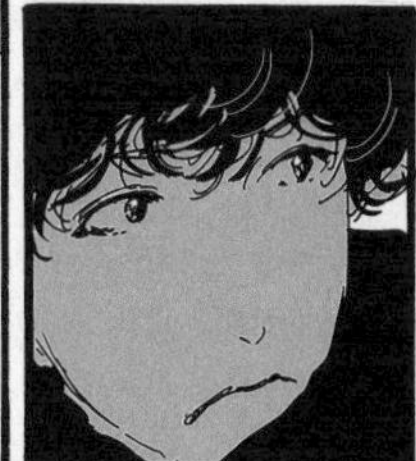

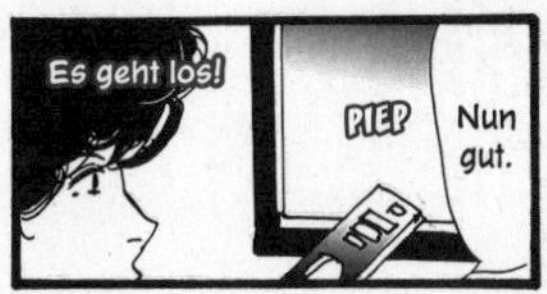
Nun gut.
PIEP
Es geht los!

ZUNN

Ein Treffen der Teufel
Leseprobe

Kann jemand das Licht ausmachen?

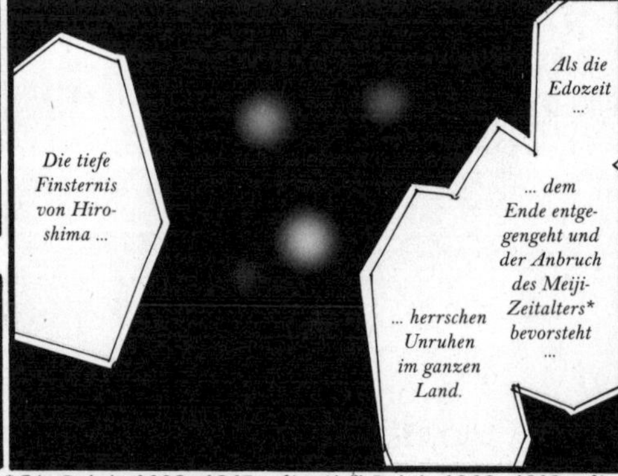

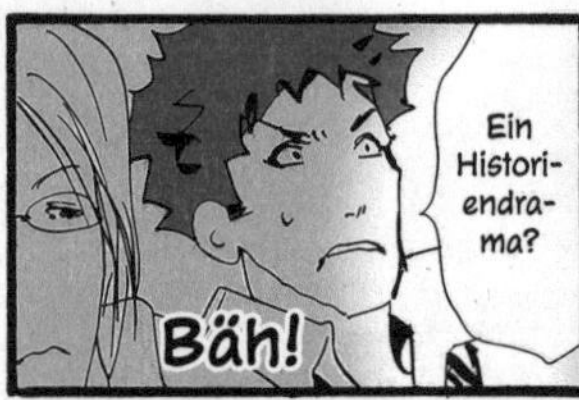

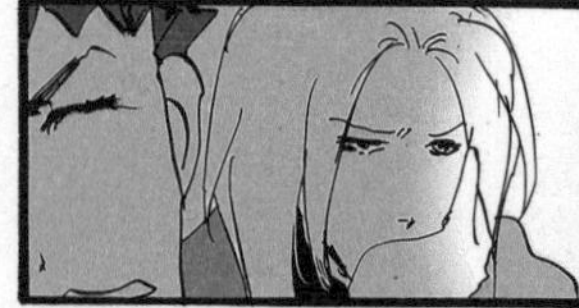

* Edo-Periode: 1603 - 1867 n. Chr., Meiji-Periode: 1868 - 1912 n. Chr.

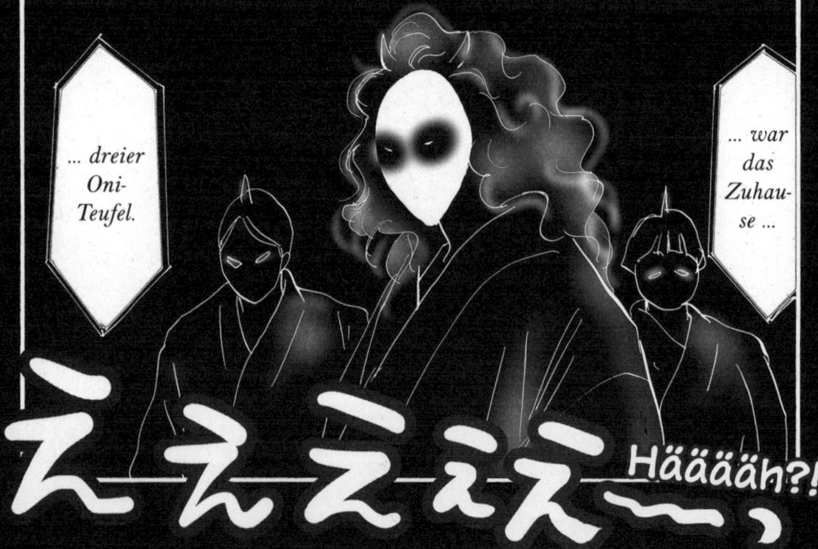

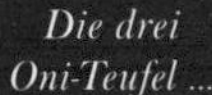
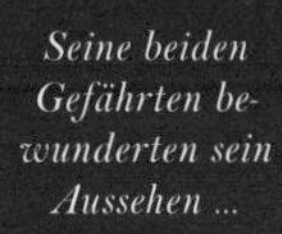

Die drei Oni-Teufel ...

... nahmen die Gestalt von Menschen an und mischten sich als Tagelöhner unter die Pachtbauern.

So nannte man sie auch »Die Umherschwebenden«.

Ihr Anführer besaß lange, helle Locken ...

... und seine Haut war strahlend weiß ...

... als sei er nicht von dieser Welt.

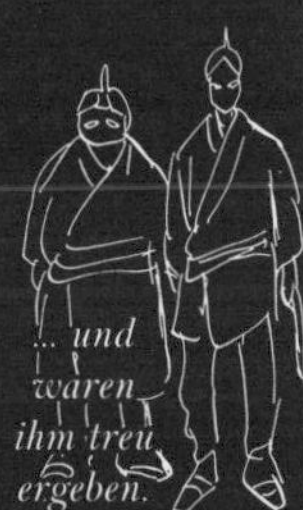

Seine beiden Gefährten bewunderten sein Aussehen ...

... und waren ihm treu ergeben.

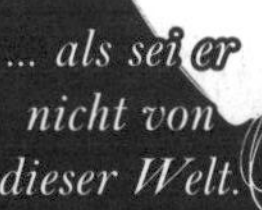

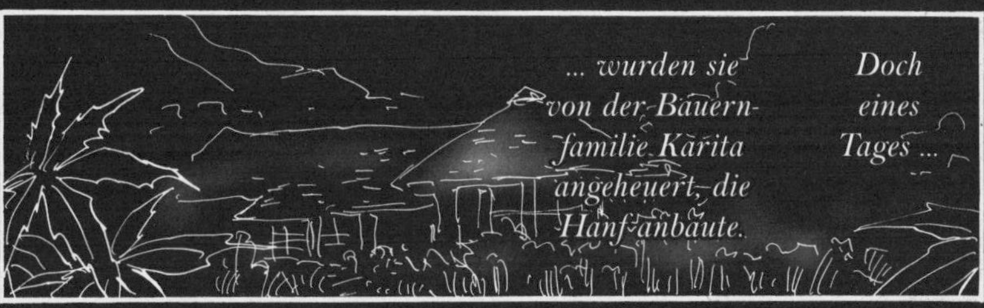

Doch eines Tages ...

... wurden sie von der Bauernfamilie Karita angeheuert, die Hanf anbaute.

Während er sich um den Hanf kümmerte ...

... und Moskitonetze webte ...

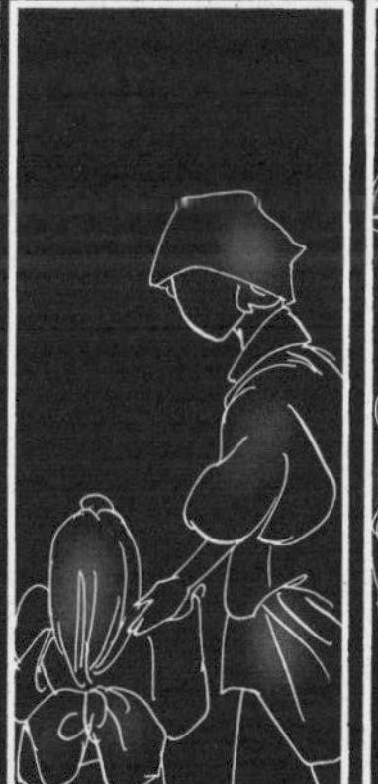

... kam es unweigerlich dazu ...

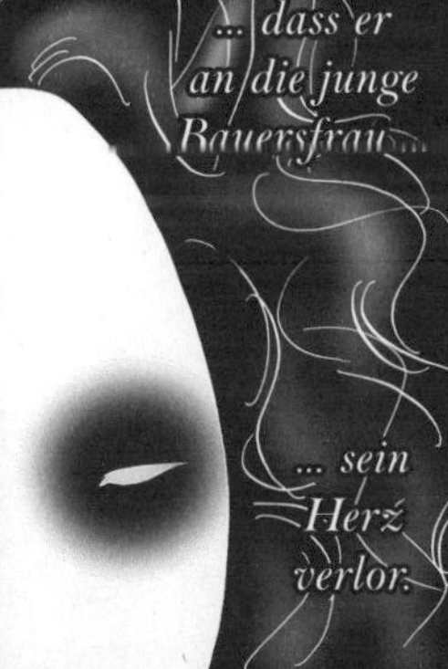

... dass er an die junge Bauersfrau ...

... sein Herz verlor.

Zu dieser Zeit ...

... wurde das Fürstentum Hiroshima vom Shogunat dazu aufgefordert ...

... die Provinz Choshu zu erobern.

Auch das Bauernvolk wurde hierfür einberufen.

So zog das Oberhaupt der Karita-Familie in die Schlacht ...

... kehrte jedoch schwerverletzt wieder nach Hause zurück und wurde bettlägerig.

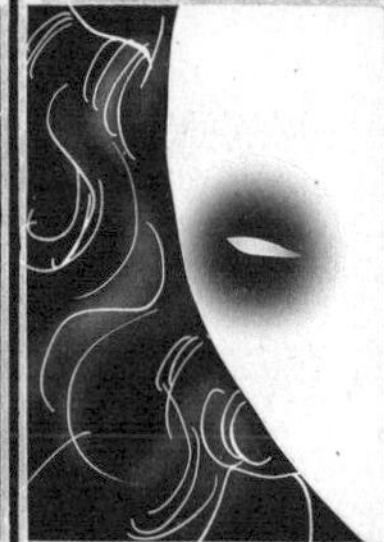

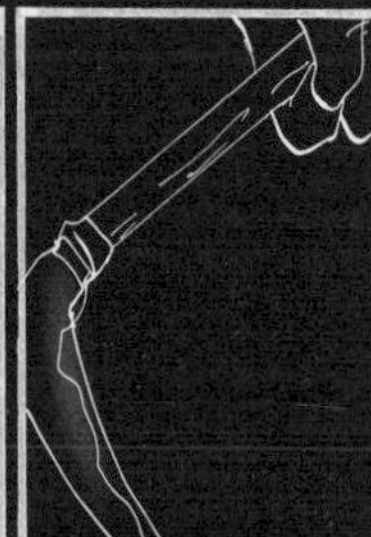

Eines Nachts ...

... drangen die drei Oni-Teufel ...

... in das Anwesen des Oberhaupts ein.

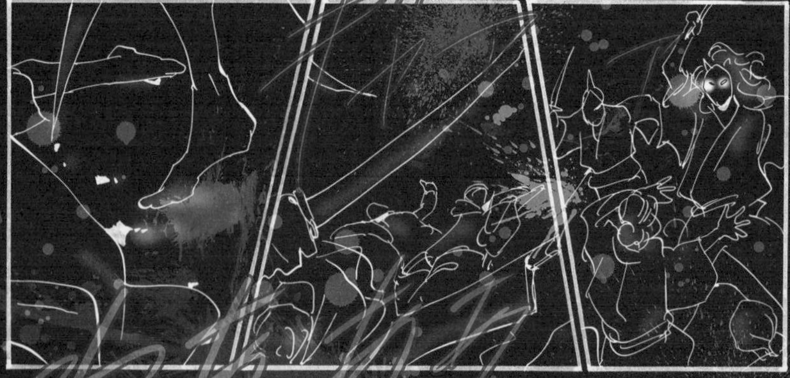

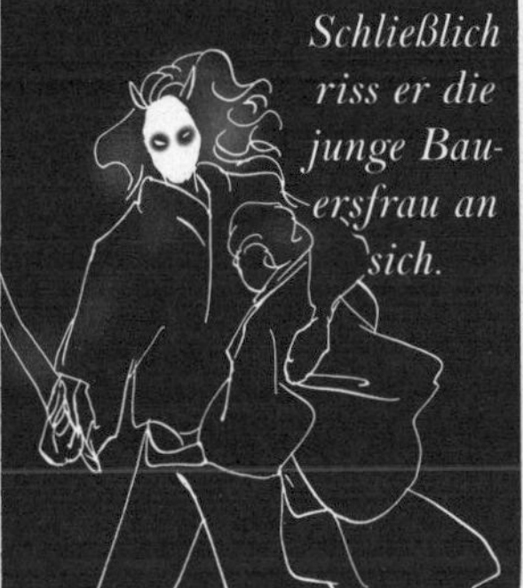

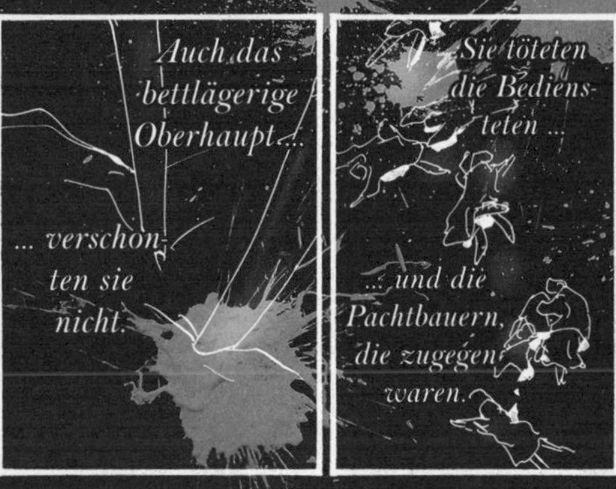

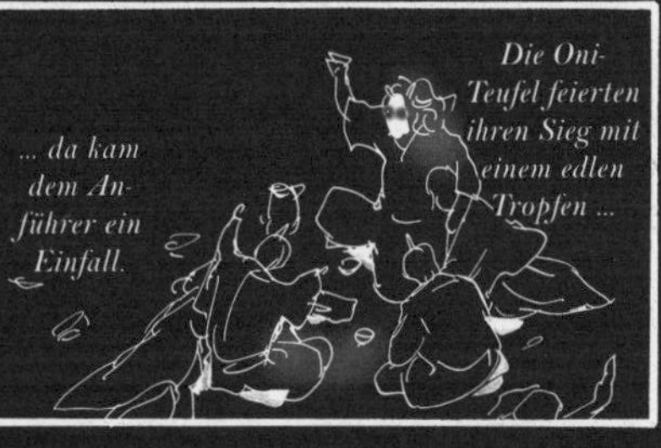

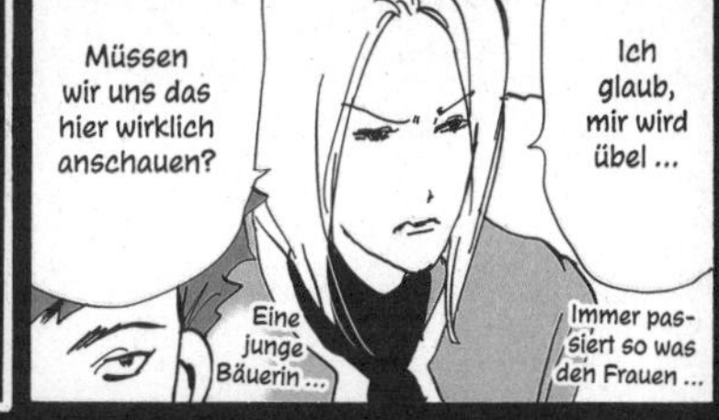

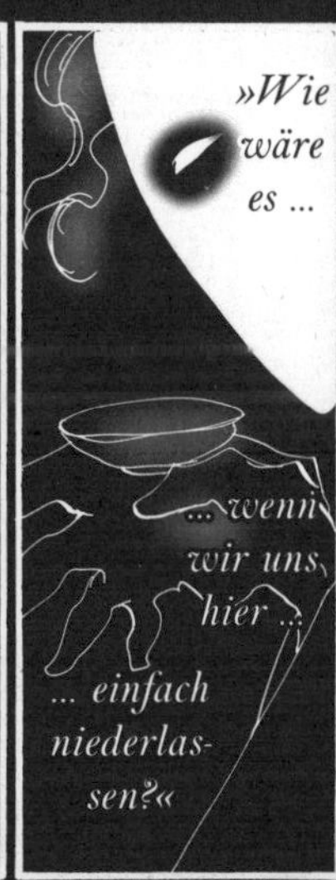

»Wir übernehmen die Rolle der Menschen ...

... die bislang hier ansässig waren ...

... und leben als Oberhäupter der Karita-Familie weiter.«

Doch als sie ihren Plan in die Tat umsetzten ...

... bemerkten sie einen großen Fehler.

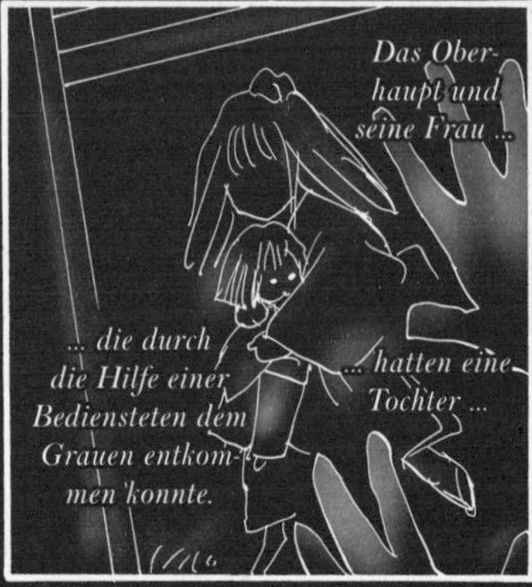

Die Oni-Teufel machten sich auf die Suche nach ihr ...

... doch gelang es ihnen nicht, sie aufzuspüren.

Sie vermuteten, dass die Tochter von wilden Tieren gefressen worden war.

Die Umgebung war in Ruhe und Frieden gehüllt.

Kein Mensch näherte sich dem Anwesen.

Einige Zeit verstrich.

Schließlich beteiligte sich das Fürstentum Hiroshima ...

... am Sturz des Shogunats, sodass alle Gebiete unter einer Regierung geeint wurden.

Die Gründung der Polizei ließ noch auf sich warten ...

... und die Grundsteuerreform stand kurz vor ihrer Einführung.

Inmitten dieser stürmischen Zeiten ...

... nahmen die Oni-Teufel ...

... den Namen der Karita-Familie an.

... Baumwolle herzustellen ...

Sie fingen damit an ...

... und begannen auch mit der Zucht von Seidenraupen.

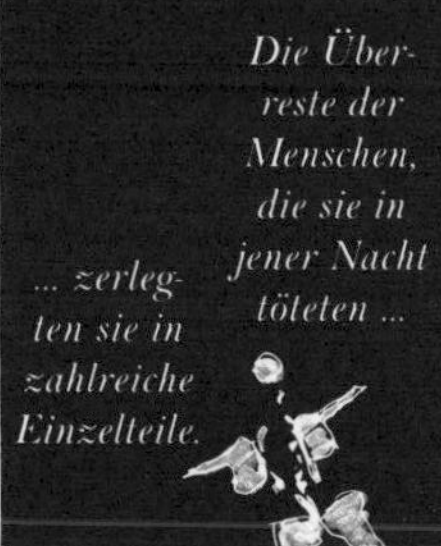

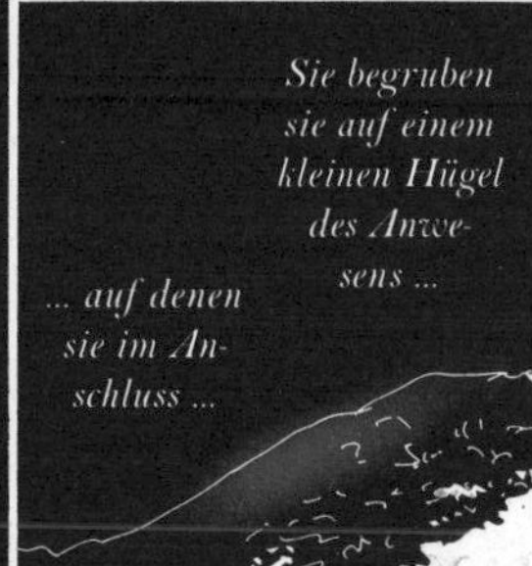

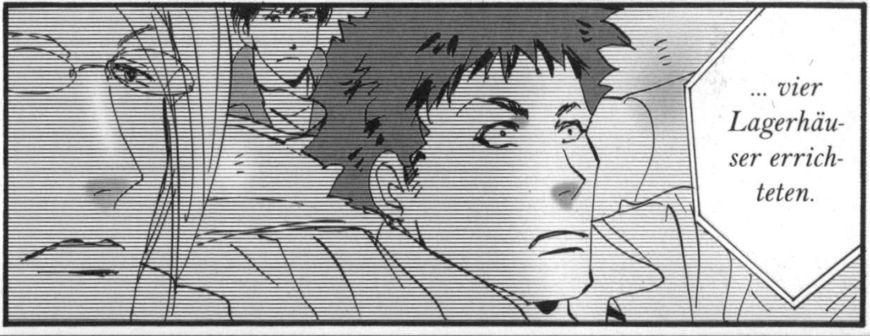

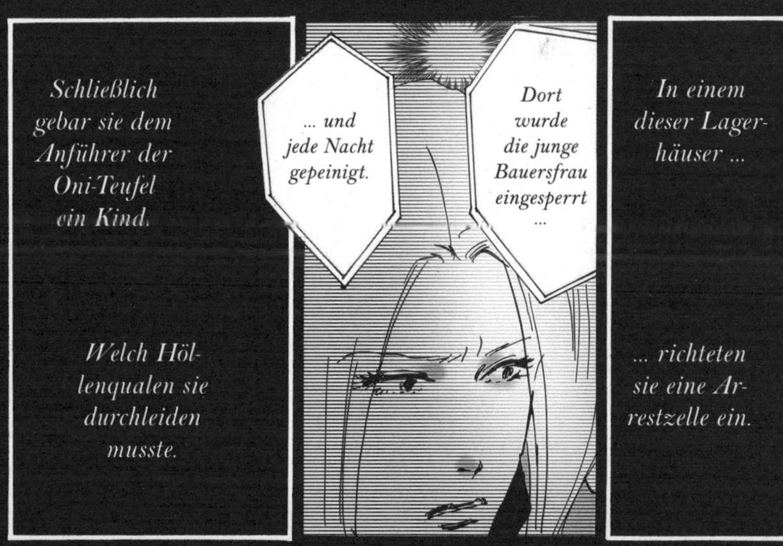

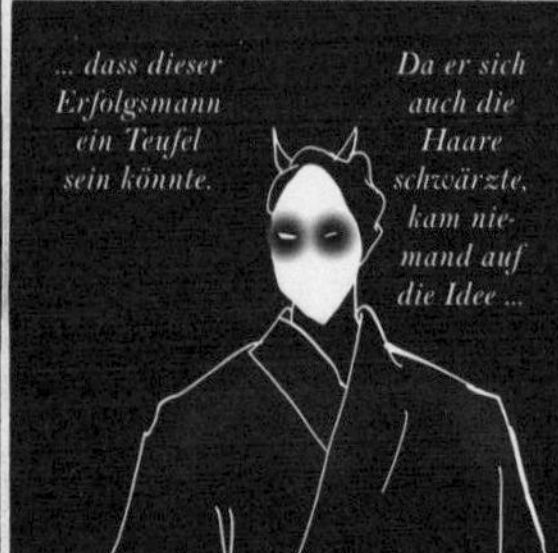

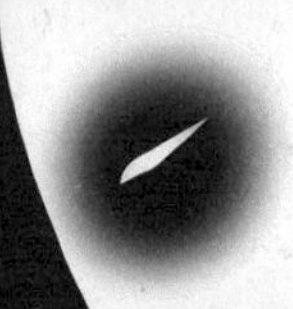

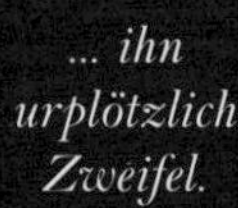

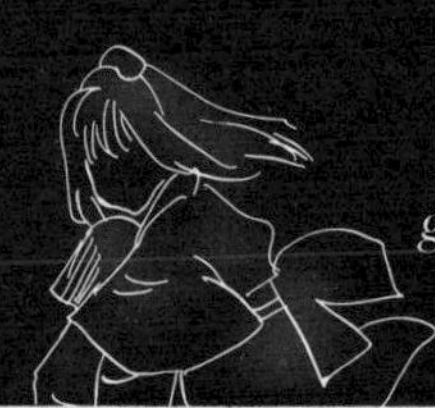

Irgendwann ...

... könnte sie zurückkehren ...

... mit der Polizei im Schlepptau.

Irgendwann ...

... könnte sie sich nachts anschleichen ...

... und ihnen aus Rache ihre Köpfe abschlagen.

Die Oni-Teufel verbrachten ...

... ihre Leben in Furcht und Ungewissheit.

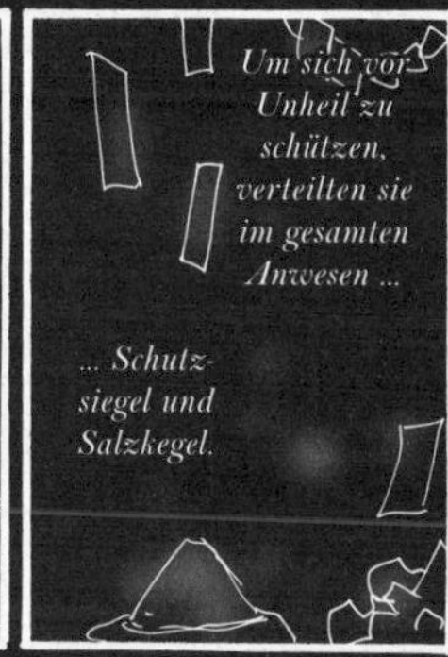

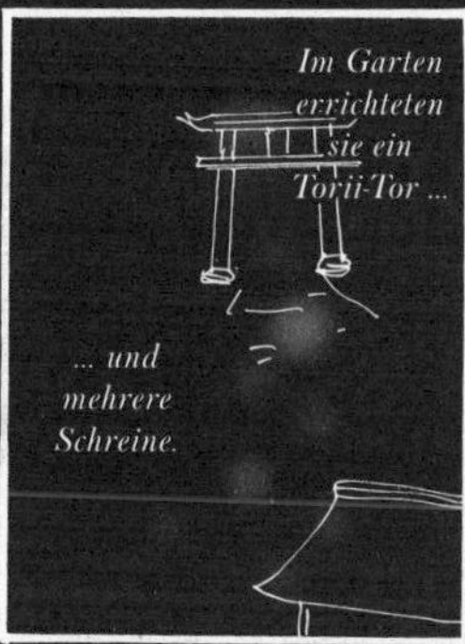

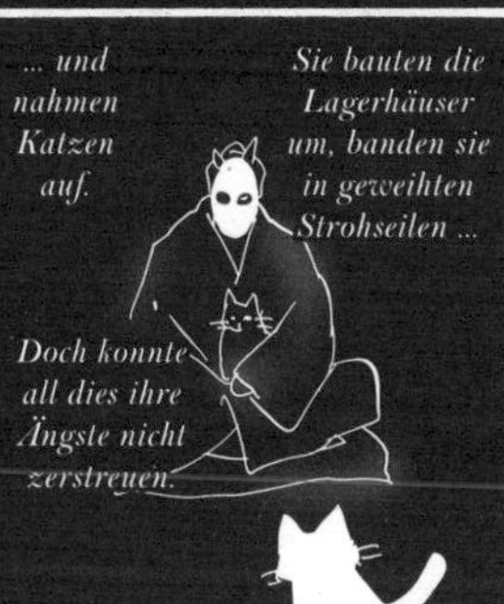

»Wir dürfen nicht entlarvt werden.«

»Wir dürfen nicht entlarvt werden.«

»Wir dürfen nicht entlarvt werden.«

Da das Kind des Anführers ...

... helle Haare hatte ...

... wie er selbst ...

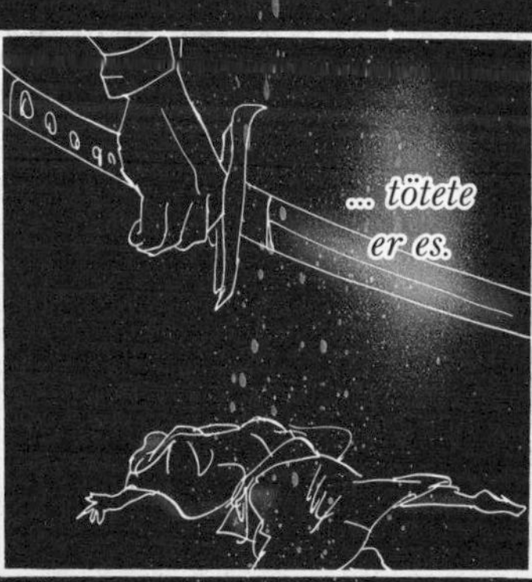

Die drei Oni-Teufel stellten Regeln auf ...

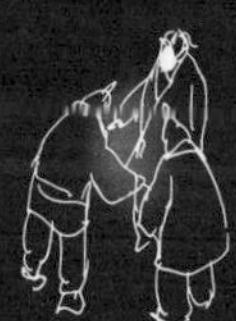

... und leisteten einen Schwur.

Sollte in Zukunft jemals ein Kind mit solchen Merkmalen auf die Welt kommen ...

... oder im Laufe seines Lebens ebendiese Merkmale entwickeln ...

... so muss es umgebracht werden.

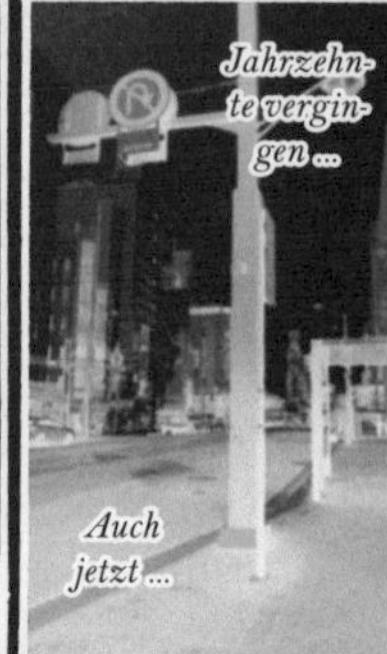

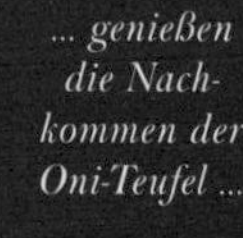

... ein Leben in Wohlstand.

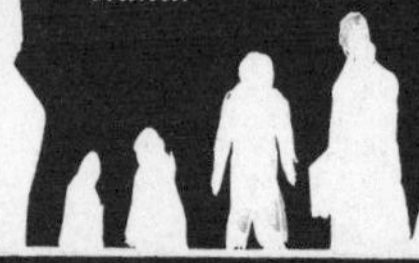

Doch erbten sie auch die Ängste ihrer Vorfahren ...

... und lebten weiterhin nach den vereinbarten Regeln.

Nur so konnten sie sicherstellen ...

... dass die Tatsache, dass sie die Identität der Karita-Familie an sich gerissen hatten ...

... ein Geheimnis bleiben würde.

Er muss sterben!

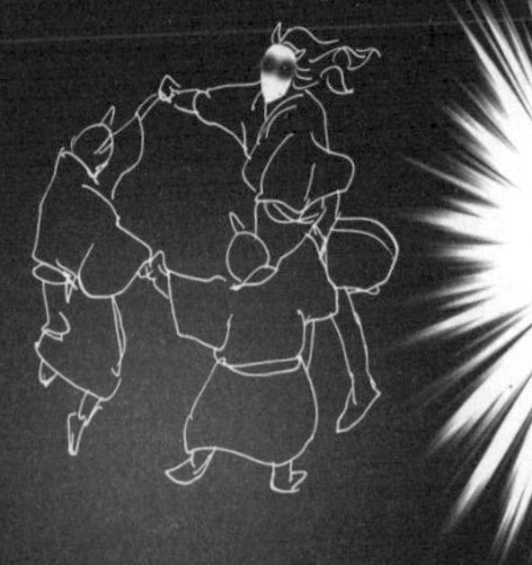

Auch jetzt tanzen die drei Oni-Teufel ...

... Hand in Hand im Kreis, ihre Gesichter ermattet.

Wahrhaftig Ein Treffen der Teufel.

Ende.

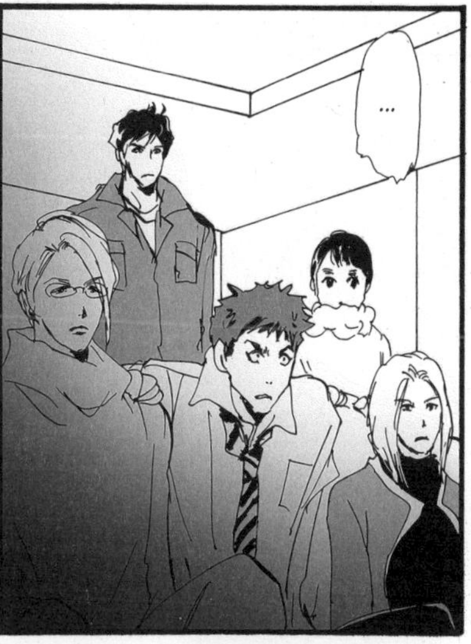
...

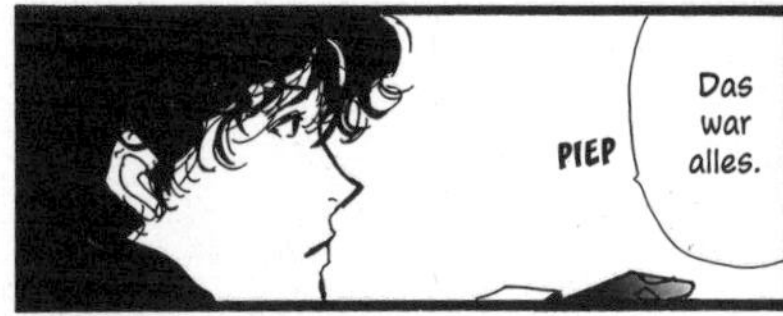
Das war alles.
PIEP

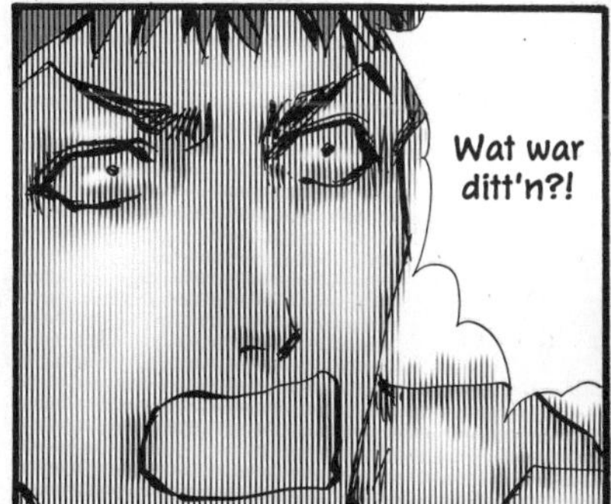
Wat war ditt'n?!

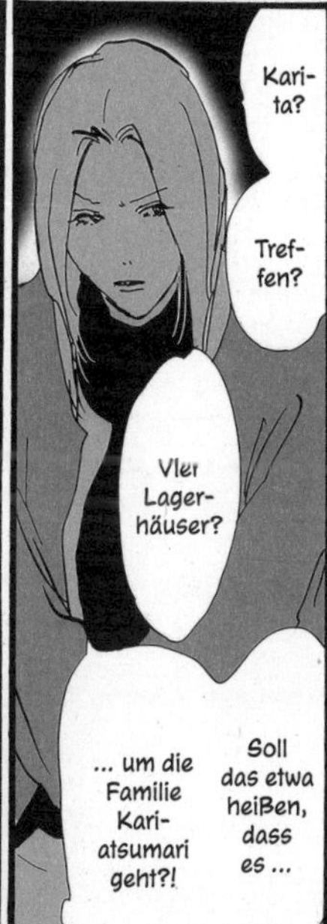
Kari-ta?
Tref-fen?
Vier Lager-häuser?
Soll das etwa heißen, dass es ...
... um die Familie Kari-atsumari geht?!

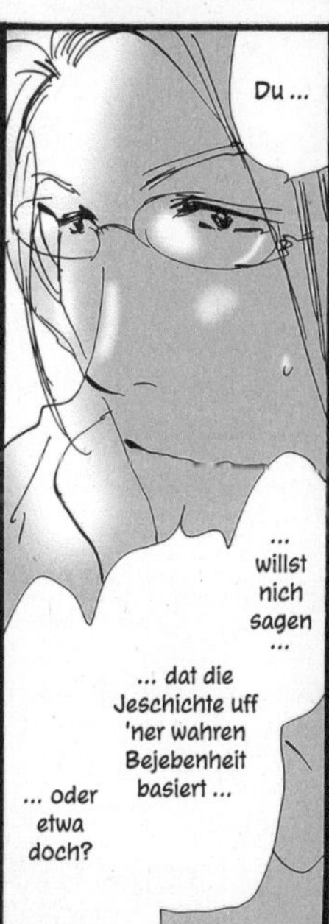
Du ...
... willst nich sagen ...
... dat die Jeschichte uff 'ner wahren Bejebenheit basiert ...
... oder etwa doch?

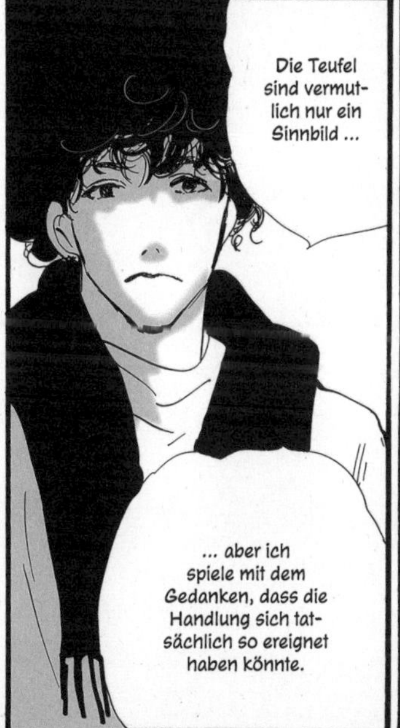
Die Teufel sind vermutlich nur ein Sinnbild ...
... aber ich spiele mit dem Gedanken, dass die Handlung sich tatsächlich so ereignet haben könnte.

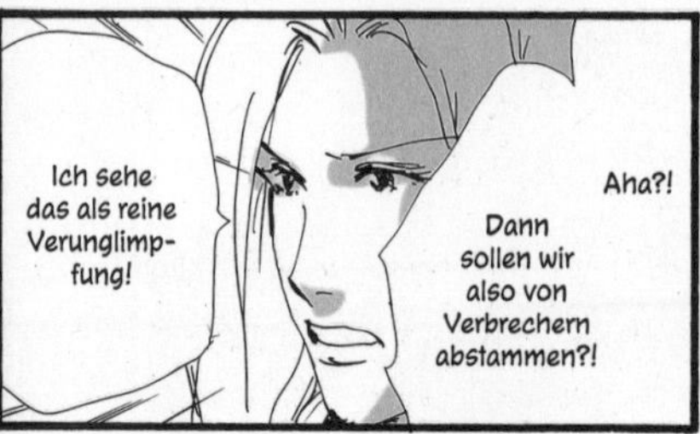
Aha?!
Dann sollen wir also von Verbrechern abstammen?!
Ich sehe das als reine Verunglimpfung!

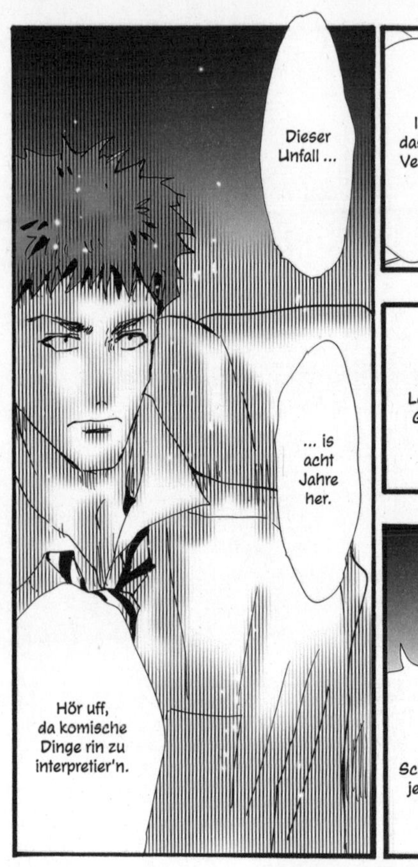
Dieser Unfall ...
... is acht Jahre her.
Hör uff, da komische Dinge rin zu interpretier'n.

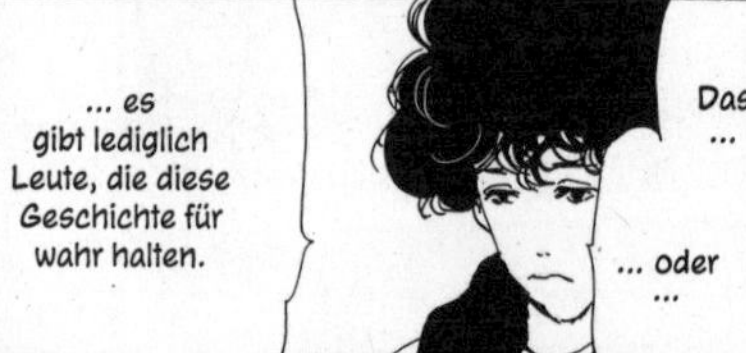
Das ...
... oder ...
... es gibt lediglich Leute, die diese Geschichte für wahr halten.

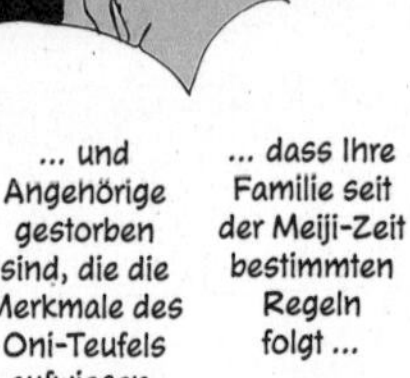
Es stimmt aber ...
... dass Ihre Familie seit der Meiji-Zeit bestimmten Regeln folgt ...
... und Angehörige gestorben sind, die die Merkmale des Oni-Teufels aufwiesen.

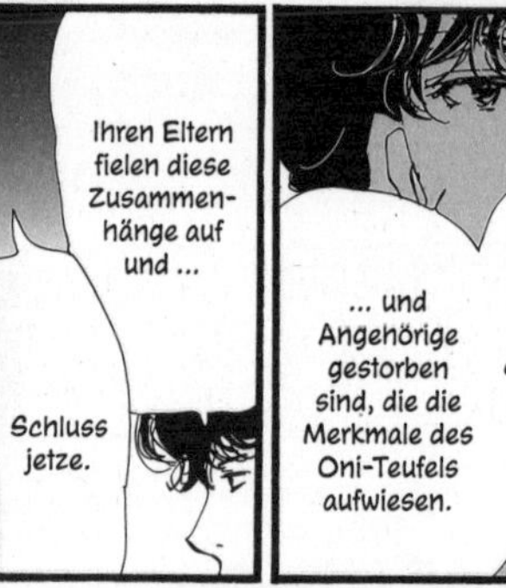
Ihren Eltern fielen diese Zusammenhänge auf und ...
Schluss jetze.

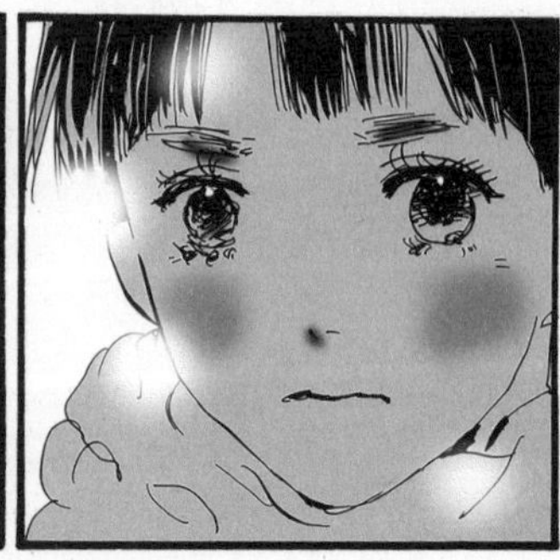

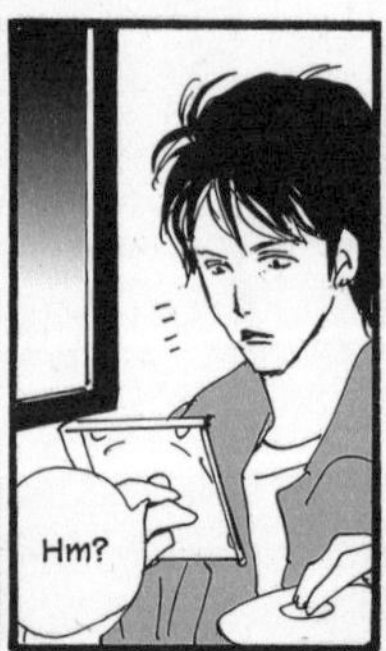
Hm?

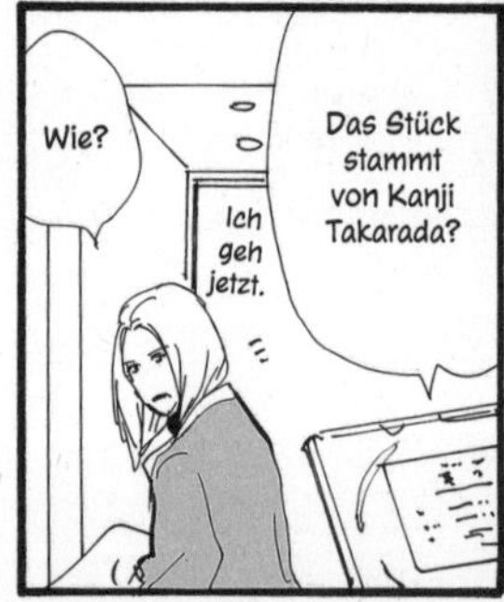
Das Stück stammt von Kanji Takarada?
Wie?
Ich geh jetzt.

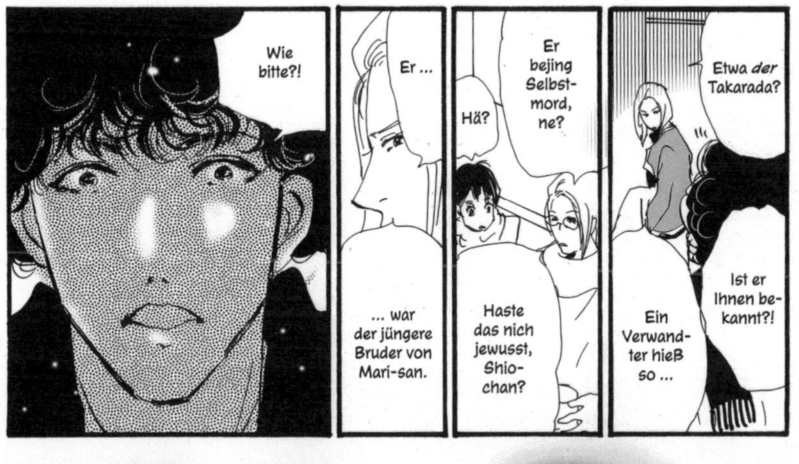

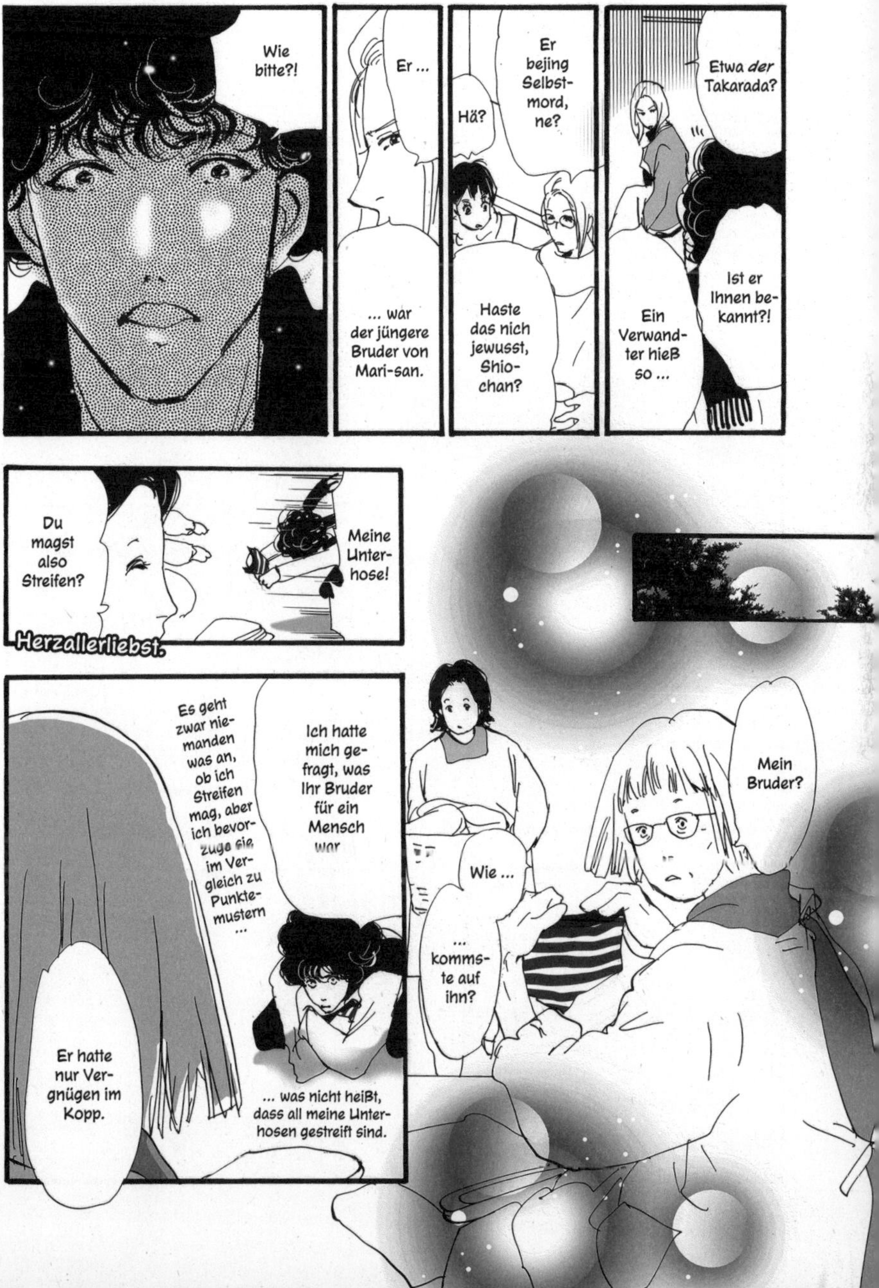

Meine Unterhose!

Du magst also Streifen?

Herzallerliebst.

Mein Bruder?

Wie ...

... kommste auf ihn?

Ich hatte mich gefragt, was Ihr Bruder für ein Mensch war

Es geht zwar niemanden was an, ob ich Streifen mag, aber ich bevorzuge sie im Vergleich zu Punktemustern ...

... was nicht heißt, dass all meine Unterhosen gestreift sind.

Er hatte nur Vergnügen im Kopp.

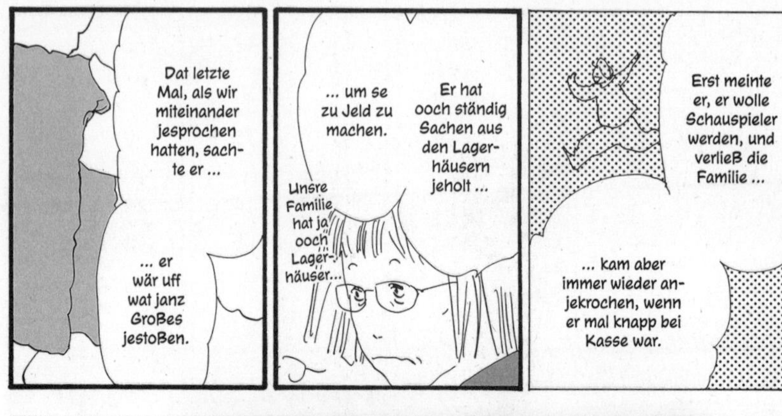
Erst meinte er, er wolle Schauspieler werden, und verließ die Familie ...
... kam aber immer wieder anjekrochen, wenn er mal knapp bei Kasse war.
Er hat ooch ständig Sachen aus den Lagerhäusern jeholt ...
... um se zu Jeld zu machen.
Unsre Familie hat ja ooch Lagerhäuser...
Dat letzte Mal, als wir miteinander jesprochen hatten, sachte er ...
... er wär uff wat janz Großes jestoßen.

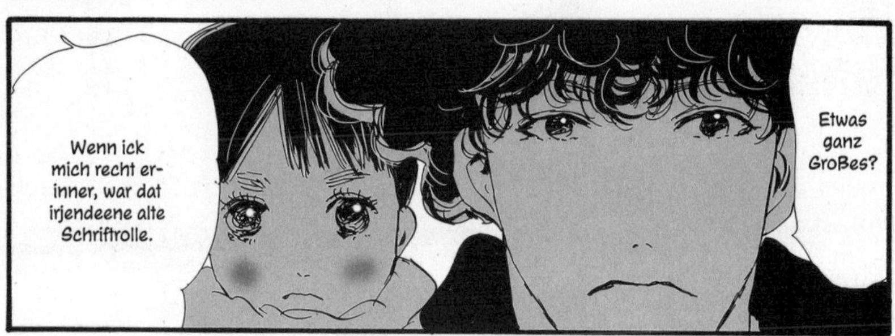
Etwas ganz Großes?
Wenn ick mich recht erinner, war dat irjendeene alte Schriftrolle.

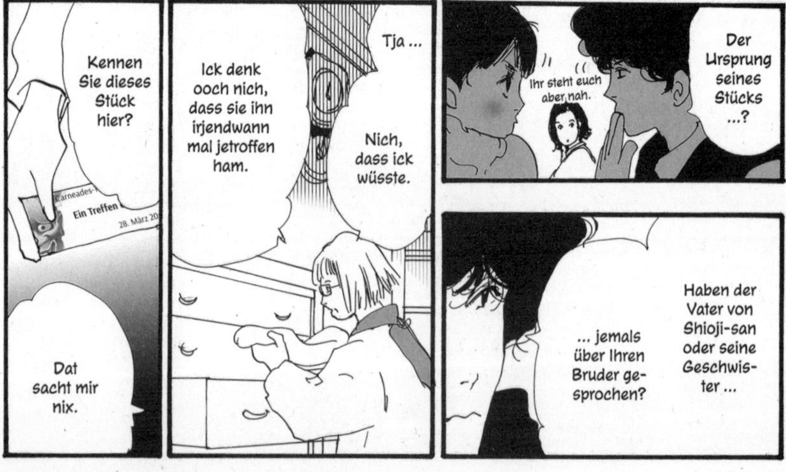
Der Ursprung seines Stücks ...?
Ihr steht euch aber nah.
Haben der Vater von Shioji-san oder seine Geschwister ...
... jemals über Ihren Bruder gesprochen?
Tja ...
Nich, dass ick wüsste.
Ick denk ooch nich, dass sie ihn irjendwann mal jetroffen ham.
Kennen Sie dieses Stück hier?
Ein Treffen
Dat sacht mir nix.

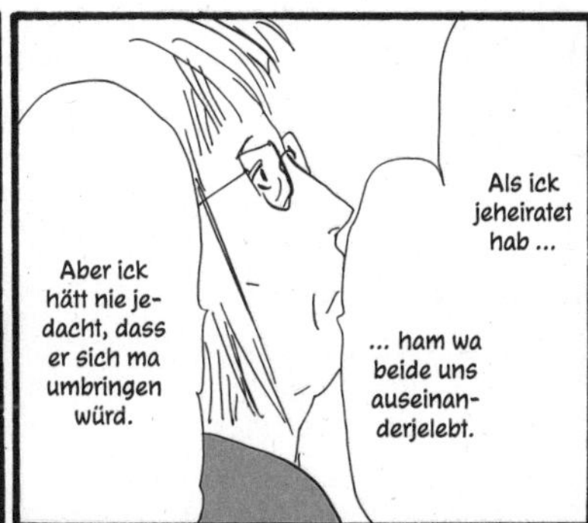
Als ick jeheiratet hab ...
... ham wa beide uns auseinanderjelebt.
Aber ick hätt nie jedacht, dass er sich ma umbringen würd.

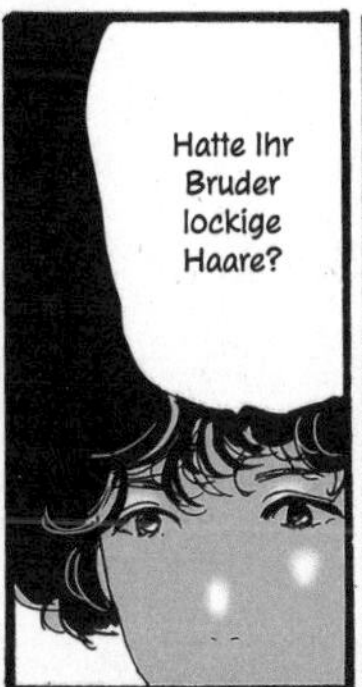
Hatte Ihr Bruder lockige Haare?

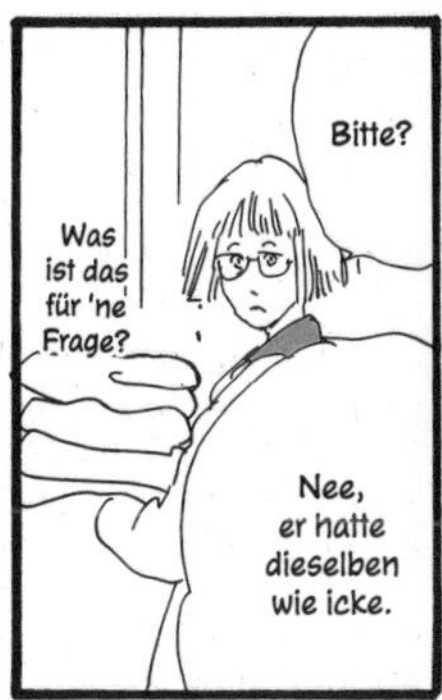
Bitte?
Was ist das für 'ne Frage?
Nee, er hatte dieselben wie icke.

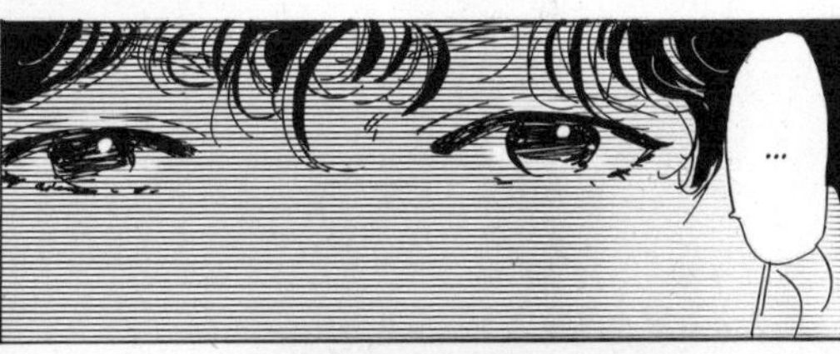
...

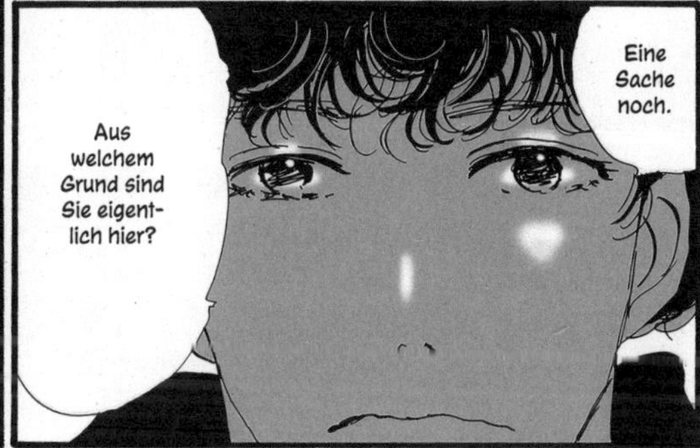
Eine Sache noch.
Aus welchem Grund sind Sie eigentlich hier?

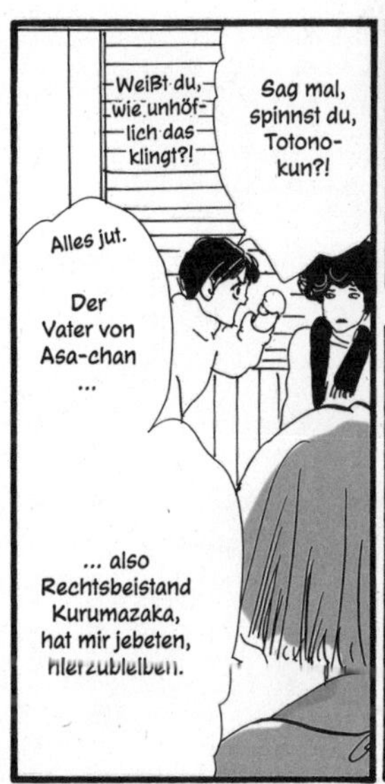
Sag mal, spinnst du, Totono-kun?!
Weißt du, wie unhöflich das klingt?!
Alles jut.
Der Vater von Asa-chan ...
... also Rechtsbeistand Kurumazaka, hat mir jebeten, hierzubleiben.

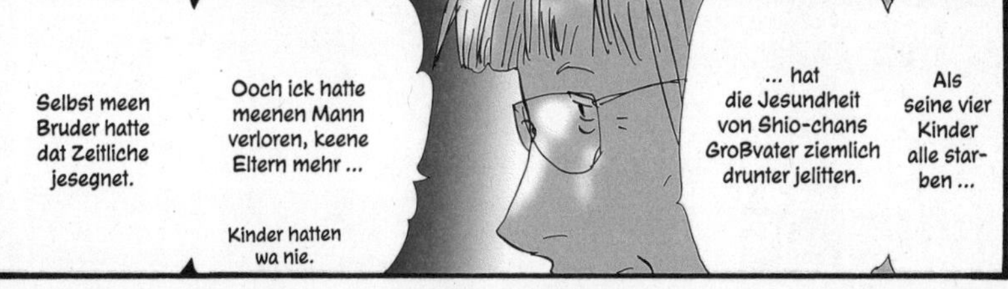
Als seine vier Kinder alle starben ...
... hat die Jesundheit von Shio-chans Großvater ziemlich drunter jelitten.
Ooch ick hatte meenen Mann verloren, keene Eltern mehr ...
Kinder hatten wa nie.
Selbst meen Bruder hatte dat Zeitliche jesegnet.

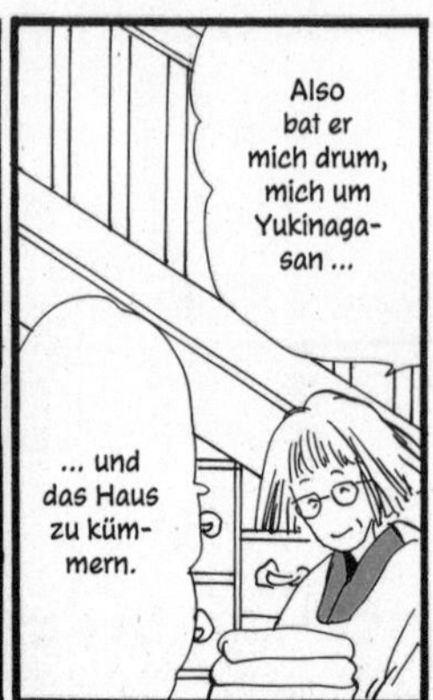
Also bat er mich drum, mich um Yukinaga-san ...
... und das Haus zu kümmern.

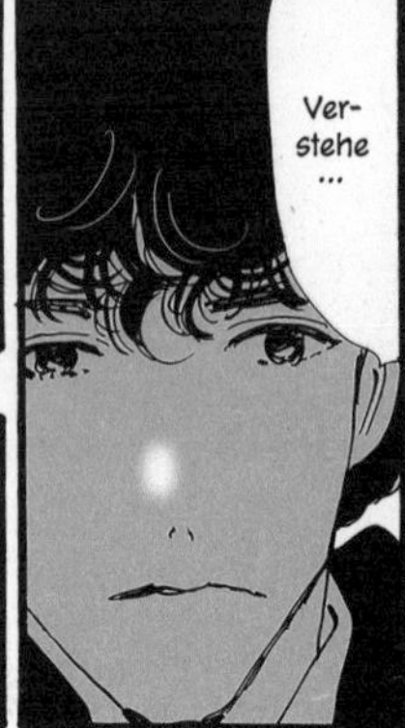
Verstehe ...

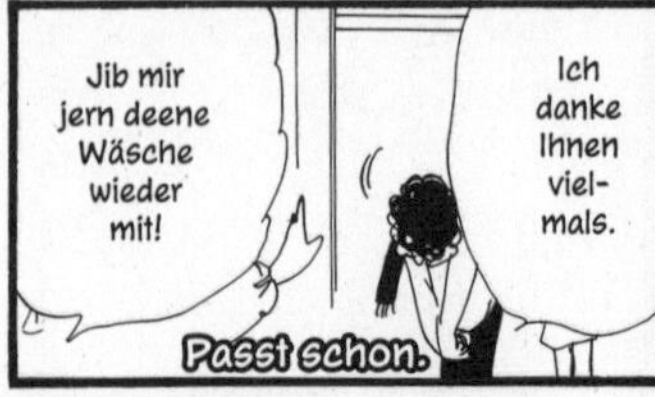
Ich danke Ihnen vielmals.
Jib mir jern deene Wäsche wieder mit!
Passt schon.

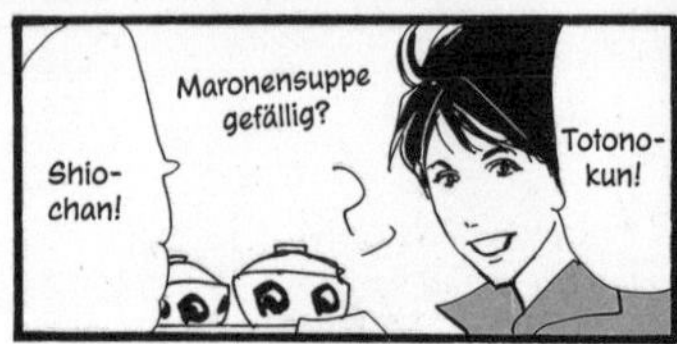
Totono-kun!
Maronensuppe gefällig?
Shio-chan!

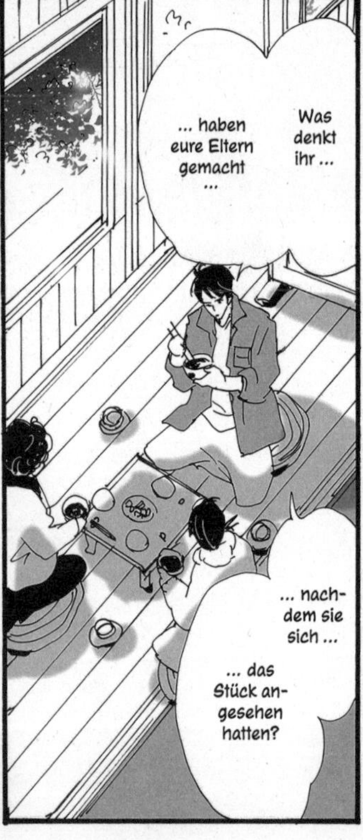
Was denkt ihr ...
... haben eure Eltern gemacht ...
... nachdem sie sich ...
... das Stück angesehen hatten?

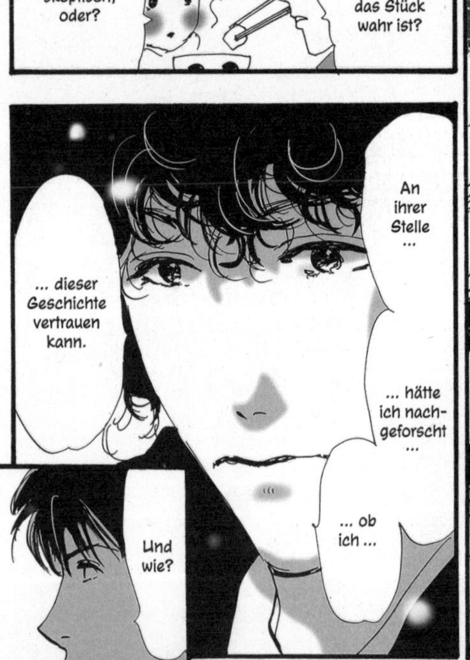
Ob sie sofort geglaubt haben, dass das Stück wahr ist?
Hier, eine Marone.
Danke!
Eigentlich wär man da skeptisch, oder?
An ihrer Stelle ...
... hätte ich nachgeforscht ...
... ob ich ...
... dieser Geschichte vertrauen kann.
Und wie?

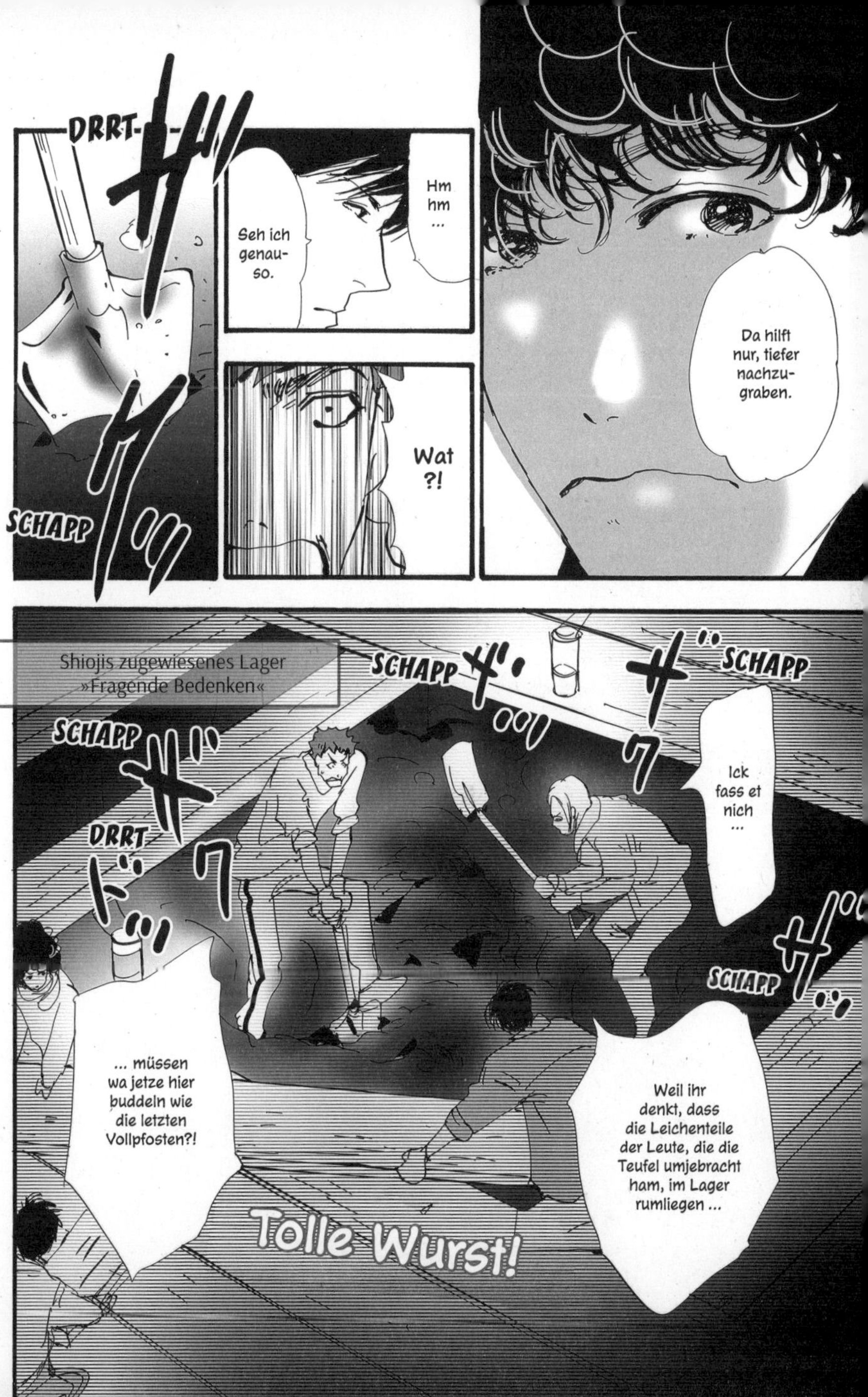

Da hilft nur, tiefer nachzugraben.

Hm hm ...

Seh ich genauso.

DRRT-

Wat?!

SCHAPP

Shiojis zugewiesenes Lager
»Fragende Bedenken«

SCHAPP

SCHAPP

SCHAPP

DRRT

Ick fass et nich ...

SCHAPP

Weil ihr denkt, dass die Leichenteile der Leute, die die Teufel umjebracht ham, im Lager rumliegen ...

... müssen wa jetze hier buddeln wie die letzten Vollpfosten?!

Tolle Wurst!

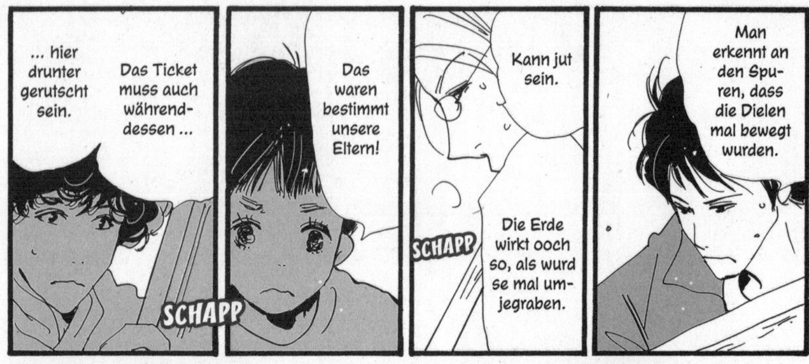

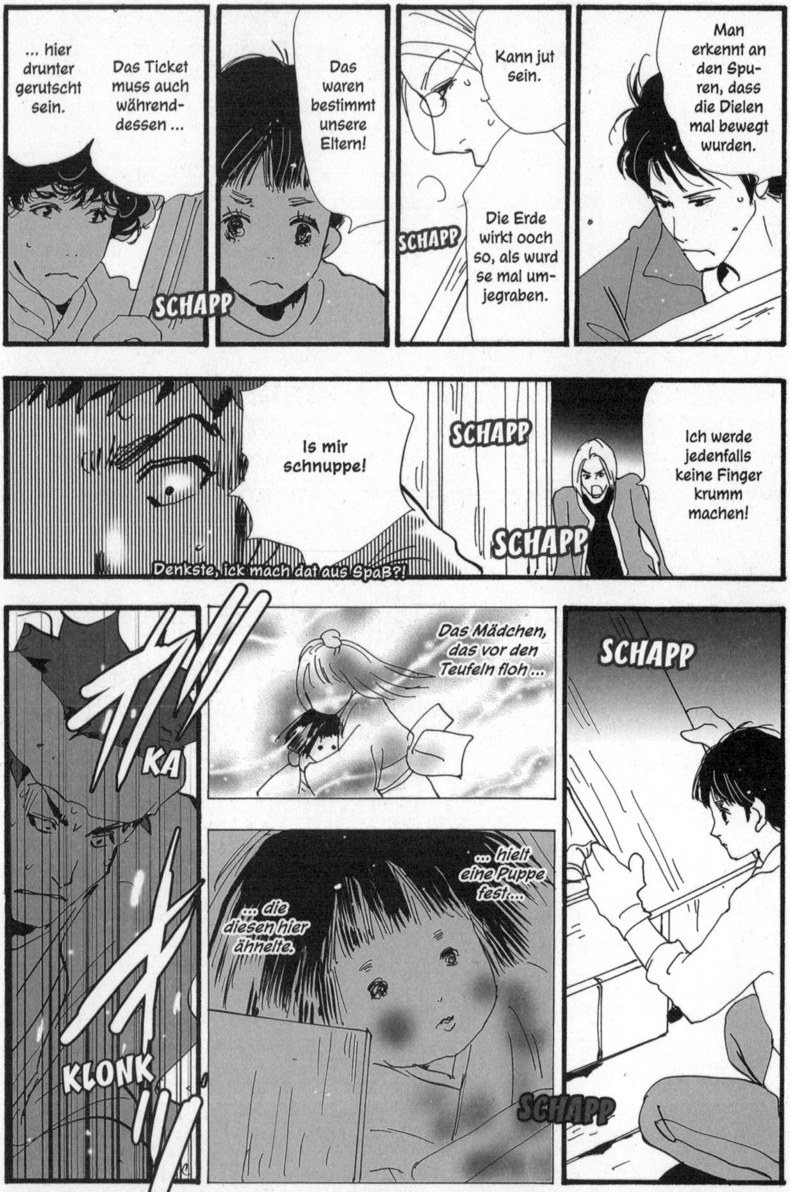

Ich werde jedenfalls keine Finger krumm machen!

SCHAPP

SCHAPP

Is mir schnuppe!

Denkste, ick mach dat aus Spaß?!

SCHAPP

Das Mädchen, das vor den Teufeln floh ...

... hielt eine Puppe fest ...

... die diesen hier ähnelte.

SCHAPP

KA

KLONK

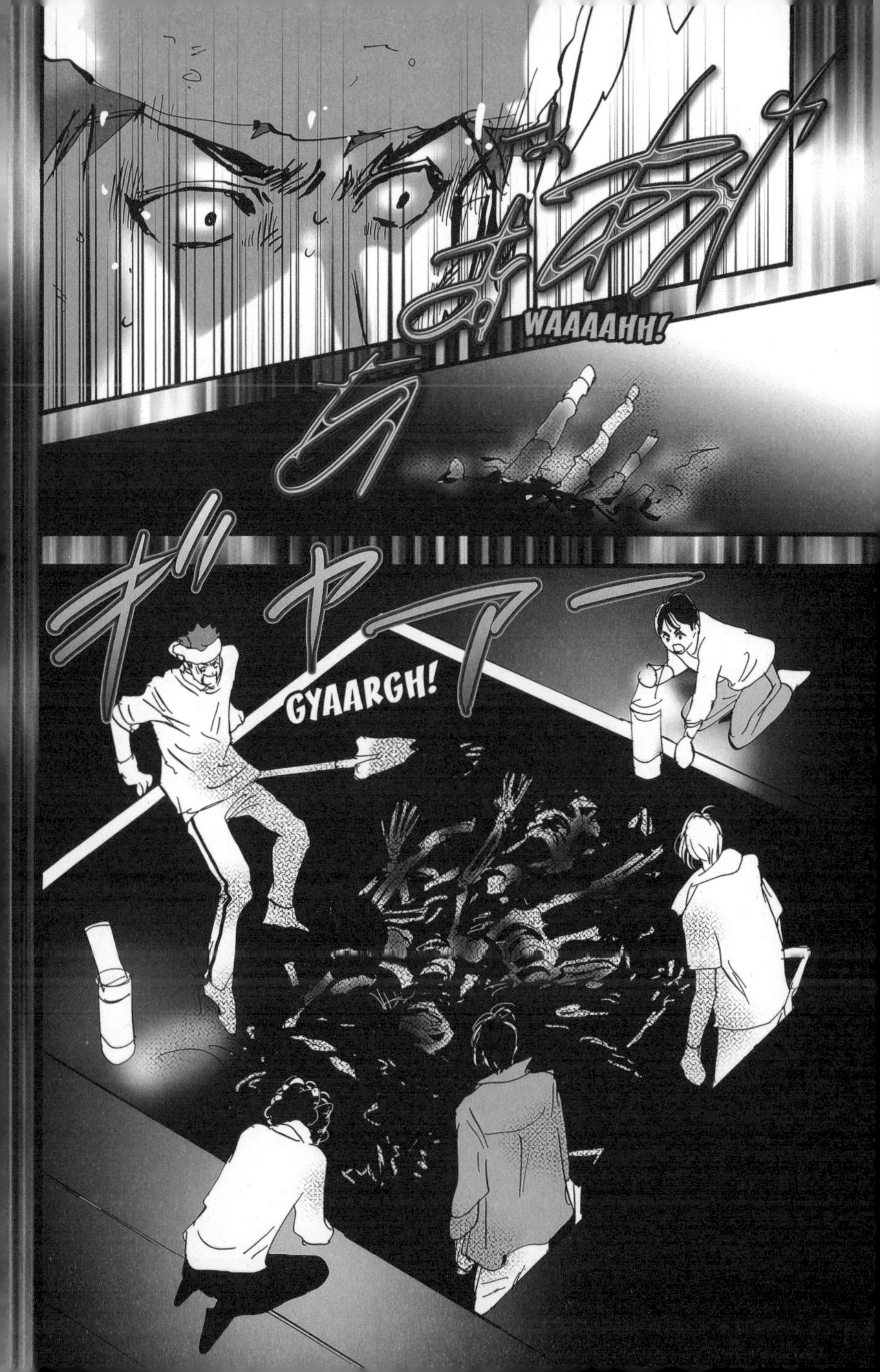
WAAAAHH!
ギャアー
GYAARGH!

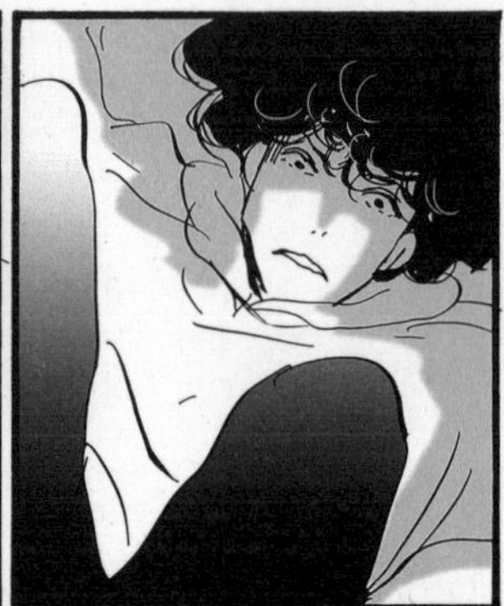
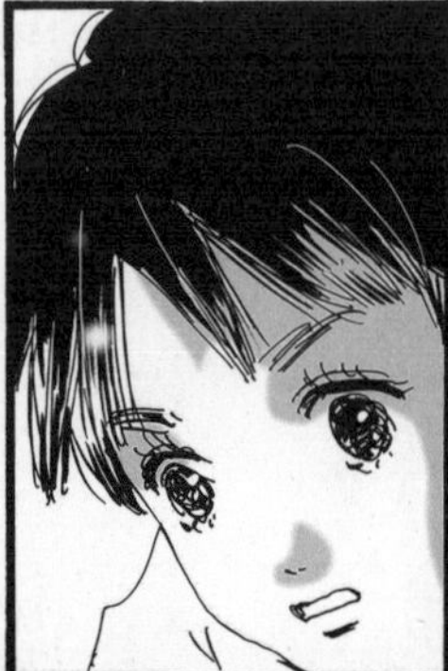
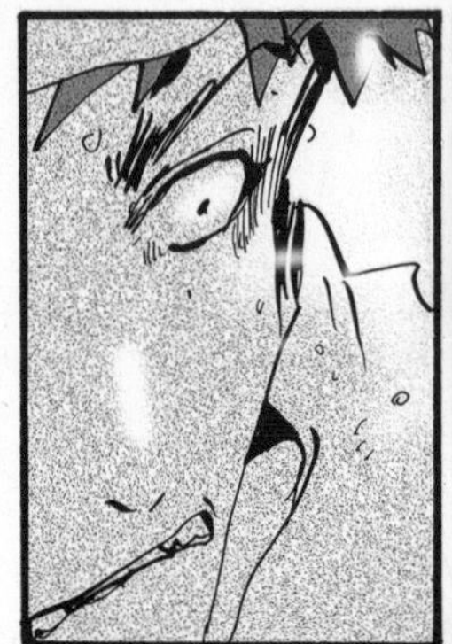
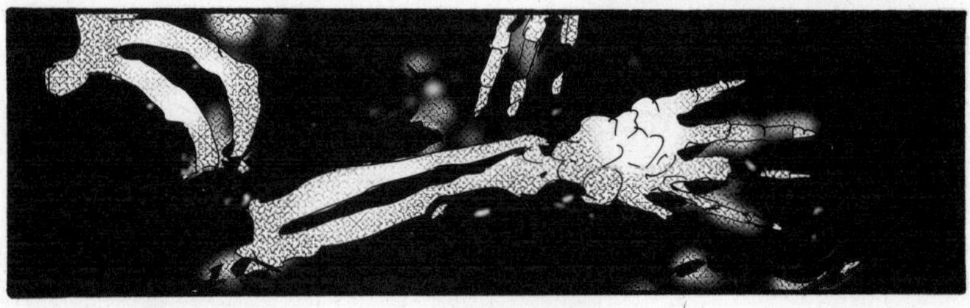
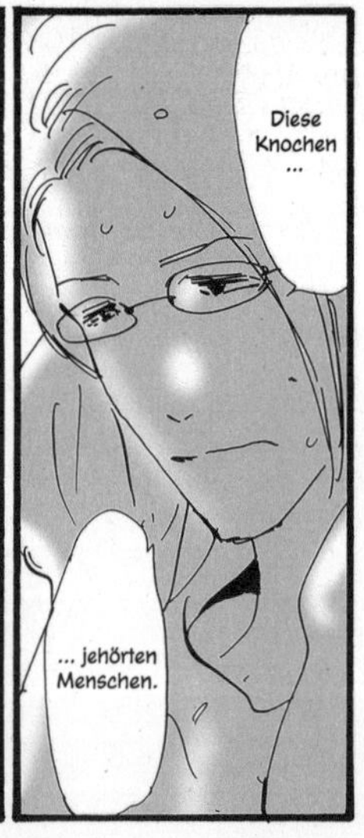
Diese Knochen ...
... jehörten Menschen.
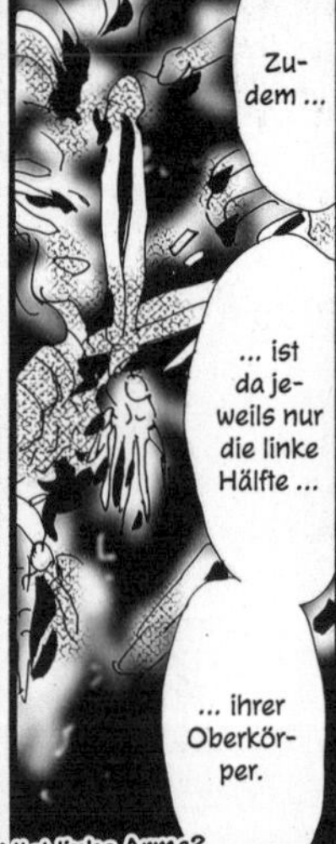
Zudem ...
... ist da jeweils nur die linke Hälfte ...
... ihrer Oberkörper.
Allet linke Arme?
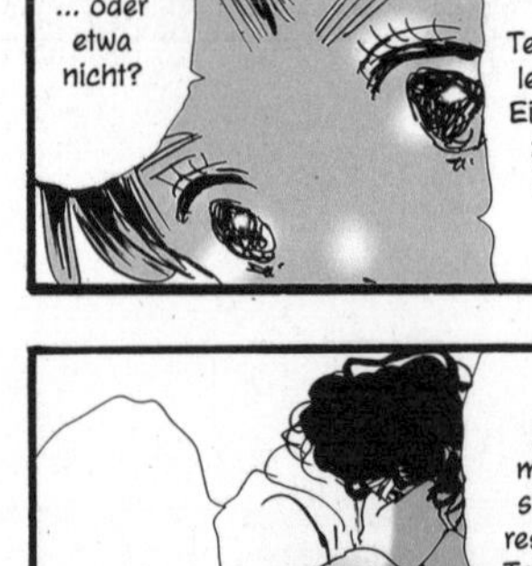
Die Teufel sollen sie in Einzelteile zerlegt haben ...
... oder etwa nicht?
Dann müssen sich die restlichen Teile wohl ...
... unter den anderen Lagern befinden.

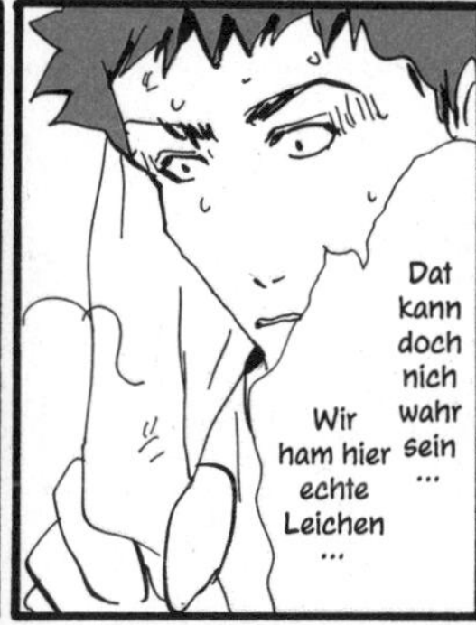

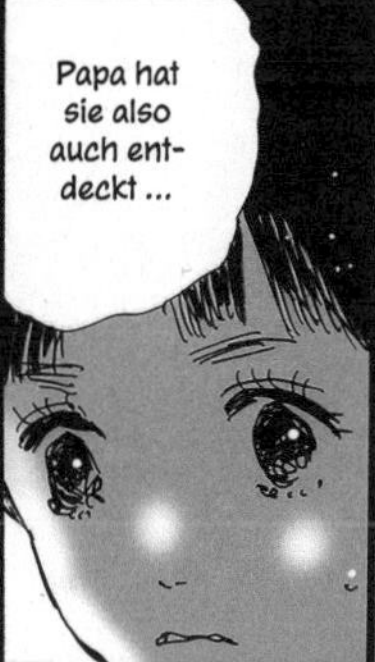

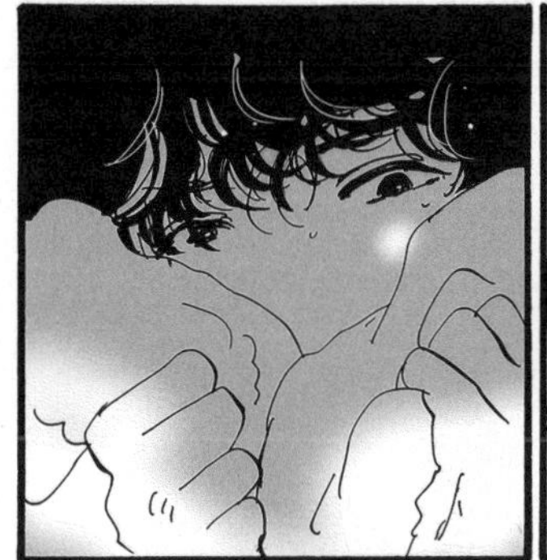

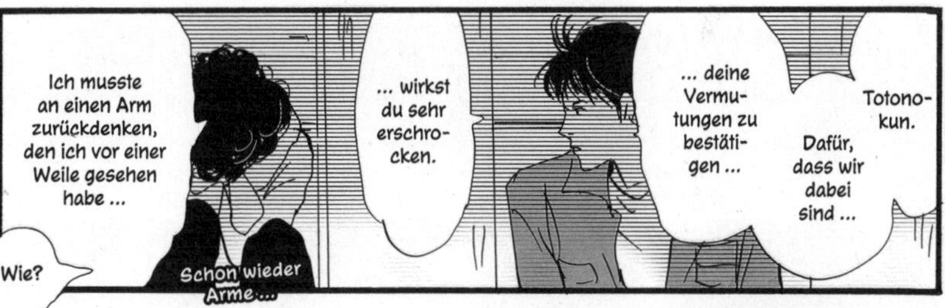

Riki-san ...

Wir wissen noch nicht, von wem sie stammen.

Wäre ...

... es möglich, das Alter dieser Knochen zu ermitteln?

Medizinischer Labortechniker

Dat müsste jehen.

Vor 'n paar Jahren ...

... is man in den Tottori-Dünen uff menschliche Knochen jestoßen.

Eene Analyse ergab, dass se entweder aus der späten Edo-Zeit ...

... oder frühen Meiji-Zeit stammen mussten.

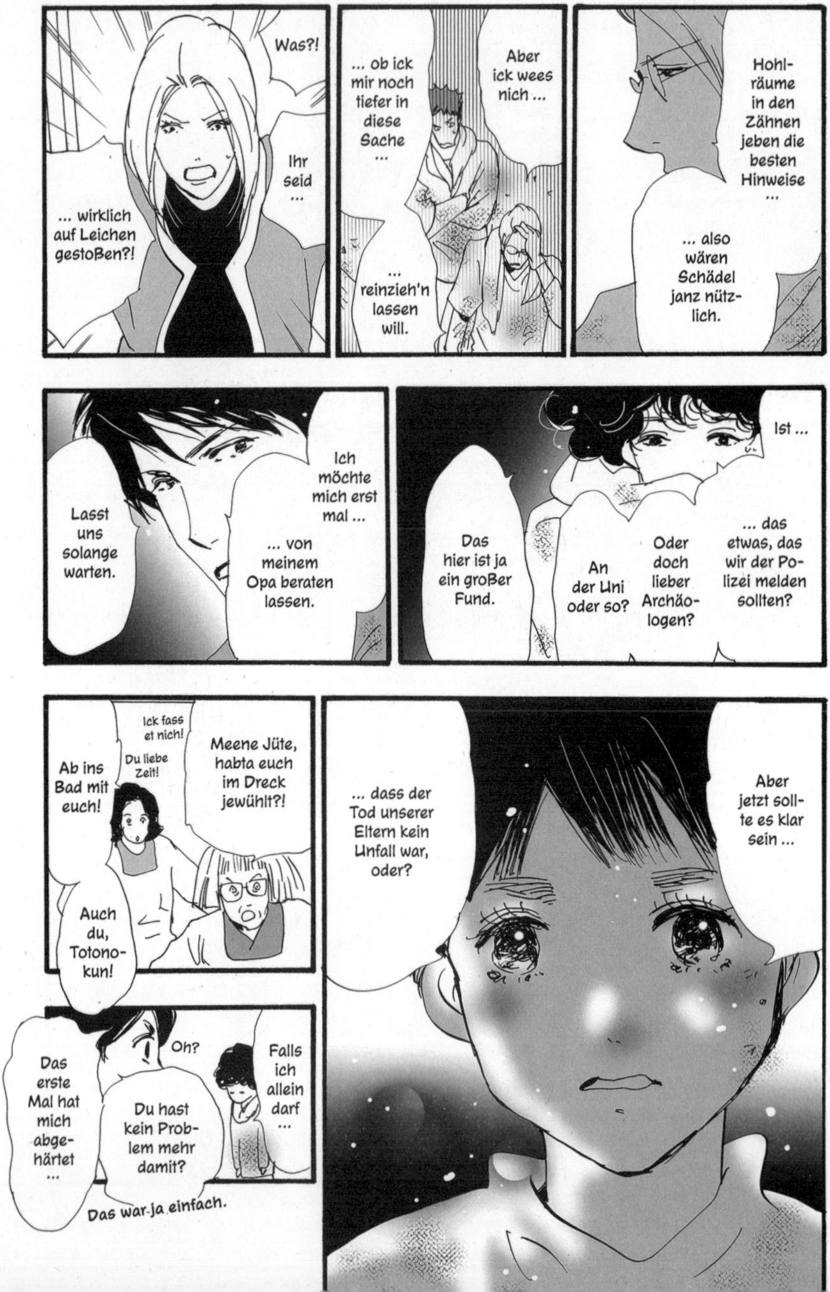

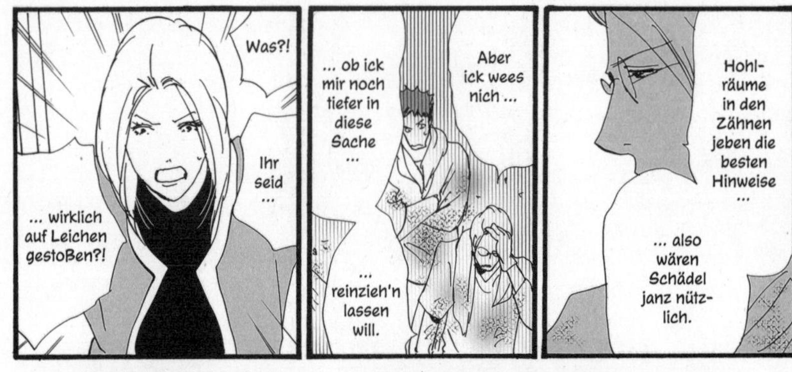
Hohlräume in den Zähnen jeben die besten Hinweise ...
... also wären Schädel janz nützlich.
Aber ick wees nich ...
... ob ick mir noch tiefer in diese Sache ...
... reinzieh'n lassen will.
Was?!
Ihr seid ...
... wirklich auf Leichen gestoßen?!

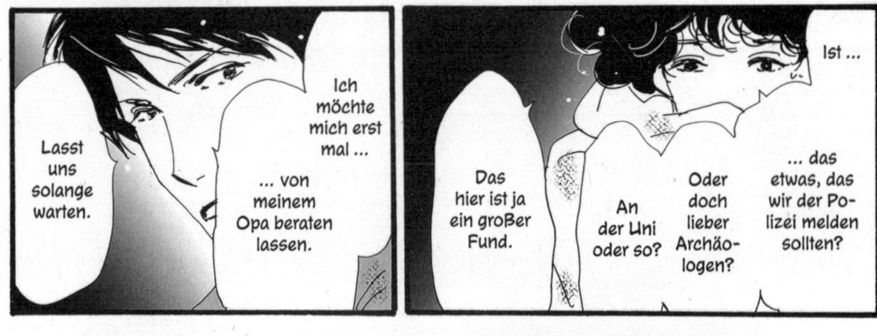
Ist ...
... das etwas, das wir der Polizei melden sollten?
Oder doch lieber Archäologen?
An der Uni oder so?
Das hier ist ja ein großer Fund.
Ich möchte mich erst mal ...
... von meinem Opa beraten lassen.
Lasst uns solange warten.

Aber jetzt sollte es klar sein ...
... dass der Tod unserer Eltern kein Unfall war, oder?
Meene Jüte, habta euch im Dreck jewühlt?!
Ick fass et nich!
Du liebe Zeit!
Ab ins Bad mit euch!
Auch du, Totono-kun!
Falls ich allein darf ...
Oh?
Du hast kein Problem mehr damit?
Das erste Mal hat mich abgehärtet ...
Das war ja einfach.

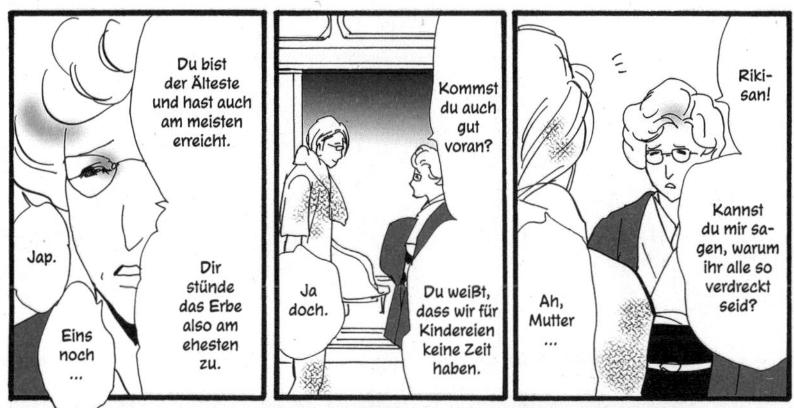
Riki-san!
Kannst du mir sagen, warum ihr alle so verdreckt seid?
Ah, Mutter ...
Kommst du auch gut voran?
Du weißt, dass wir für Kindereien keine Zeit haben.
Ja doch.
Du bist der Älteste und hast auch am meisten erreicht.
Dir stünde das Erbe also am ehesten zu.
Jap.
Eins noch ...

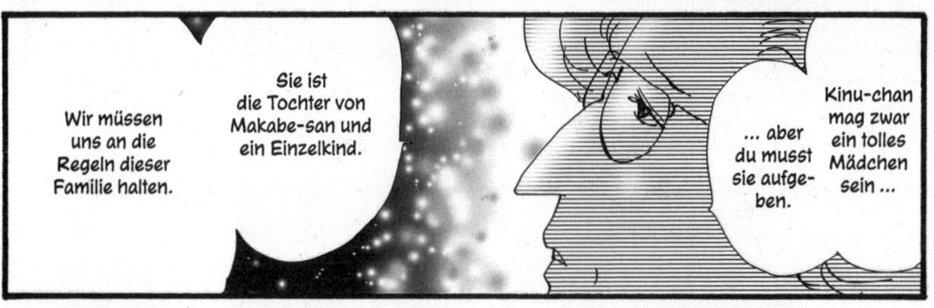
Kinu-chan mag zwar ein tolles Mädchen sein ...
... aber du musst sie aufgeben.
Sie ist die Tochter von Makabe-san und ein Einzelkind.
Wir müssen uns an die Regeln dieser Familie halten.

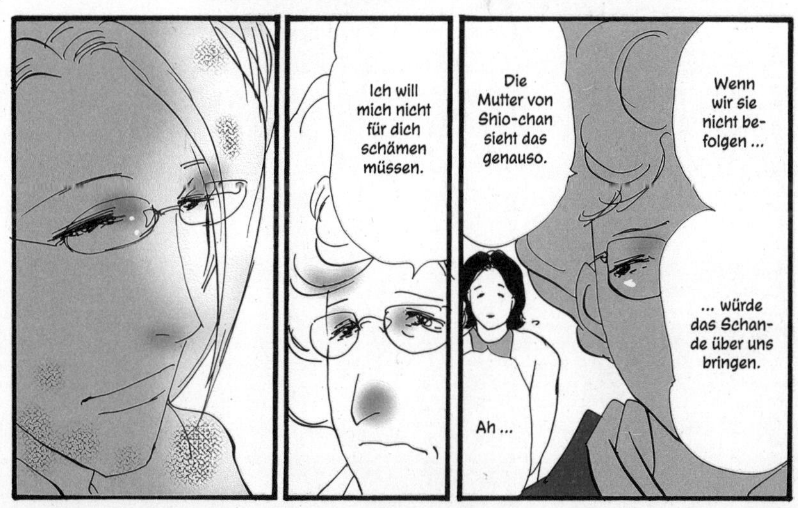
Wenn wir sie nicht befolgen ...
... würde das Schande über uns bringen.
Die Mutter von Shio-chan sieht das genauso.
Ah ...
Ich will mich nicht für dich schämen müssen.

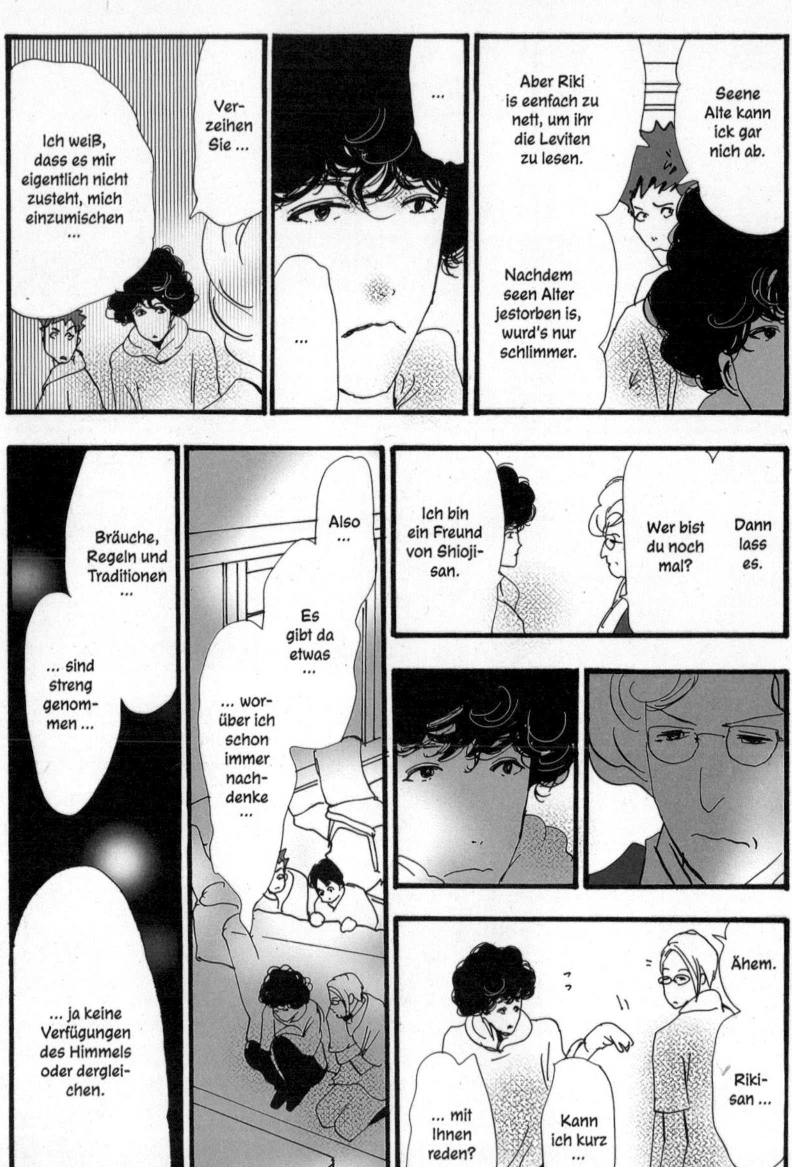
Seene Alte kann ick gar nich ab.
Aber Riki is eenfach zu nett, um ihr die Leviten zu lesen.
Nachdem seen Alter jestorben is, wurd's nur schlimmer.
...
...
Verzeihen Sie ...
Ich weiß, dass es mir eigentlich nicht zusteht, mich einzumischen ...
Dann lass es.
Wer bist du noch mal?
Ich bin ein Freund von Shioji-san.
Ähem.
Riki-san ...
Kann ich kurz ...
... mit Ihnen reden?
Also ...
Es gibt da etwas ...
... worüber ich schon immer nachdenke ...
Bräuche, Regeln und Traditionen ...
... sind streng genommen ...
... ja keine Verfügungen des Himmels oder dergleichen.

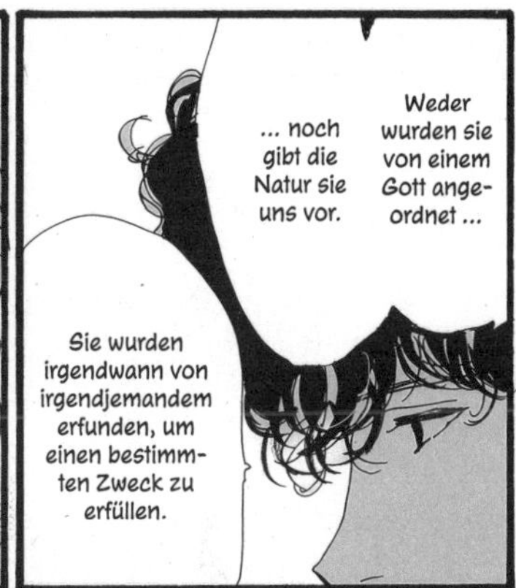
Weder wurden sie von einem Gott angeordnet ...
... noch gibt die Natur sie uns vor.
Sie wurden irgendwann von irgendjemandem erfunden, um einen bestimmten Zweck zu erfüllen.
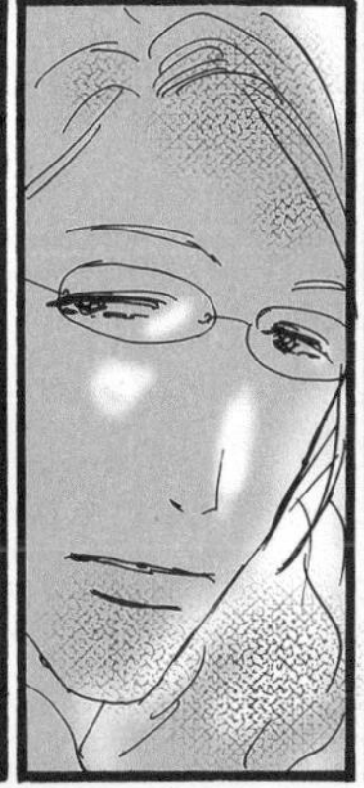
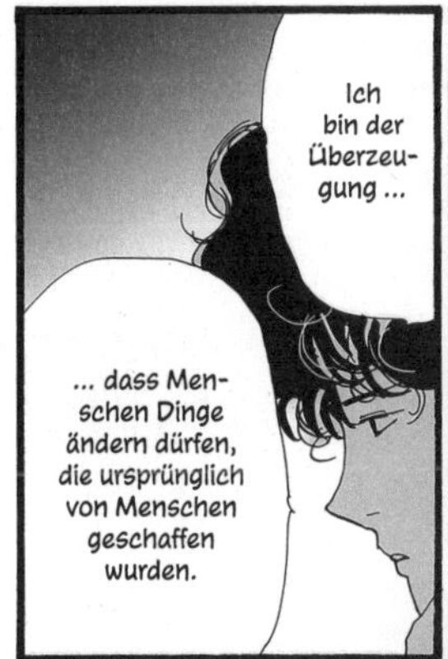
Ich bin der Überzeugung ...
... dass Menschen Dinge ändern dürfen, die ursprünglich von Menschen geschaffen wurden.
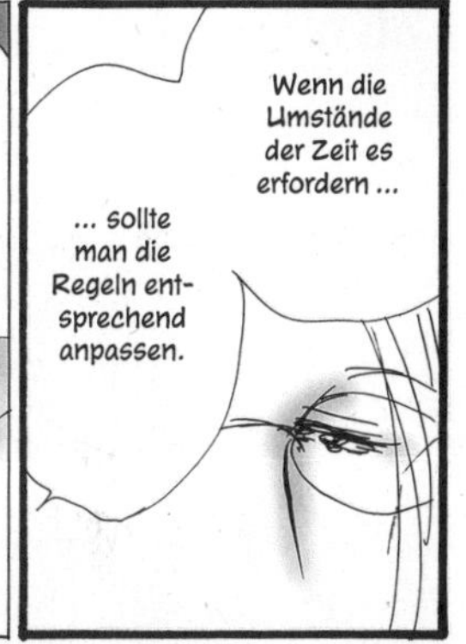
Wenn die Umstände der Zeit es erfordern ...
... sollte man die Regeln entsprechend anpassen.
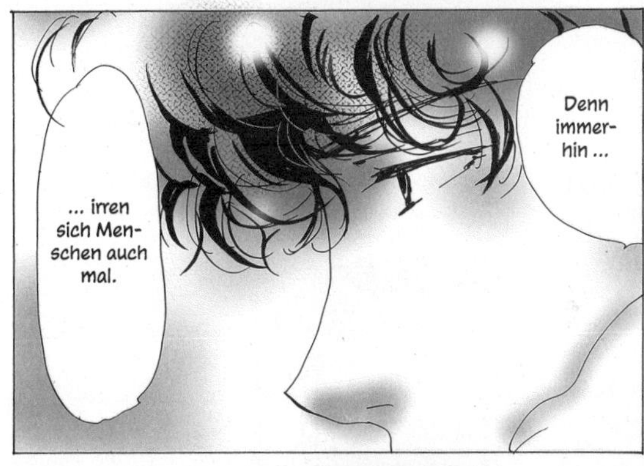
Denn immerhin ...
... irren sich Menschen auch mal.
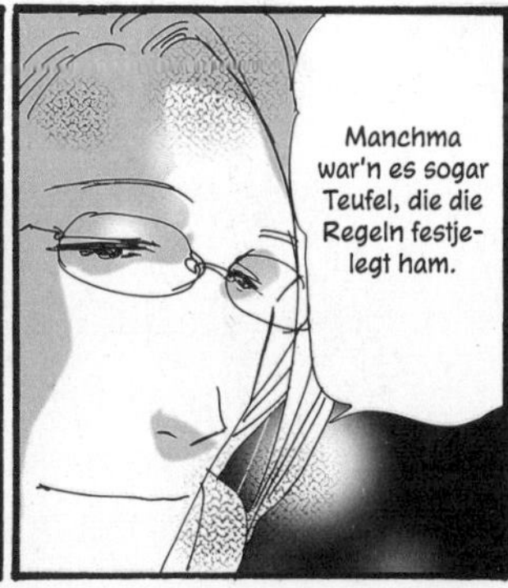
Manchma war'n es sogar Teufel, die die Regeln festjelegt ham.
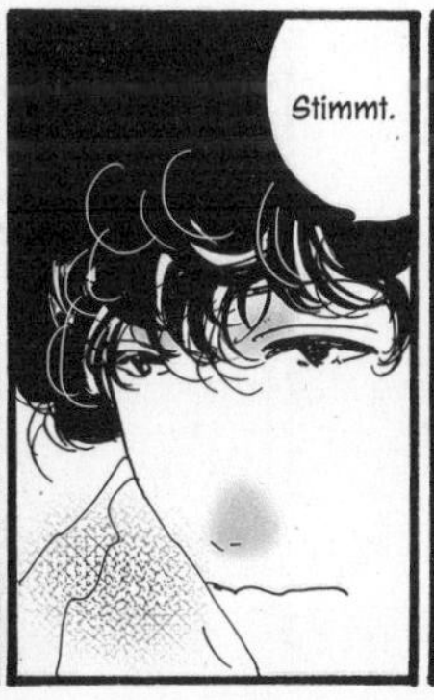
Stimmt.
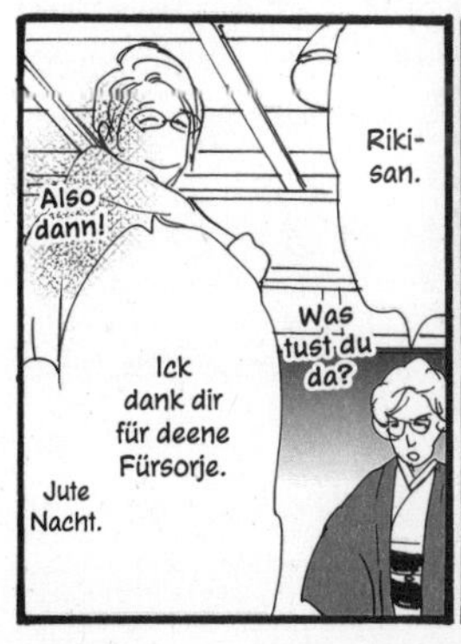
Riki-san.
Ick dank dir für deene Fürsorje.
Jute Nacht.
Also dann!
Was tust du da?

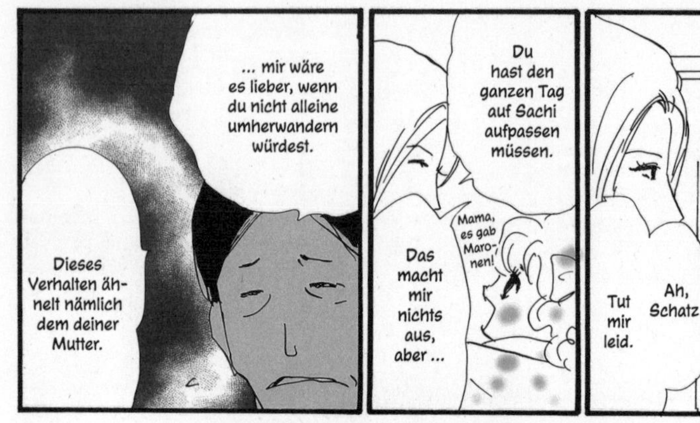
Yura!
Mama!
Ah, Schatz.
Tut mir leid.
Du hast den ganzen Tag auf Sachi aufpassen müssen.
Mama, es gab Maronen!
Das macht mir nichts aus, aber ...
... mir wäre es lieber, wenn du nicht alleine umherwandern würdest.
Dieses Verhalten ähnelt nämlich dem deiner Mutter.

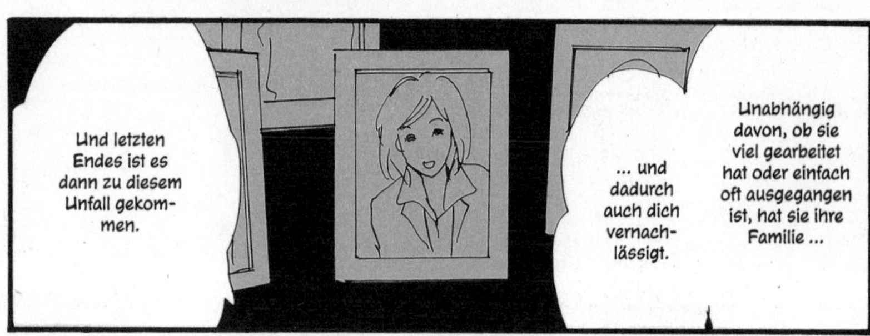
Unabhängig davon, ob sie viel gearbeitet hat oder einfach oft ausgegangen ist, hat sie ihre Familie ...
... und dadurch auch dich vernachlässigt.
Und letzten Endes ist es dann zu diesem Unfall gekommen.

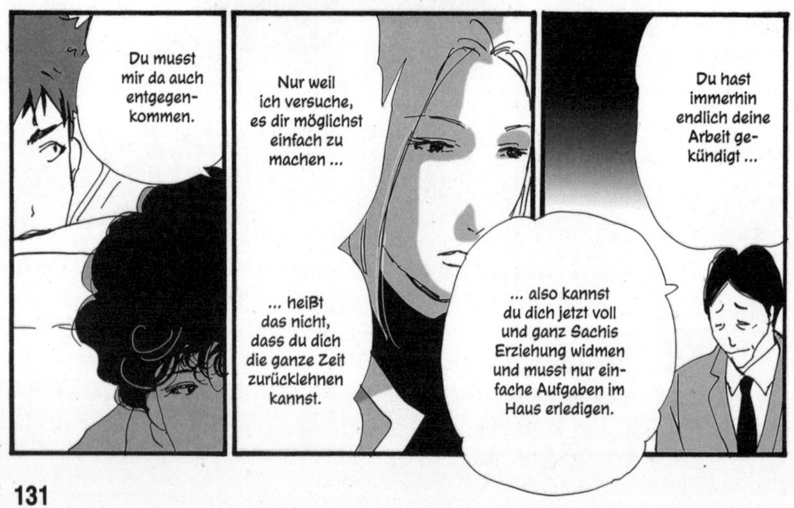
Du hast immerhin endlich deine Arbeit gekündigt ...
... also kannst du dich jetzt voll und ganz Sachis Erziehung widmen und musst nur einfache Aufgaben im Haus erledigen.
Nur weil ich versuche, es dir möglichst einfach zu machen ...
... heißt das nicht, dass du dich die ganze Zeit zurücklehnen kannst.
Du musst mir da auch entgegenkommen.

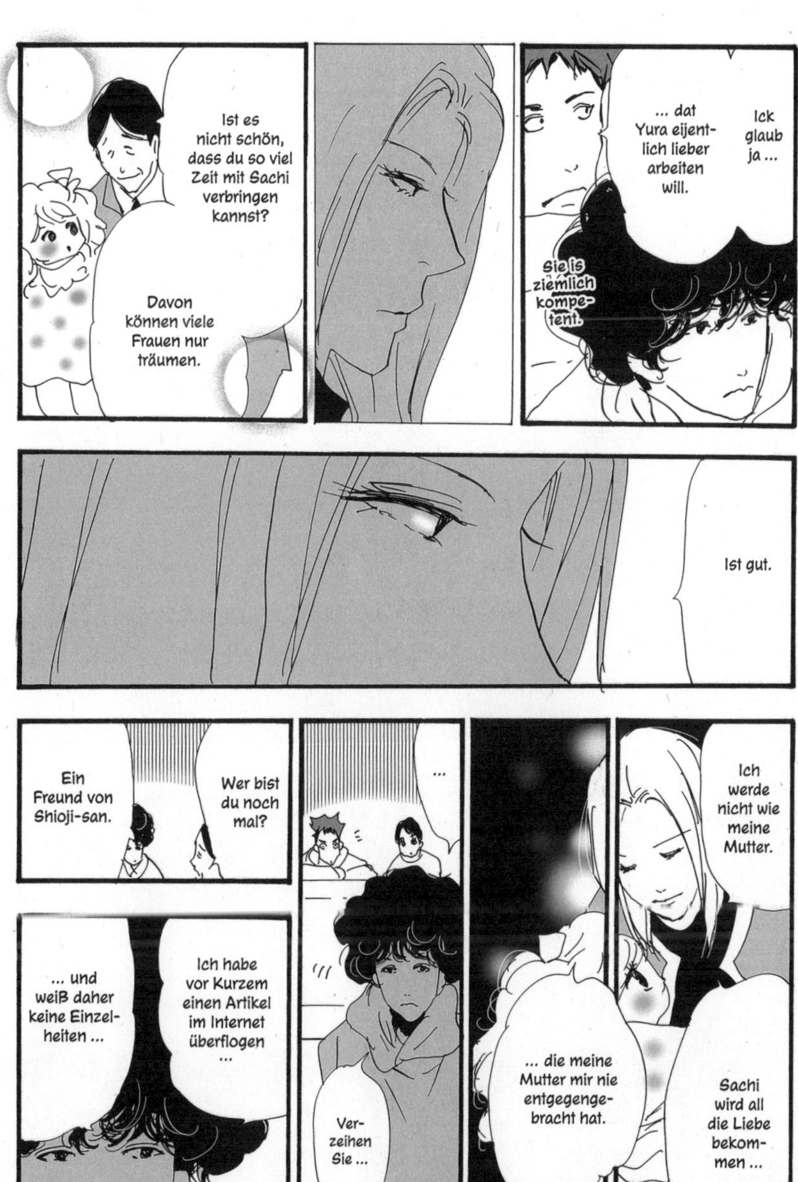

Ick glaub ja ...
... dat Yura eijentlich lieber arbeiten will.
Sie is ziemlich kompetent.
Ist es nicht schön, dass du so viel Zeit mit Sachi verbringen kannst?
Davon können viele Frauen nur träumen.
Ist gut.
Ich werde nicht wie meine Mutter.
Sachi wird all die Liebe bekommen ...
... die meine Mutter mir nie entgegengebracht hat.
...
Verzeihen Sie ...
Wer bist du noch mal?
Ein Freund von Shioji-san.
Ich habe vor Kurzem einen Artikel im Internet überflogen ...
... und weiß daher keine Einzelheiten ...

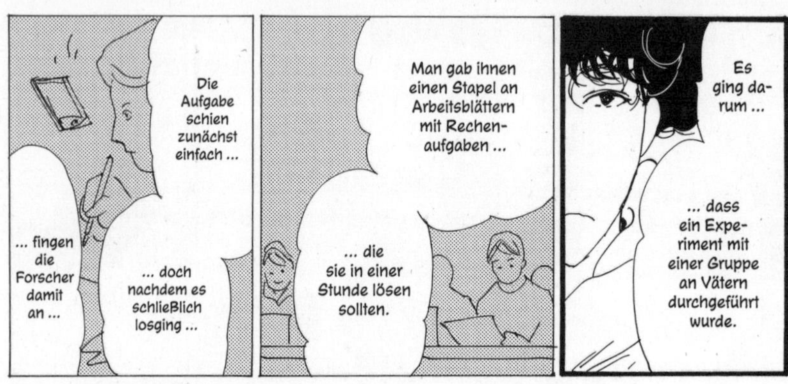

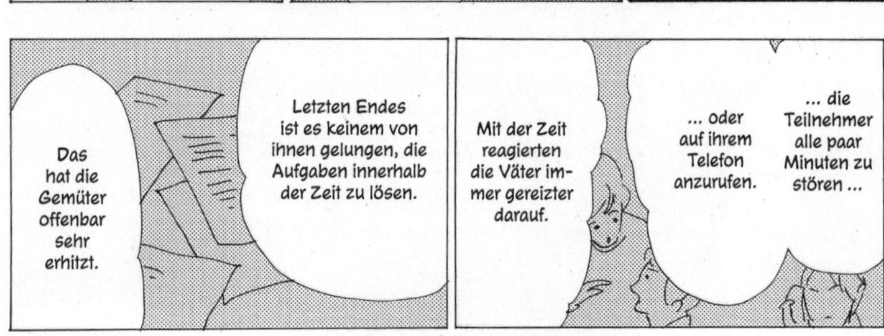

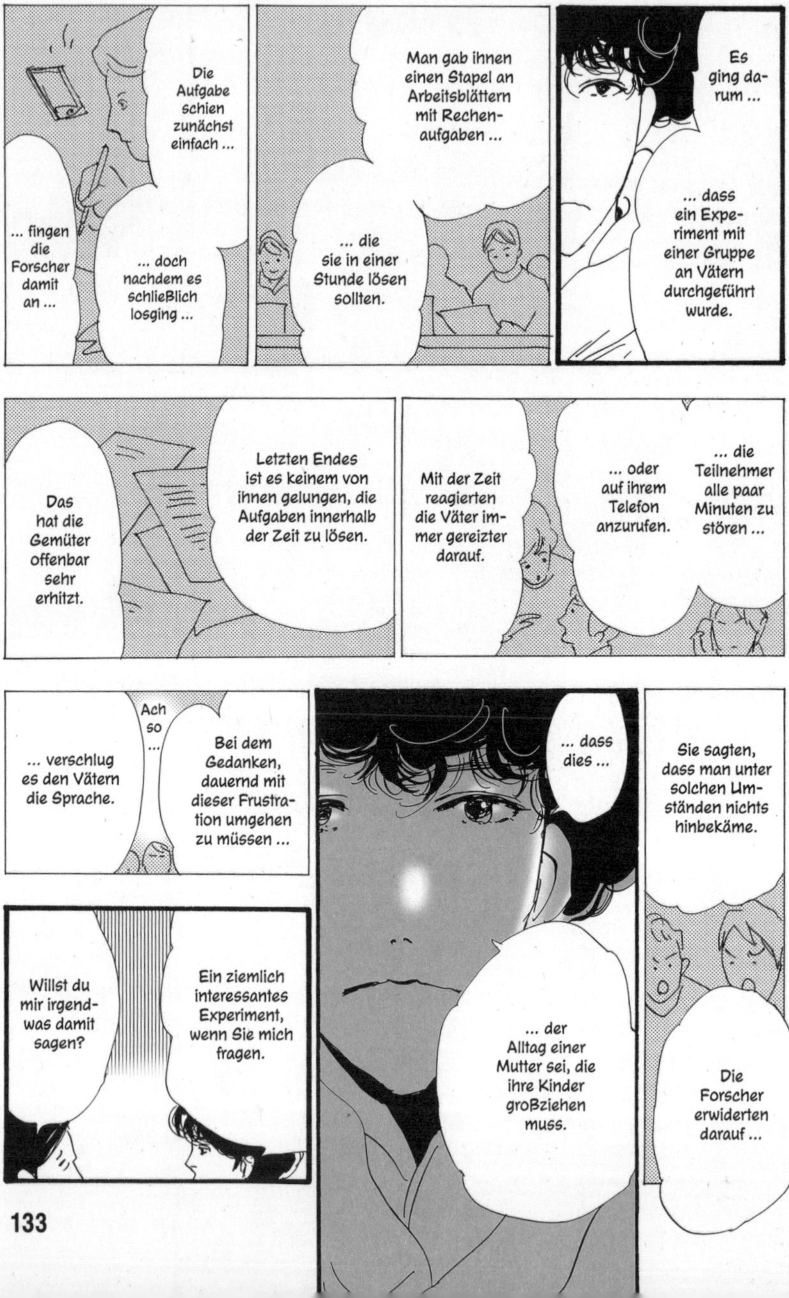

Sie sagten, dass man unter solchen Umständen nichts hinbekäme.

Die Forscher erwiderten darauf ...

... dass dies ...

... der Alltag einer Mutter sei, die ihre Kinder großziehen muss.

Bei dem Gedanken, dauernd mit dieser Frustration umgehen zu müssen ...

Ach so ...

... verschlug es den Vätern die Sprache.

Ein ziemlich interessantes Experiment, wenn Sie mich fragen.

Willst du mir irgendwas damit sagen?

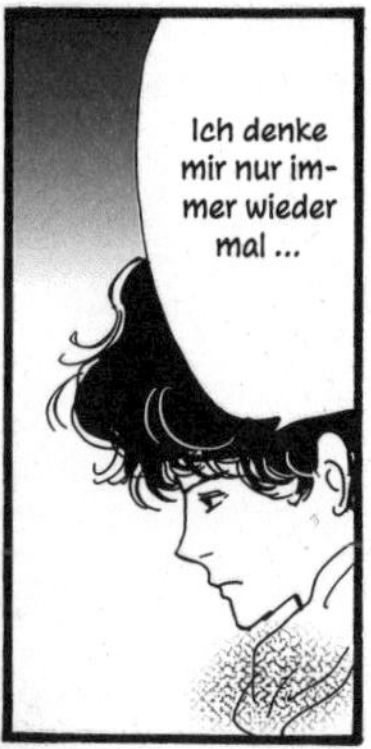
Ich denke mir nur immer wieder mal ...

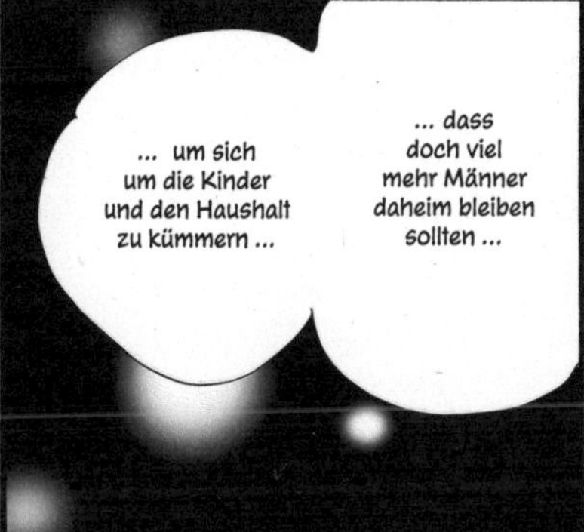
... dass doch viel mehr Männer daheim bleiben sollten ...
... um sich um die Kinder und den Haushalt zu kümmern ...

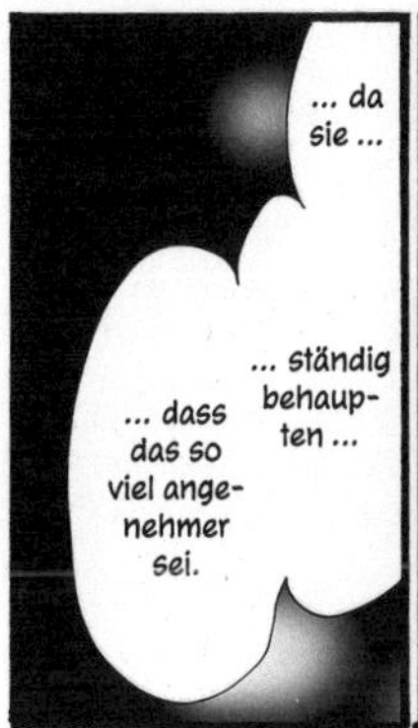
... da sie ...
... ständig behaupten ...
... dass das so viel angenehmer sei.

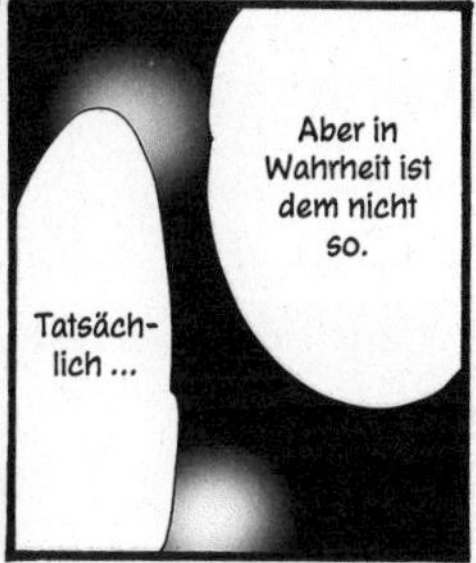
Aber in Wahrheit ist dem nicht so.
Tatsächlich ...

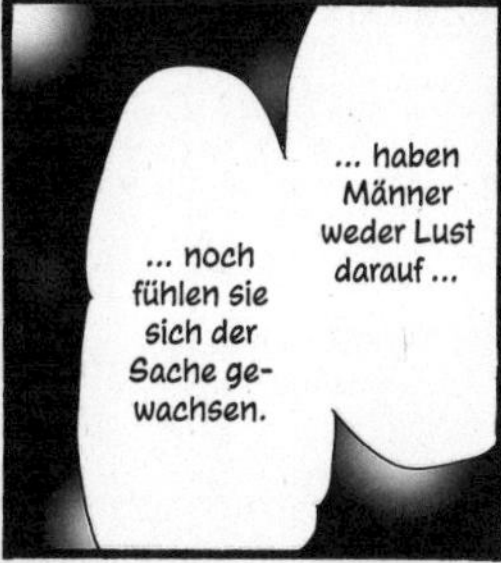
... haben Männer weder Lust darauf ...
... noch fühlen sie sich der Sache gewachsen.

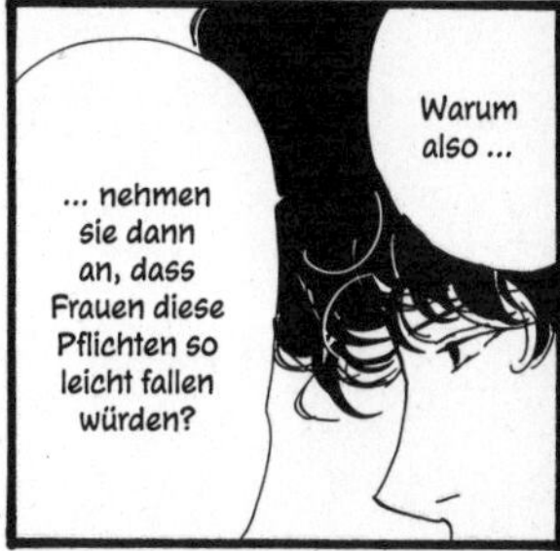
Warum also ...
... nehmen sie dann an, dass Frauen diese Pflichten so leicht fallen würden?

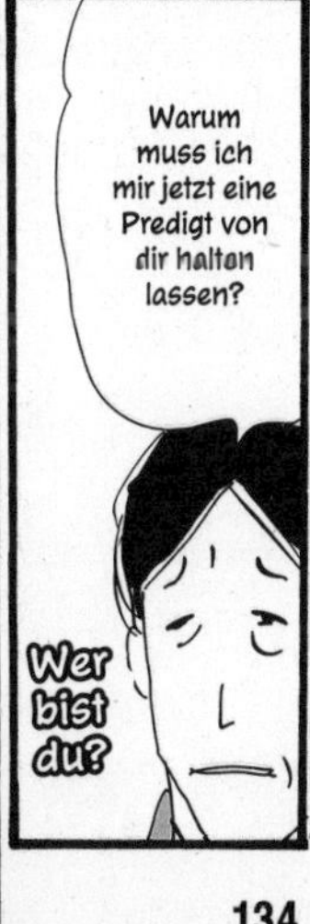
Warum muss ich mir jetzt eine Predigt von dir halten lassen?
Wer bist du?

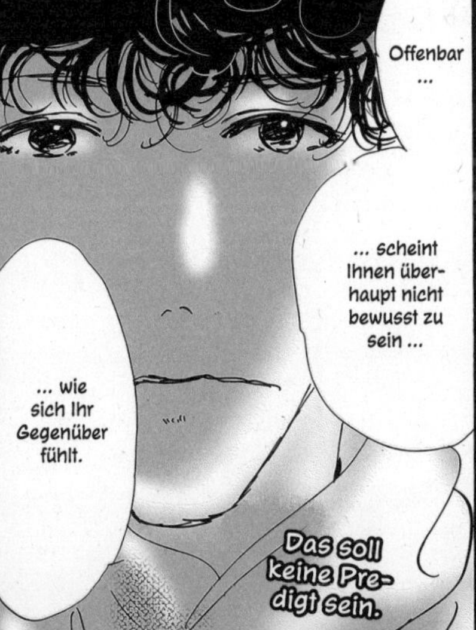
Offenbar ...
... scheint Ihnen überhaupt nicht bewusst zu sein ...
... wie sich Ihr Gegenüber fühlt.
Das soll keine Predigt sein.

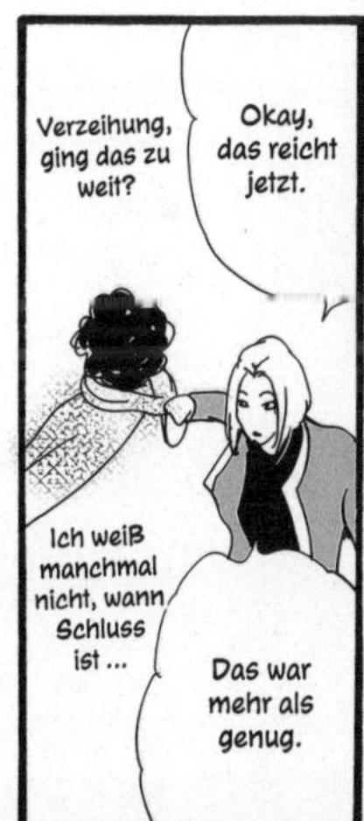
Okay, das reicht jetzt.
Verzeihung, ging das zu weit?
Ich weiß manchmal nicht, wann Schluss ist ...
Das war mehr als genug.

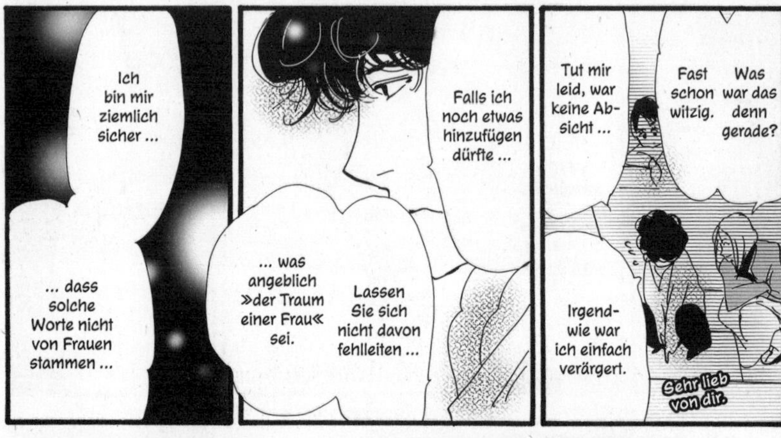
Was war das denn gerade?
Fast schon witzig.
Tut mir leid, war keine Absicht ...
Irgendwie war ich einfach verärgert.
Sehr lieb von dir.
Falls ich noch etwas hinzufügen dürfte ...
Lassen Sie sich nicht davon fehlleiten ...
... was angeblich »der Traum einer Frau« sei.
Ich bin mir ziemlich sicher ...
... dass solche Worte nicht von Frauen stammen ...

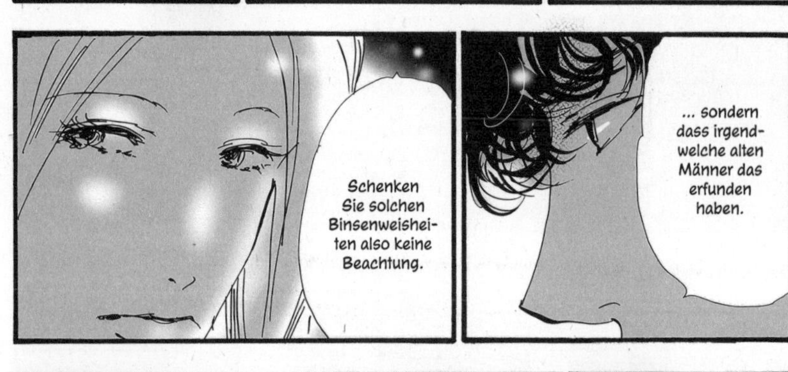
... sondern dass irgendwelche alten Männer das erfunden haben.
Schenken Sie solchen Binsenweisheiten also keine Beachtung.

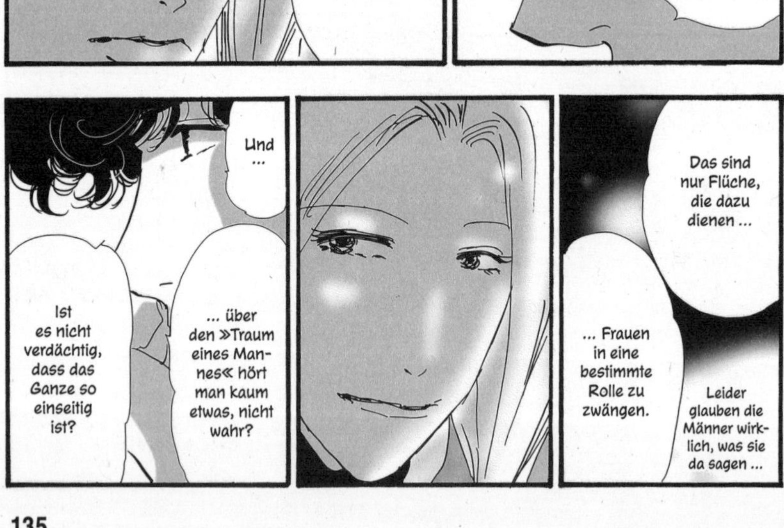
Das sind nur Flüche, die dazu dienen ...
... Frauen in eine bestimmte Rolle zu zwängen.
Leider glauben die Männer wirklich, was sie da sagen ...
Und ...
... über den »Traum eines Mannes« hört man kaum etwas, nicht wahr?
Ist es nicht verdächtig, dass das Ganze so einseitig ist?

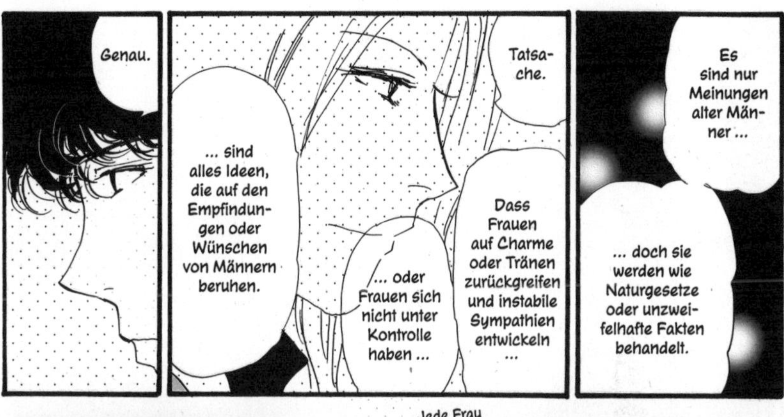
Es sind nur Meinungen alter Männer ...
... doch sie werden wie Naturgesetze oder unzweifelhafte Fakten behandelt.
Tatsache.
Dass Frauen auf Charme oder Tränen zurückgreifen und instabile Sympathien entwickeln ...
... oder Frauen sich nicht unter Kontrolle haben ...
... sind alles Ideen, die auf den Empfindungen oder Wünschen von Männern beruhen.
Genau.

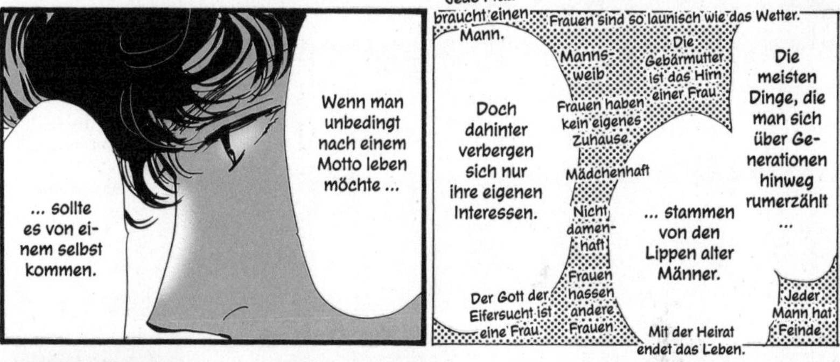
Jede Frau braucht einen Mann.
Frauen sind so launisch wie das Wetter.
Die meisten Dinge, die man sich über Generationen hinweg rumerzählt ...
Die Gebärmutter ist das Hirn einer Frau.
Mannsweib
Frauen haben kein eigenes Zuhause.
Mädchenhaft
Nicht damenhaft
Frauen hassen andere Frauen.
... stammen von den Lippen alter Männer.
Jeder Mann hat Feinde.
Mit der Heirat endet das Leben.
Doch dahinter verbergen sich nur ihre eigenen Interessen.
Der Gott der Eifersucht ist eine Frau.
Wenn man unbedingt nach einem Motto leben möchte ...
... sollte es von einem selbst kommen.

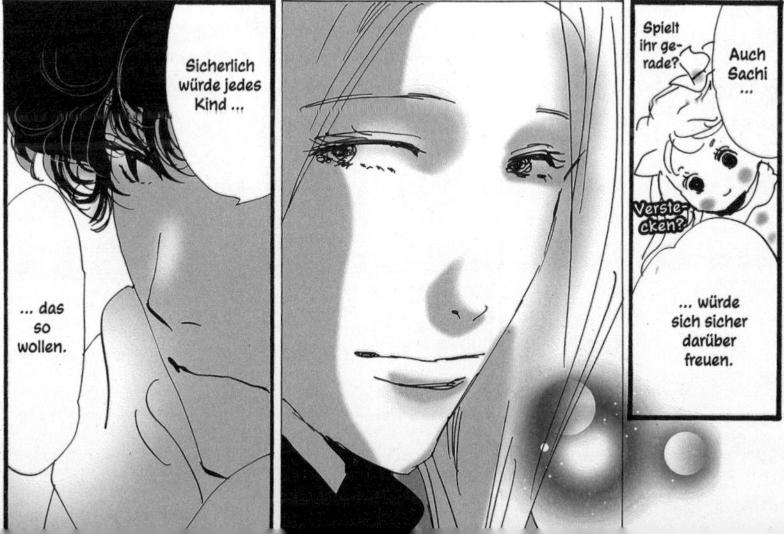
Spielt ihr gerade?
Auch Sachi ...
Versteсken?
... würde sich sicher darüber freuen.
Sicherlich würde jedes Kind ...
... das so wollen.

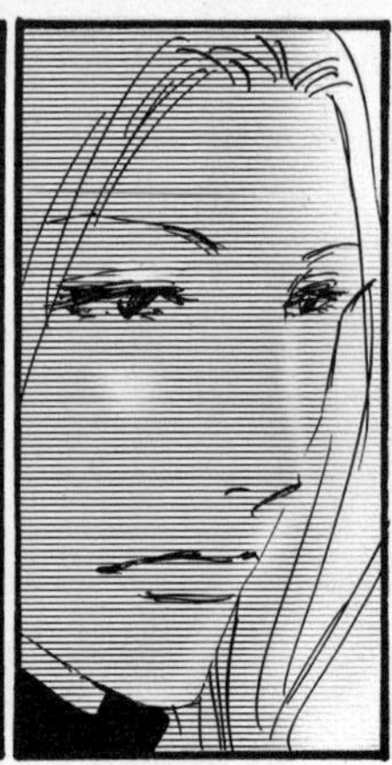

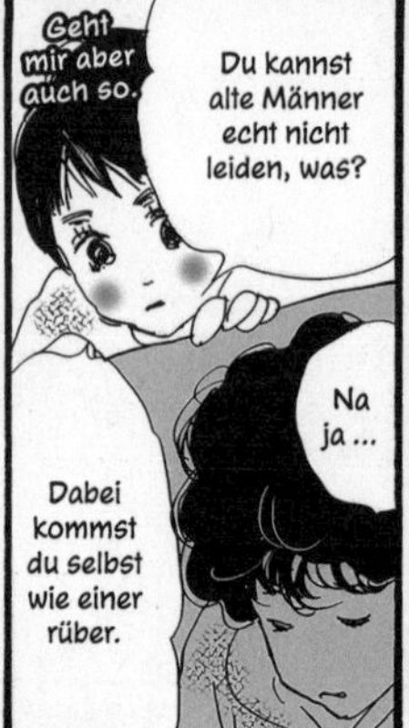
Du kannst alte Männer echt nicht leiden, was?
Geht mir aber auch so.
Na ja ...
Dabei kommst du selbst wie einer rüber.

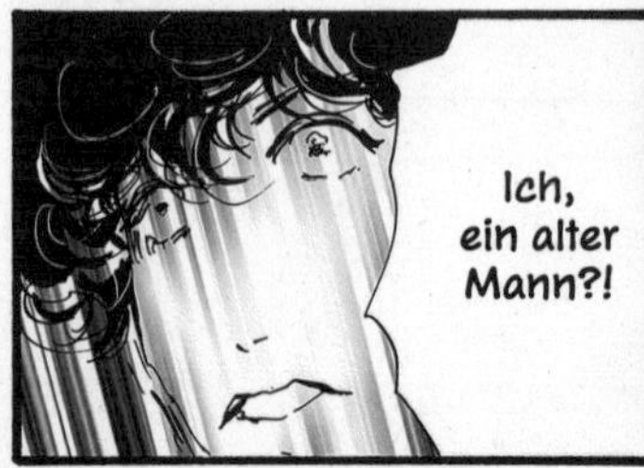
Ich, ein alter Mann?!

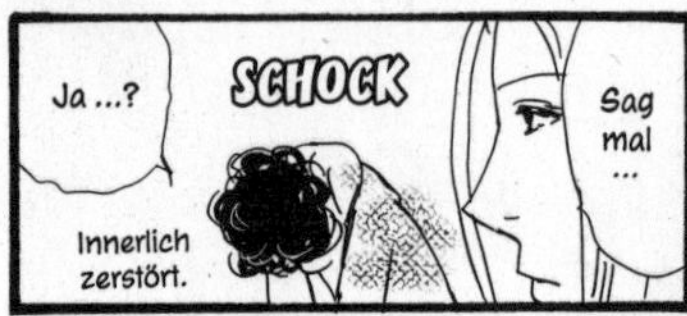
Sag mal ...
SCHOCK
Ja ...?
Innerlich zerstört.

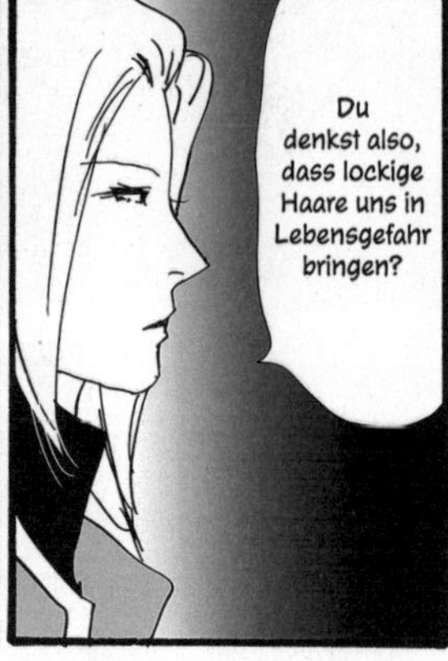
Du denkst also, dass lockige Haare uns in Lebensgefahr bringen?

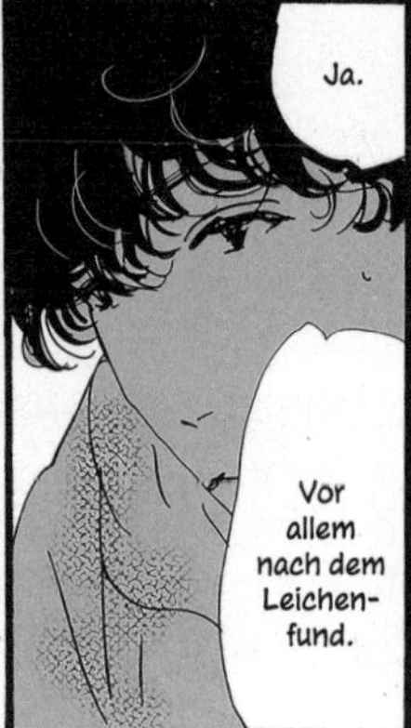
Ja.
Vor allem nach dem Leichenfund.

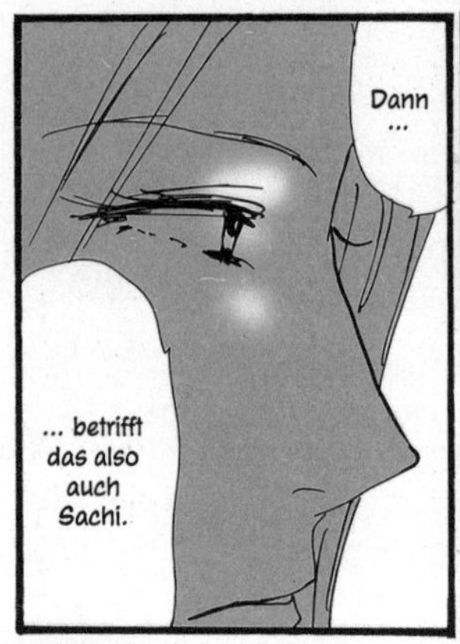
Dann ...
... betrifft das also auch Sachi.

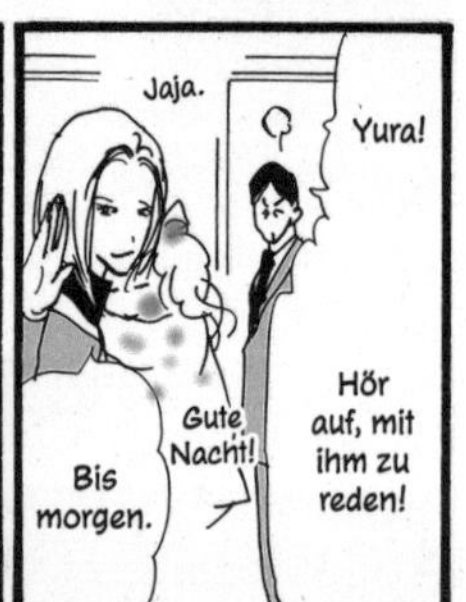
Yura!
Jaja.
Hör auf, mit ihm zu reden!
Gute Nacht!
Bis morgen.

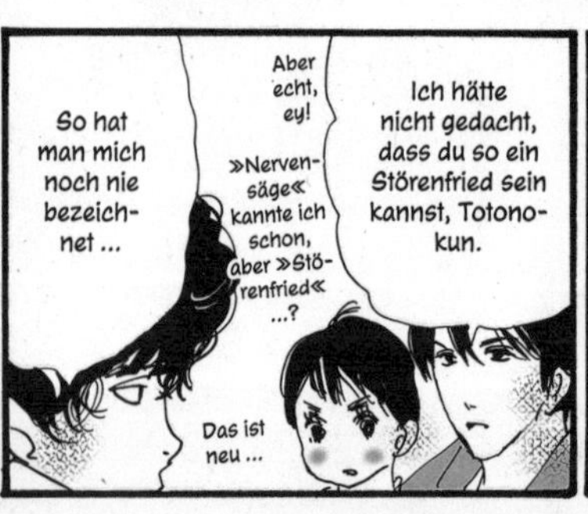
Ich hätte nicht gedacht, dass du so ein Störenfried sein kannst, Totono-kun.
Aber echt, ey!
»Nervensäge« kannte ich schon, aber »Störenfried« ...?
So hat man mich noch nie bezeichnet ...
Das ist neu ...

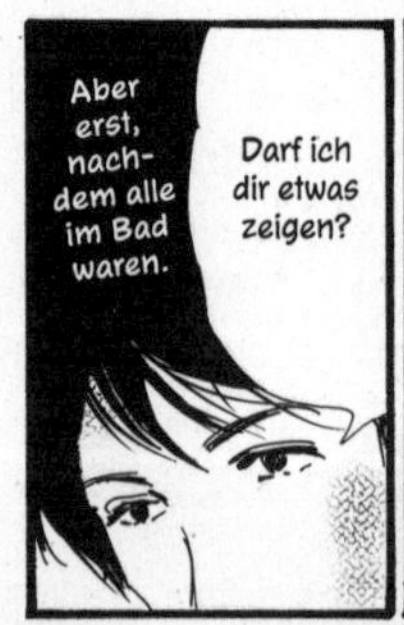
Darf ich dir etwas zeigen?
Aber erst, nachdem alle im Bad waren.

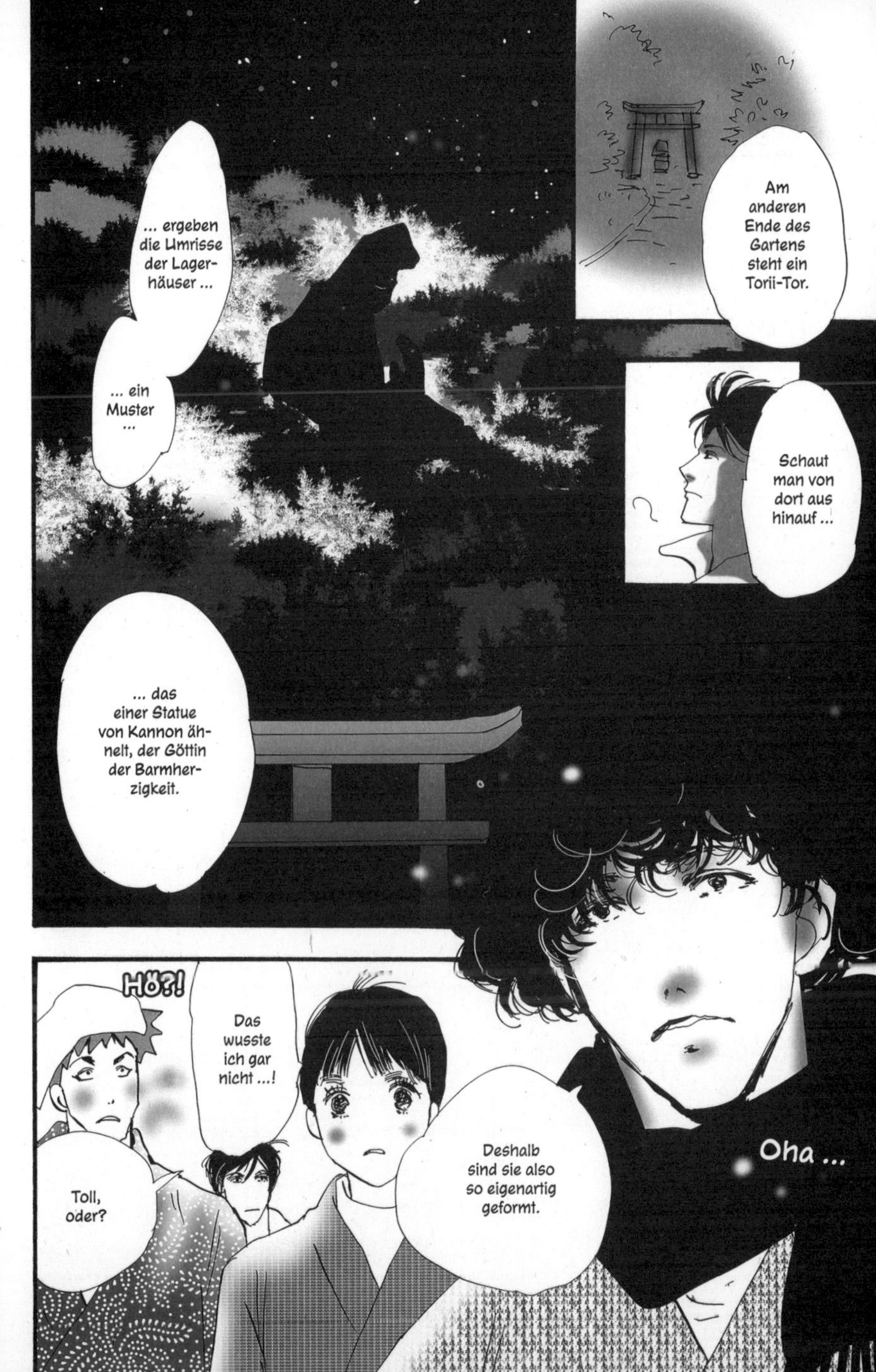

Am anderen Ende des Gartens steht ein Torii-Tor.
Schaut man von dort aus hinauf ...
... ergeben die Umrisse der Lagerhäuser ...
... ein Muster ...
... das einer Statue von Kannon ähnelt, der Göttin der Barmherzigkeit.
Oha ...
Deshalb sind sie also so eigenartig geformt.
Das wusste ich gar nicht ...!
Hö?!
Toll, oder?

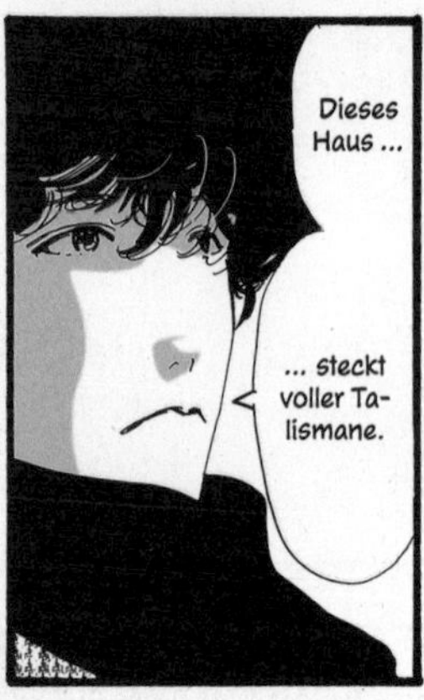
Dieses Haus ...
... steckt voller Talismane.

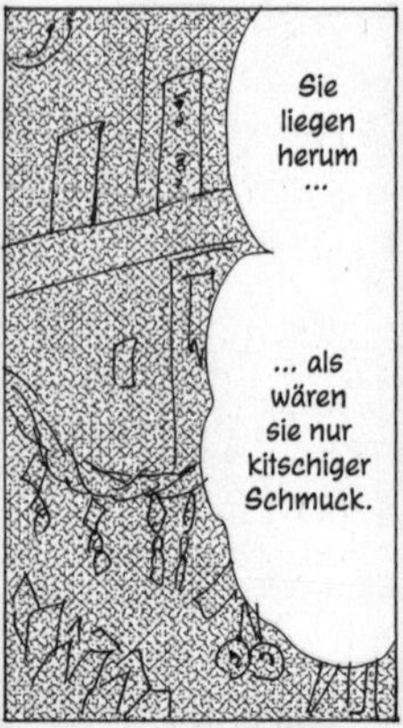
Sie liegen herum ...
... als wären sie nur kitschiger Schmuck.

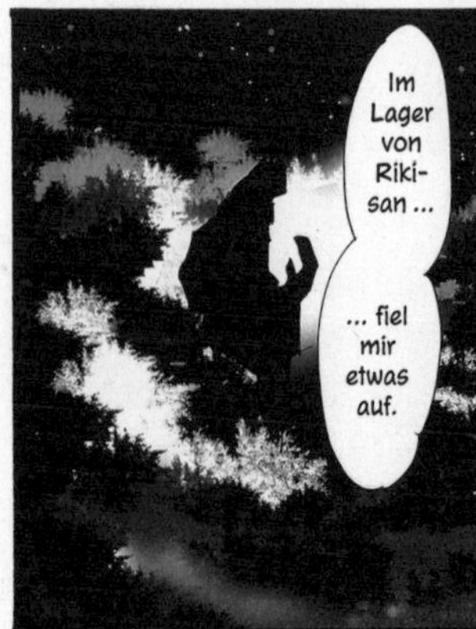
Im Lager von Riki-san ...
... fiel mir etwas auf.

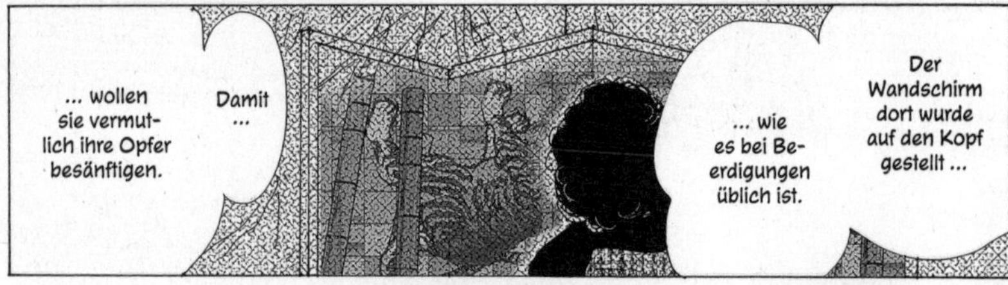
Der Wandschirm dort wurde auf den Kopf gestellt ...
... wie es bei Beerdigungen üblich ist.
Damit ...
... wollen sie vermutlich ihre Opfer besänftigen.

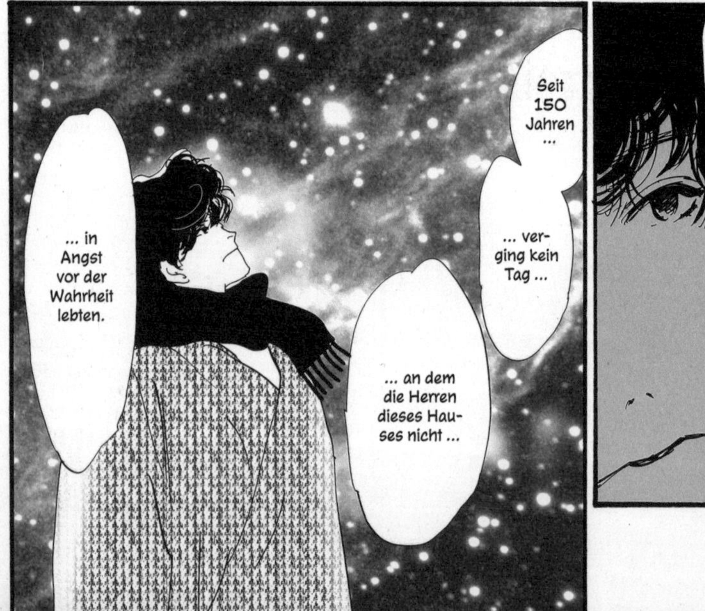
Sie fürchten sich.
Seit 150 Jahren ...
... verging kein Tag ...
... an dem die Herren dieses Hauses nicht ...
... in Angst vor der Wahrheit lebten.

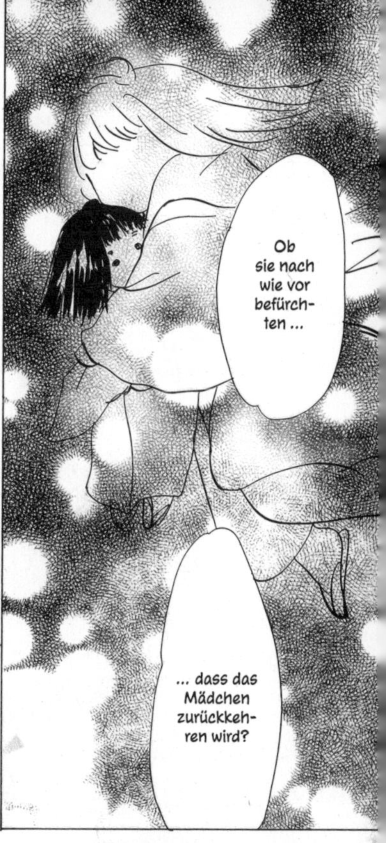
Ob sie nach wie vor befürchten ...
... dass das Mädchen zurückkehren wird?

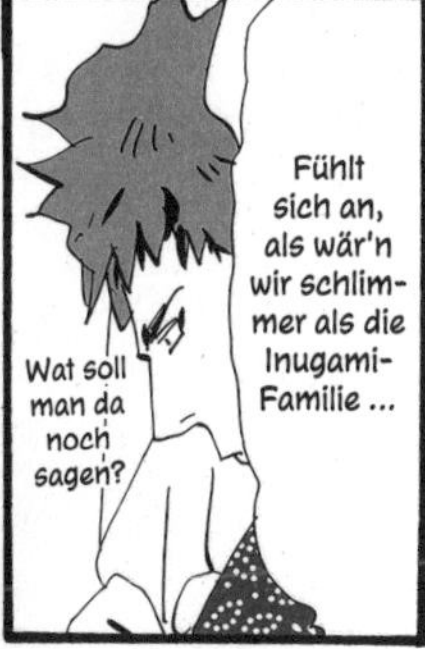
Fühlt sich an, als wär'n wir schlimmer als die Inugami-Familie ...
Wat soll man da noch sagen?

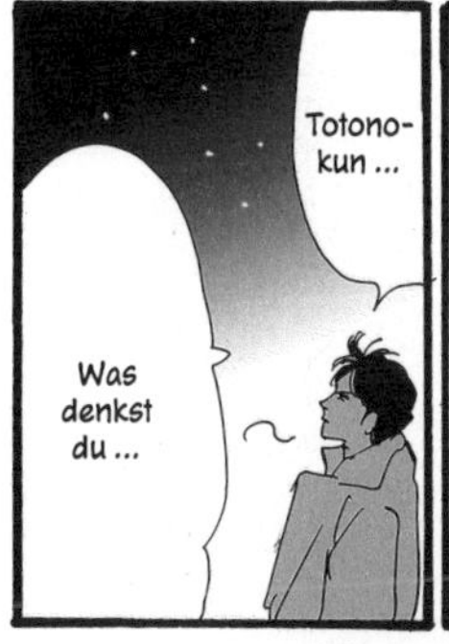
Totono-kun ...
Was denkst du ...

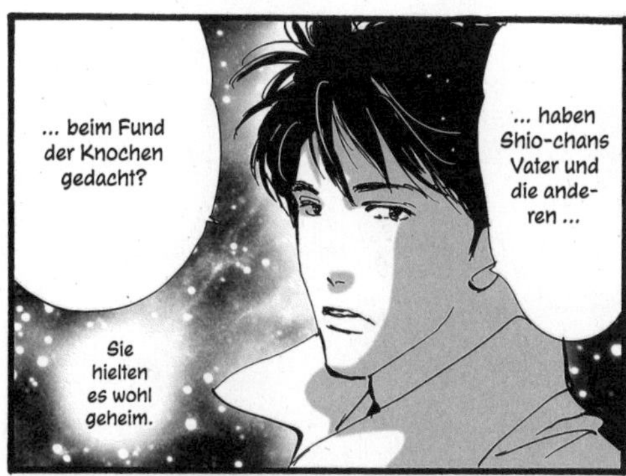
... haben Shio-chans Vater und die anderen ...
... beim Fund der Knochen gedacht?
Sie hielten es wohl geheim.

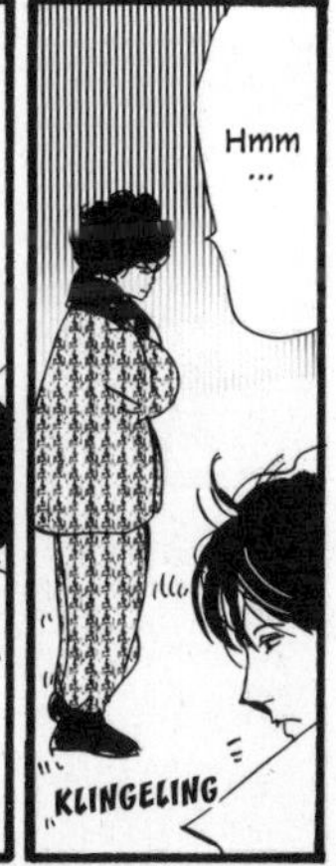
Hmm ...
KLINGELING

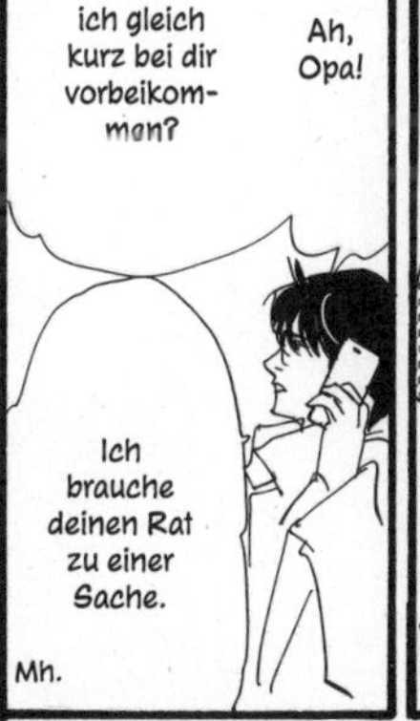
Ah, Opa!
Kann ich gleich kurz bei dir vorbeikommen?
Ich brauche deinen Rat zu einer Sache.
Mh.

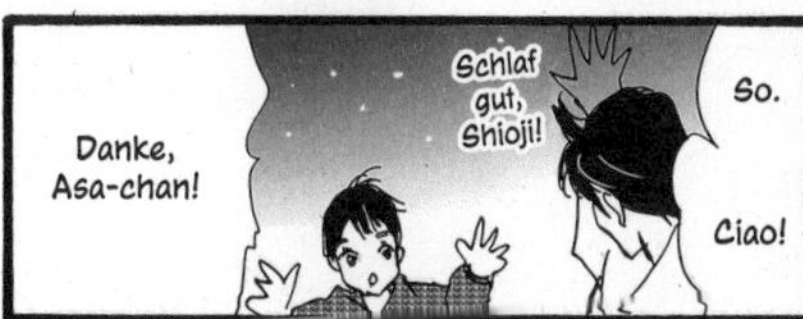
So.
Schlaf gut, Shioji!
Ciao!
Danke, Asa-chan!

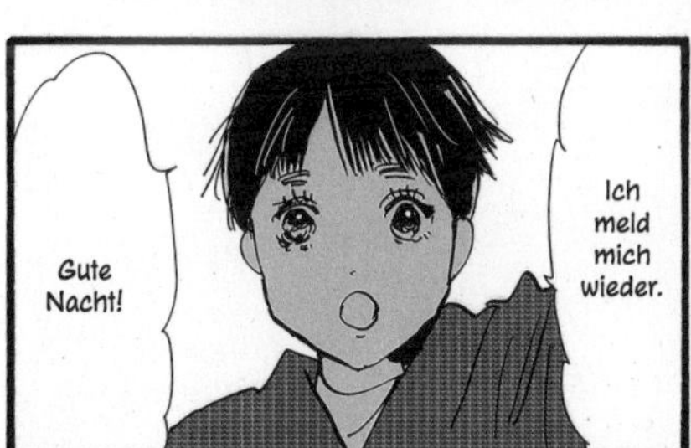
Ich meld mich wieder.
Gute Nacht!

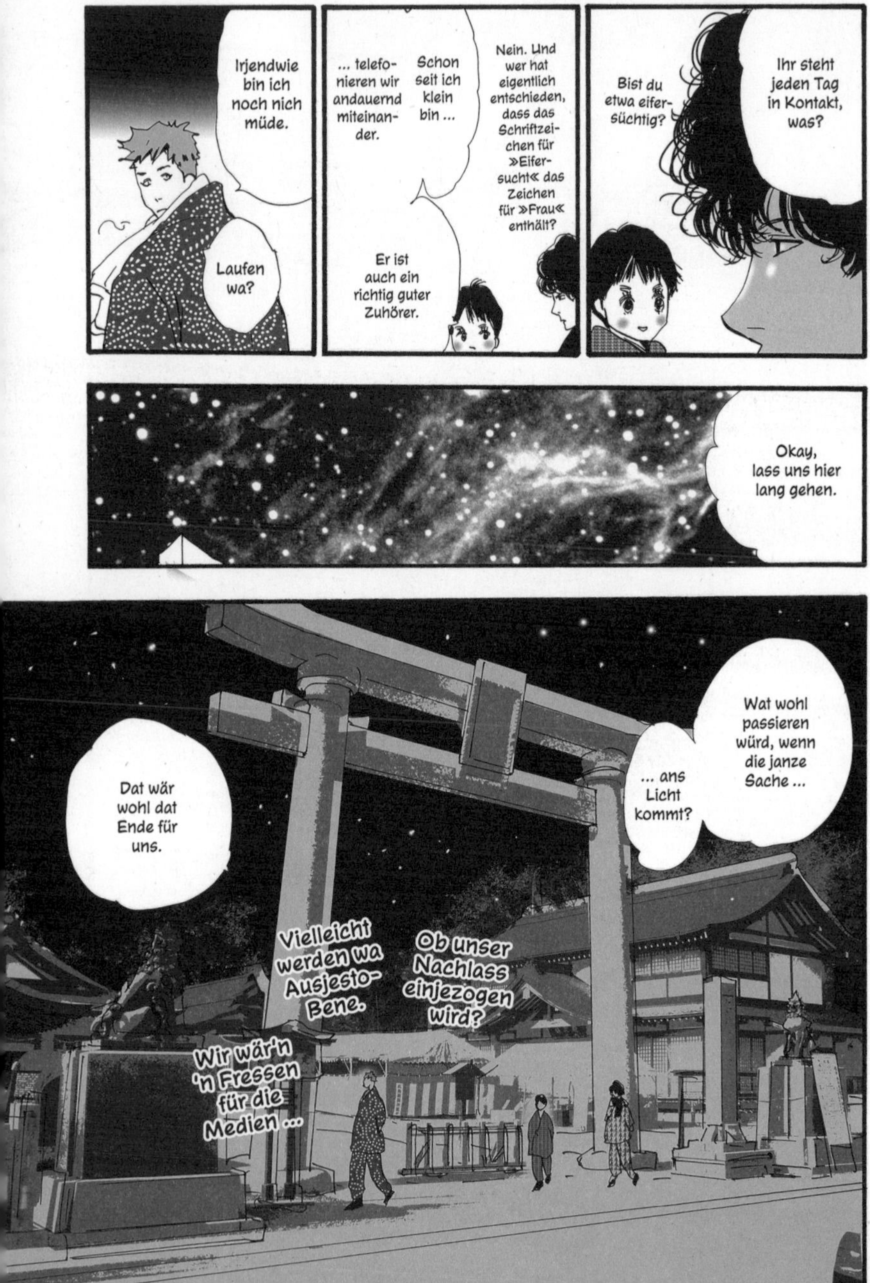

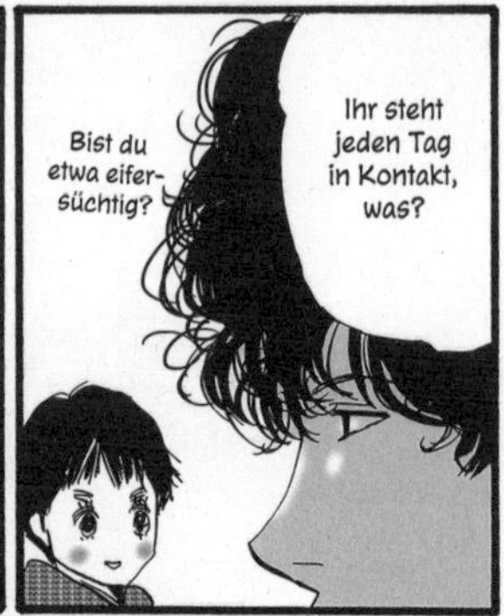
Ihr steht jeden Tag in Kontakt, was?
Bist du etwa eifersüchtig?

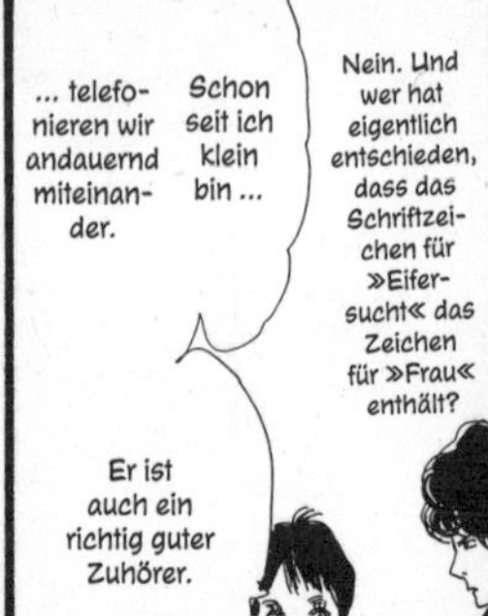
Nein. Und wer hat eigentlich entschieden, dass das Schriftzeichen für »Eifersucht« das Zeichen für »Frau« enthält?
Schon seit ich klein bin ...
... telefonieren wir andauernd miteinander.
Er ist auch ein richtig guter Zuhörer.

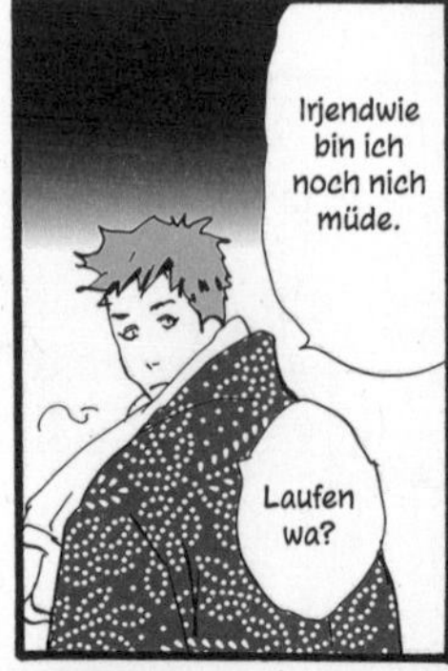
Irjendwie bin ich noch nich müde.
Laufen wa?

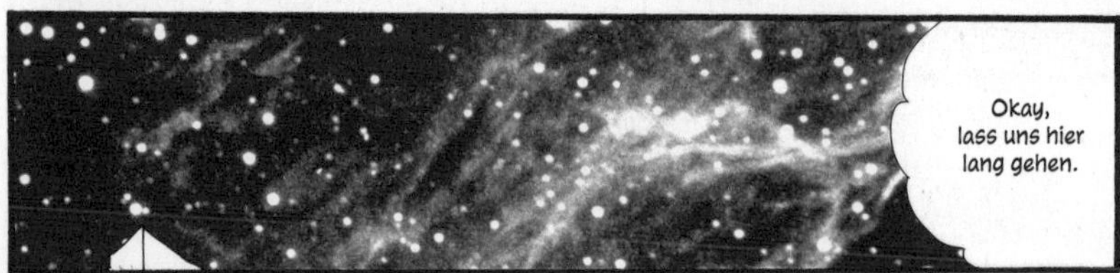
Okay, lass uns hier lang gehen.

Wat wohl passieren würd, wenn die janze Sache ...
... ans Licht kommt?
Dat wär wohl dat Ende für uns.
Ob unser Nachlass einjezogen wird?
Vielleicht werden wa Ausjestoßene.
Wir wär'n 'n Fressen für die Medien ...

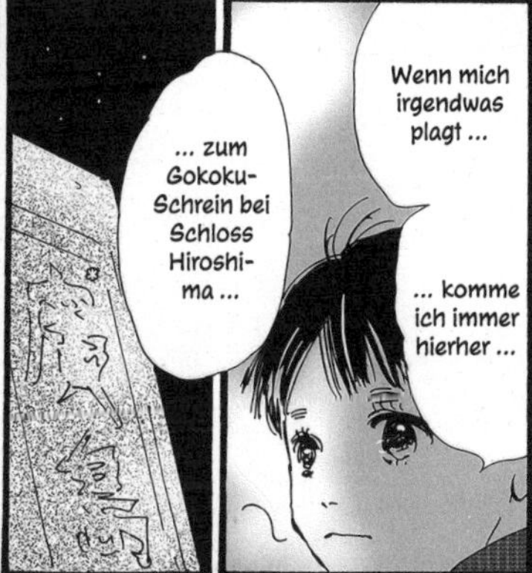

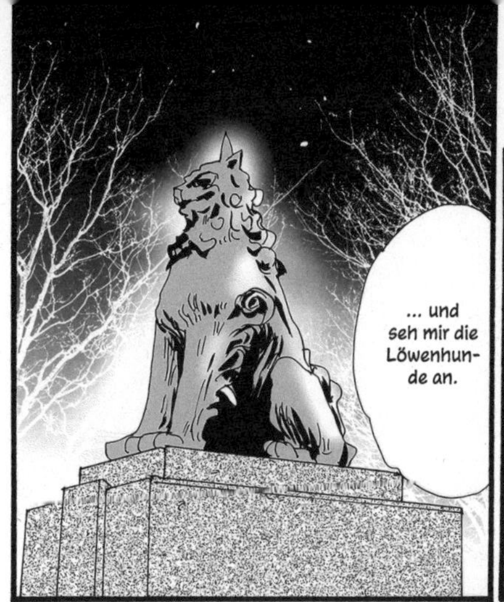

*Hiroshima

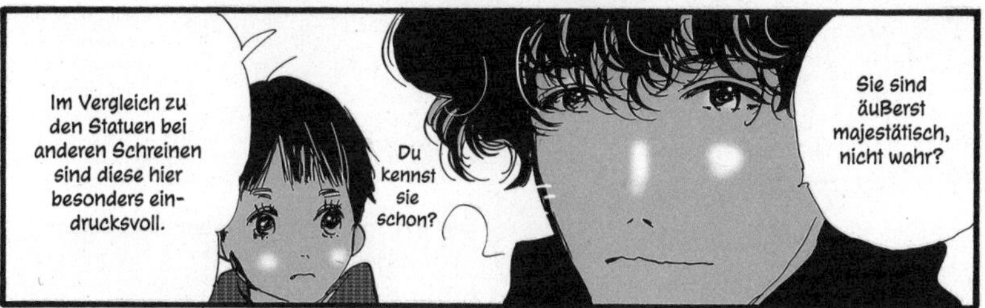

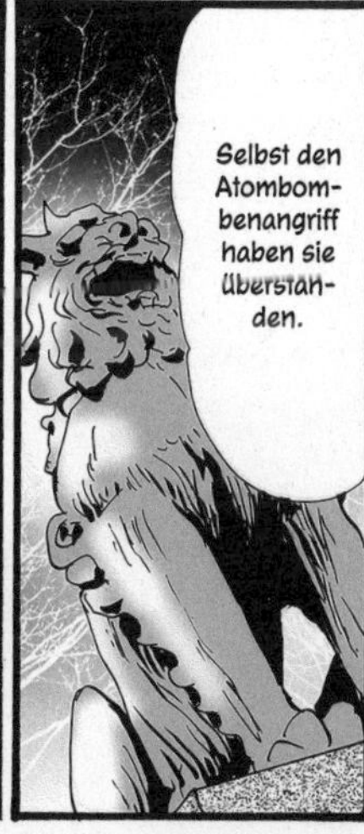

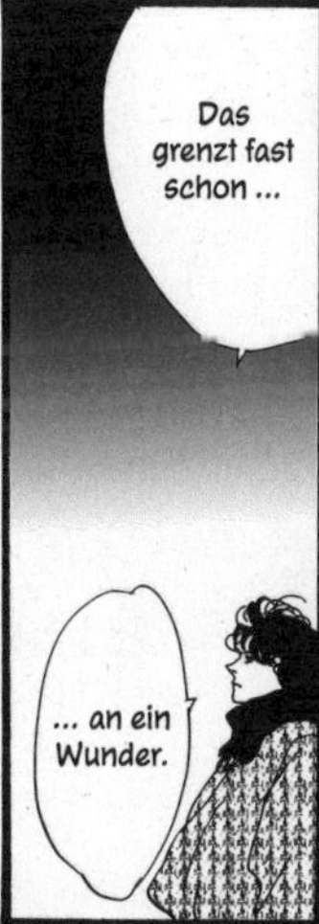

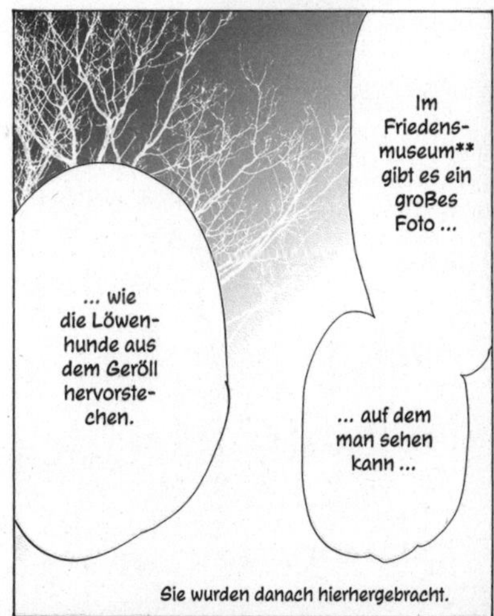

**bekanntestes Museum Hiroshimas, welches Ausstellungsstücke mit Bezug auf den Atombombenabwurf 1945 zeigt

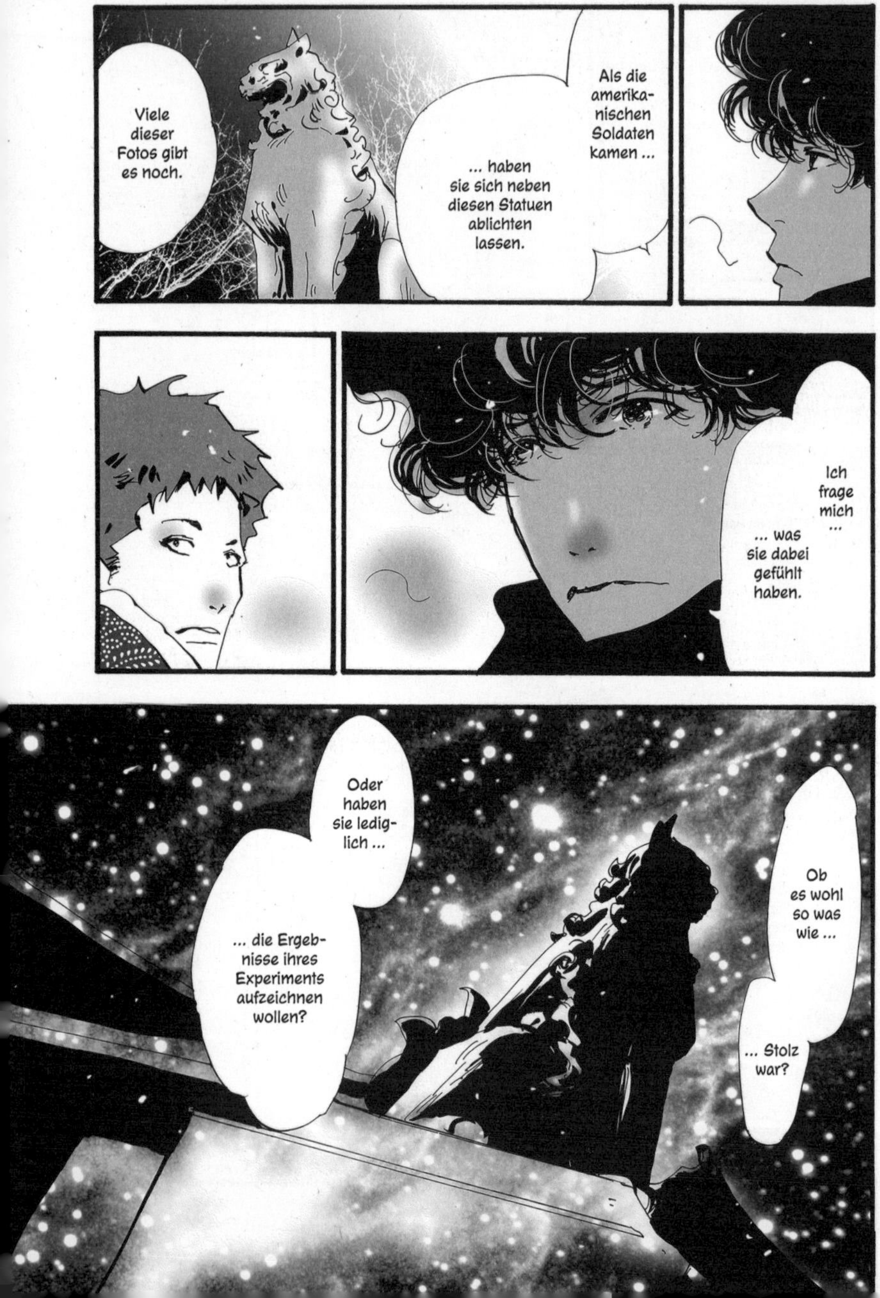

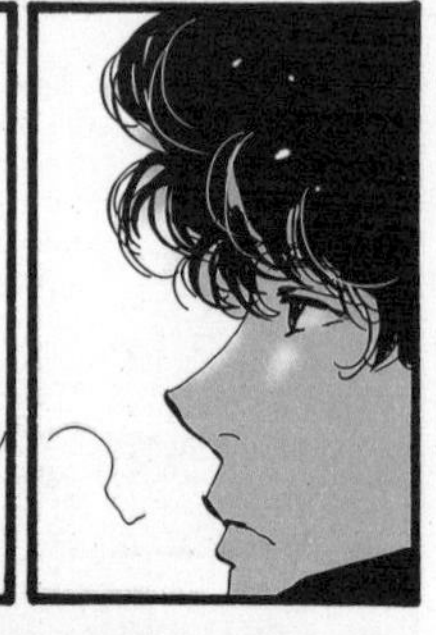

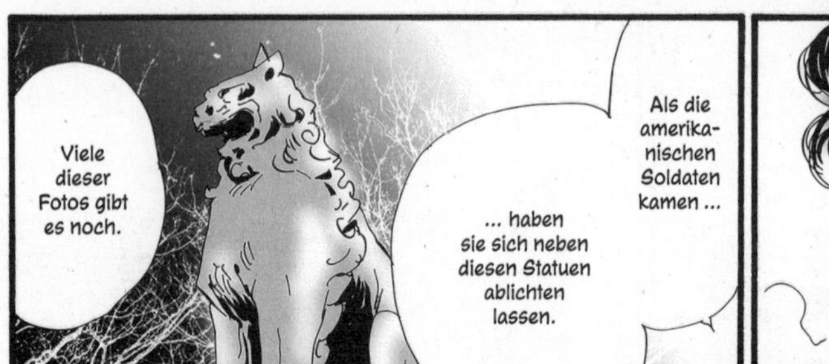

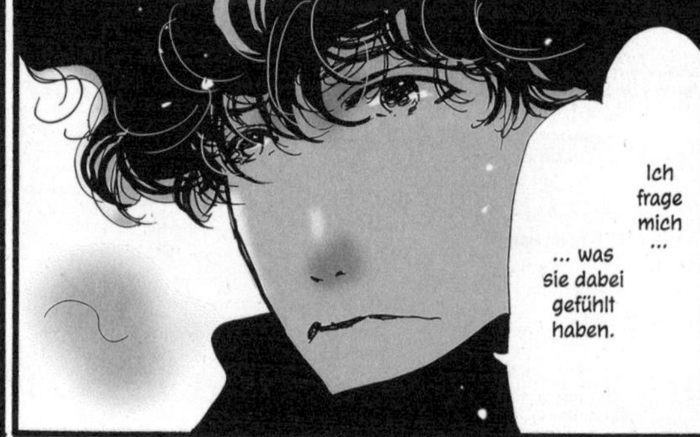

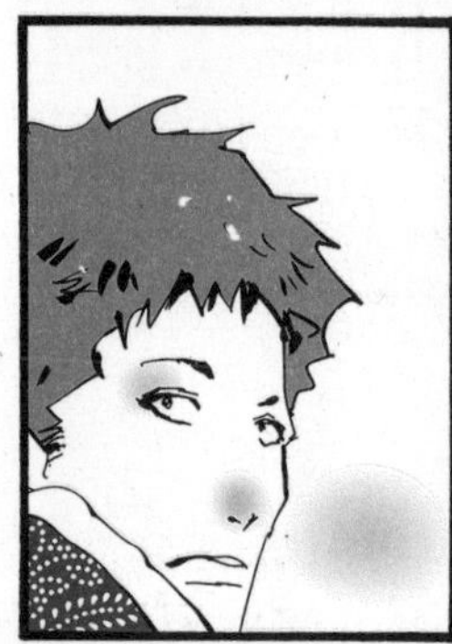

Ob es wohl so was wie ...

... Stolz war?

Oder haben sie ledig-lich ...

... die Ergeb-nisse ihres Experiments aufzeichnen wollen?

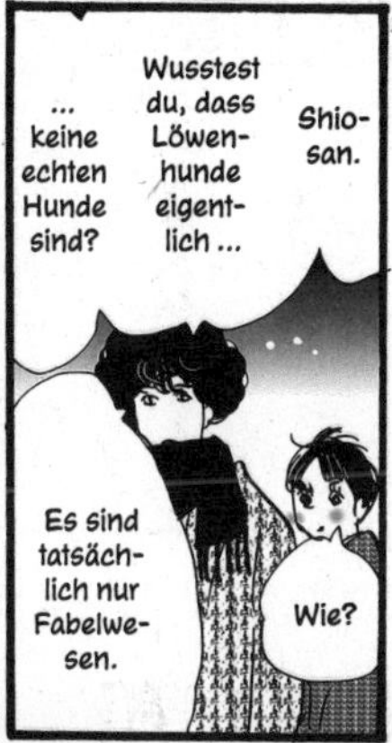
Shio-san.
Wusstest du, dass Löwenhunde eigentlich ...
... keine echten Hunde sind?
Wie?
Es sind tatsächlich nur Fabelwesen.

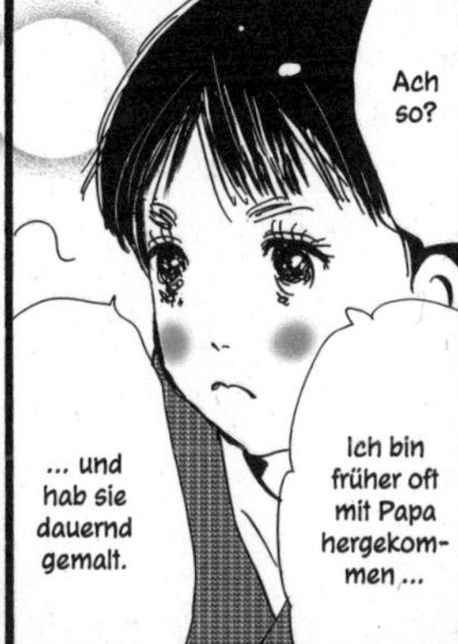
Ach so?
Ich bin früher oft mit Papa hergekommen ...
... und hab sie dauernd gemalt.

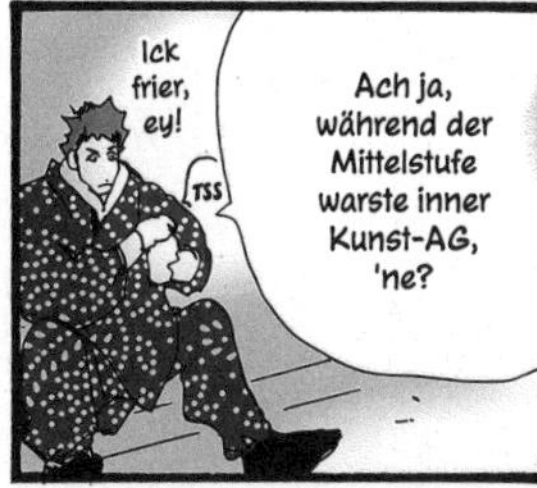
Ach ja, während der Mittelstufe warste inner Kunst-AG, 'ne?
Ick frier, ey!
TSS

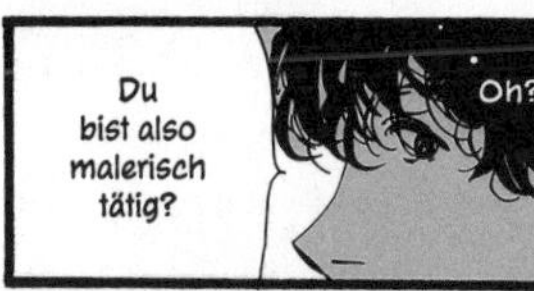
Oh?
Du bist also malerisch tätig?

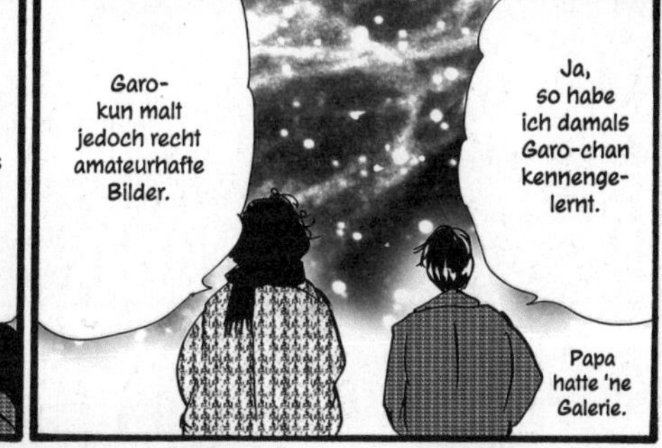
Ja, so habe ich damals Garo-chan kennengelernt.
Papa hatte 'ne Galerie.
Garo-kun malt jedoch recht amateurhafte Bilder.

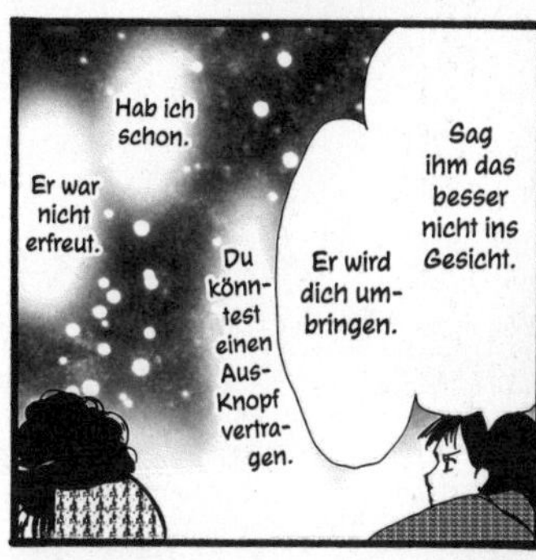
Sag ihm das besser nicht ins Gesicht.
Er wird dich umbringen.
Du könntest einen Aus-Knopf vertragen.
Hab ich schon.
Er war nicht erfreut.

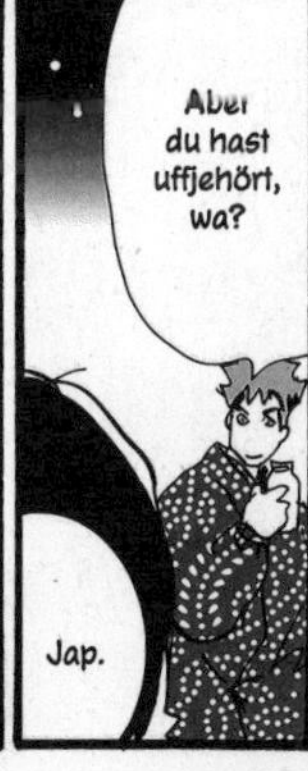
Aber du hast uffjehört, wa?
Jap.

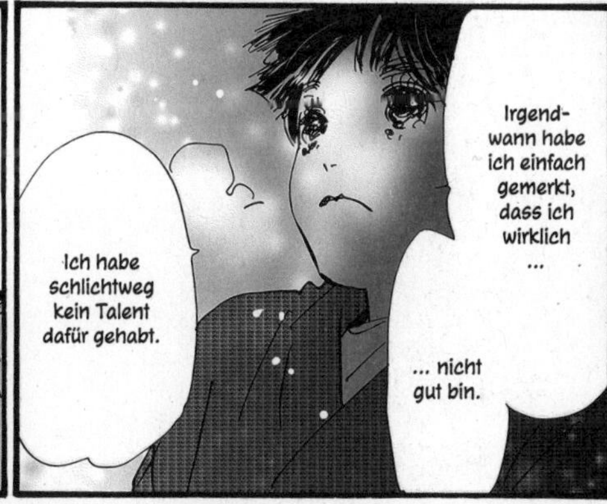
Irgendwann habe ich einfach gemerkt, dass ich wirklich ...
... nicht gut bin.
Ich habe schlichtweg kein Talent dafür gehabt.

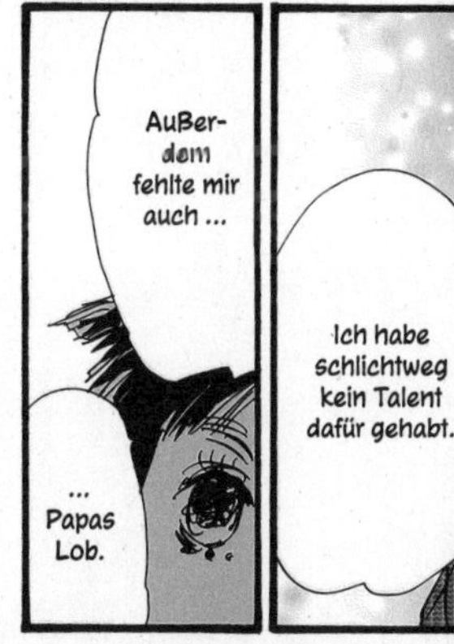
Außerdem fehlte mir auch ...
... Papas Lob.

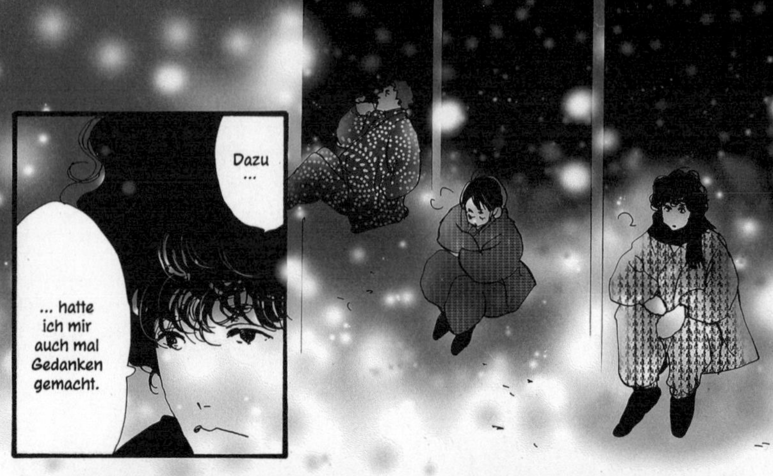
Dazu ...
... hatte ich mir auch mal Gedanken gemacht.

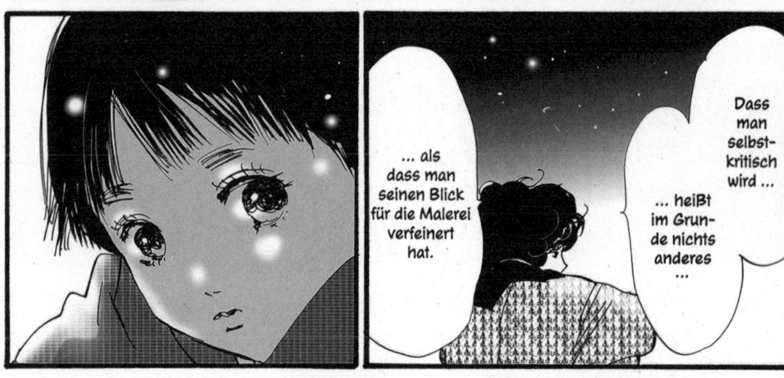
Dass man selbstkritisch wird ...
... heißt im Grunde nichts anderes ...
... als dass man seinen Blick für die Malerei verfeinert hat.

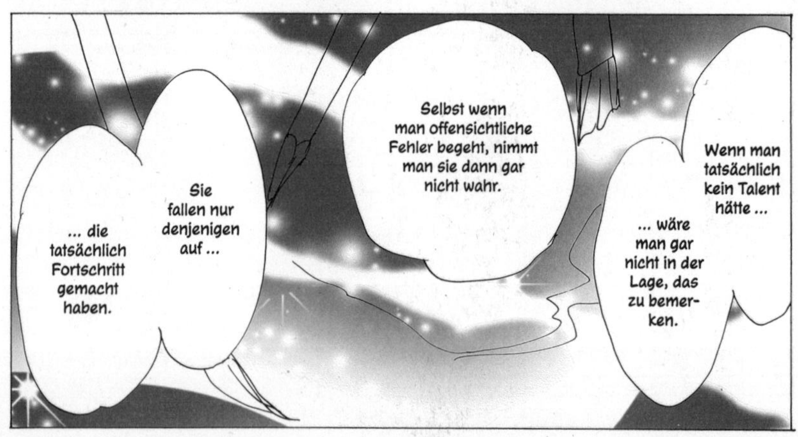
Wenn man tatsächlich kein Talent hätte ...
... wäre man gar nicht in der Lage, das zu bemerken.
Selbst wenn man offensichtliche Fehler begeht, nimmt man sie dann gar nicht wahr.
Sie fallen nur denjenigen auf ...
... die tatsächlich Fortschritt gemacht haben.

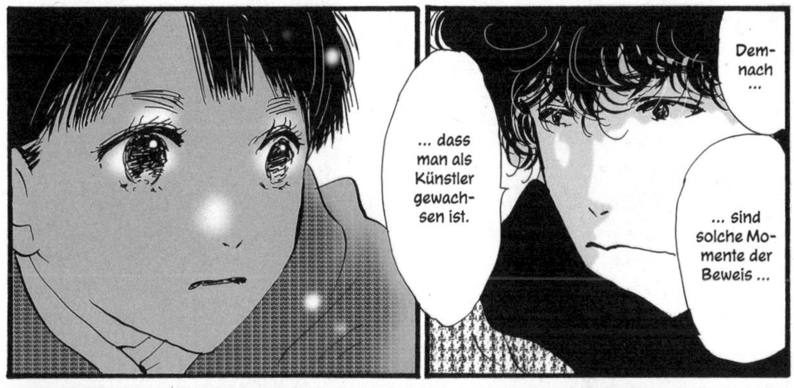

Demnach ...
... sind solche Momente der Beweis ...
... dass man als Künstler gewachsen ist.

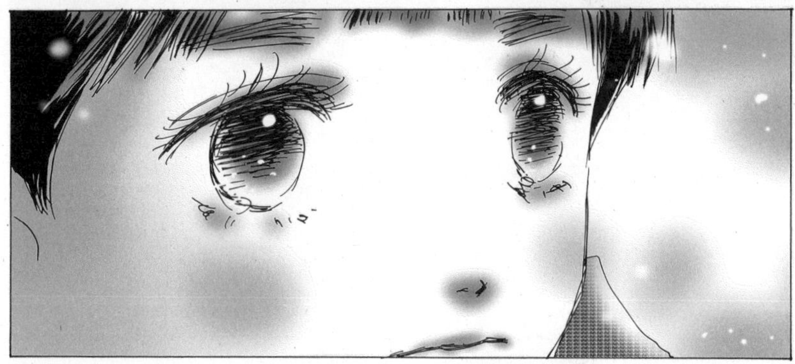

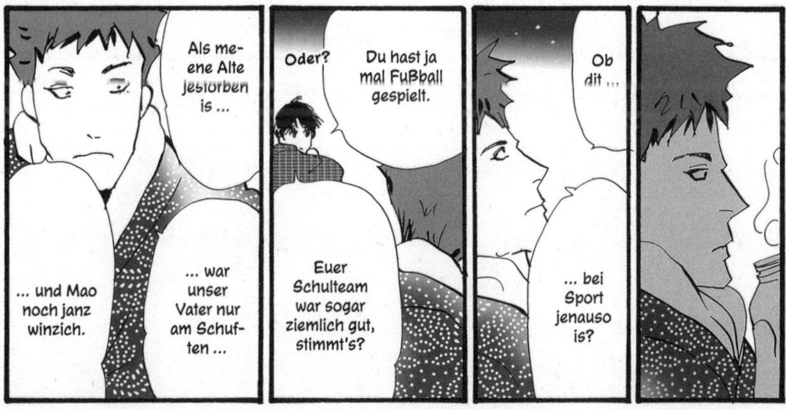

Ob dit ...
... bei Sport jenauso is?
Du hast ja mal Fußball gespielt.
Oder?
Euer Schulteam war sogar ziemlich gut, stimmt's?
Als meene Alte jestorben is ...
... war unser Vater nur am Schuften ...
... und Mao noch janz winzich.

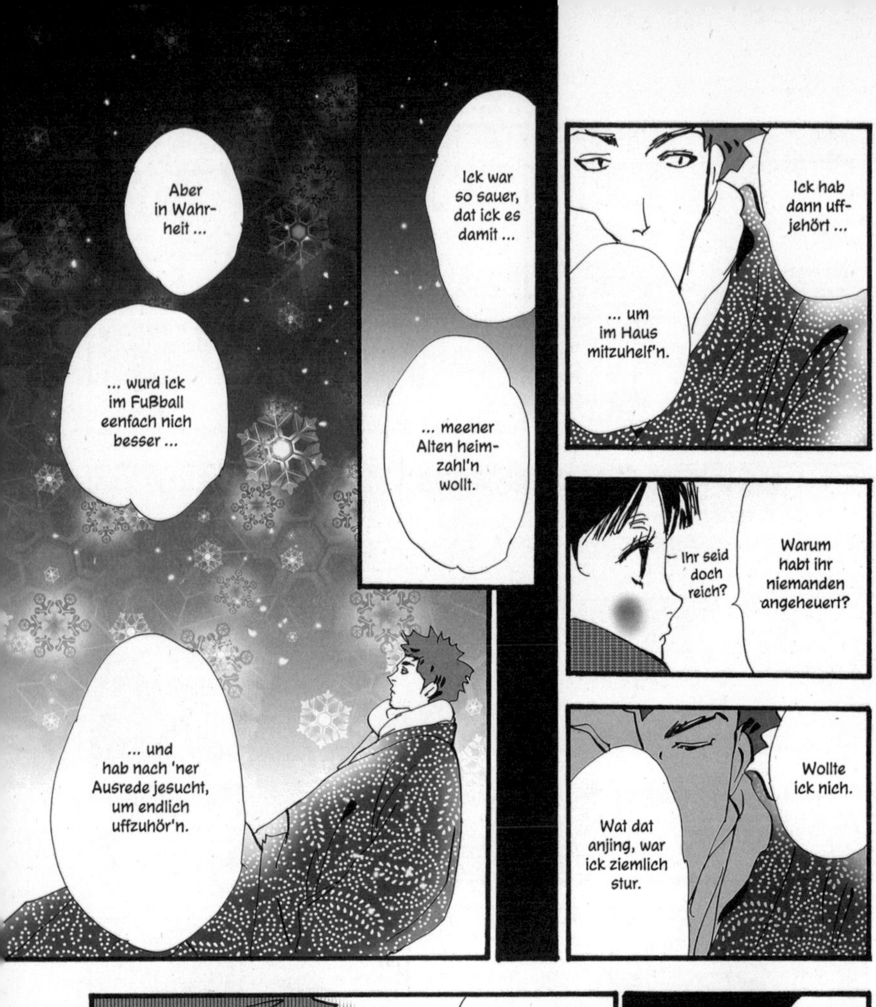

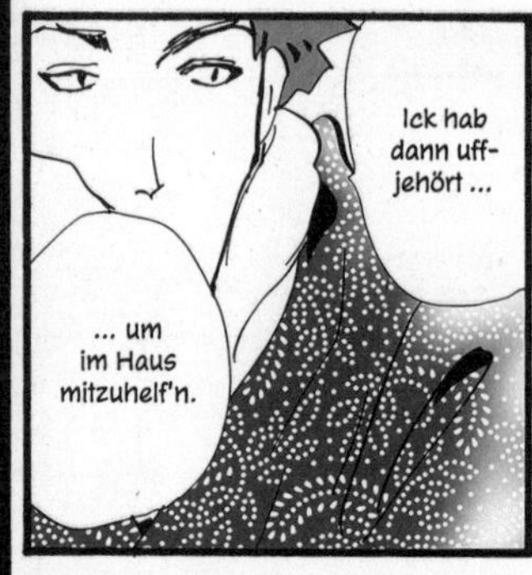

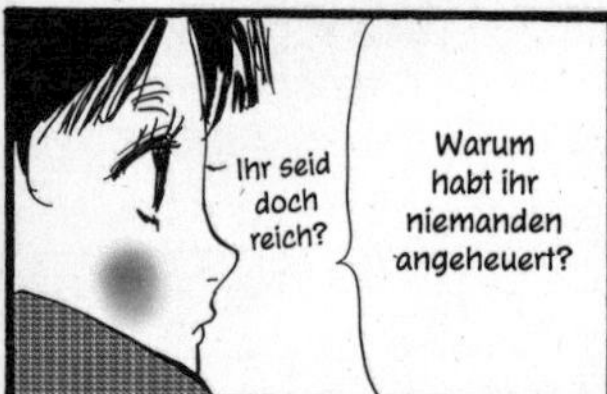

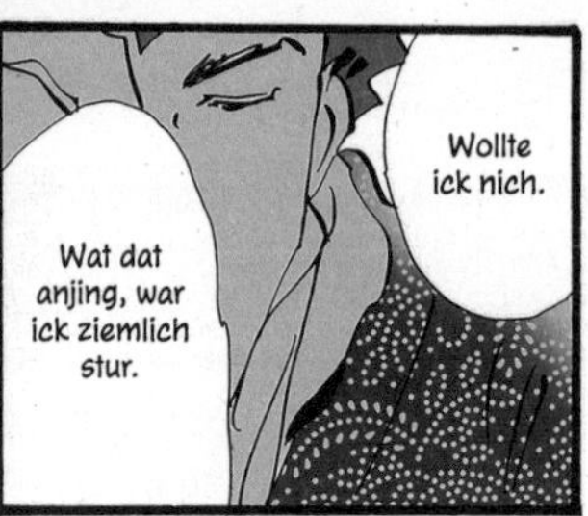

Ick war so sauer, dat ick es damit ...

... meener Alten heimzahl'n wollt.

Aber in Wahrheit ...

... wurd ick im Fußball eenfach nich besser ...

... und hab nach 'ner Ausrede jesucht, um endlich uffzuhör'n.

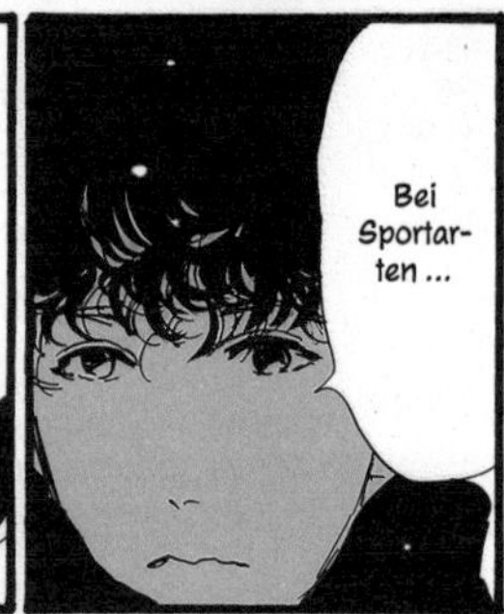

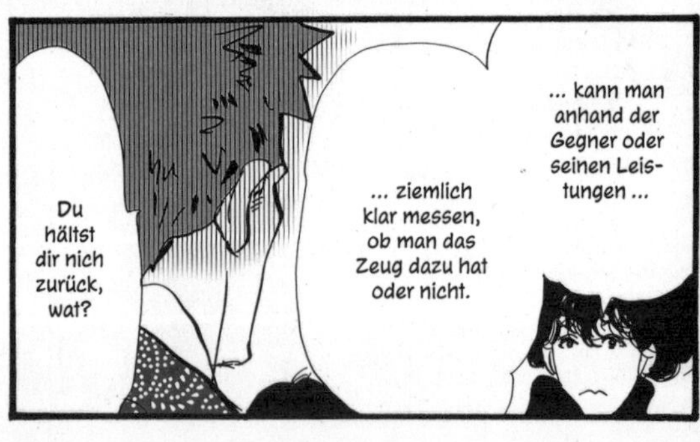

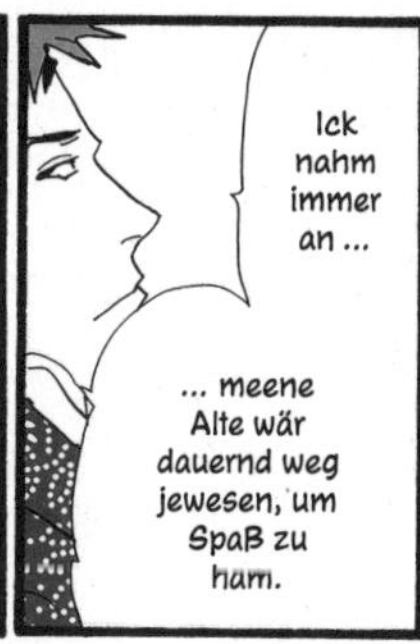
Ick nahm immer an ...
... meene Alte wär dauernd weg jewesen, um Spaß zu ham.

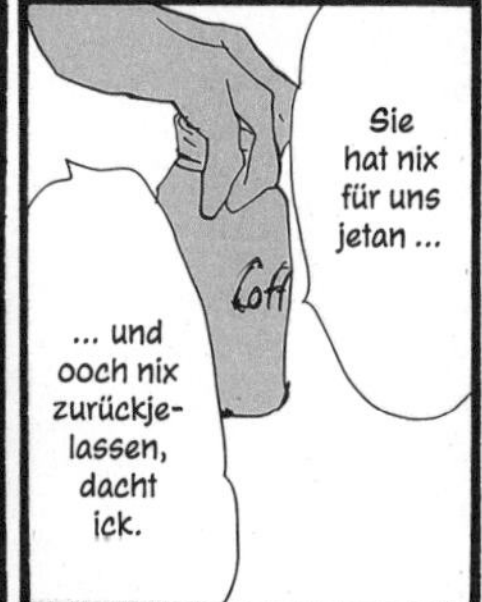
Sie hat nix für uns jetan ...
Coff
... und ooch nix zurückjelassen, dacht ick.

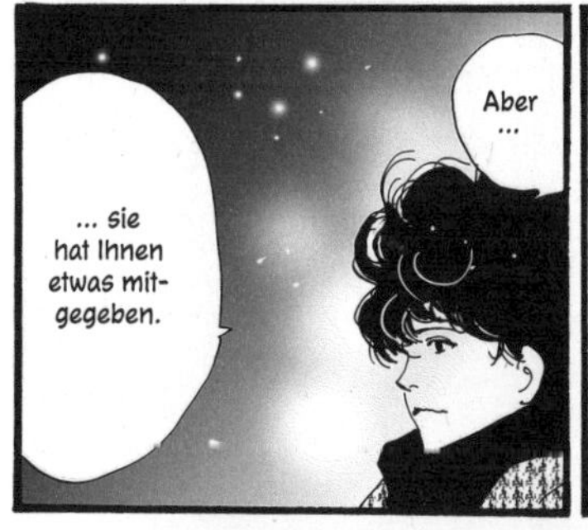
Aber ...
... sie hat Ihnen etwas mitgegeben.

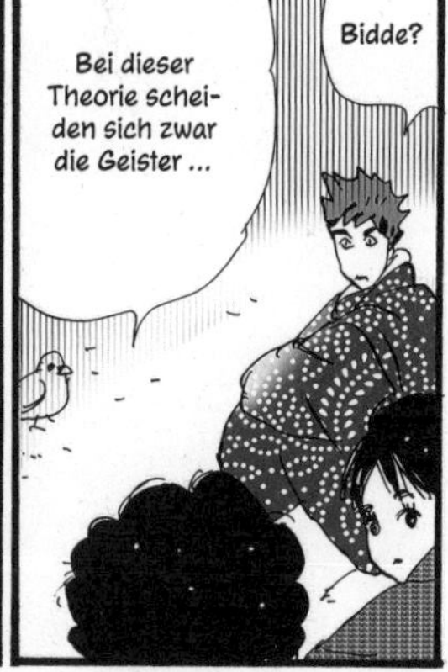
Bidde?
Bei dieser Theorie scheiden sich zwar die Geister ...

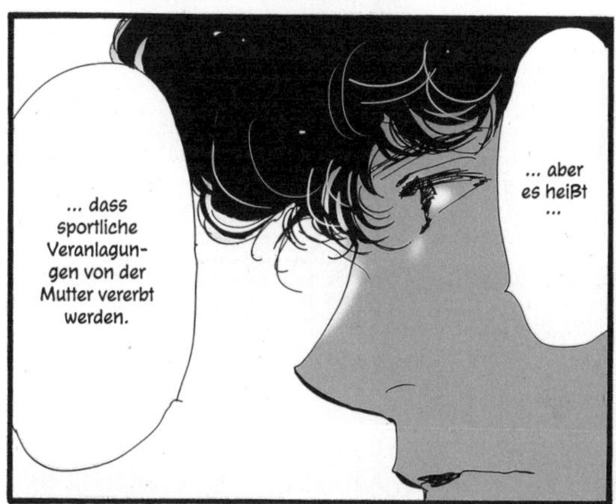
... aber es heißt ...
... dass sportliche Veranlagungen von der Mutter vererbt werden.

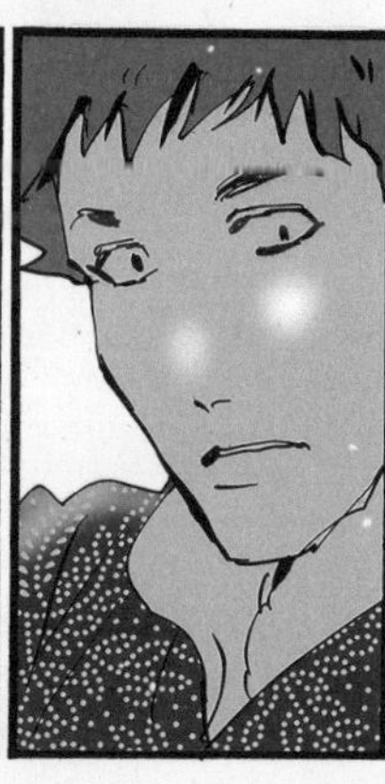

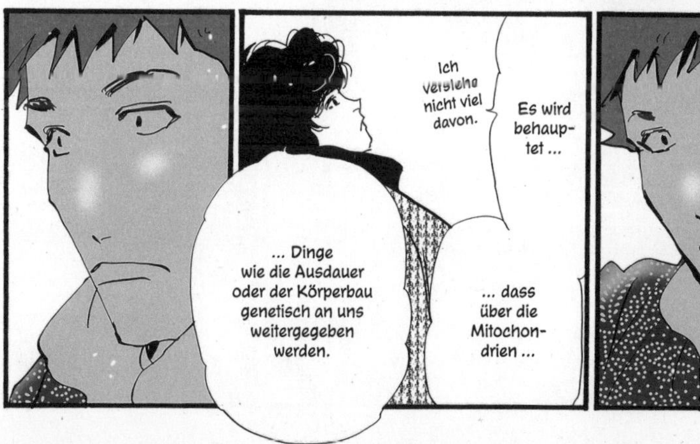
Ich verstehe nicht viel davon.
Es wird behauptet ...
... dass über die Mitochondrien ...
... Dinge wie die Ausdauer oder der Körperbau genetisch an uns weitergegeben werden.

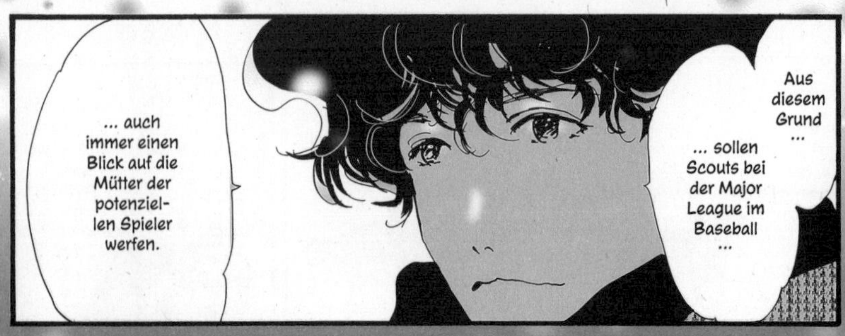

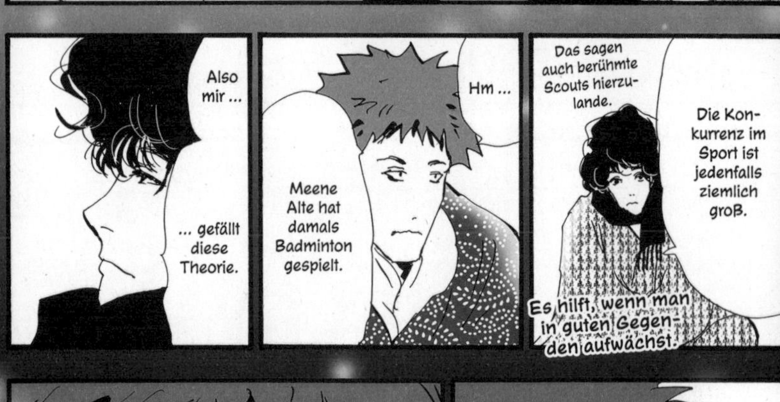

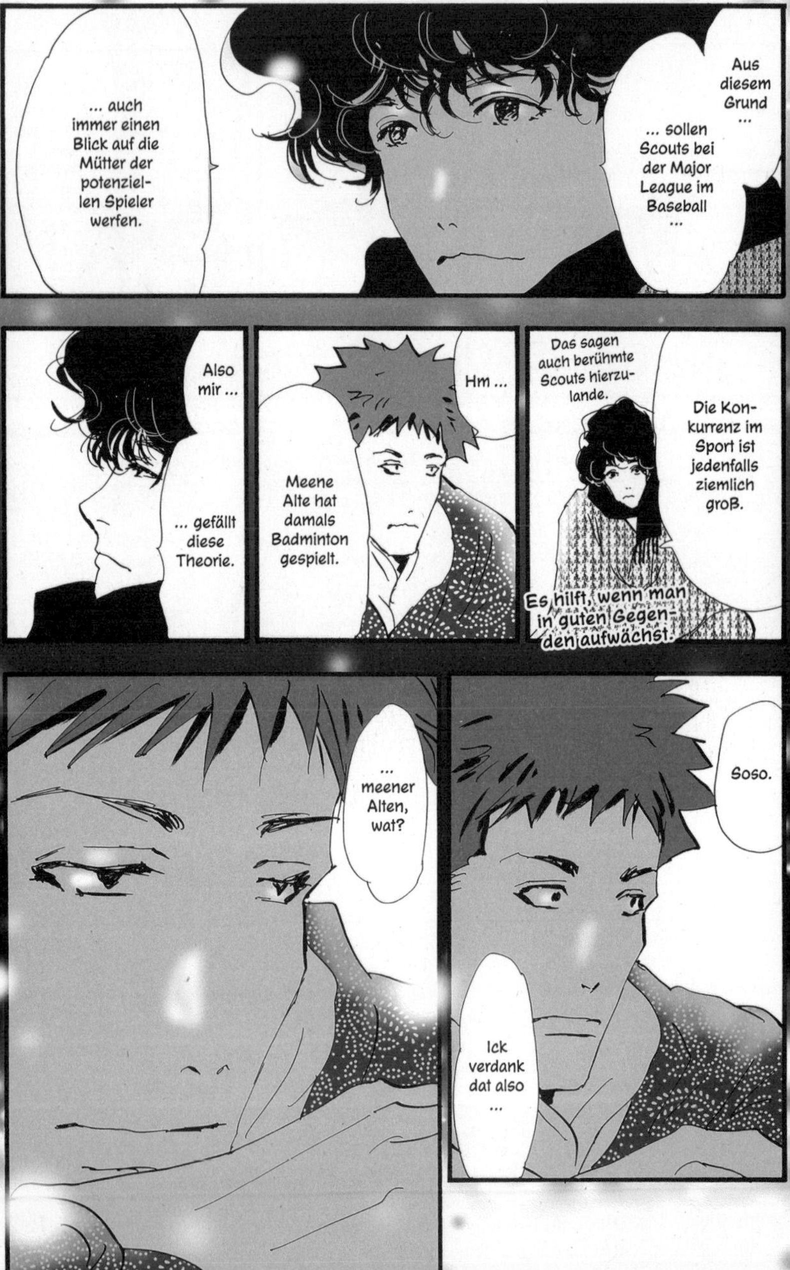

Soso.

Ick verdank dat also ...

... meener Alten, wat?

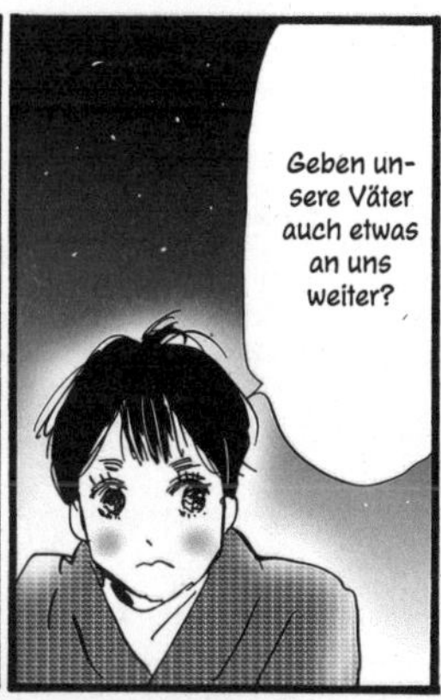
Geben unsere Väter auch etwas an uns weiter?

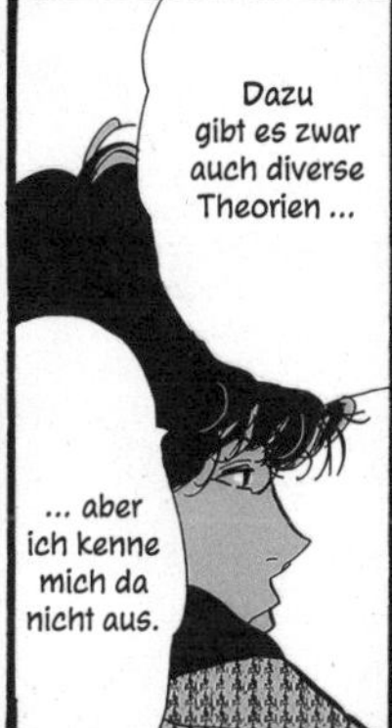
Dazu gibt es zwar auch diverse Theorien ...
... aber ich kenne mich da nicht aus.

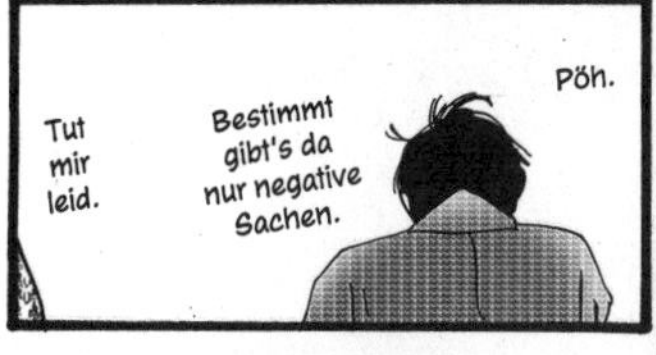
Pöh.
Bestimmt gibt's da nur negative Sachen.
Tut mir leid.

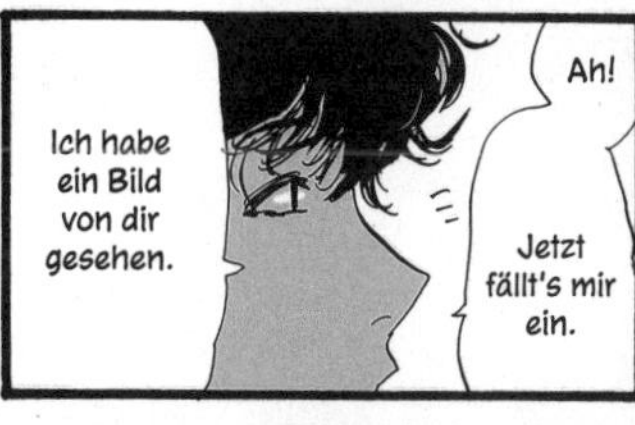
Ah!
Jetzt fällt's mir ein.
Ich habe ein Bild von dir gesehen.

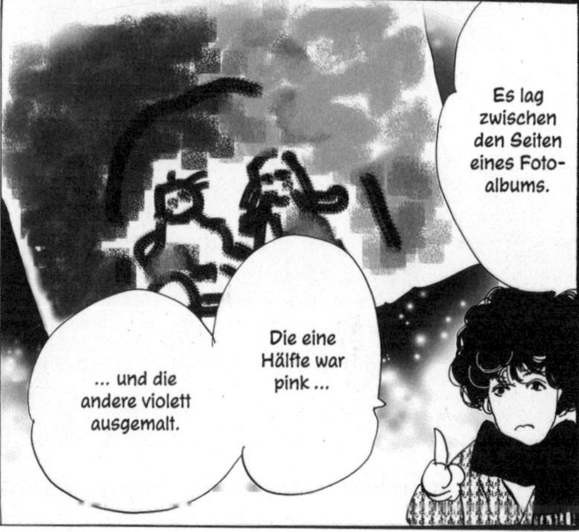
Es lag zwischen den Seiten eines Fotoalbums.
Die eine Hälfte war pink ...
... und die andere violett ausgemalt.

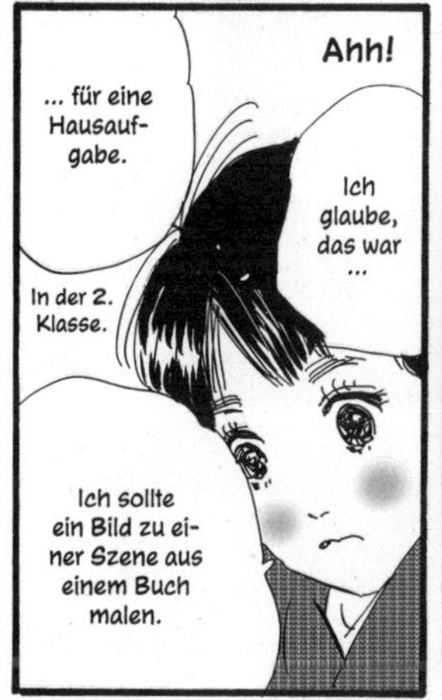
Ahh!
Ich glaube, das war ...
... für eine Hausaufgabe.
In der 2. Klasse.
Ich sollte ein Bild zu einer Szene aus einem Buch malen.

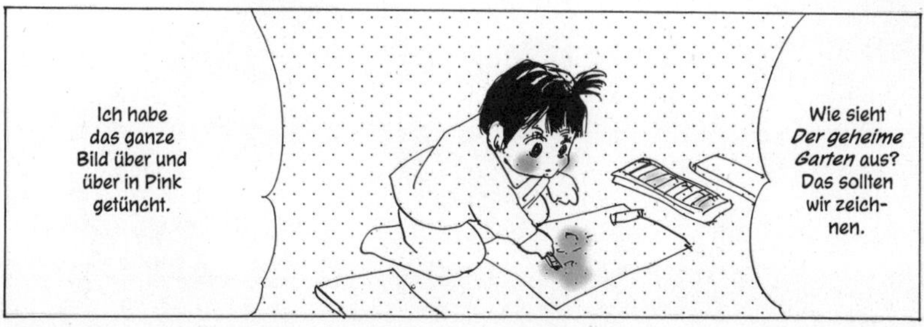
Wie sieht *Der geheime Garten* aus? Das sollten wir zeichnen.
Ich habe das ganze Bild über und über in Pink getüncht.

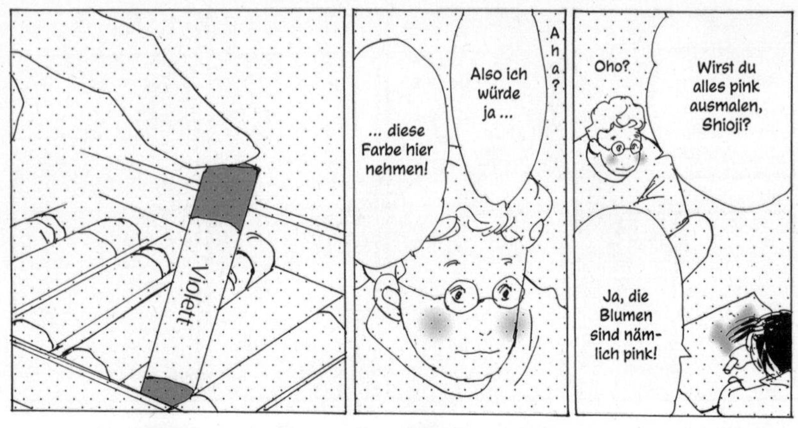
Wirst du alles pink ausmalen, Shioji?
Oho?
Ja, die Blumen sind nämlich pink!
Aha?
Also ich würde ja ...
... diese Farbe hier nehmen!
Violett

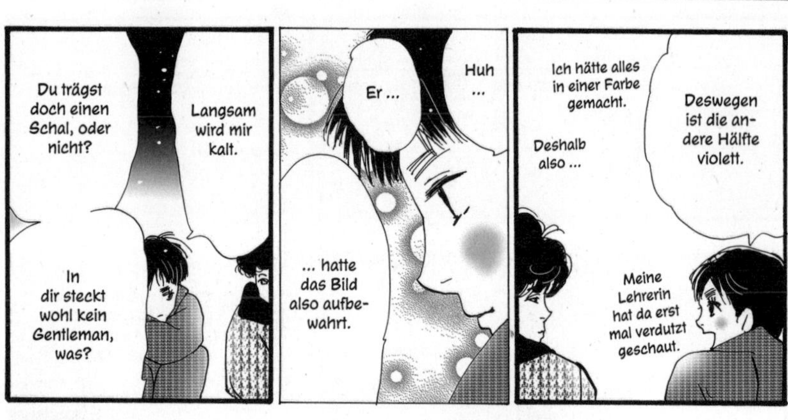
Deswegen ist die andere Hälfte violett.
Ich hätte alles in einer Farbe gemacht.
Deshalb also ...
Meine Lehrerin hat da erst mal verdutzt geschaut.
Huh ...
Er ...
... hatte das Bild also aufbewahrt.
Langsam wird mir kalt.
Du trägst doch einen Schal, oder nicht?
In dir steckt wohl kein Gentleman, was?

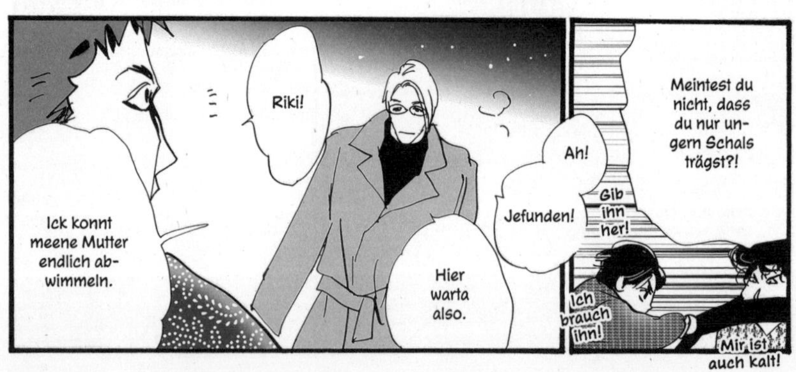
Meintest du nicht, dass du nur ungern Schals trägst?!
Gib ihn her!
Ich brauch ihn!
Mir ist auch kalt!
Ah!
Jefunden!
Hier warta also.
Riki!
Ick konnt meene Mutter endlich abwimmeln.

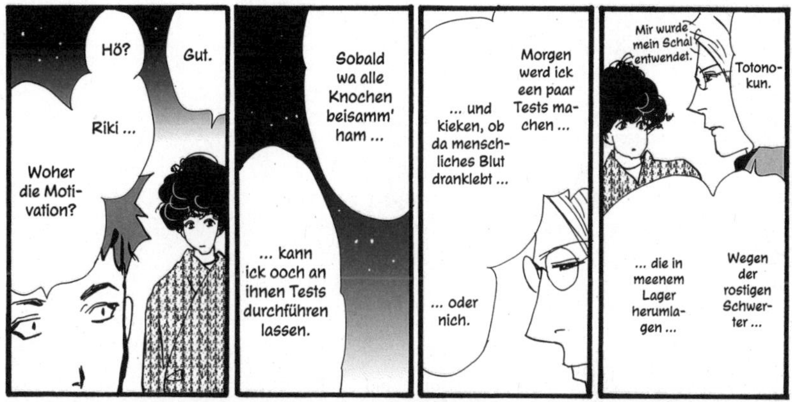
Totono-kun.
Mir wurde mein Schal entwendet.
Wegen der rostigen Schwerter ...
... die in meenem Lager herumlagen ...
Morgen werd ick een paar Tests machen ...
... und kieken, ob da menschliches Blut dranklebt ...
... oder nich.
Sobald wa alle Knochen beisamm' ham ...
... kann ick ooch an ihnen Tests durchführen lassen.
Gut.
Hö?
Riki ...
Woher die Motivation?

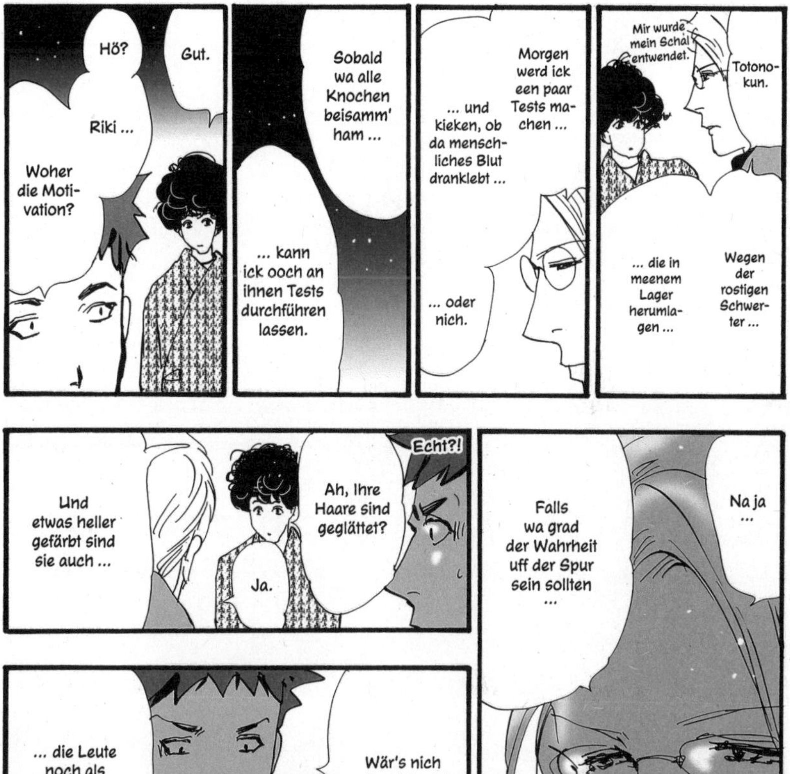

Na ja ...
Falls wa grad der Wahrheit uff der Spur sein sollten ...
... würd dit heiß'n, dat ick als Nächster sterb.
Echt?!
Ah, Ihre Haare sind geglättet?
Ja.
Und etwas heller gefärbt sind sie auch ...
Wär's nich eijentlich viel leichter ...
... die Leute noch als Babys abzumurksen?
Die Beschaffenheit von Haaren ...
... kann sich noch bis ins Erwachsenenalter ändern.

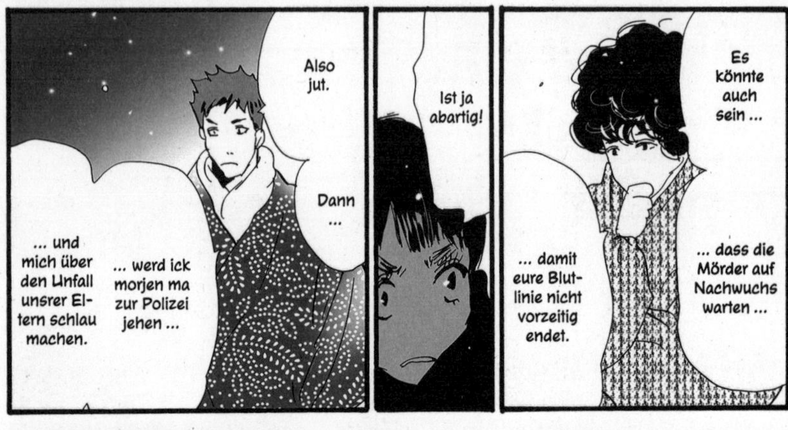
Es könnte auch sein ...
... dass die Mörder auf Nachwuchs warten ...
... damit eure Blutlinie nicht vorzeitig endet.
Ist ja abartig!
Also jut.
Dann ...
... werd ick morjen ma zur Polizei jehen ...
... und mich über den Unfall unsrer Eltern schlau machen.
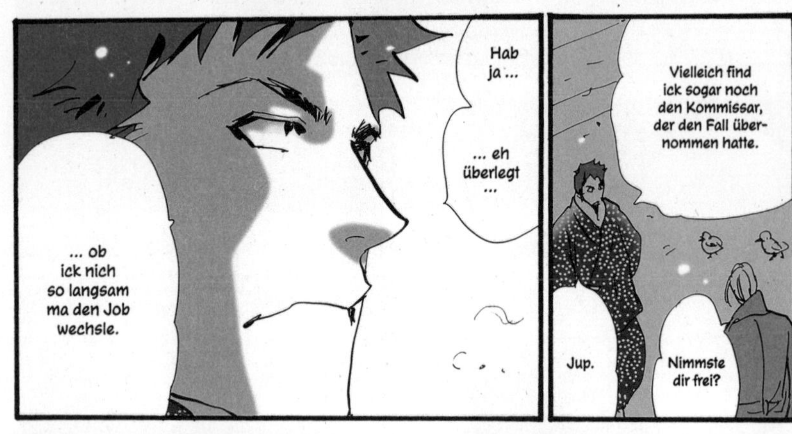
Vielleich find ick sogar noch den Kommissar, der den Fall übernommen hatte.
Nimmste dir frei?
Jup.
Hab ja ...
... eh überlegt ...
... ob ick nich so langsam ma den Job wechsle.
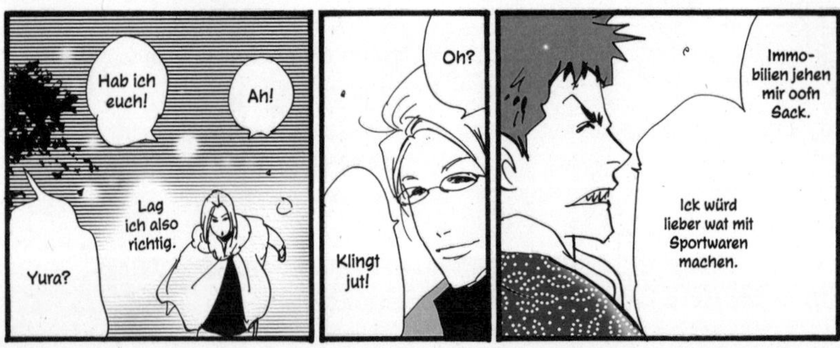
Immobilien jehen mir oofn Sack.
Ick würd lieber wat mit Sportwaren machen.
Oh?
Klingt jut!
Ah!
Hab ich euch!
Lag ich also richtig.
Yura?

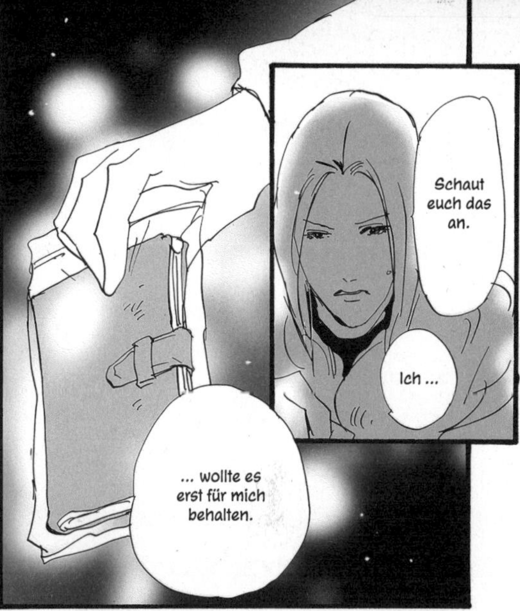
Schaut euch das an.
Ich ...
... wollte es erst für mich behalten.

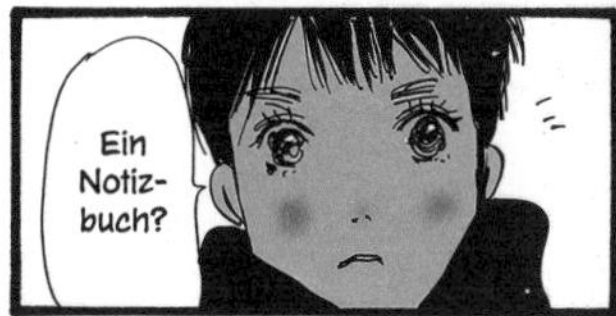
Ein Notizbuch?

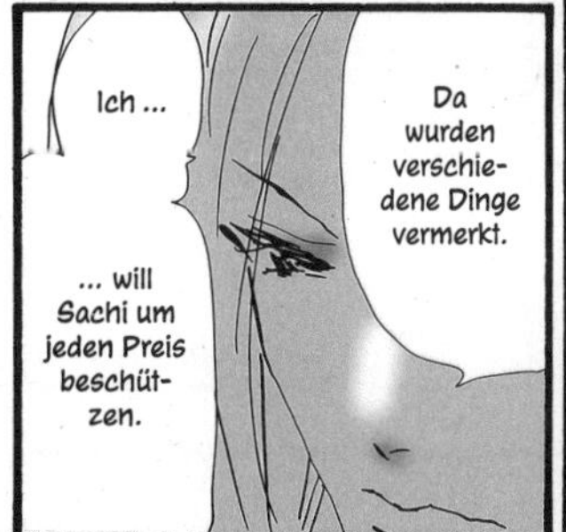
Da wurden verschiedene Dinge vermerkt.
Ich ...
... will Sachi um jeden Preis beschützen.

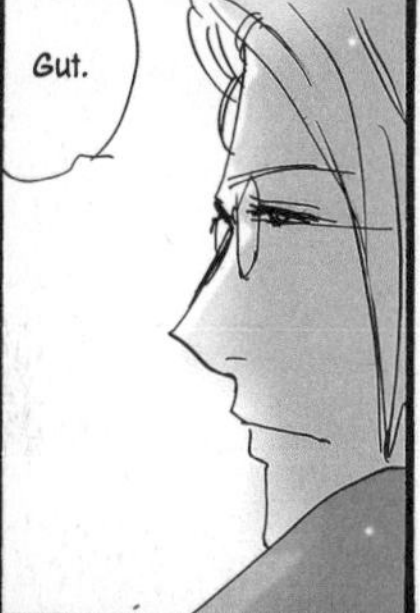
Gut.

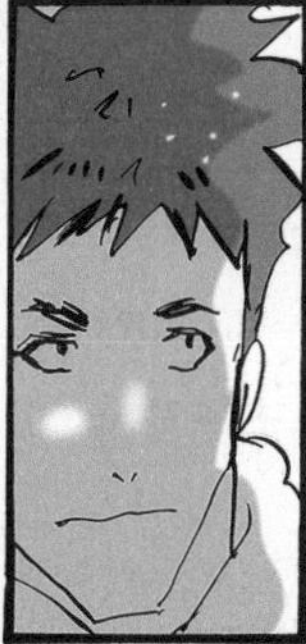
Sacht ma ...

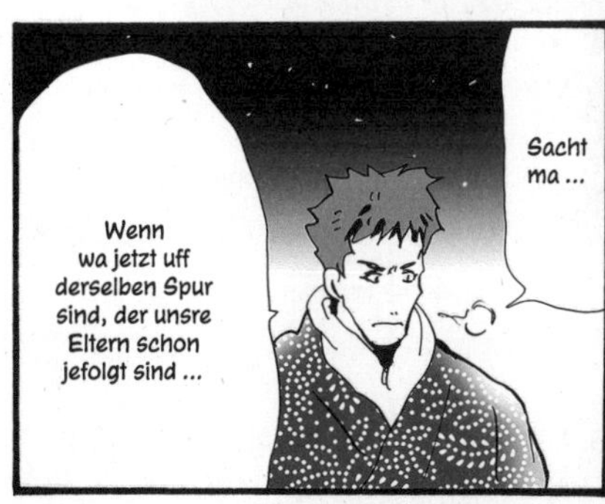
Wenn wa jetzt uff derselben Spur sind, der unsre Eltern schon jefolgt sind ...

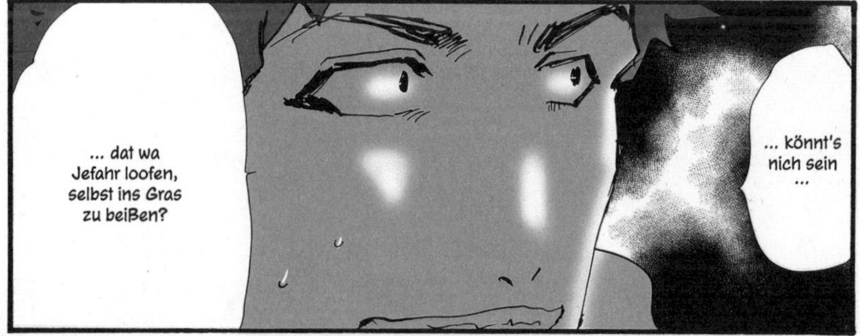
... könnt's nich sein ...
... dat wa Jefahr loofen, selbst ins Gras zu beißen?

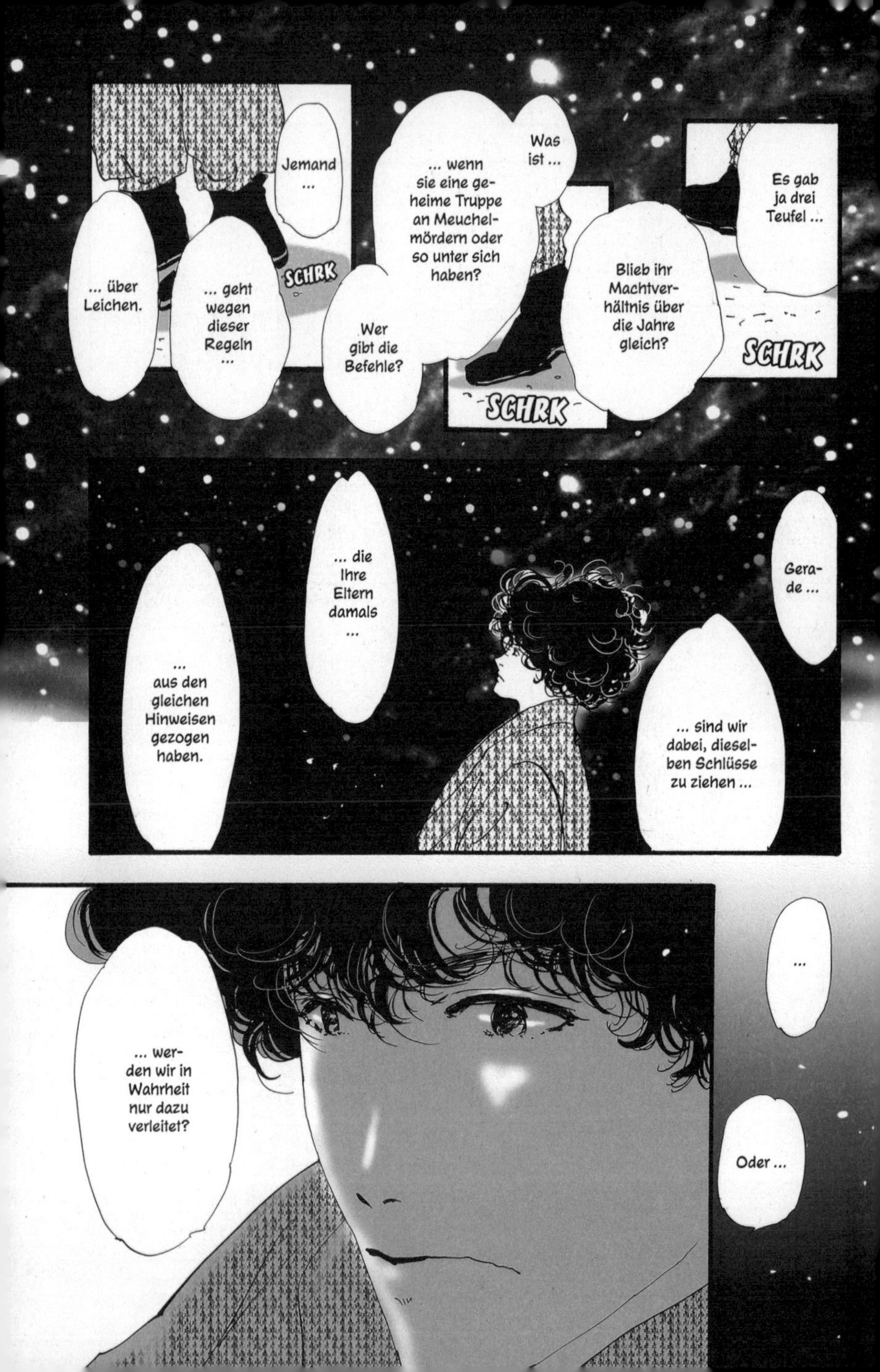

Es gab ja drei Teufel ...
Blieb ihr Machtverhältnis über die Jahre gleich?
SCHRK
Was ist ...
... wenn sie eine geheime Truppe an Meuchelmördern oder so unter sich haben?
Wer gibt die Befehle?
SCHRK
Jemand ...
... geht wegen dieser Regeln ...
... über Leichen.
SCHRK
Gerade ...
... sind wir dabei, dieselben Schlüsse zu ziehen ...
... die Ihre Eltern damals ...
... aus den gleichen Hinweisen gezogen haben.

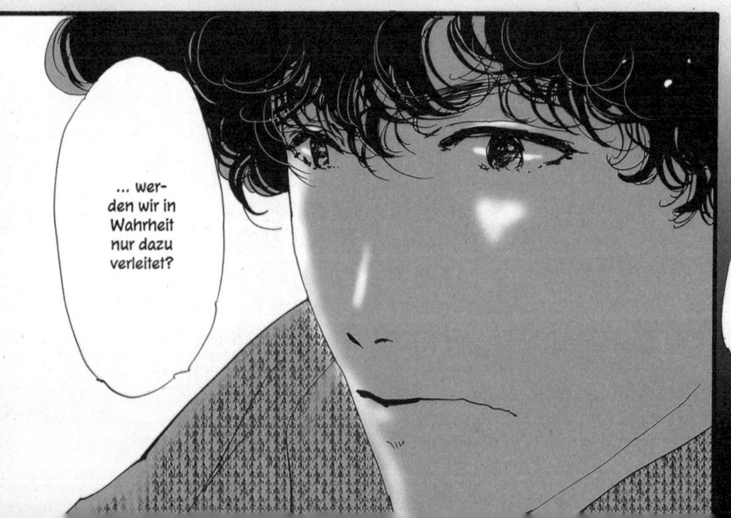

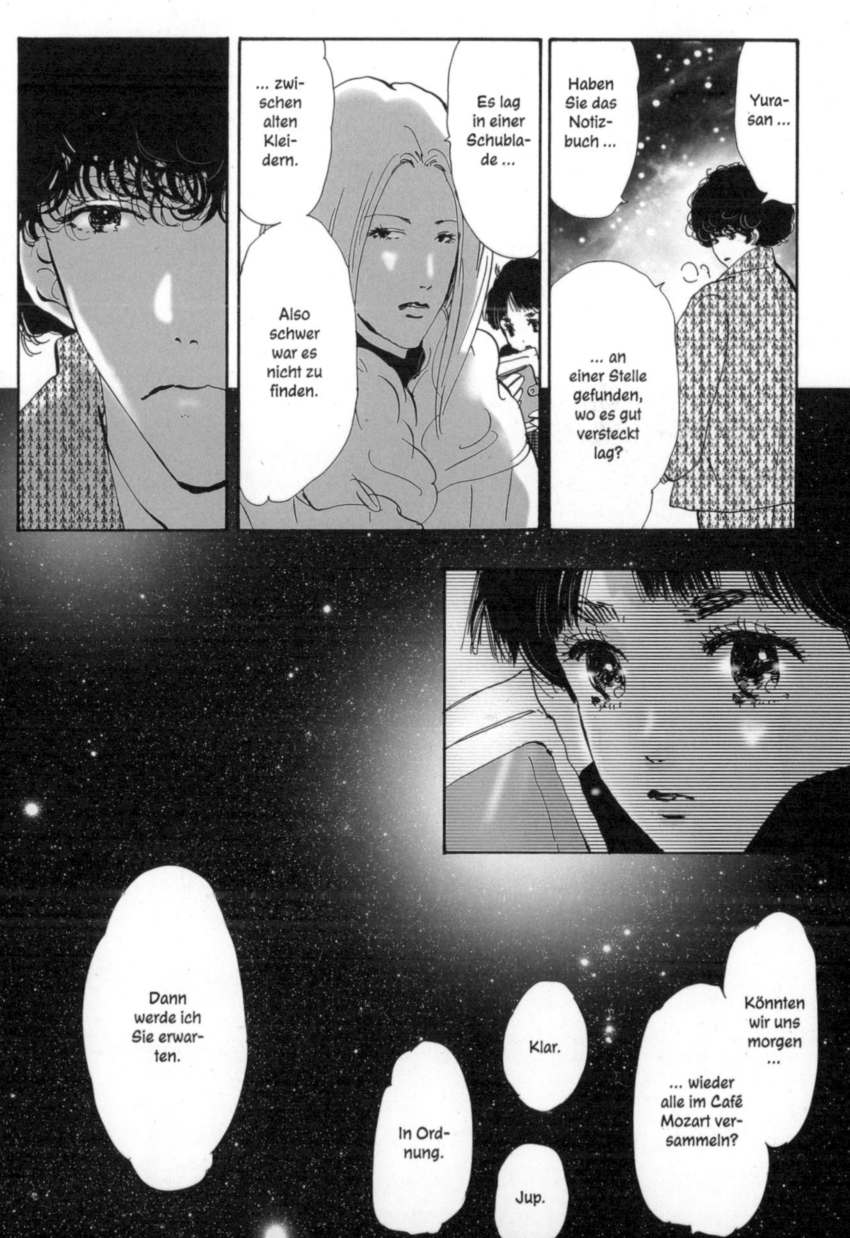
Yura-san ...
Haben Sie das Notizbuch ...
... an einer Stelle gefunden, wo es gut versteckt lag?
Es lag in einer Schublade ...
... zwischen alten Kleidern.
Also schwer war es nicht zu finden.
Könnten wir uns morgen ...
... wieder alle im Café Mozart versammeln?
Klar.
Jup.
In Ordnung.
Dann werde ich Sie erwarten.

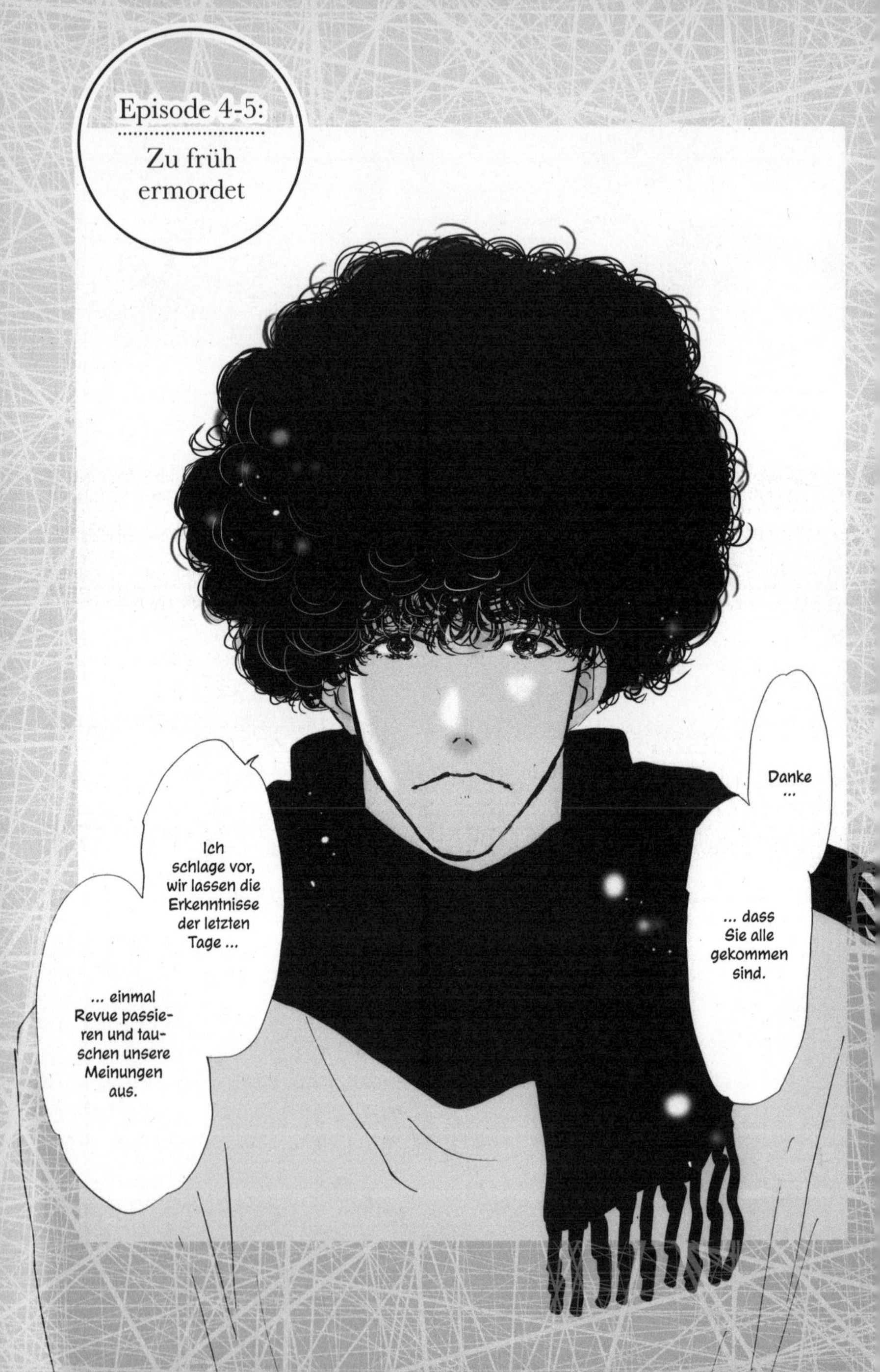
Episode 4-5:
Zu früh ermordet
Danke ...
... dass Sie alle gekommen sind.
Ich schlage vor, wir lassen die Erkenntnisse der letzten Tage ...
... einmal Revue passieren und tauschen unsere Meinungen aus.

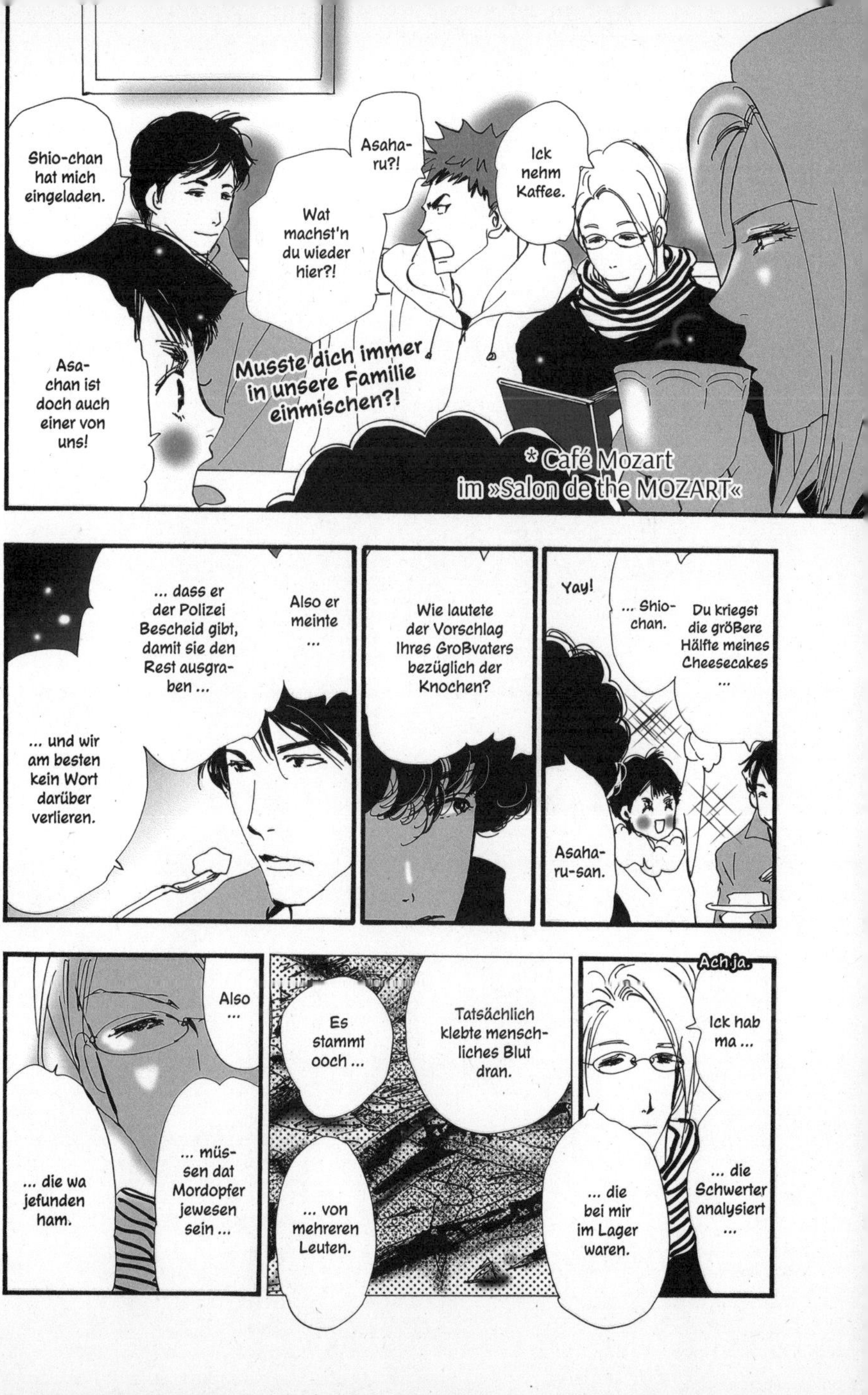

Ick nehm Kaffee.
Asaharu?!
Wat machst'n du wieder hier?!
Shio-chan hat mich eingeladen.
Asa-chan ist doch auch einer von uns!
Musste dich immer in unsere Familie einmischen?!
* Café Mozart im »Salon de the MOZART«

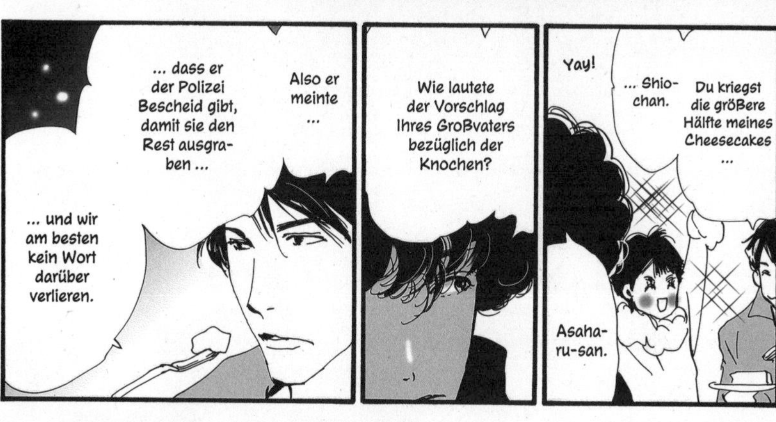

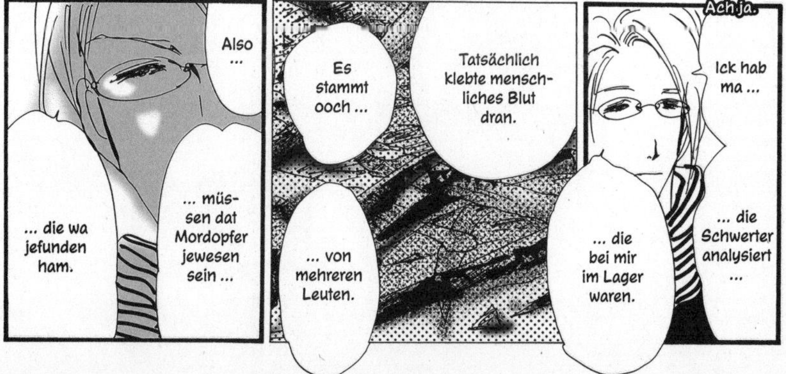

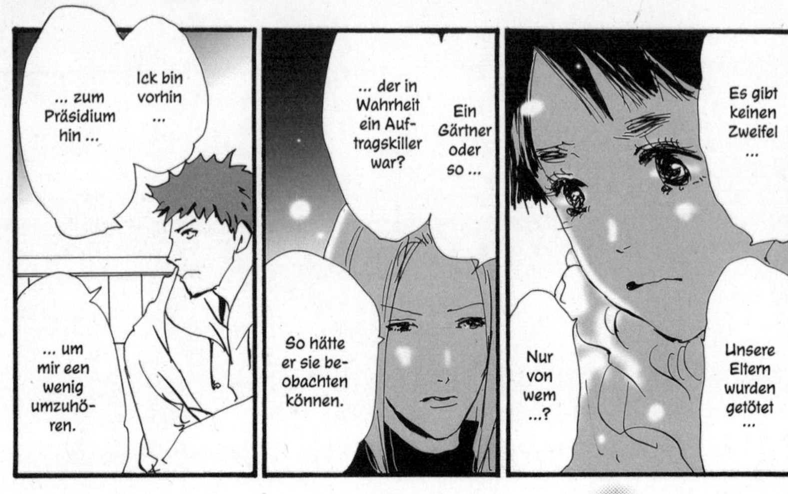
Es gibt keinen Zweifel ...
Unsere Eltern wurden getötet ...
Nur von wem ...?
Ein Gärtner oder so ...
... der in Wahrheit ein Auftragskiller war?
So hätte er sie beobachten können.
Ick bin vorhin ...
... zum Präsidium hin ...
... um mir een wenig umzuhören.

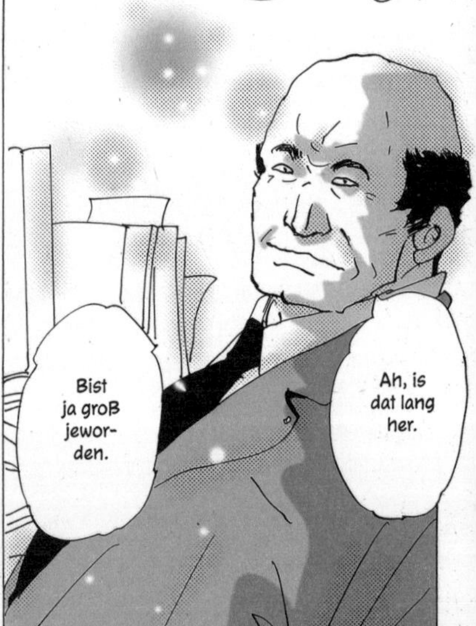
Da hab ick Kommissar Shiba jetroffen ...
... der den Fall damals untersucht hat.
Ah, is dat lang her.
Bist ja groß jeworden.

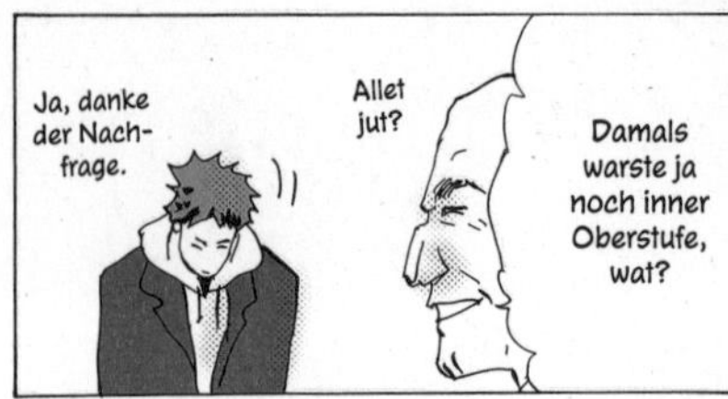
Damals warste ja noch inner Oberstufe, wat?
Allet jut?
Ja, danke der Nachfrage.

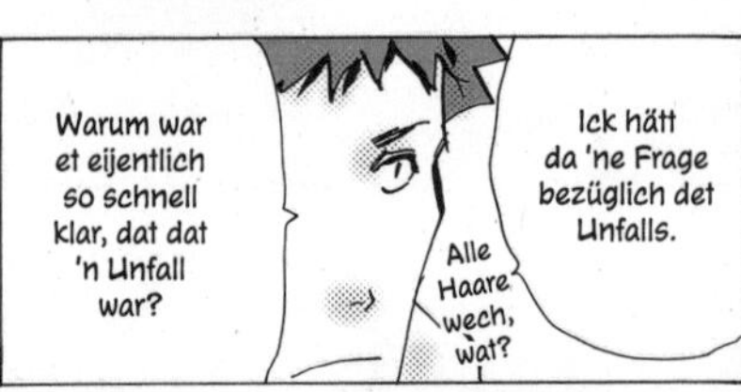
Ick hätt da 'ne Frage bezüglich det Unfalls.
Alle Haare wech, wat?
Warum war et eijentlich so schnell klar, dat dat 'n Unfall war?

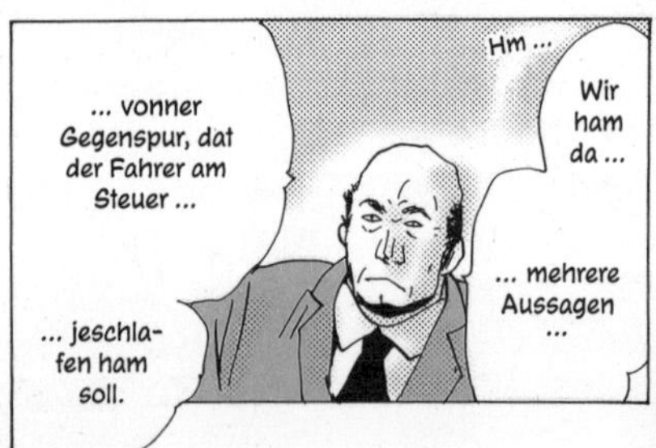
Hm ...
Wir ham da ...
... mehrere Aussagen ...
... vonner Gegenspur, dat der Fahrer am Steuer ...
... jeschlafen ham soll.

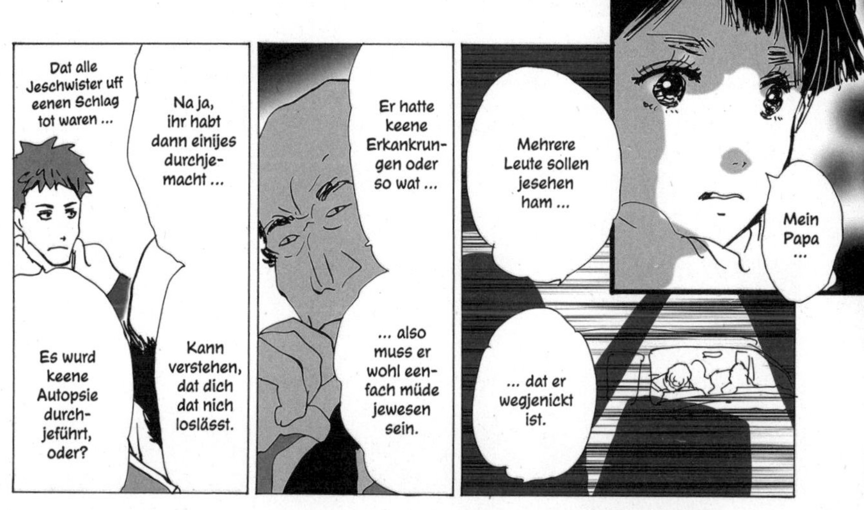
Mein Papa ...
Mehrere Leute sollen jesehen ham ...
... dat er wegjenickt ist.
Er hatte keene Erkankrungen oder so wat ...
... also muss er wohl eenfach müde jewesen sein.
Na ja, ihr habt dann einijes durchjemacht ...
Dat alle Jeschwister uff eenen Schlag tot waren ...
Kann verstehen, dat dich dat nich loslässt.
Es wurd keene Autopsie durchjeführt, oder?

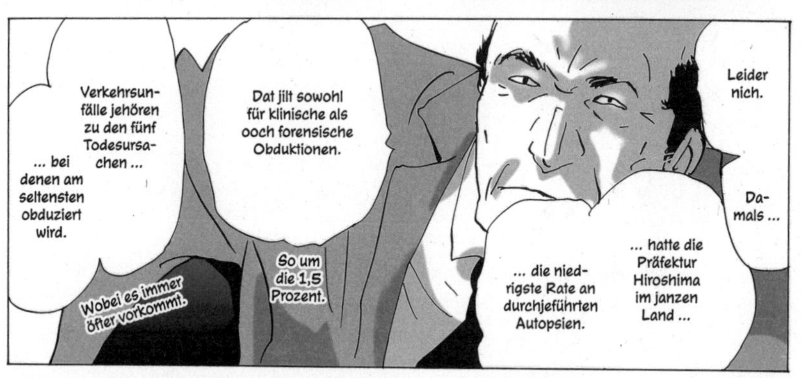
Leider nich.
Damals ...
... hatte die Präfektur Hiroshima im janzen Land ...
... die niedrigste Rate an durchjeführten Autopsien.
Dat jilt sowohl für klinische als ooch forensische Obduktionen.
So um die 1,5 Prozent.
Verkehrsunfälle jehören zu den fünf Todesursachen ...
... bei denen am seltensten obduziert wird.
Wobei es immer öfter vorkommt.

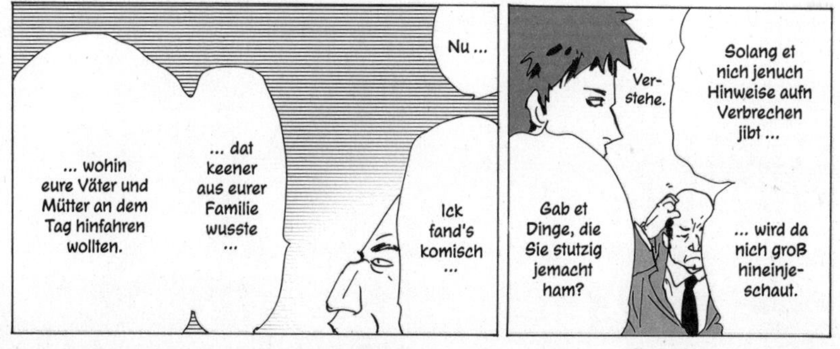
Solang et nich jenuch Hinweise aufn Verbrechen jibt ...
... wird da nich groß hineinjeschaut.
Verstehe.
Gab et Dinge, die Sie stutzig jemacht ham?
Nu ...
Ick fand's komisch ...
... dat keener aus eurer Familie wusste ...
... wohin eure Väter und Mütter an dem Tag hinfahren wollten.

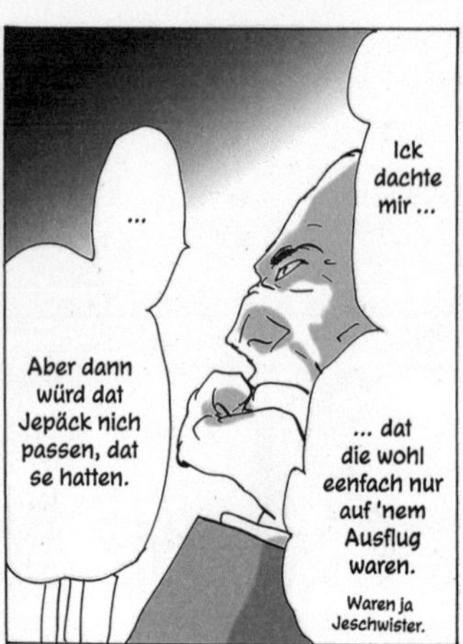
Ick dachte mir ...
... dat die wohl eenfach nur auf 'nem Ausflug waren.
Waren ja Jeschwister.
...
Aber dann würd dat Jepäck nich passen, dat se hatten.
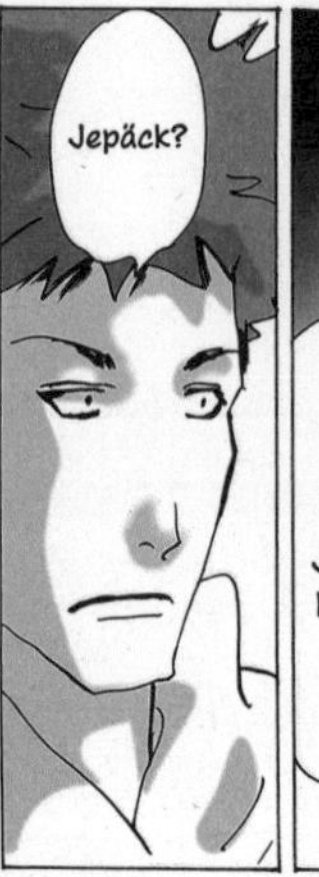
Jepäck?
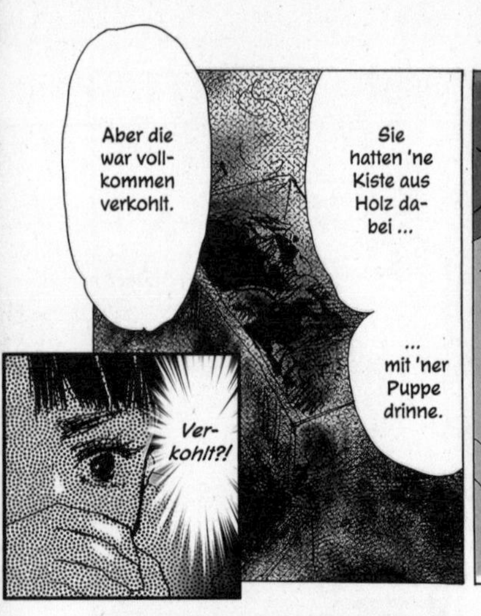
Sie hatten 'ne Kiste aus Holz dabei ...
... mit 'ner Puppe drinne.
Aber die war vollkommen verkohlt.
Verkohlt?!
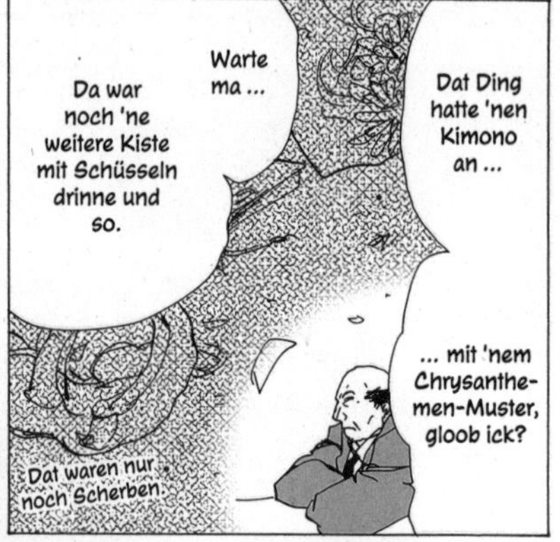
Dat Ding hatte 'nen Kimono an ...
... mit 'nem Chrysanthemen-Muster, gloob ick?
Warte ma ...
Da war noch 'ne weitere Kiste mit Schüsseln drinne und so.
Dat waren nur noch Scherben.
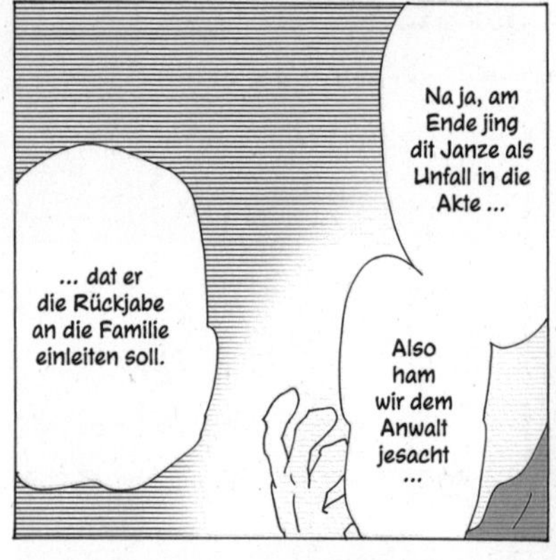
Na ja, am Ende jing dit Janze als Unfall in die Akte ...
Also ham wir dem Anwalt jesacht ...
... dat er die Rückjabe an die Familie einleiten soll.
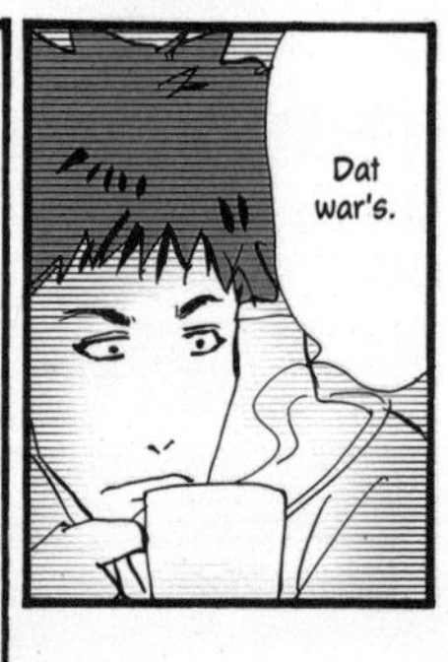
Dat war's.
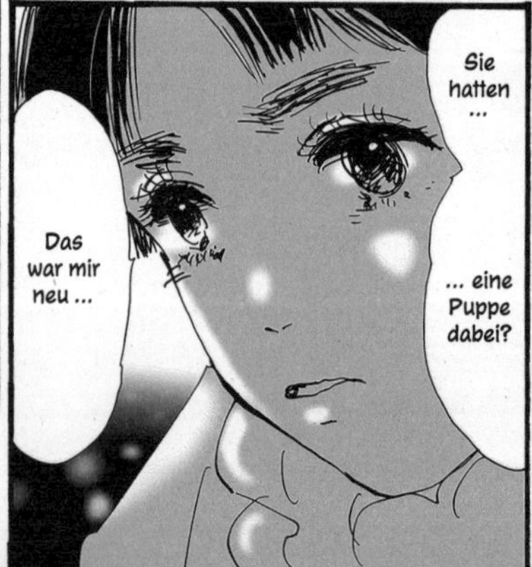
Sie hatten ...
... eine Puppe dabei?
Das war mir neu ...
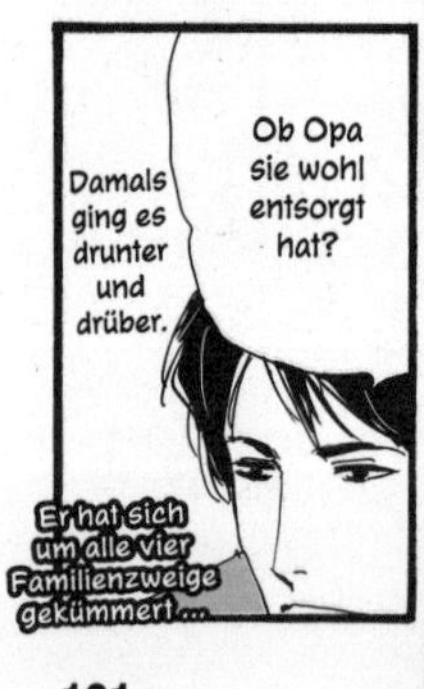
Ob Opa sie wohl entsorgt hat?
Damals ging es drunter und drüber.
Er hat sich um alle vier Familienzweige gekümmert ...

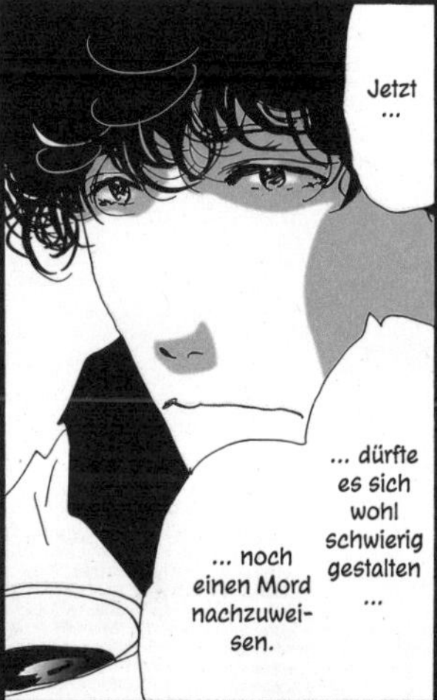
Jetzt ...
... dürfte es sich wohl schwierig gestalten ...
... noch einen Mord nachzuweisen.

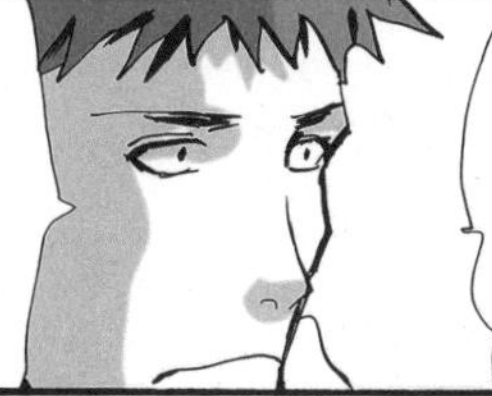
Damals hätt man noch durch 'ne Autopsie schauen können ...

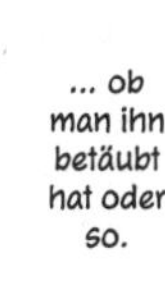
... ob man ihn betäubt hat oder so.

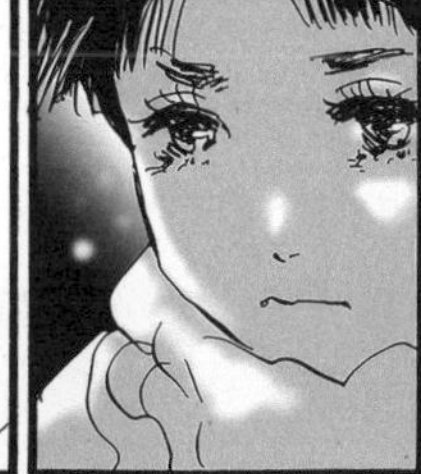

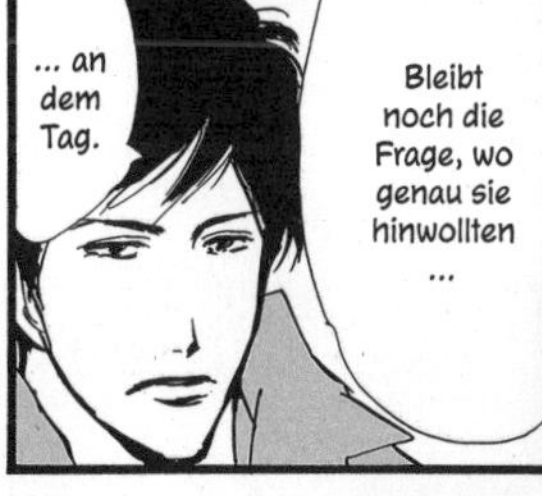
Bleibt noch die Frage, wo genau sie hinwollten ...
... an dem Tag.

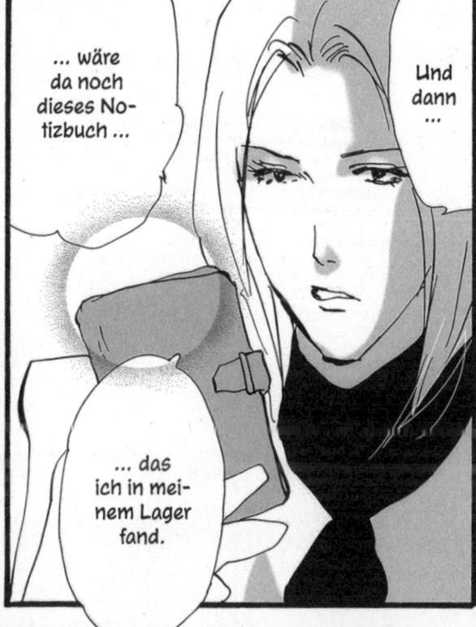
Und dann ...
... wäre da noch dieses Notizbuch ...
... das ich in meinem Lager fand.

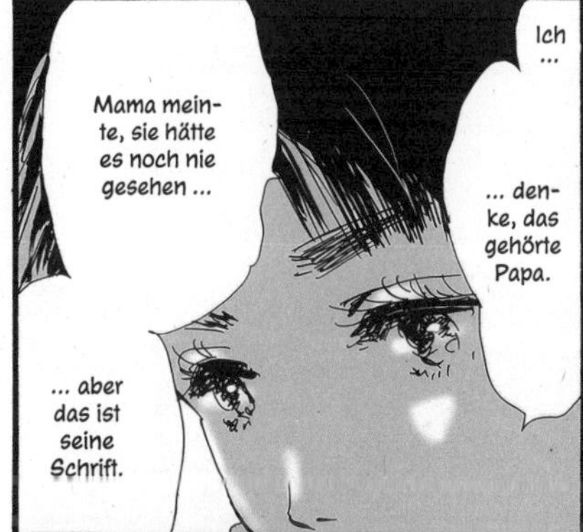
Ich ...
... denke, das gehörte Papa.
Mama meinte, sie hätte es noch nie gesehen ...
... aber das ist seine Schrift.

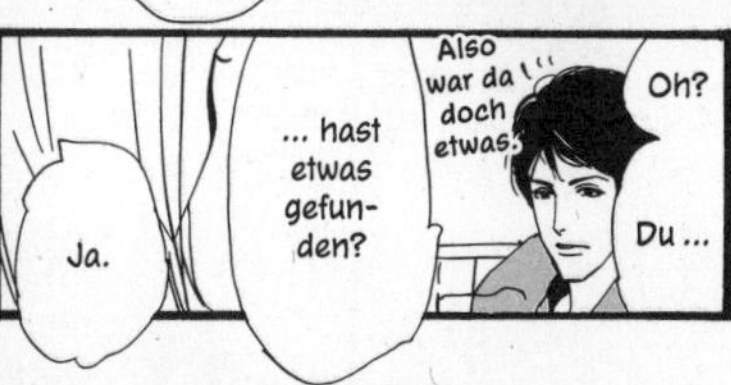
Du ...
Oh?
Also war da doch etwas.
... hast etwas gefunden?
Ja.

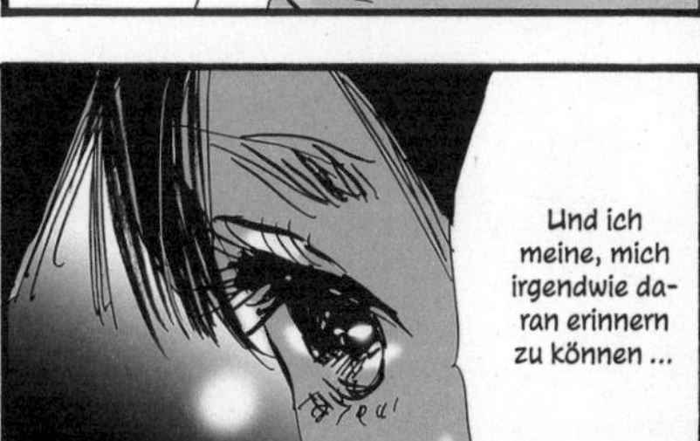
Und ich meine, mich irgendwie daran erinnern zu können ...

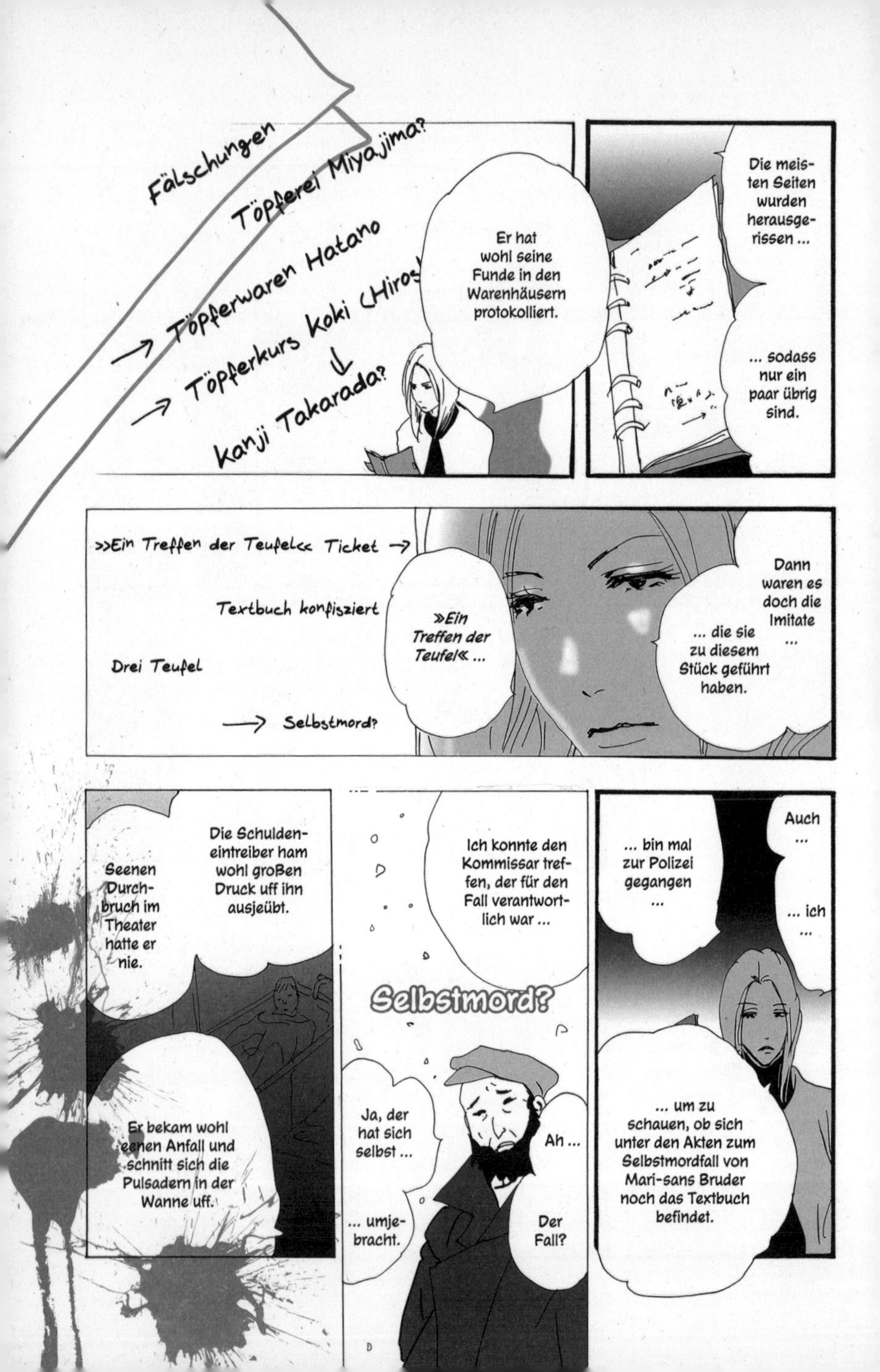

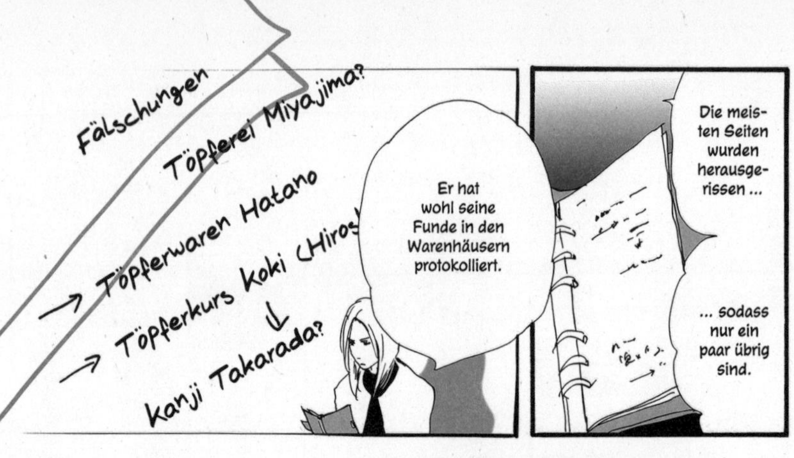

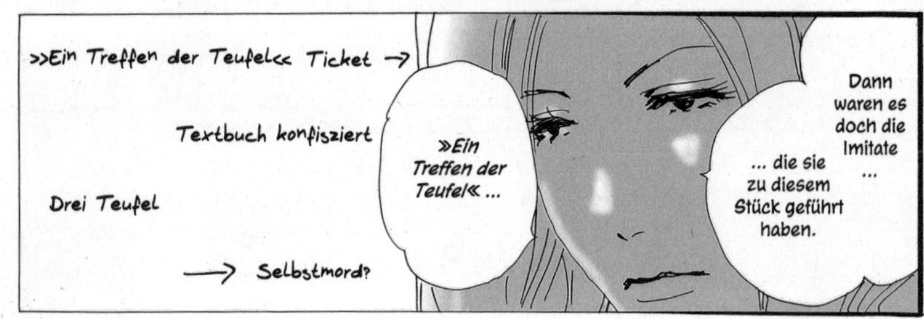

Auch ...
... ich ...
... bin mal zur Polizei gegangen ...
... um zu schauen, ob sich unter den Akten zum Selbstmordfall von Mari-sans Bruder noch das Textbuch befindet.
Ich konnte den Kommissar treffen, der für den Fall verantwortlich war ...
Selbstmord?
Ah ...
Der Fall?
Ja, der hat sich selbst ...
... umjebracht.
Die Schuldeneintreiber ham wohl großen Druck uff ihn ausjeübt.
Seenen Durchbruch im Theater hatte er nie.
Er bekam wohl eenen Anfall und schnitt sich die Pulsadern in der Wanne uff.

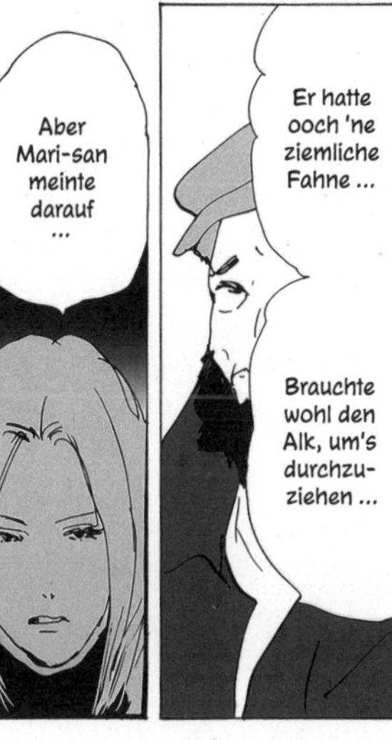
Er hatte ooch 'ne ziemliche Fahne ...
Brauchte wohl den Alk, um's durchzuziehen ...
Aber Mari-san meinte darauf ...

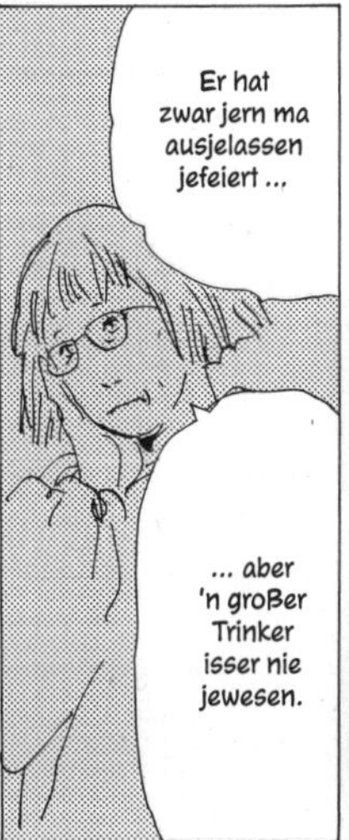
Er hat zwar jern ma ausjelassen jefeiert ...
... aber 'n großer Trinker isser nie jewesen.

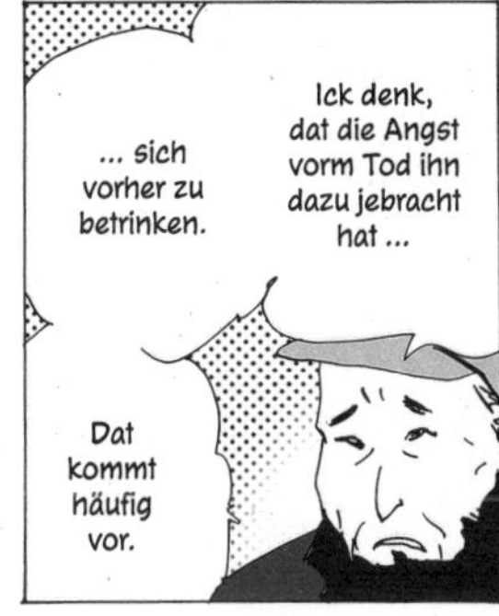
Ick denk, dat die Angst vorm Tod ihn dazu jebracht hat ...
... sich vorher zu betrinken.
Dat kommt häufig vor.

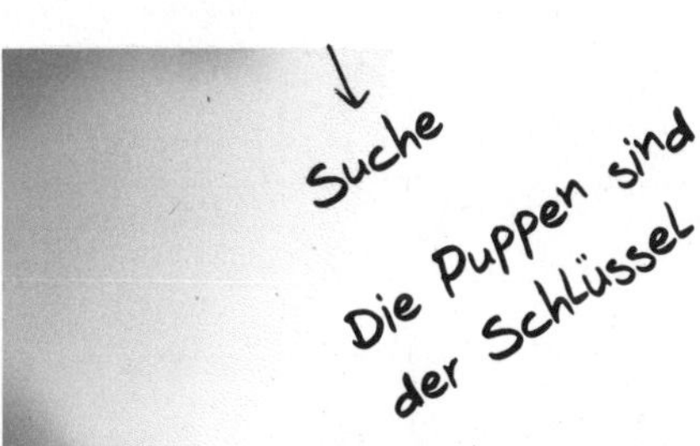
Auch er wurde nicht obduziert.
Na supi.
Ach, Hiroshima ...
Suche
Die Puppen sind der Schlüssel

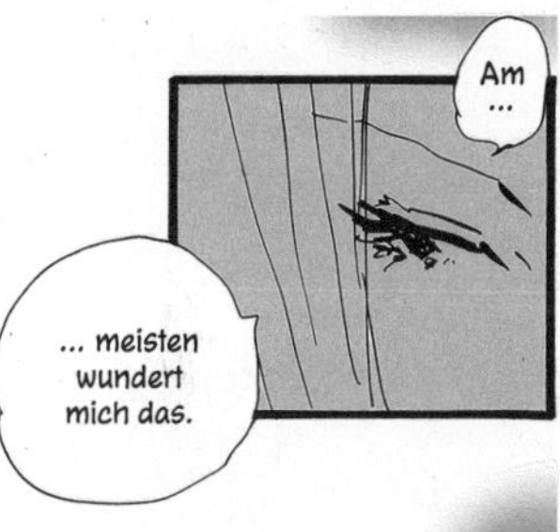
Am ...
... meisten wundert mich das.

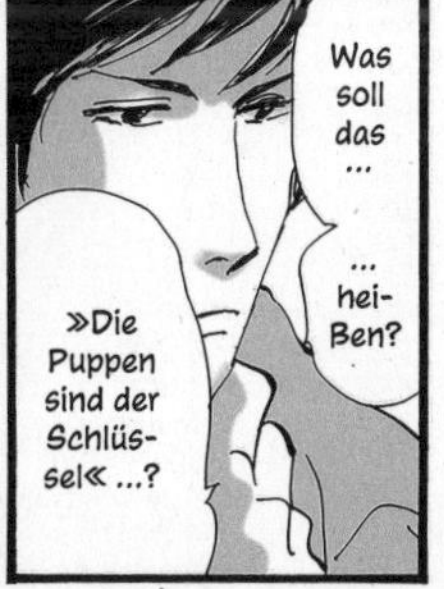
Was soll das ...
... hei-ßen?
»Die Puppen sind der Schlüs-sel« ...?

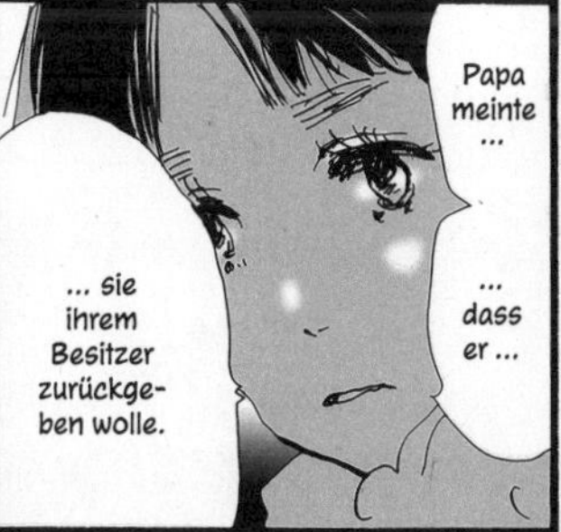
Papa meinte ...
... dass er ...
... sie ihrem Besitzer zurückge-ben wolle.

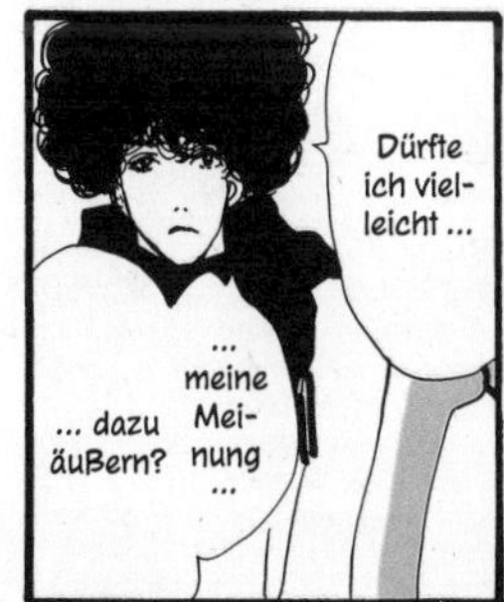
Dürfte ich viel-leicht ...
... meine Mei-nung ...
... dazu äußern?

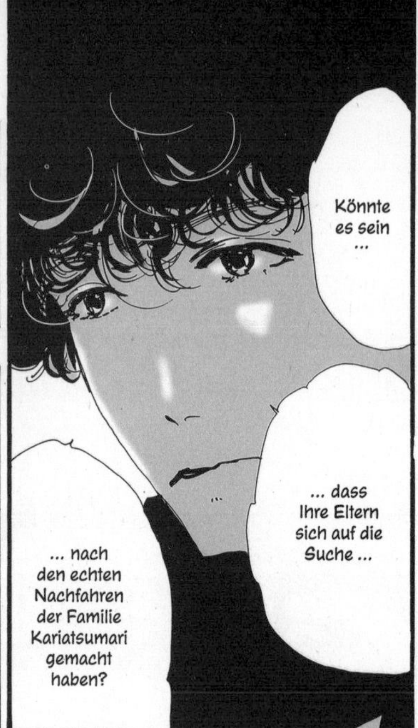
Könnte es sein ...
... dass Ihre Eltern sich auf die Suche ...
... nach den echten Nachfahren der Familie Kariatsumari gemacht haben?

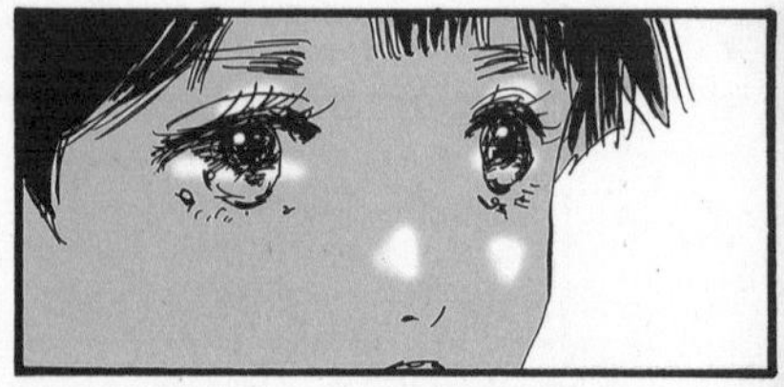

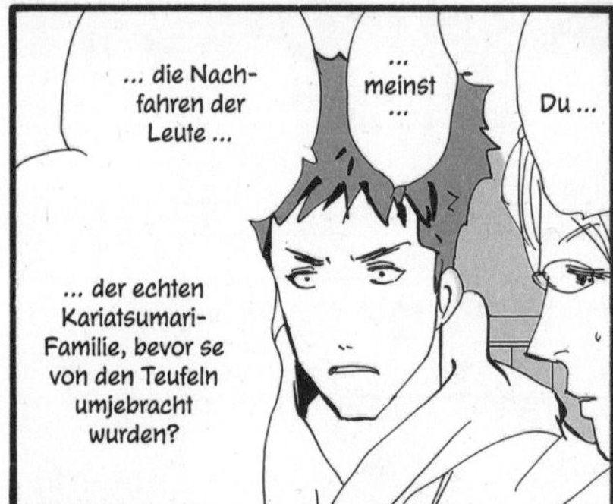
Du ...
... meinst ...
... die Nachfahren der Leute ...
... der echten Kariatsumari-Familie, bevor se von den Teufeln umjebracht wurden?

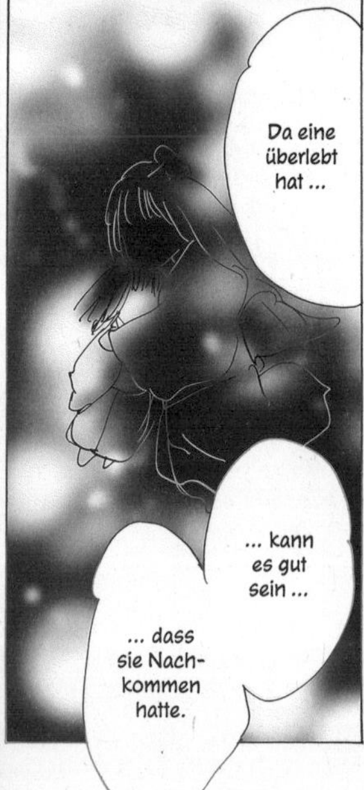
Da eine überlebt hat ...
... kann es gut sein ...
... dass sie Nachkommen hatte.

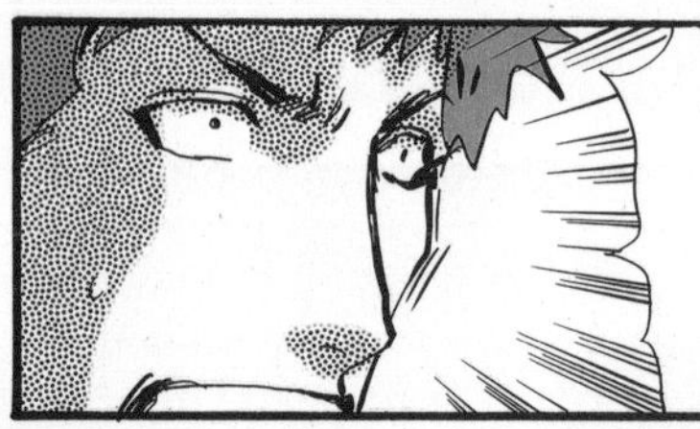
Und wie hätten se diese Leute biddeschön finden können?!

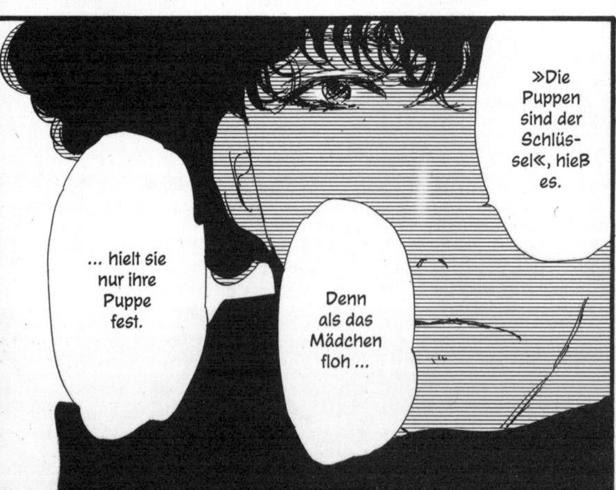
»Die Puppen sind der Schlüssel«, hieß es.
Denn als das Mädchen floh ...
... hielt sie nur ihre Puppe fest.

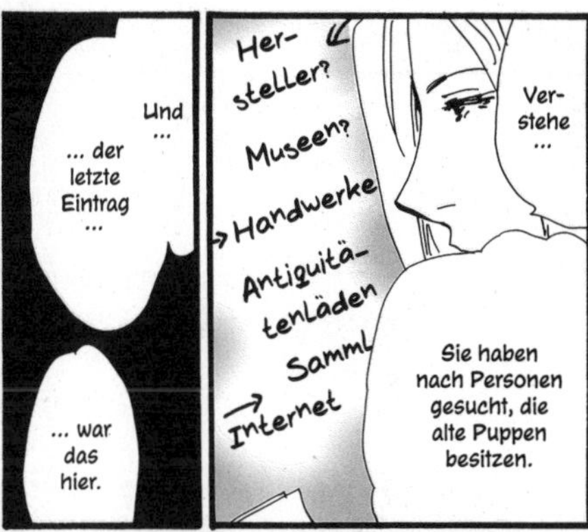

Verstehe ...
Hersteller?
Museen?
Handwerke
Antiquitätenläden
Samml
Internet
Sie haben nach Personen gesucht, die alte Puppen besitzen.
Und ...
... der letzte Eintrag ...
... war das hier.

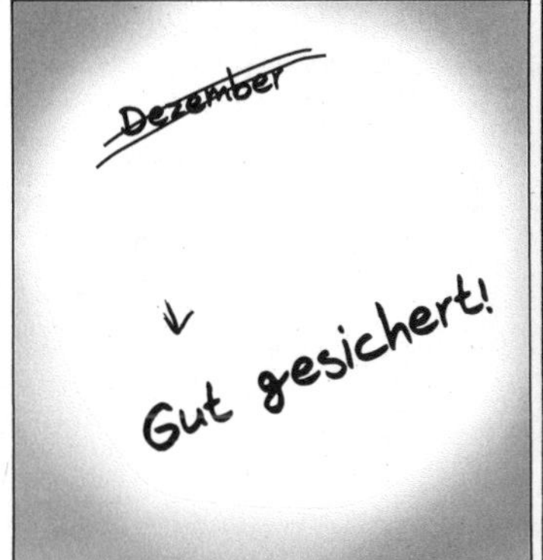

Dezember
Gut gesichert!

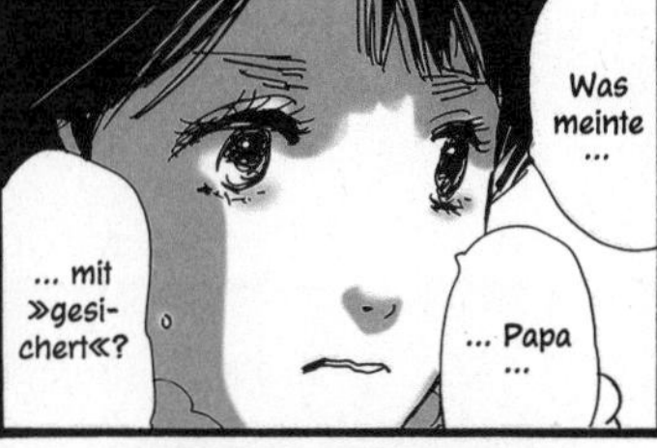

Was meinte ...
... Papa ...
... mit »gesichert«?

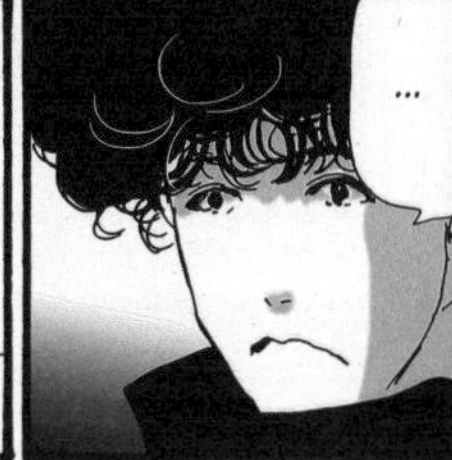

...

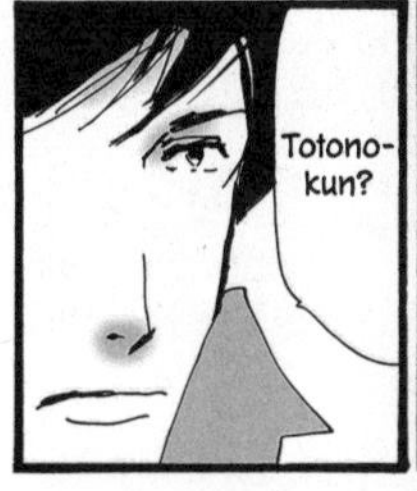

Totono-kun?

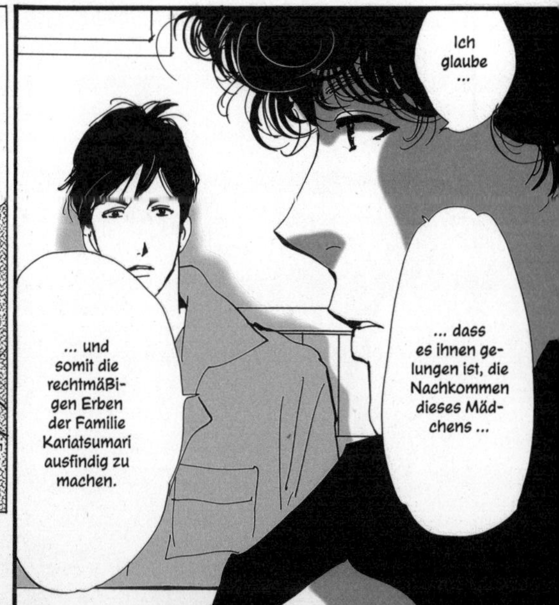

Ich glaube ...
... dass es ihnen gelungen ist, die Nachkommen dieses Mädchens ...
... und somit die rechtmäßigen Erben der Familie Kariatsumari ausfindig zu machen.

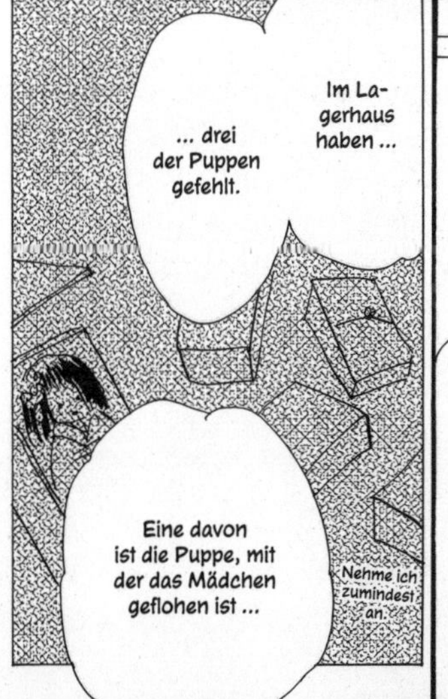

Im Lagerhaus haben ...
... drei der Puppen gefehlt.
Eine davon ist die Puppe, mit der das Mädchen geflohen ist ...
Nehme ich zumindest an.

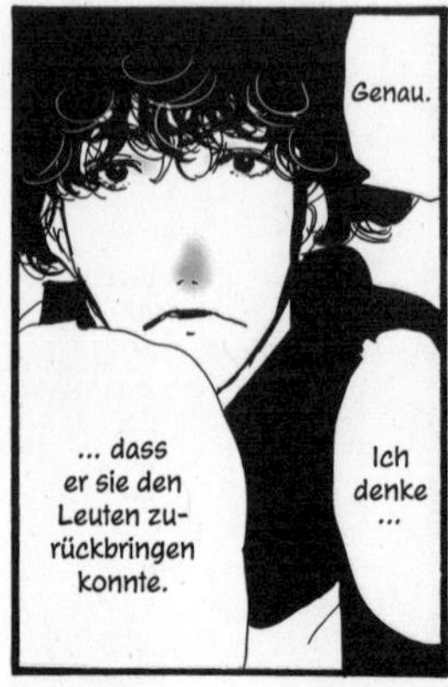
Genau.
Ich denke ...
... dass er sie den Leuten zurückbringen konnte.
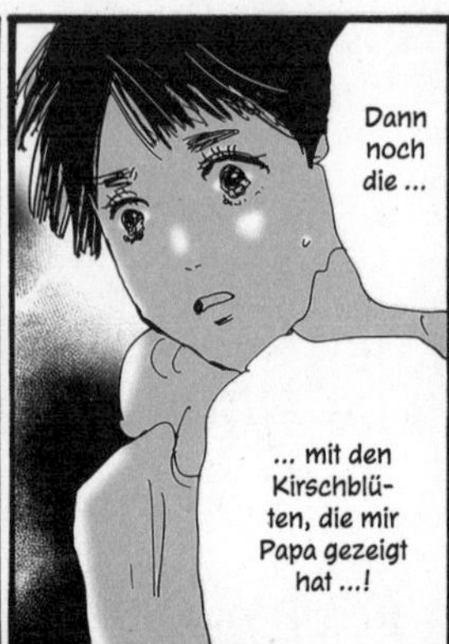
Dann noch die ...
... mit den Kirschblüten, die mir Papa gezeigt hat ...!
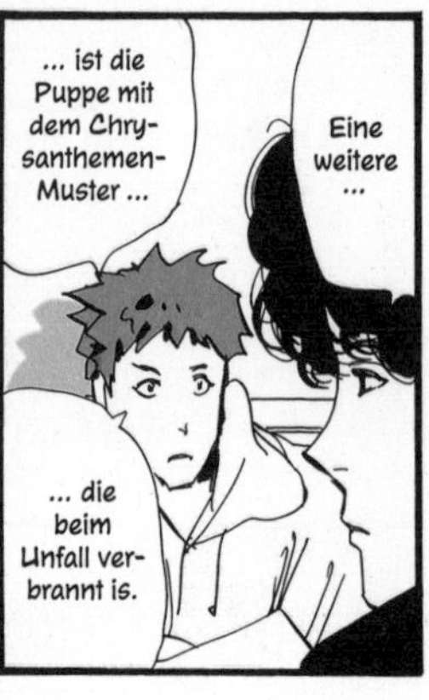
Eine weitere ...
... ist die Puppe mit dem Chrysanthemen-Muster ...
... die beim Unfall verbrannt is.
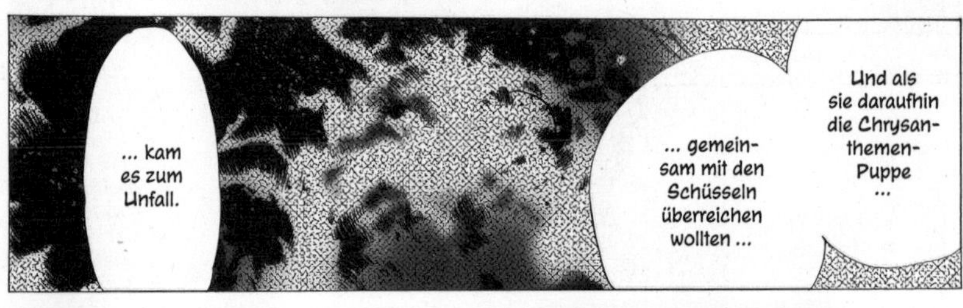
Und als sie daraufhin die Chrysanthemen-Puppe ...
... gemeinsam mit den Schüsseln überreichen wollten ...
... kam es zum Unfall.
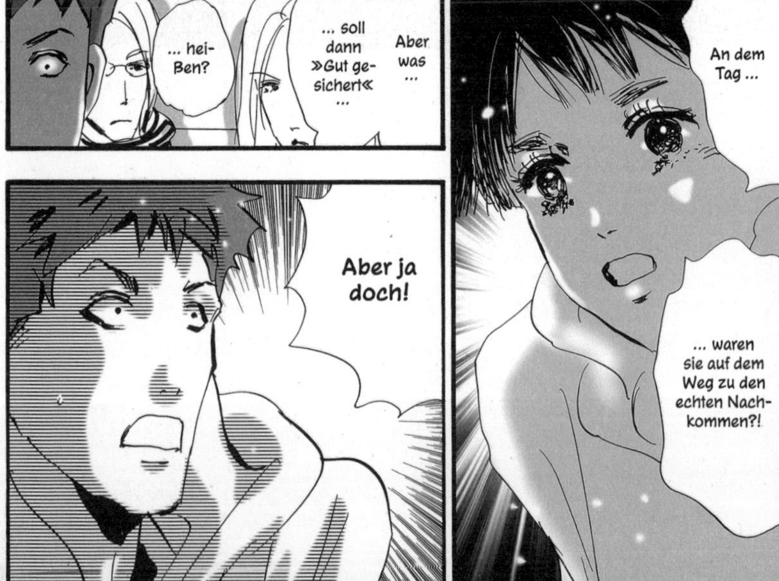
An dem Tag ...
... waren sie auf dem Weg zu den echten Nachkommen?!
Aber was ...
... soll dann »Gut gesichert« ...
... heißen?
Aber ja doch!

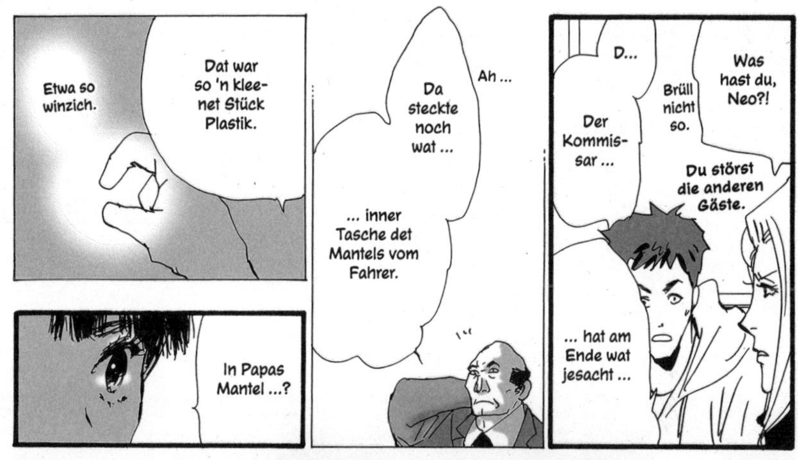
D...
Der Kommissar ...
... hat am Ende wat jesacht ...
Was hast du, Neo?!
Brüll nicht so.
Du störst die anderen Gäste.
Ah ...
Da steckte noch wat ...
... inner Tasche det Mantels vom Fahrer.
Dat war so 'n kleenet Stück Plastik.
Etwa so winzich.
In Papas Mantel ...?

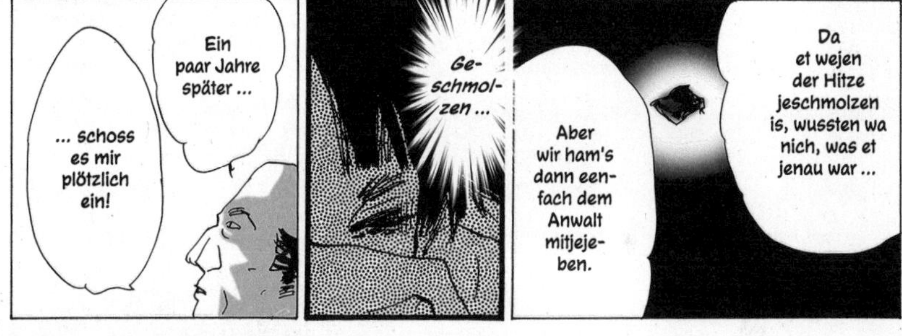
Da et wejen der Hitze jeschmolzen is, wussten wa nich, was et jenau war ...
Aber wir ham's dann eenfach dem Anwalt mitjejeben.
Geschmolzen ...
Ein paar Jahre später ...
... schoss es mir plötzlich ein!

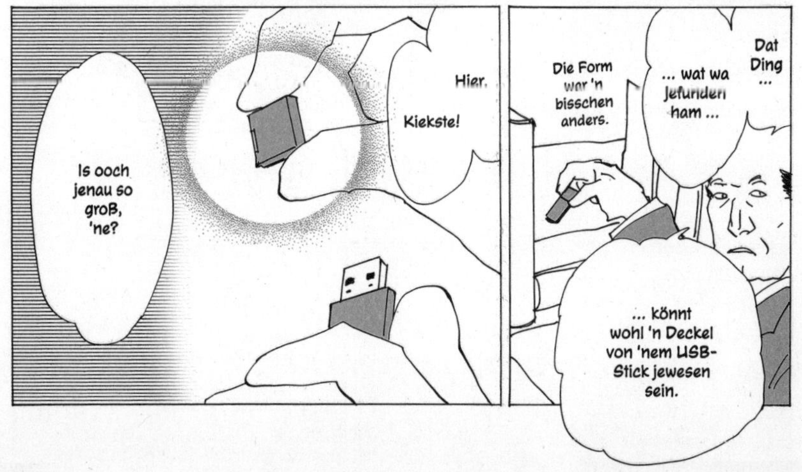
Dat Ding ...
... wat wa jefunden ham ...
Die Form war 'n bisschen anders.
... könnt wohl 'n Deckel von 'nem USB-Stick jewesen sein.
Hier.
Kiekste!
Is ooch jenau so groß, 'ne?

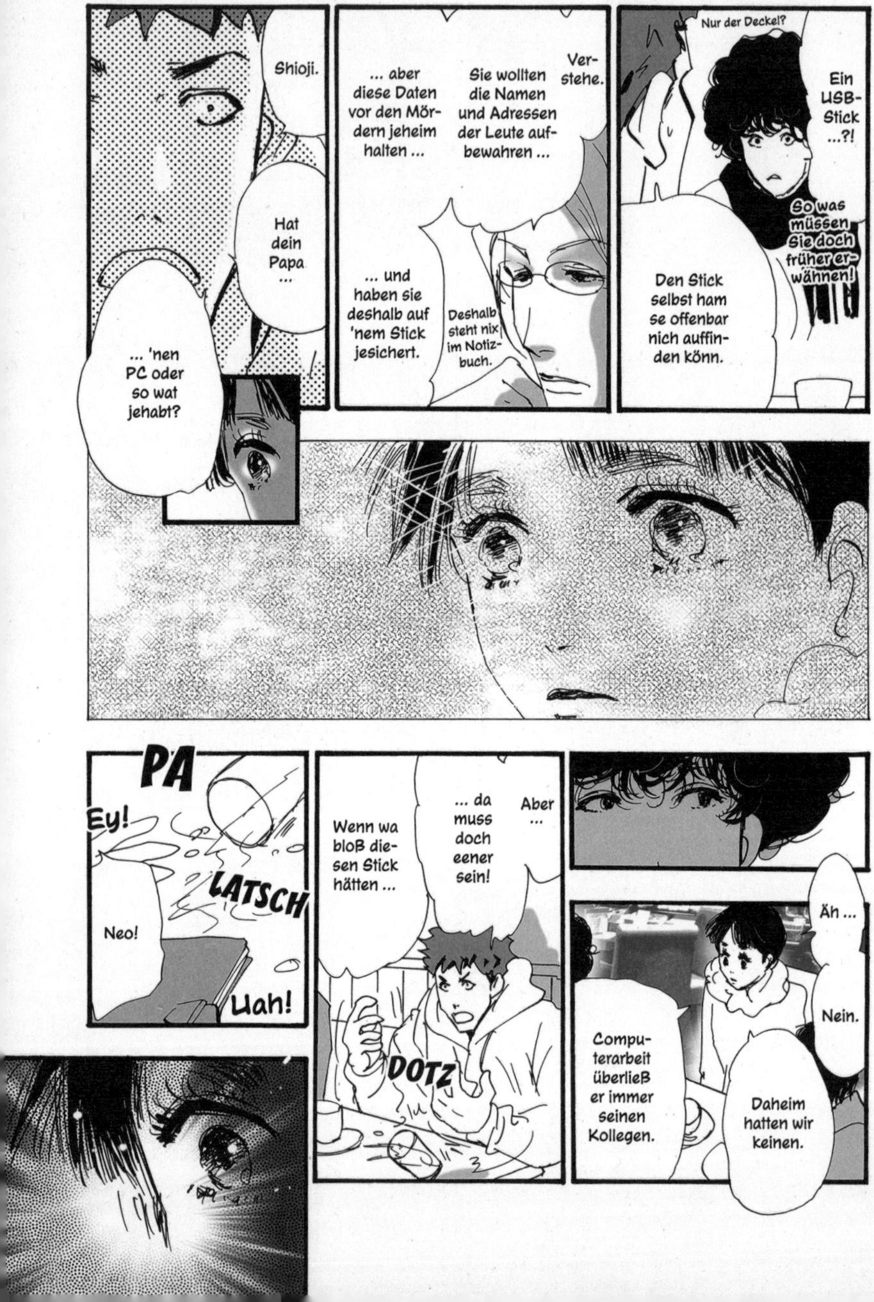

Nur der Deckel?
Ein USB-Stick ...?!
So was müssen Sie doch früher erwähnen!
Den Stick selbst ham se offenbar nich auffinden könn.
Verstehe.
Sie wollten die Namen und Adressen der Leute aufbewahren ...
... aber diese Daten vor den Mördern jeheim halten ...
... und haben sie deshalb auf 'nem Stick jesichert.
Deshalb steht nix im Notizbuch.
Shioji.
Hat dein Papa ...
... 'nen PC oder so wat jehabt?

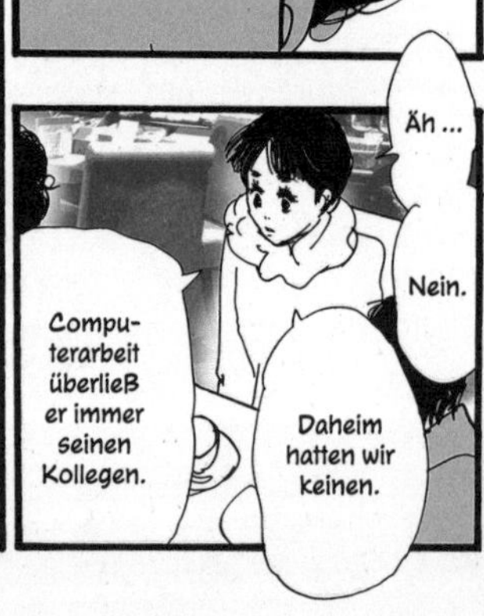

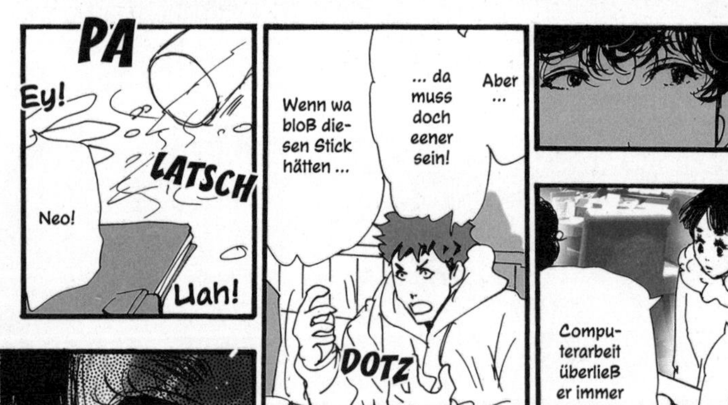

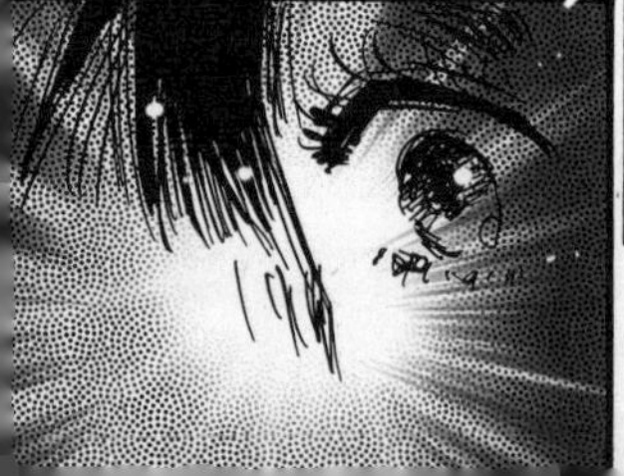

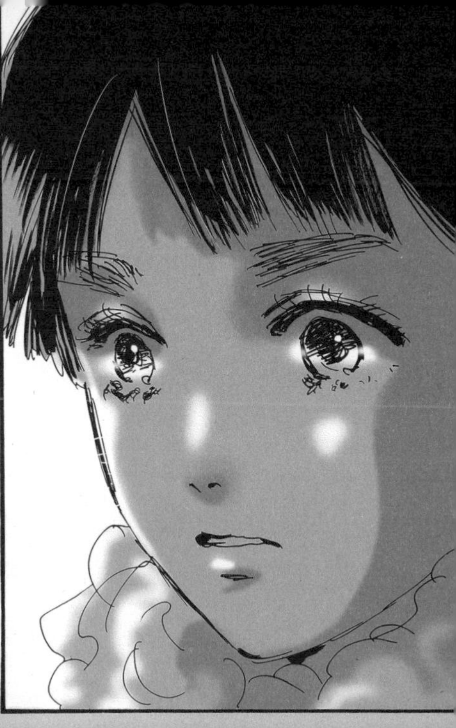

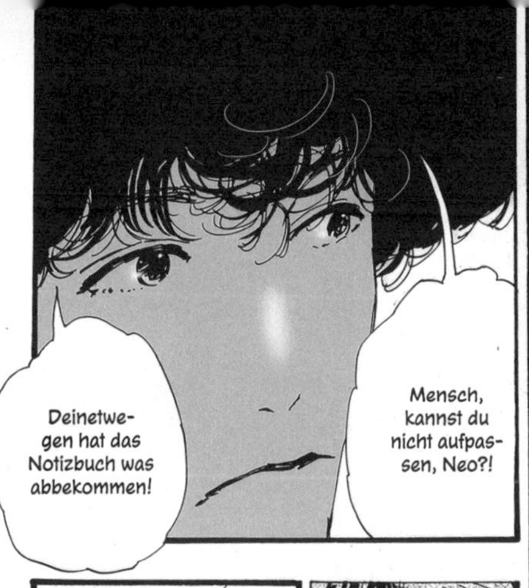
Mensch, kannst du nicht aufpassen, Neo?!
Deinetwegen hat das Notizbuch was abbekommen!

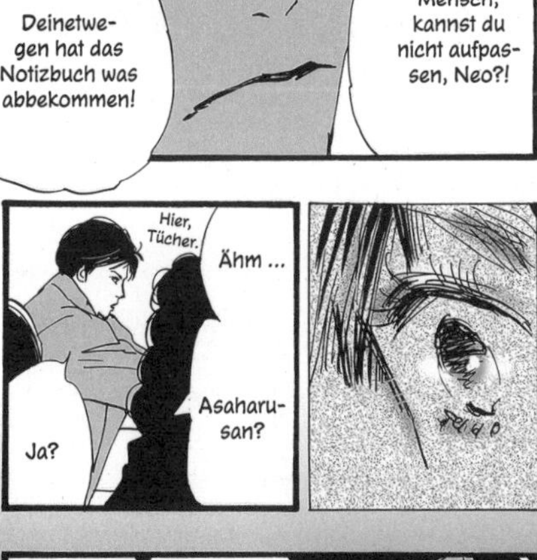
Ähm ...
Asaharu-san?
Hier, Tücher.
Ja?

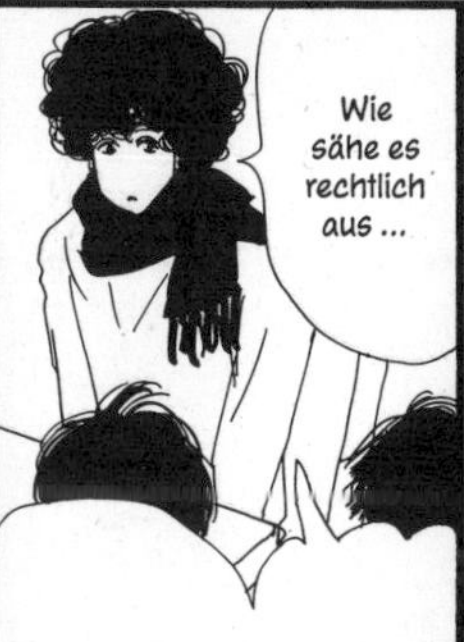
Wie sähe es rechtlich aus ...

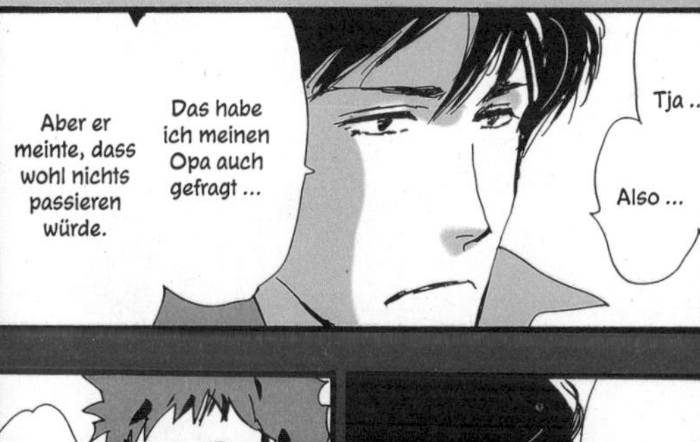
Tja ...
Also ...
Das habe ich meinen Opa auch gefragt ...
Aber er meinte, dass wohl nichts passieren würde.

... wenn die Vorfahren während der Meiji-Zeit das Eigentum einer anderen Familie an sich gerissen hätten ...
... die Sache aber nun ans Licht käme und die wahren Nachfahren auftauchen würden?

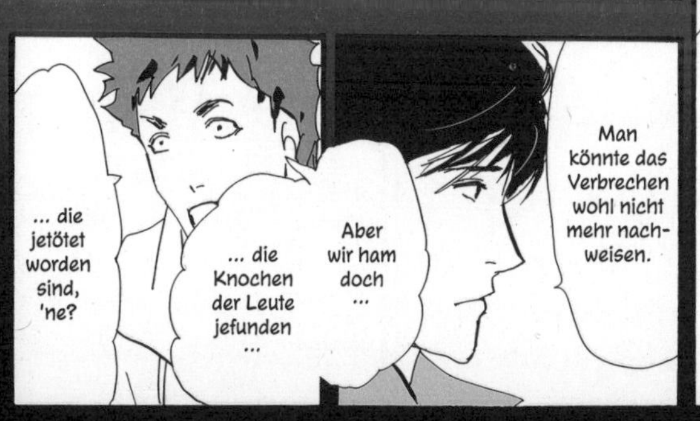
Man könnte das Verbrechen wohl nicht mehr nachweisen.
Aber wir ham doch ...
... die Knochen der Leute jefunden ...
... die jetötet worden sind, 'ne?

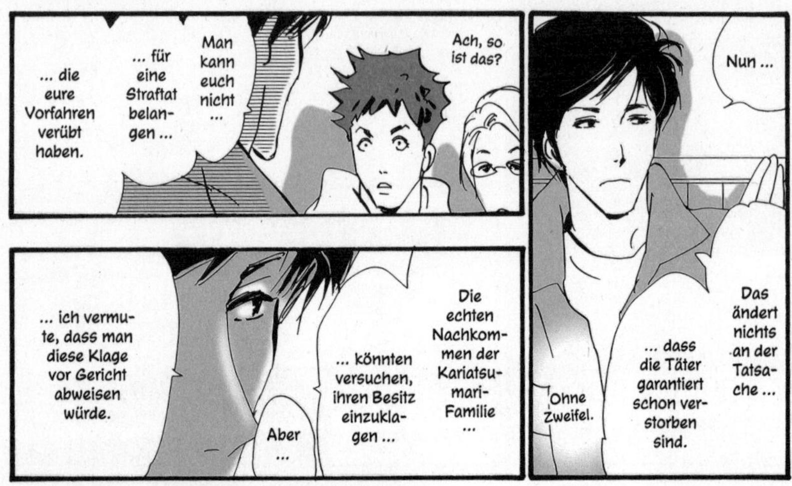
Nun ...
Das ändert nichts an der Tatsache ...
... dass die Täter garantiert schon verstorben sind.
Ohne Zweifel.
Ach, so ist das?
Man kann euch nicht ...
... für eine Straftat belangen ...
... die eure Vorfahren verübt haben.
Die echten Nachkommen der Kariatsumari-Familie ...
... könnten versuchen, ihren Besitz einzuklagen ...
Aber ...
... ich vermute, dass man diese Klage vor Gericht abweisen würde.

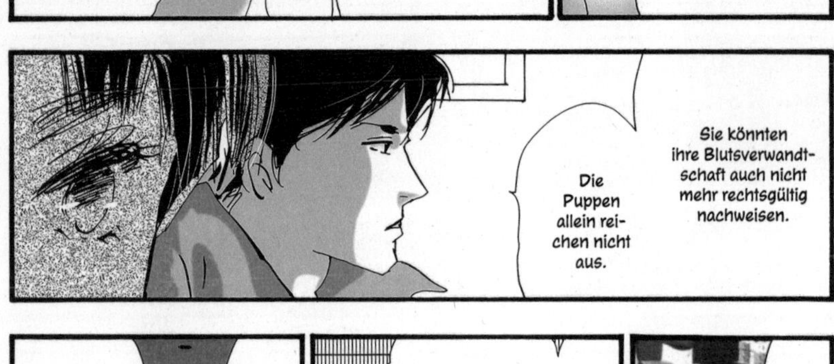
Sie könnten ihre Blutsverwandtschaft auch nicht mehr rechtsgültig nachweisen.
Die Puppen allein reichen nicht aus.

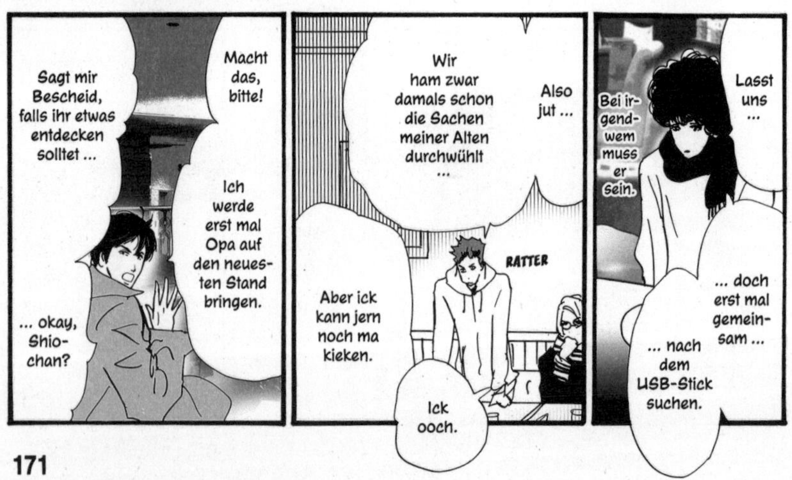
Lasst uns ...
... doch erst mal gemeinsam ...
... nach dem USB-Stick suchen.
Bei irgendwem muss er sein.
Also jut ...
Wir ham zwar damals schon die Sachen meiner Alten durchwühlt ...
Aber ick kann jern noch ma kieken.
RATTER
Ick ooch.
Macht das, bitte!
Ich werde erst mal Opa auf den neuesten Stand bringen.
Sagt mir Bescheid, falls ihr etwas entdecken solltet ...
... okay, Shio-chan?

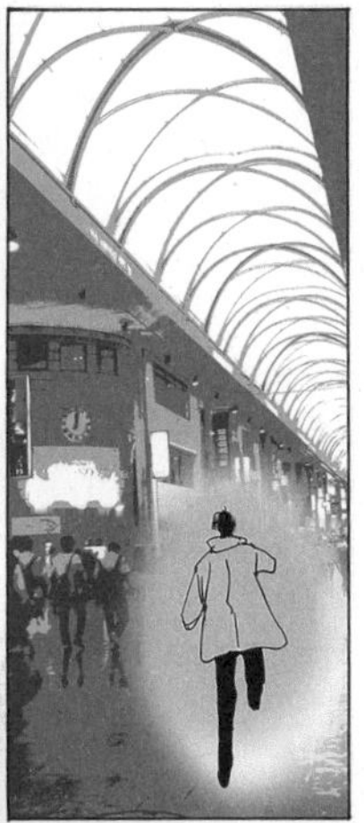

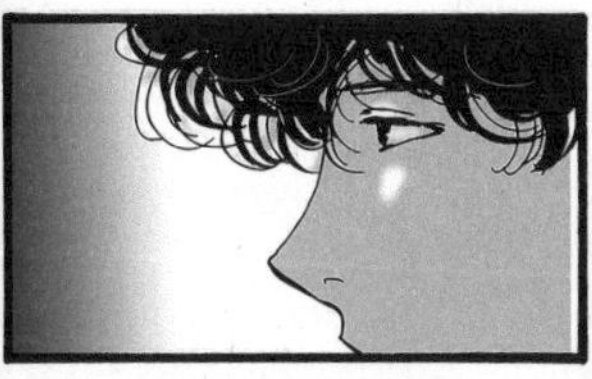

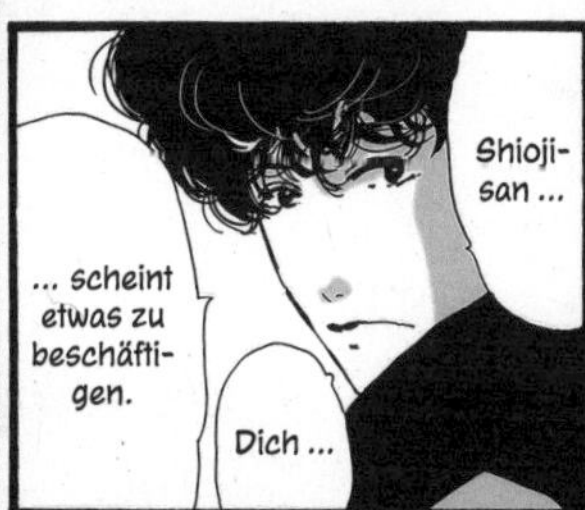
Shioji-san ...
... scheint etwas zu beschäftigen.
Dich ...

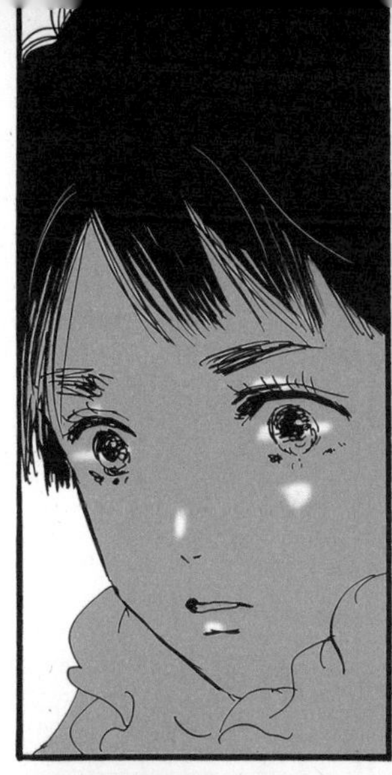

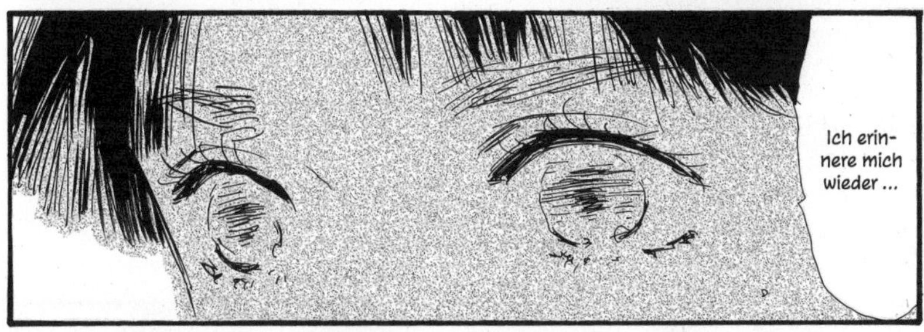
Ich erinnere mich wieder ...

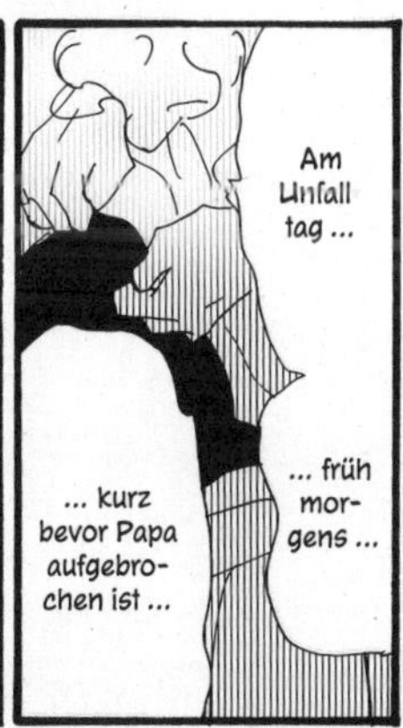
Am Unfalltag ...
... früh morgens ...
... kurz bevor Papa aufgebrochen ist ...

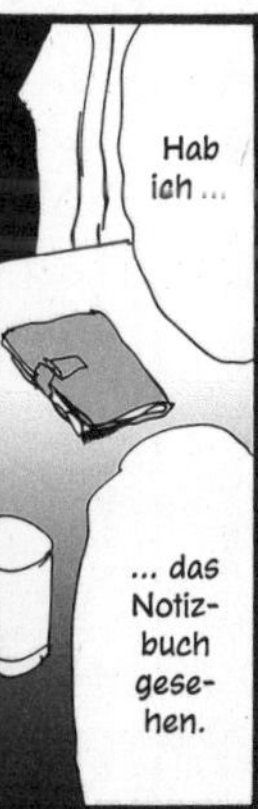
Hab ich ...
... das Notizbuch gesehen.

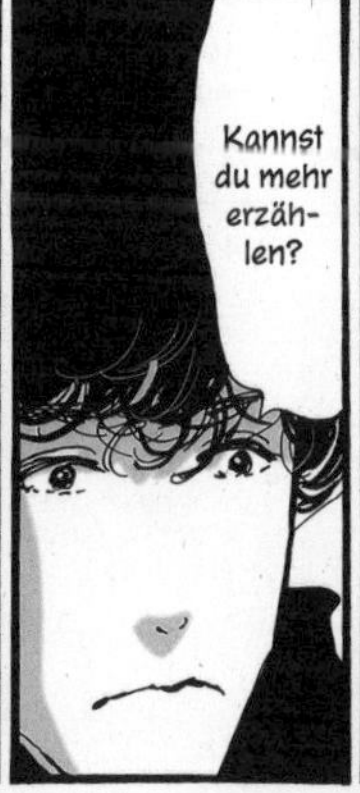
Kannst du mehr erzählen?

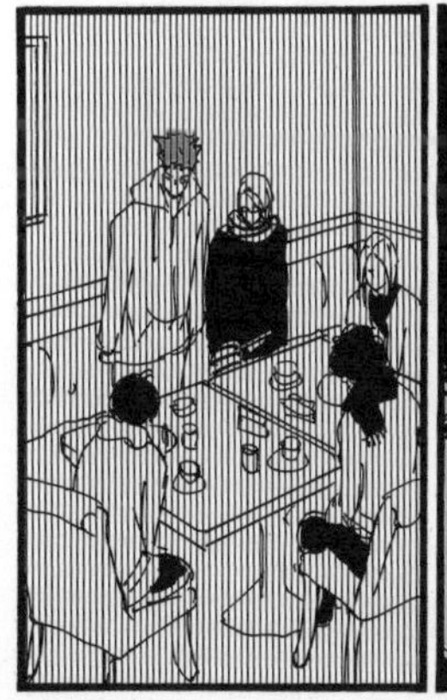

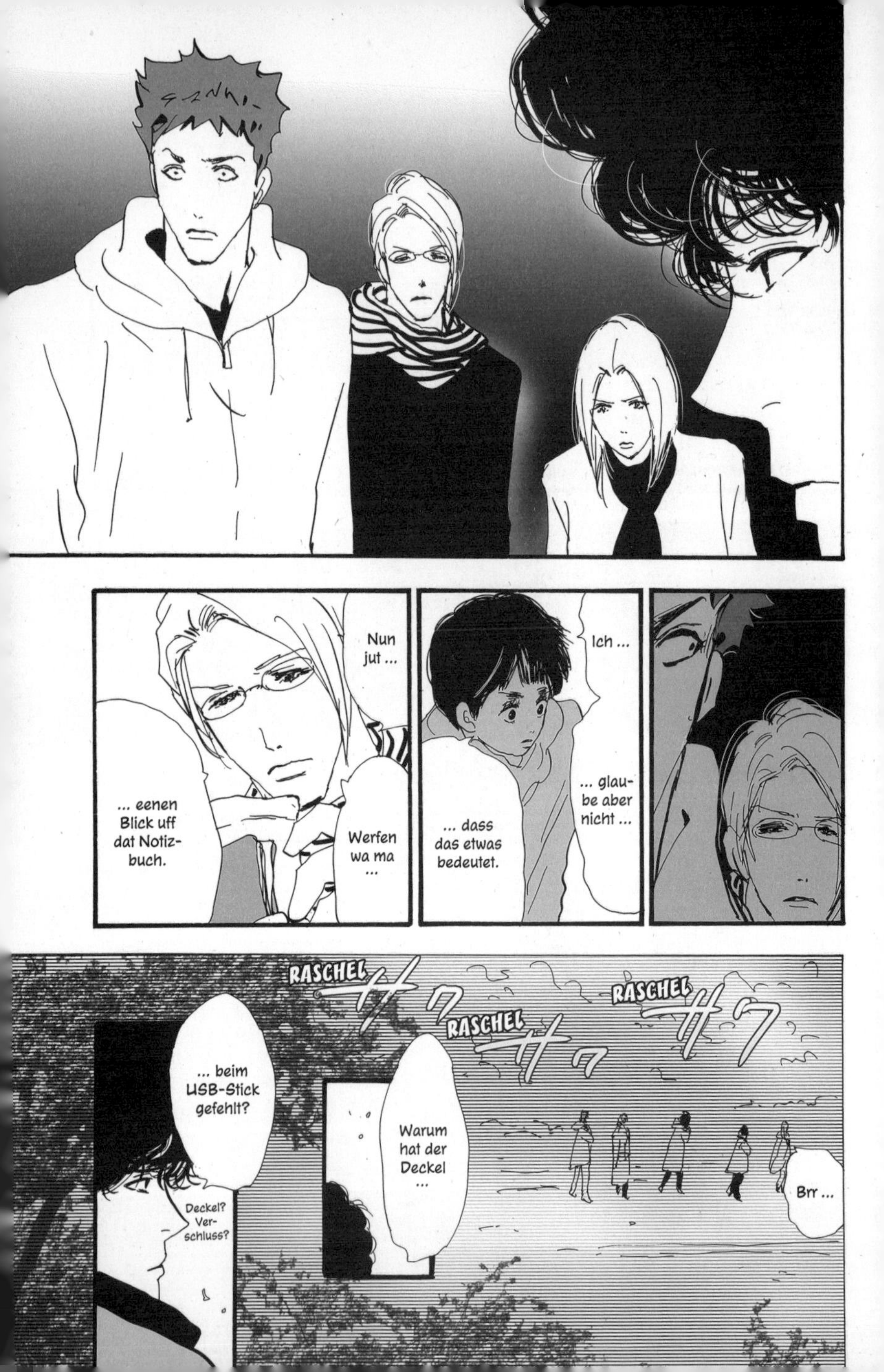

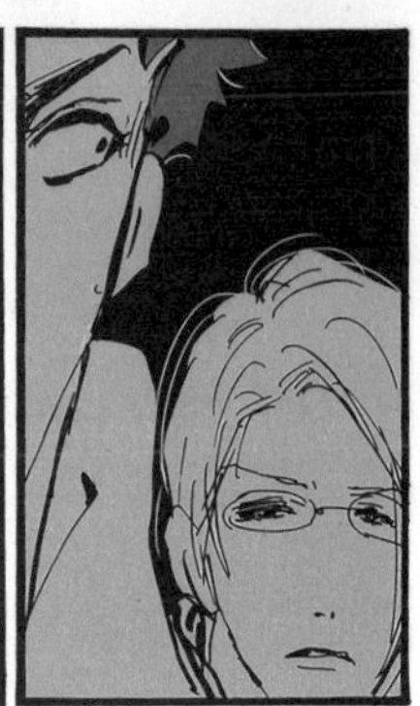

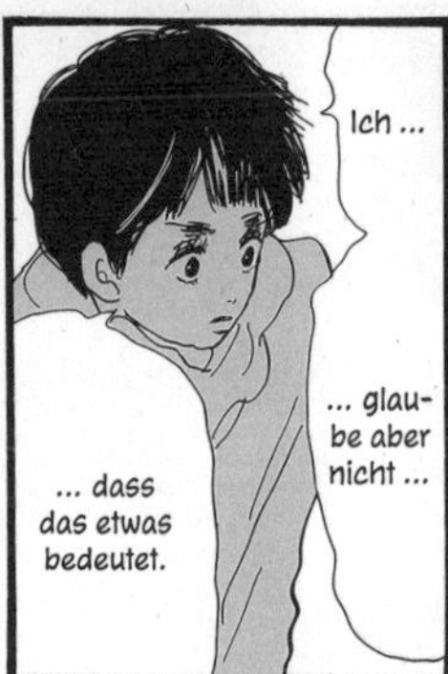
Ich ...
... glau-
be aber
nicht ...
... dass
das etwas
bedeutet.

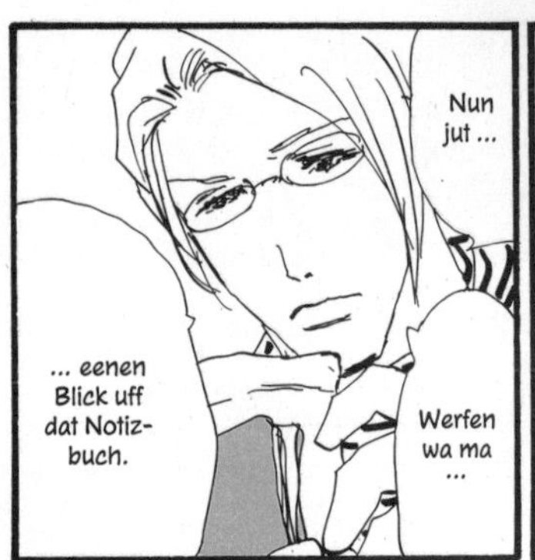
Nun
jut ...
Werfen
wa ma
...
... eenen
Blick uff
dat Notiz-
buch.

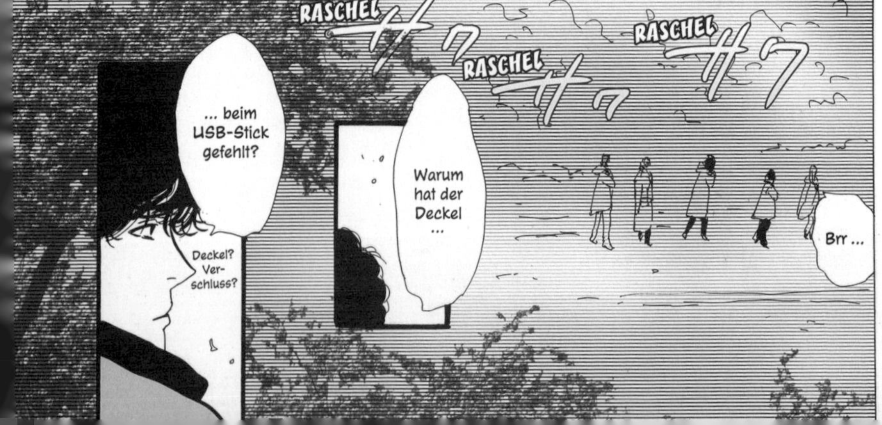
RASCHEL
RASCHEL
RASCHEL
Brr ...
Warum
hat der
Deckel
...
... beim
USB-Stick
gefehlt?
Deckel?
Ver-
schluss?

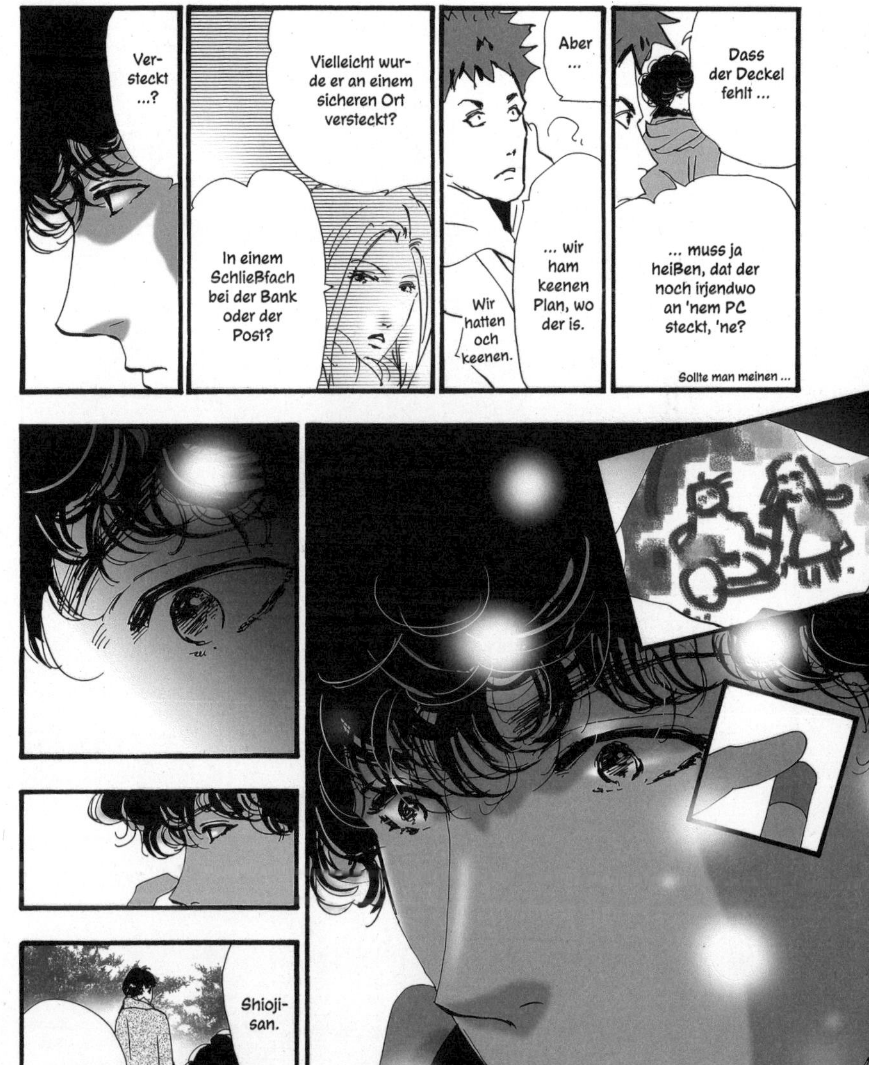
Dass der Deckel fehlt ...
... muss ja heißen, dat der noch irjendwo an 'nem PC steckt, 'ne?
Sollte man meinen ...
Aber ...
... wir ham keenen Plan, wo der is.
Wir hatten och keenen.
Vielleicht wurde er an einem sicheren Ort versteckt?
In einem Schließfach bei der Bank oder der Post?
Versteckt ...?
Shioji-san.
Hast du eine Gezeitentafel?

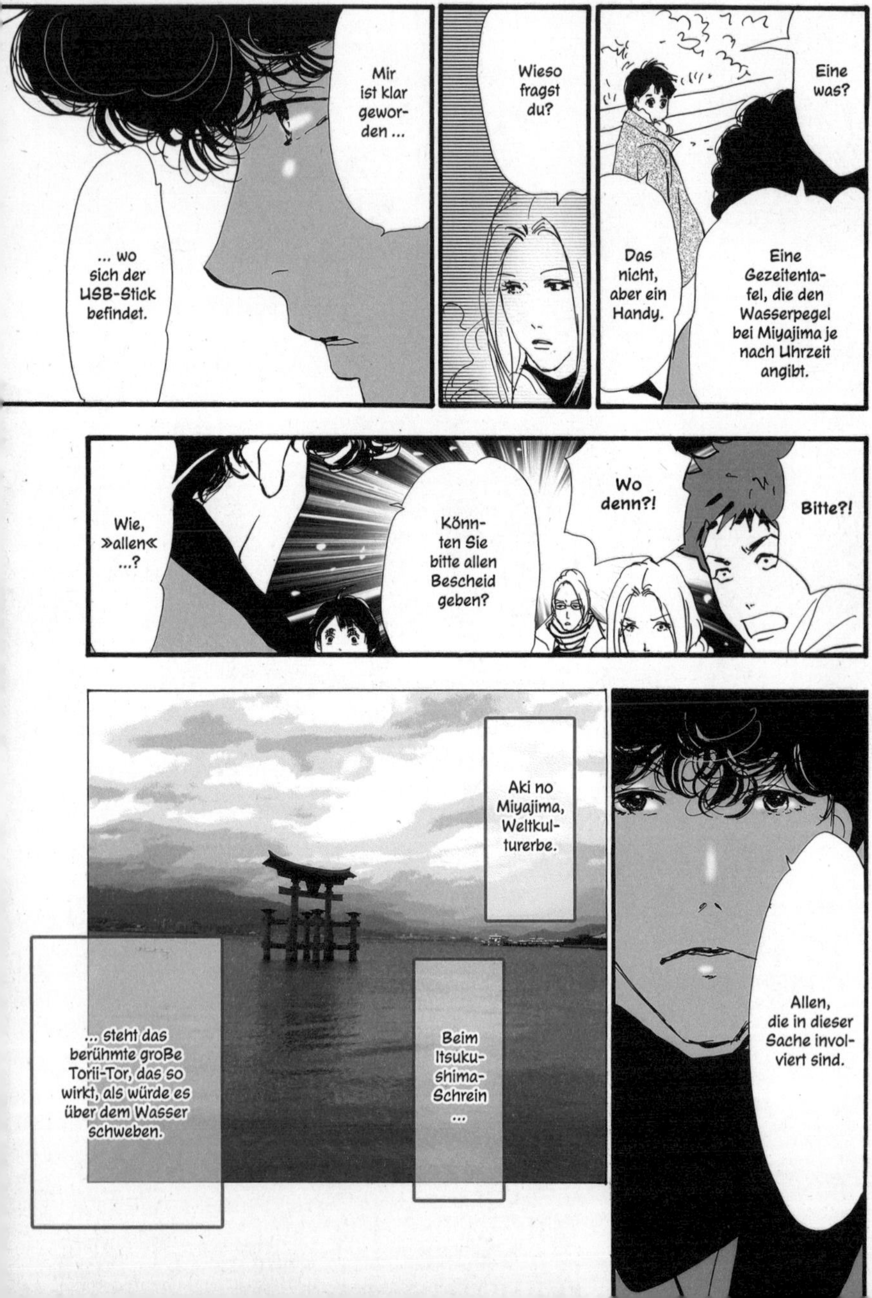

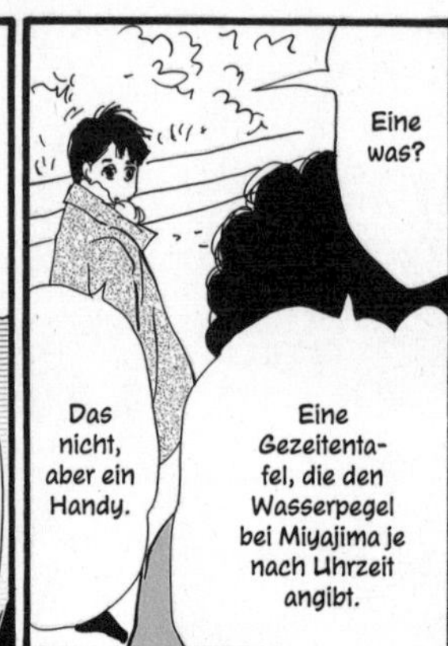

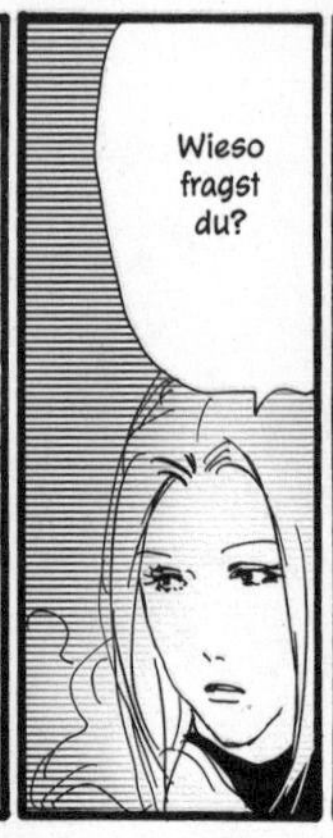

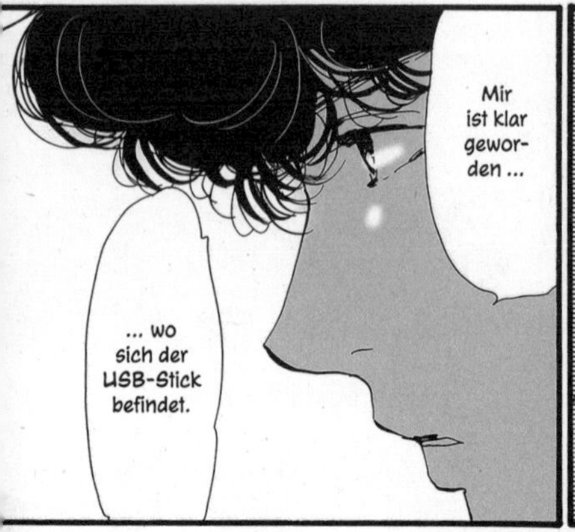

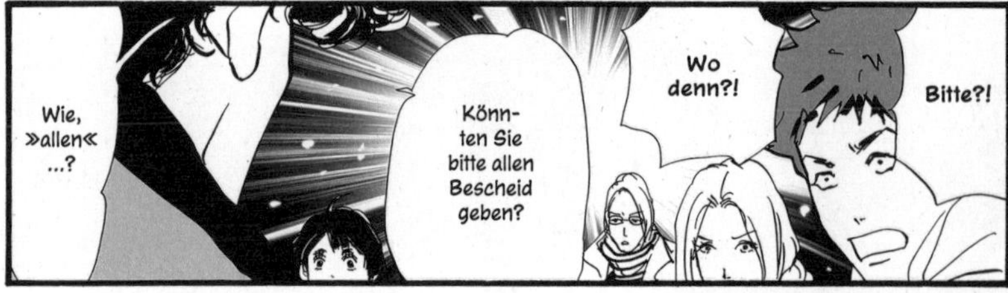

Allen, die in dieser Sache involviert sind.

Aki no Miyajima, Weltkulturerbe.

Beim Itsukushima-Schrein ...

... steht das berühmte große Torii-Tor, das so wirkt, als würde es über dem Wasser schweben.

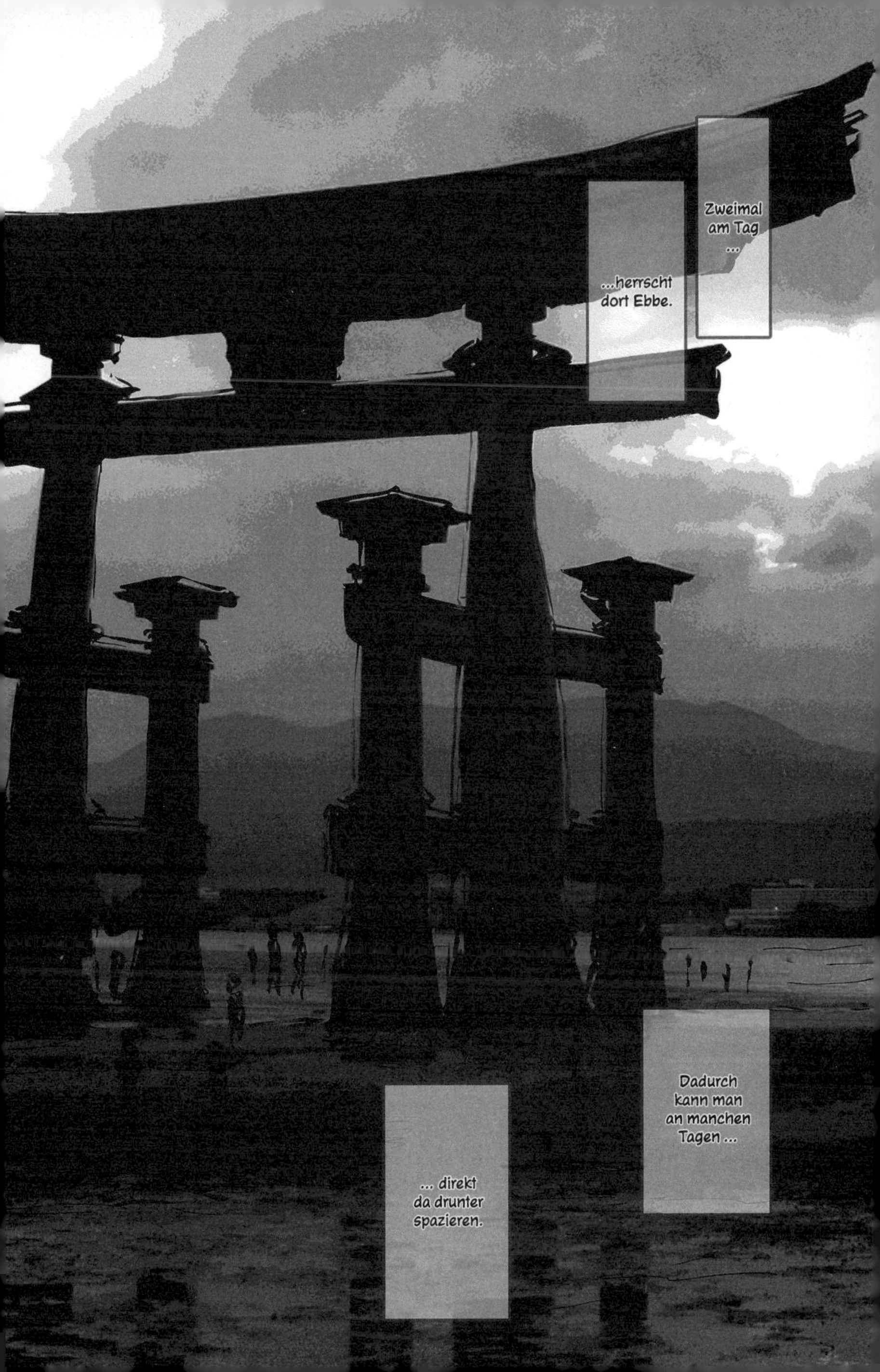

Zweimal am Tag ...
...herrscht dort Ebbe.
Dadurch kann man an manchen Tagen ...
... direkt da drunter spazieren.

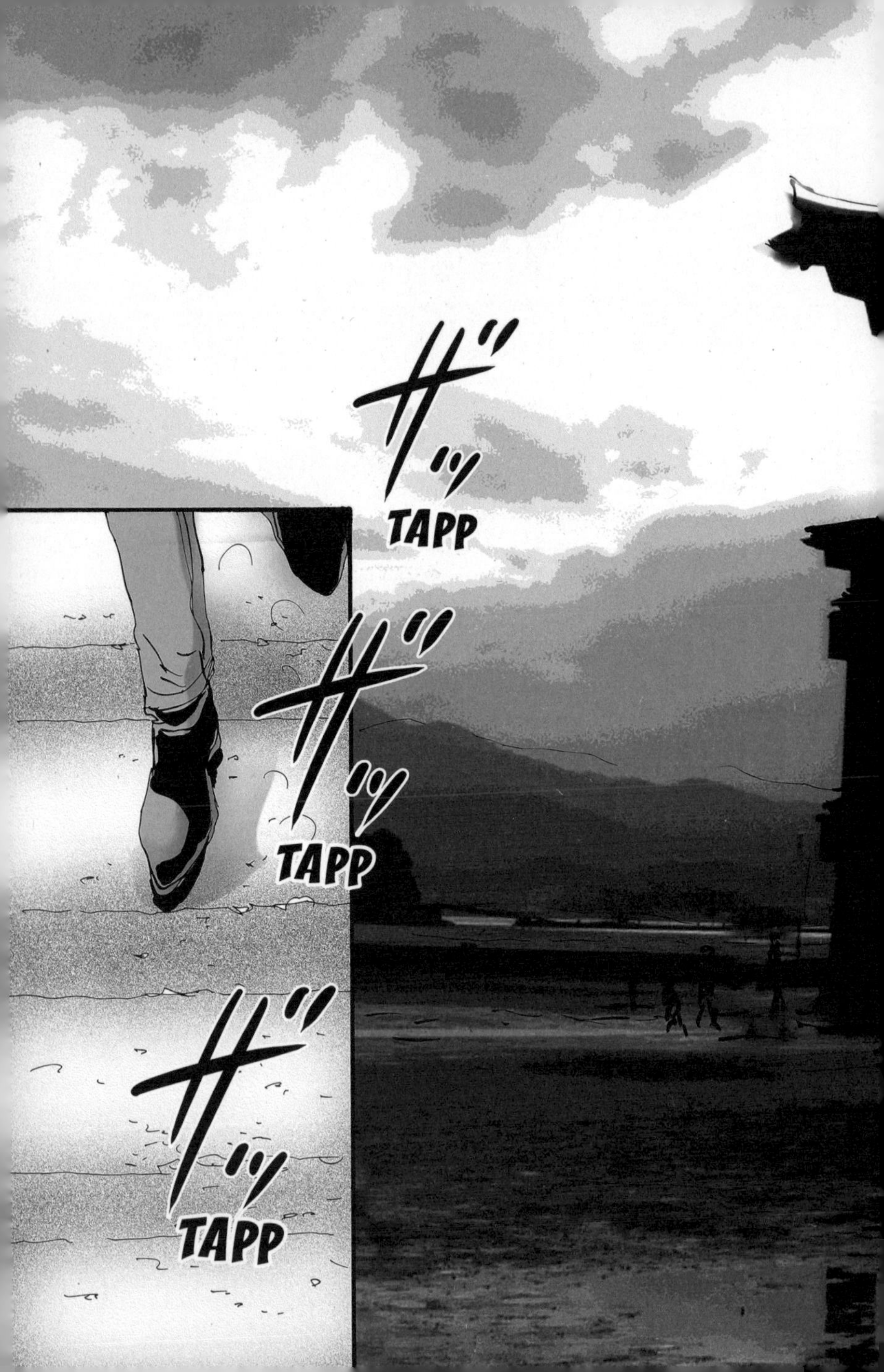
ザッ
TAPP
ザッ
TAPP
ザッ
TAPP

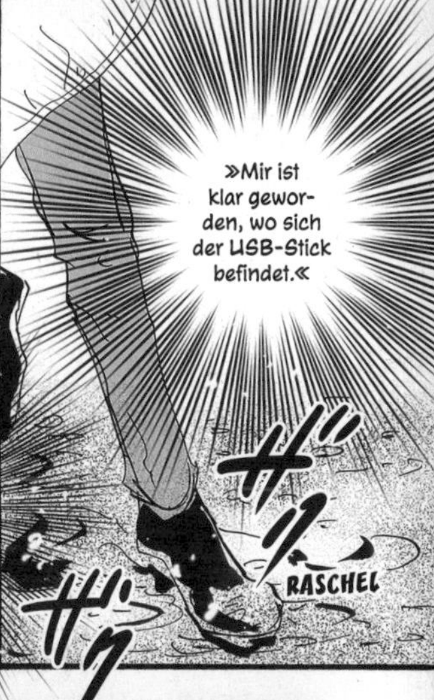
»Mir ist klar geworden, wo sich der USB-Stick befindet.«
RASCHEL
RASCHEL

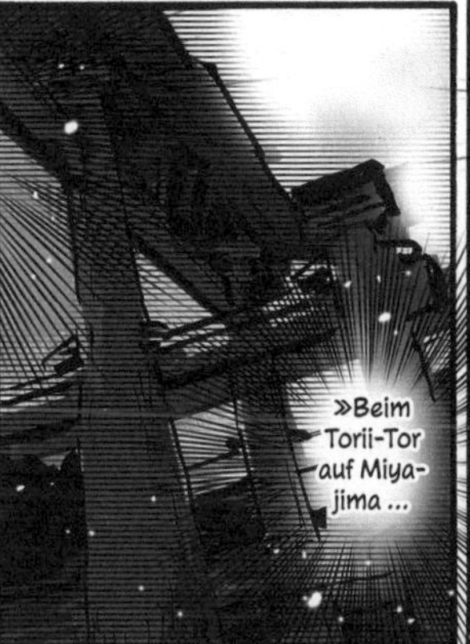
»Beim Torii-Tor auf Miyajima ...

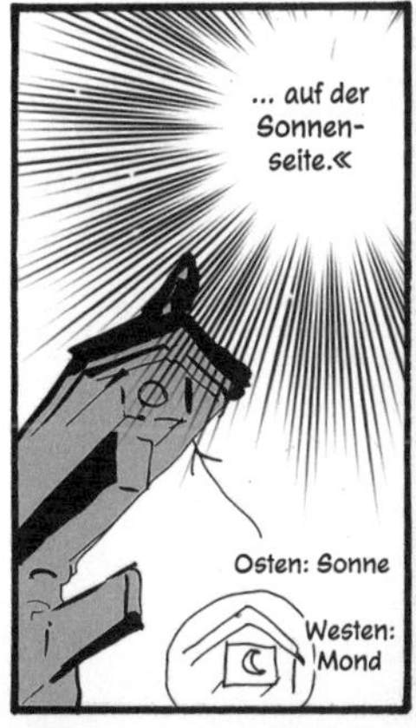
... auf der Sonnenseite.«
Osten: Sonne
Westen: Mond

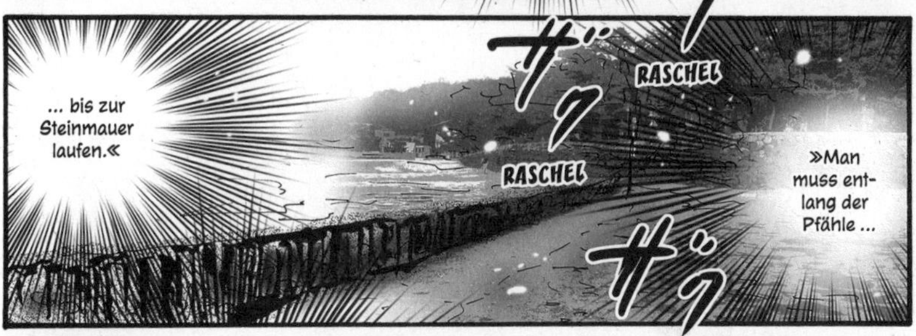
RASCHEL
»Man muss entlang der Pfähle ...
RASCHEL
... bis zur Steinmauer laufen.«
RASCHEL

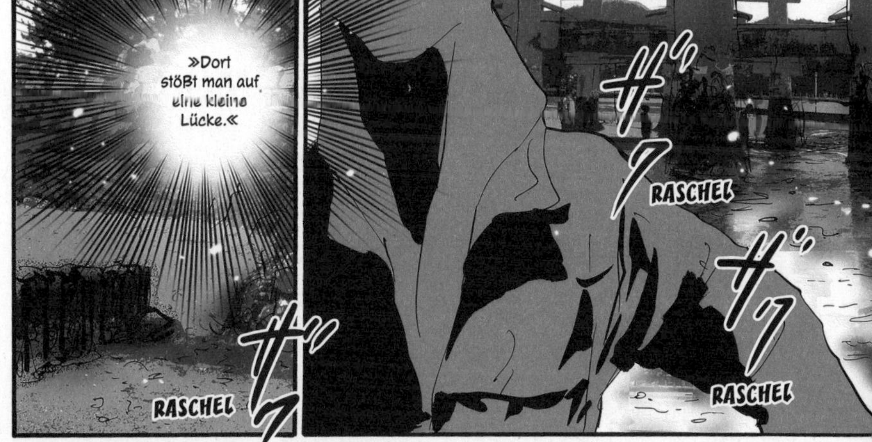
RASCHEL
RASCHEL
»Dort stößt man auf eine kleine Lücke.«
RASCHEL

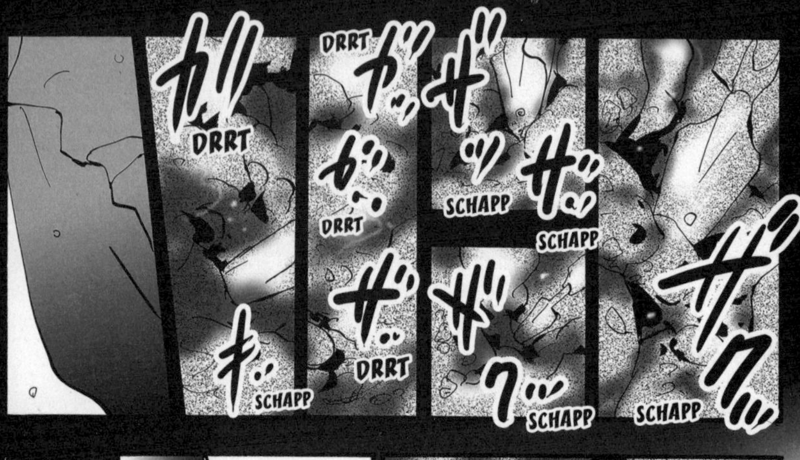

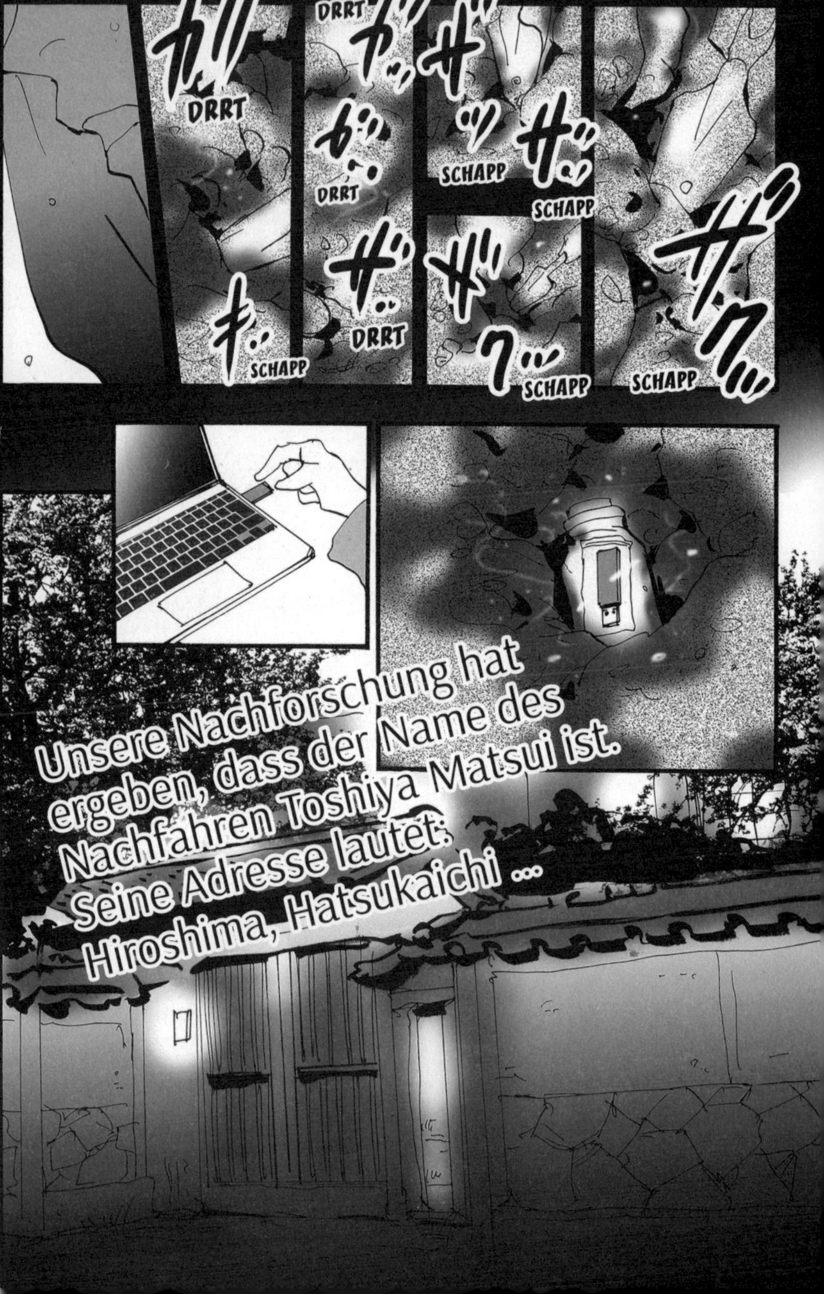

Unsere Nachforschung hat ergeben, dass der Name des Nachfahren Toshiya Matsui ist. Seine Adresse lautet: Hiroshima, Hatsukaichi …

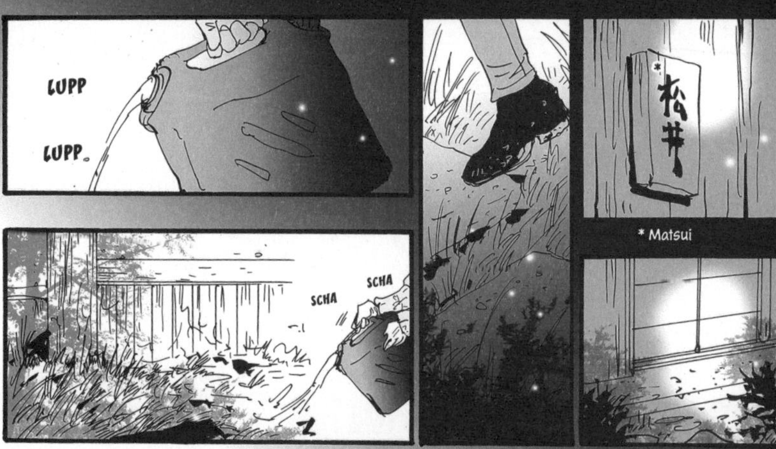
LUPP
LUPP
松井
* Matsui
SCHA
SCHA

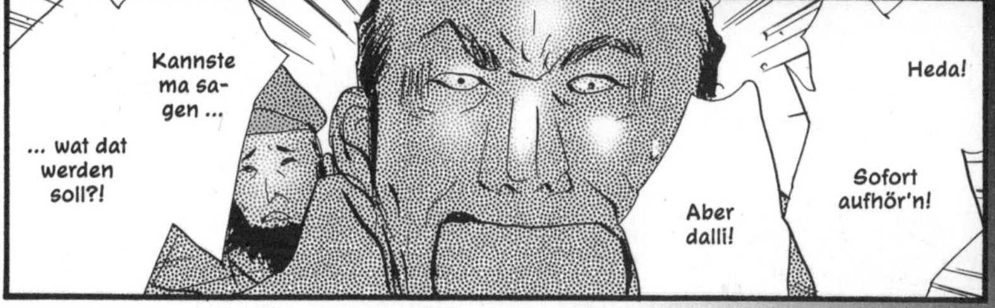
Heda!
Sofort aufhör'n!
Aber dalli!
Kannste ma sagen ...
... wat dat werden soll?!

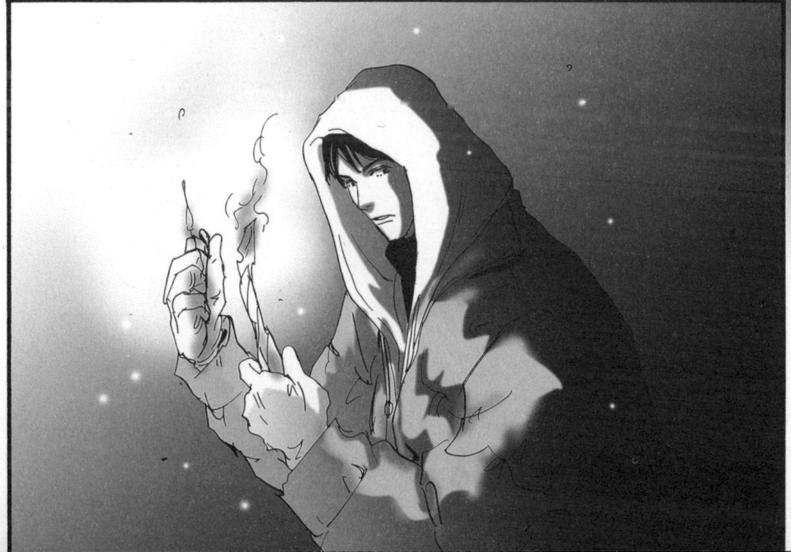

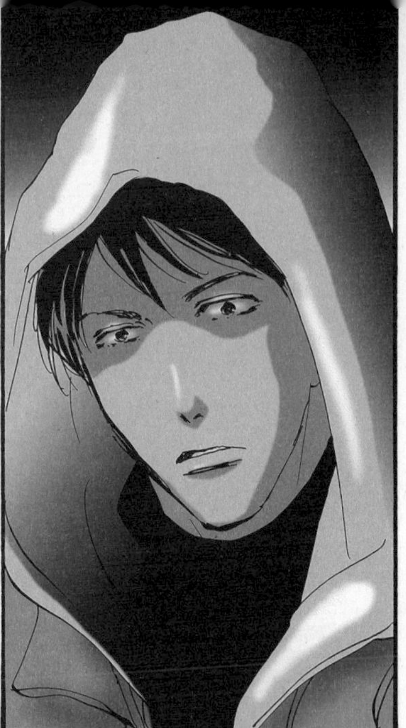

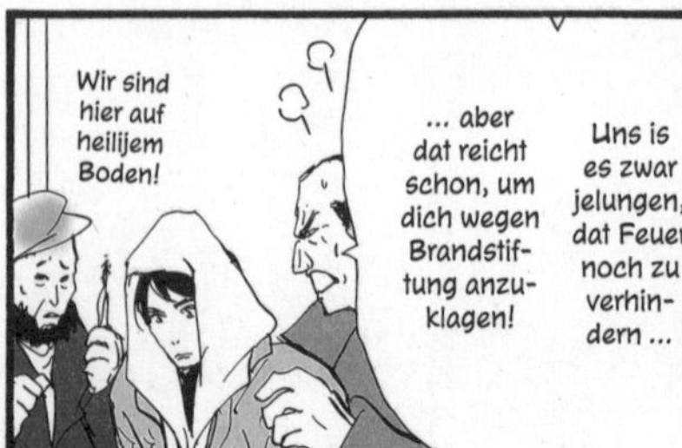
Uns is es zwar jelungen, dat Feuer noch zu verhindern ...
... aber dat reicht schon, um dich wegen Brandstiftung anzuklagen!
Wir sind hier auf heilijem Boden!

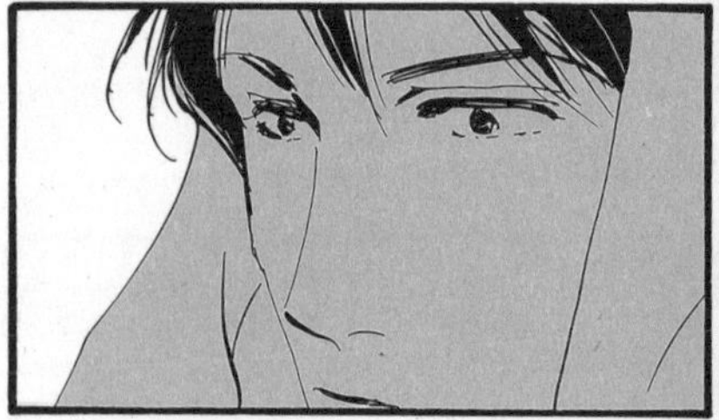

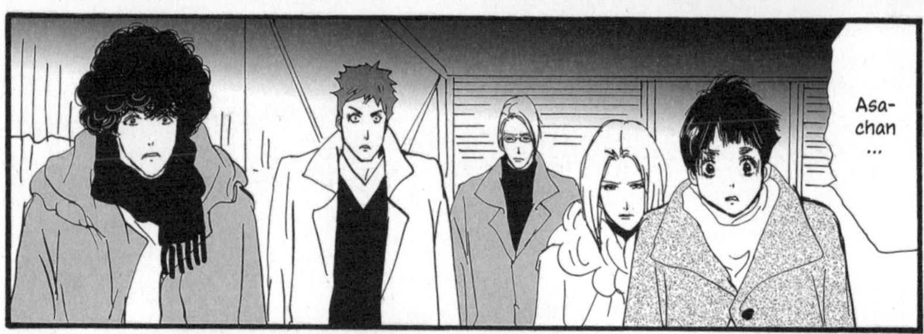
Asa-chan ...

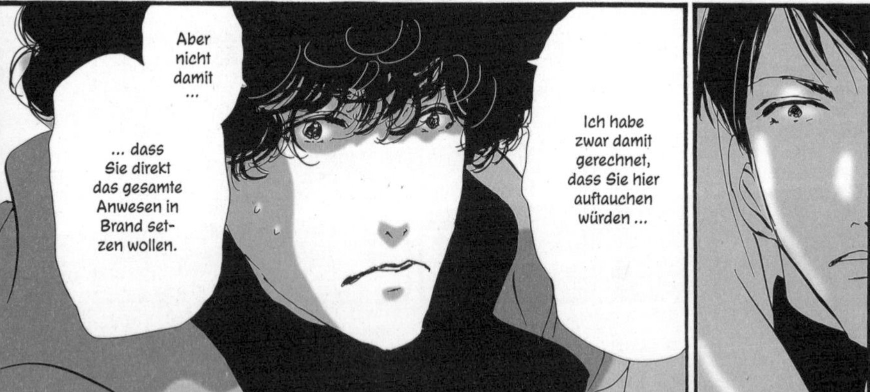
Ich habe zwar damit gerechnet, dass Sie hier auftauchen würden ...
Aber nicht damit ...
... dass Sie direkt das gesamte Anwesen in Brand setzen wollen.

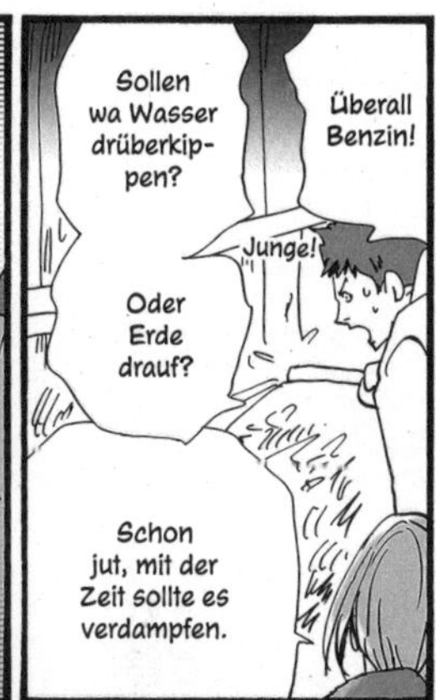
Überall Benzin!
Junge!
Sollen wa Wasser drüberkippen?
Oder Erde drauf?
Schon jut, mit der Zeit sollte es verdampfen.

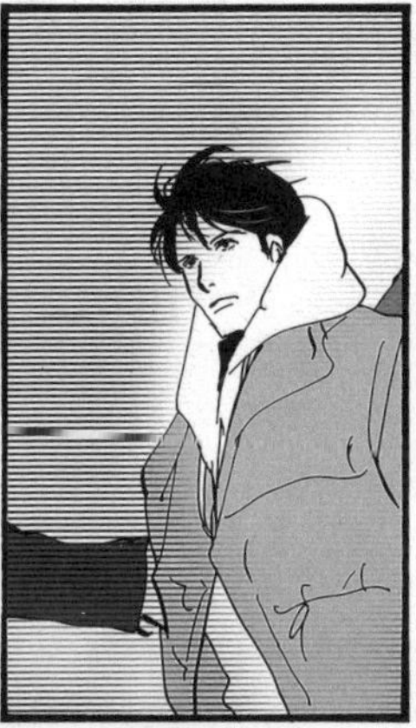

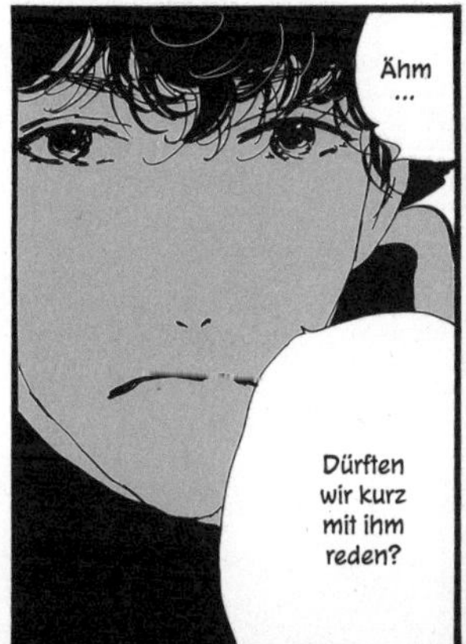
Ähm ...
Dürften wir kurz mit ihm reden?

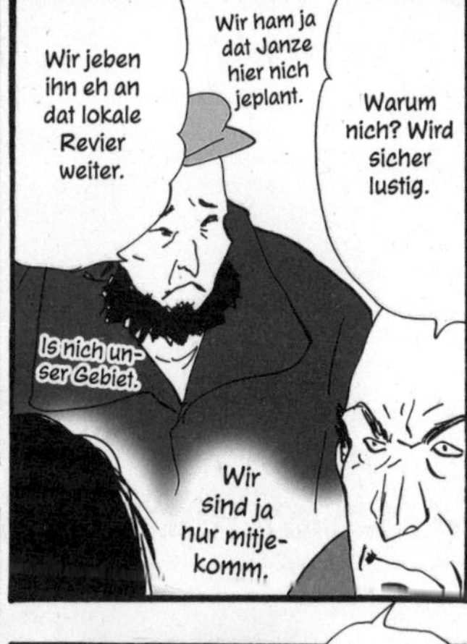
Warum nich? Wird sicher lustig.
Wir ham ja dat Janze hier nich jeplant.
Wir jeben ihn eh an dat lokale Revier weiter.
Is nich unser Gebiet.
Wir sind ja nur mitjekomm.

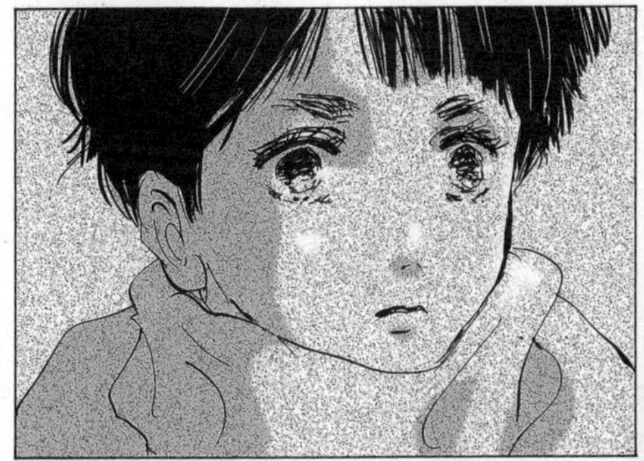

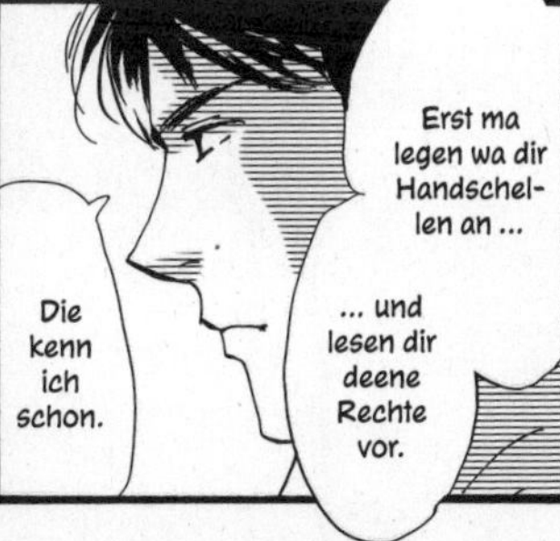
Erst ma legen wa dir Handschellen an ...
... und lesen dir deene Rechte vor.
Die kenn ich schon.

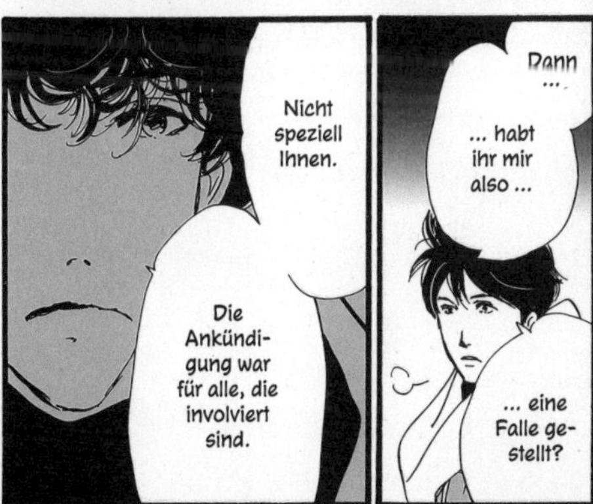
Dann ...
... habt ihr mir also ...
... eine Falle gestellt?
Nicht speziell Ihnen.
Die Ankündigung war für alle, die involviert sind.

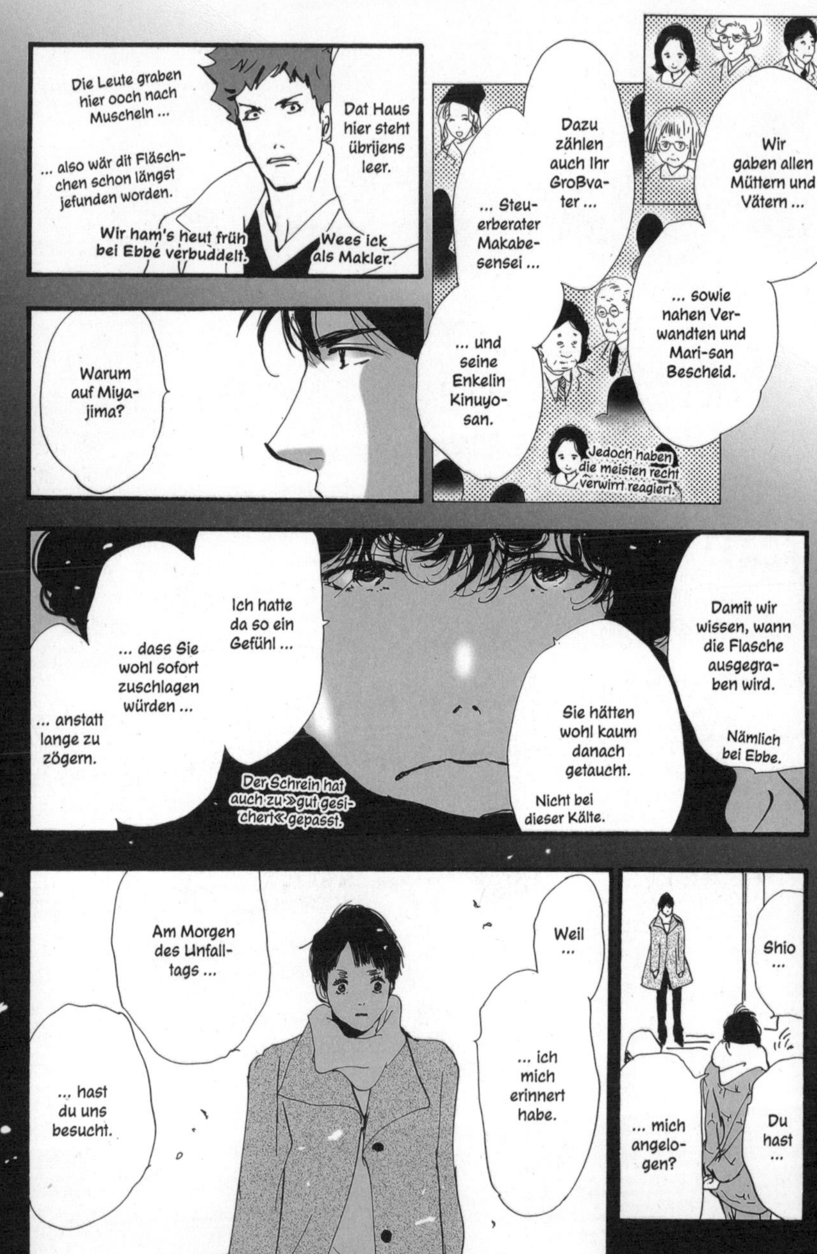
Wir gaben allen Müttern und Vätern ...
... sowie nahen Verwandten und Mari-san Bescheid.
Jedoch haben die meisten recht verwirrt reagiert.
Dazu zählen auch Ihr Großvater ...
... Steuerberater Makabe-sensei ...
... und seine Enkelin Kinuyo-san.
Dat Haus hier steht übrijens leer.
Wees ick als Makler.
Die Leute graben hier ooch nach Muscheln ...
... also wär dit Fläschchen schon längst jefunden worden.
Wir ham's heut früh bei Ebbe verbuddelt.
Warum auf Miyajima?
Damit wir wissen, wann die Flasche ausgegraben wird.
Nämlich bei Ebbe.
Sie hätten wohl kaum danach getaucht.
Nicht bei dieser Kälte.
Ich hatte da so ein Gefühl ...
... dass Sie wohl sofort zuschlagen würden ...
... anstatt lange zu zögern.
Der Schrein hat auch zu »gut gesichert« gepasst.
Shio ...
Du hast ...
... mich angelogen?
Weil ...
... ich mich erinnert habe.
Am Morgen des Unfalltags ...
... hast du uns besucht.

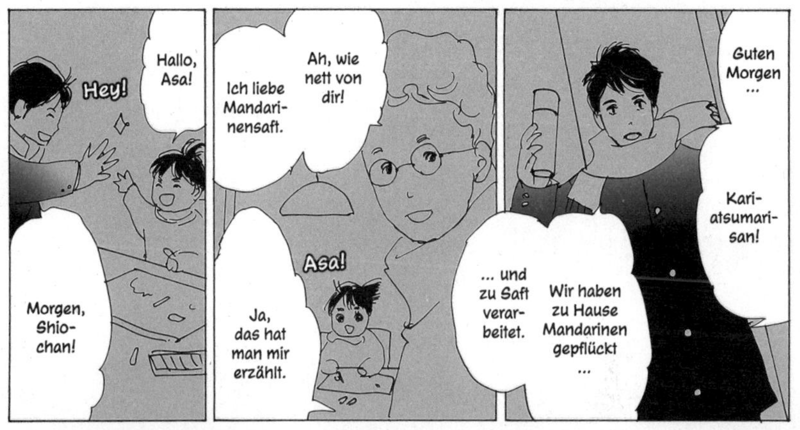
Guten Morgen ...
Kari-atsumari-san!
Wir haben zu Hause Mandarinen gepflückt ...
... und zu Saft verarbeitet.
Ah, wie nett von dir!
Ich liebe Mandarinensaft.
Asa!
Ja, das hat man mir erzählt.
Hallo, Asa!
Hey!
Morgen, Shio-chan!
LUPP
LUPP
Ich müsste gleich mal los.
Könntest du kurz auf Shio aufpassen?
Ja, klar.
GLUCK
GLUCK
Viel besser als der aus dem Laden.
Willst du auch was, Shio?
Ups!
PLATSCH
Oje, oje ...
Es war dieses Notizbuch ...
Danach ist Papa ...
Huch?
Ich finde mein Notizbuch nicht.
Lass es liegen, falls du es siehst, ja, Shio?

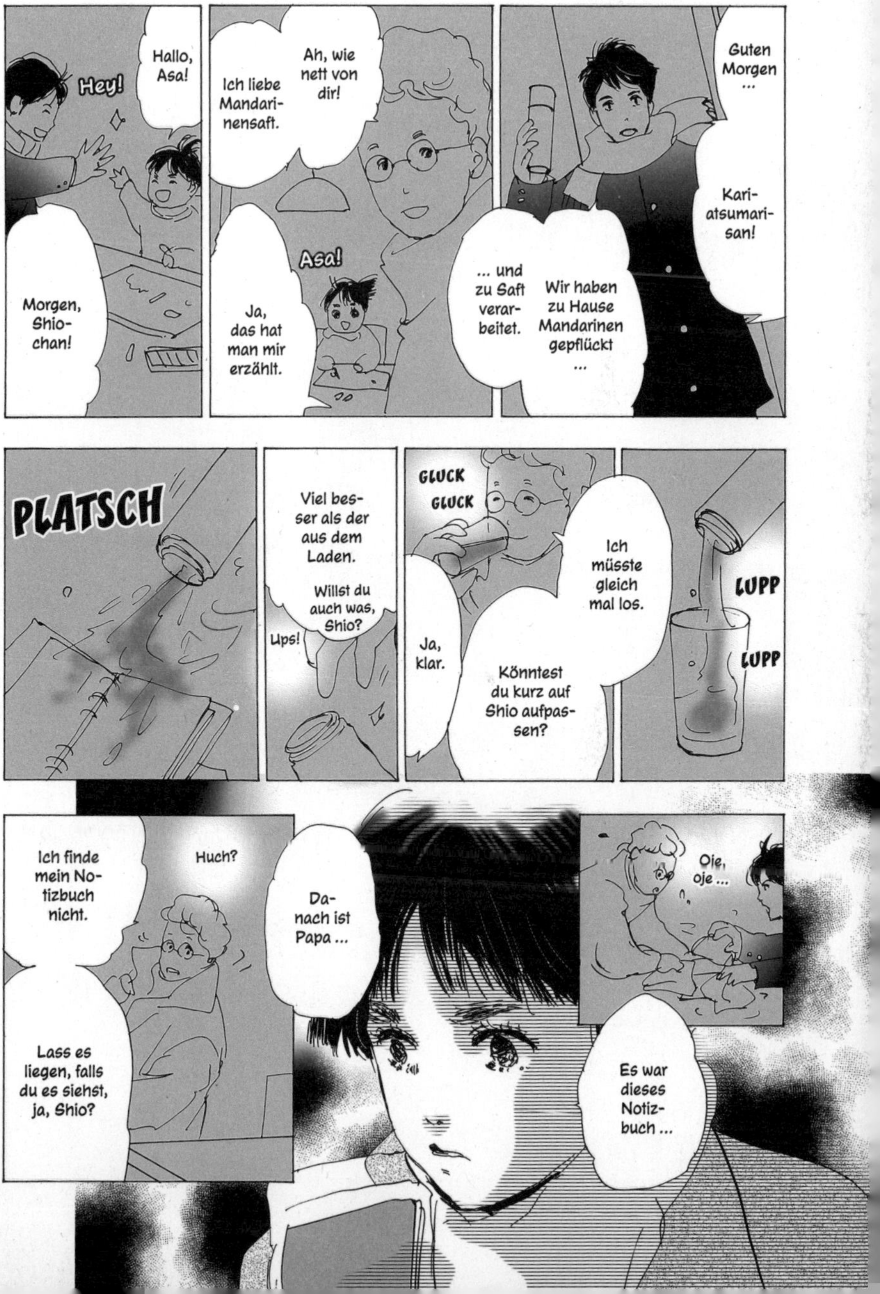

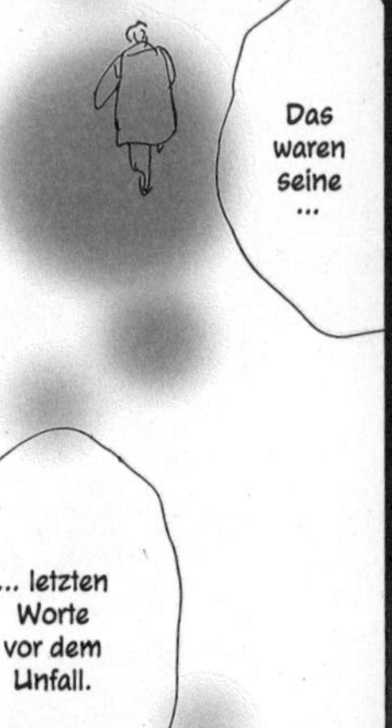
Das waren seine ...
... letzten Worte vor dem Unfall.

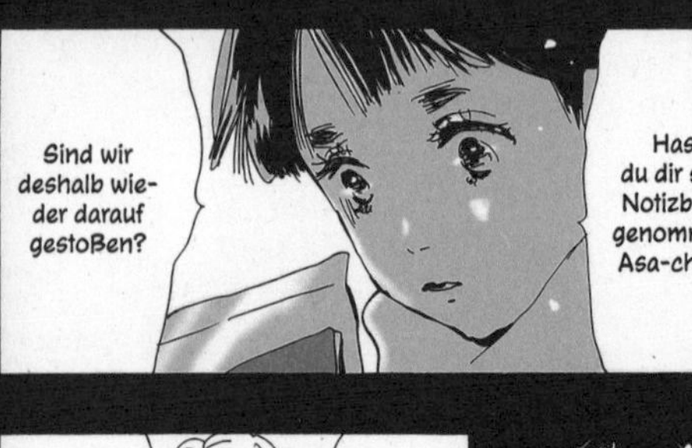
Hast du dir sein Notizbuch genommen, Asa-chan?
Sind wir deshalb wieder darauf gestoßen?

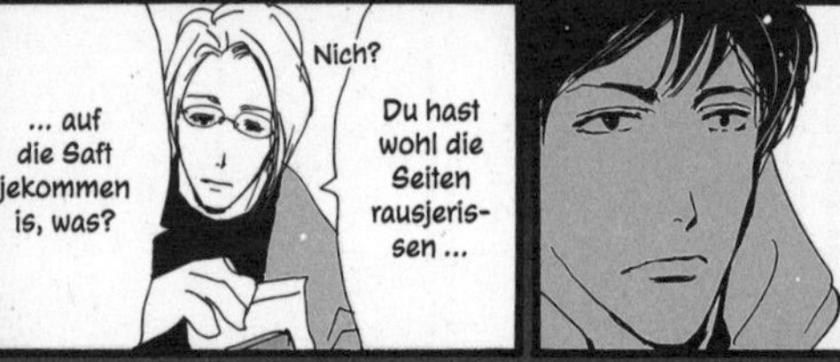
Du hast wohl die Seiten rausjerissen ...
Nich?
... auf die Saft jekommen is, was?

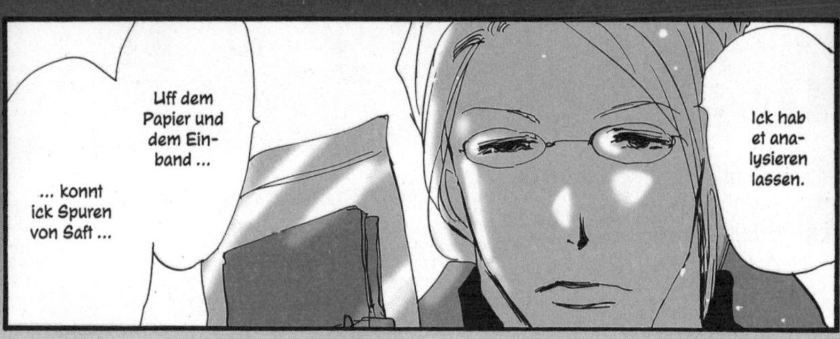
Ick hab et analysieren lassen.
Uff dem Papier und dem Einband ...
... konnt ick Spuren von Saft ...

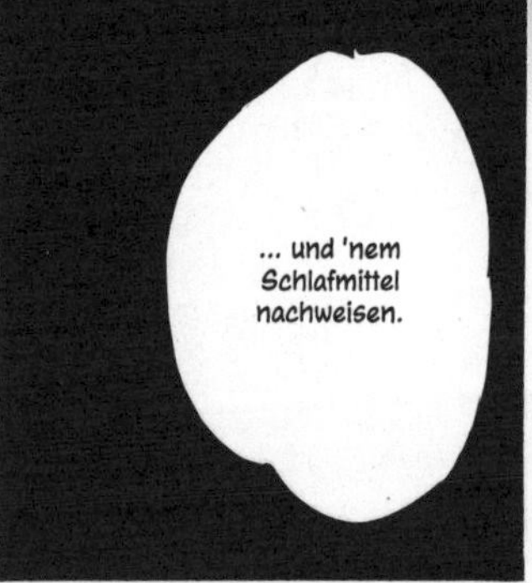
... und 'nem Schlafmittel nachweisen.

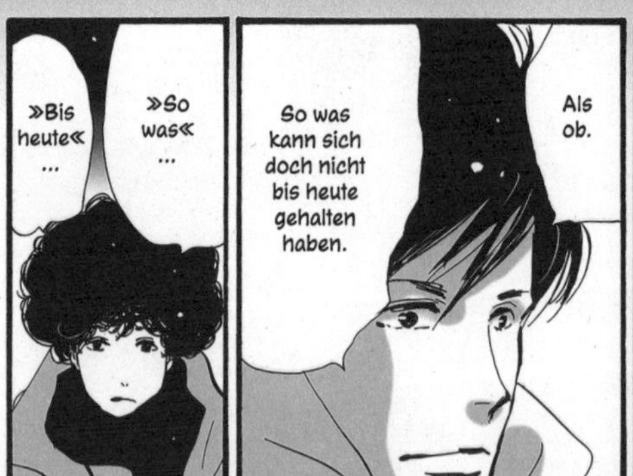
Als ob.
So was kann sich doch nicht bis heute gehalten haben.
»So was« ...
»Bis heute« ...

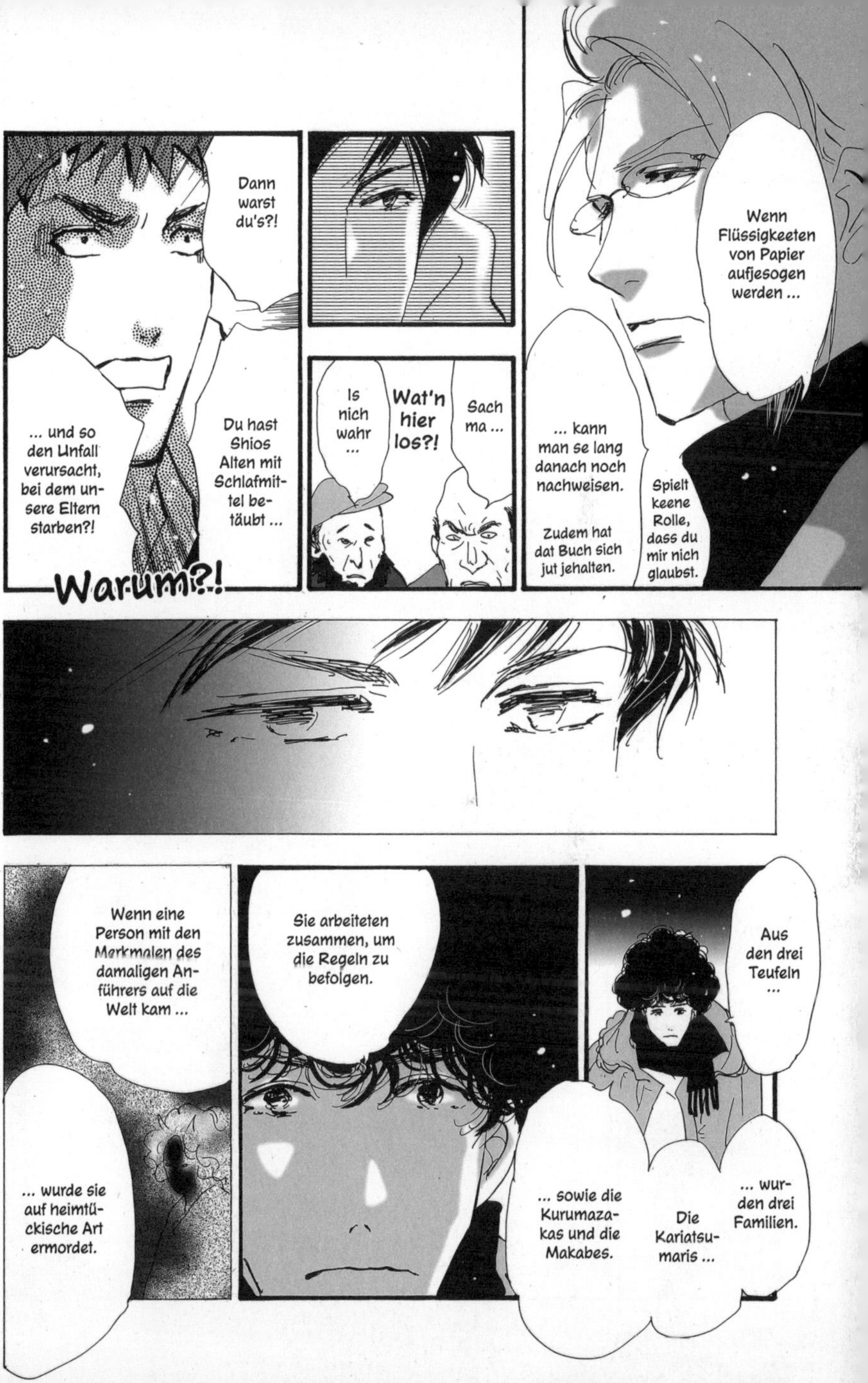

Wenn Flüssigkeeten von Papier aufjesogen werden ...

... kann man se lang danach noch nachweisen.

Zudem hat dat Buch sich jut jehalten.

Spielt keene Rolle, dass du mir nich glaubst.

Sach ma ...

Wat'n hier los?!

Is nich wahr ...

Dann warst du's?!

Du hast Shios Alten mit Schlafmittel betäubt ...

... und so den Unfall verursacht, bei dem unsere Eltern starben?!

Warum?!

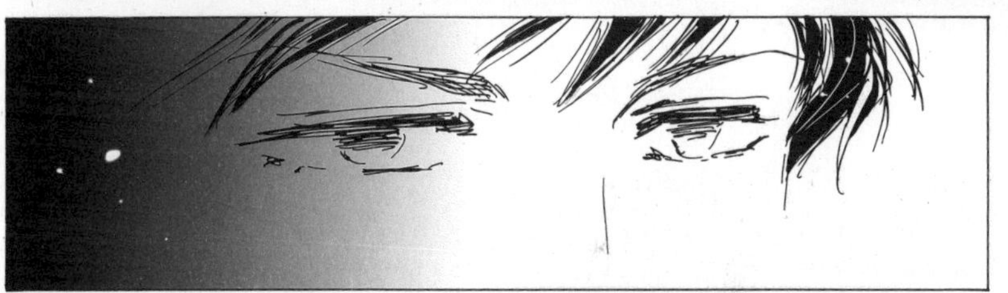

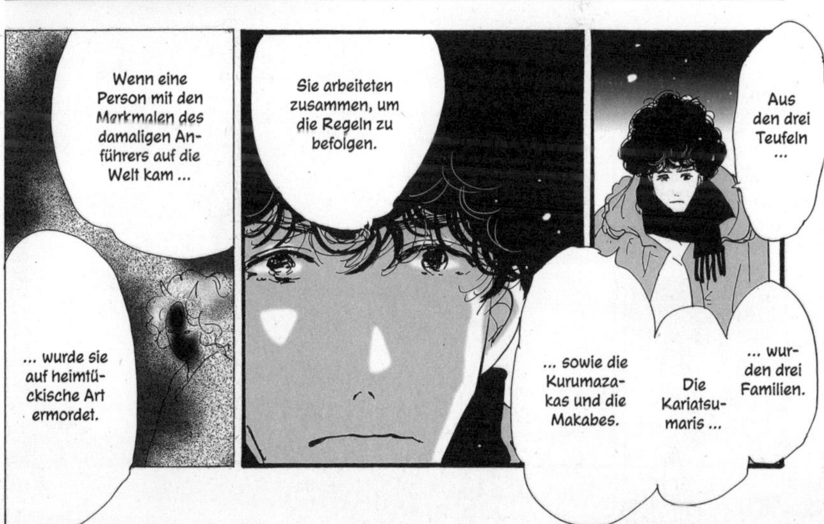

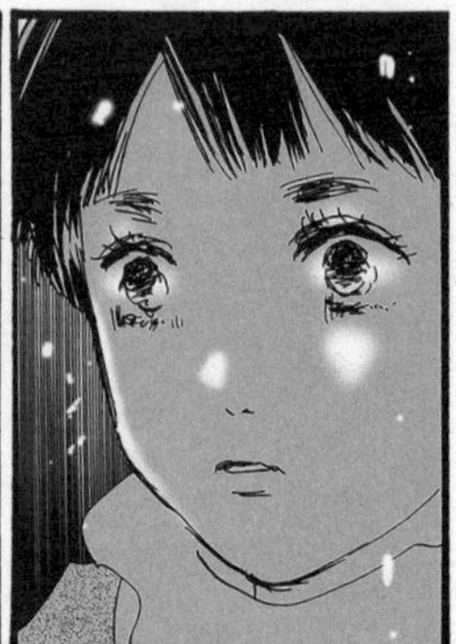

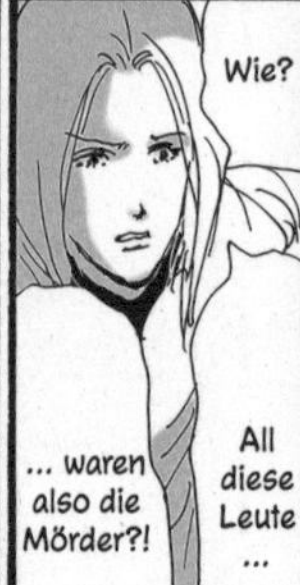
Wie?
All diese Leute ...
... waren also die Mörder?!

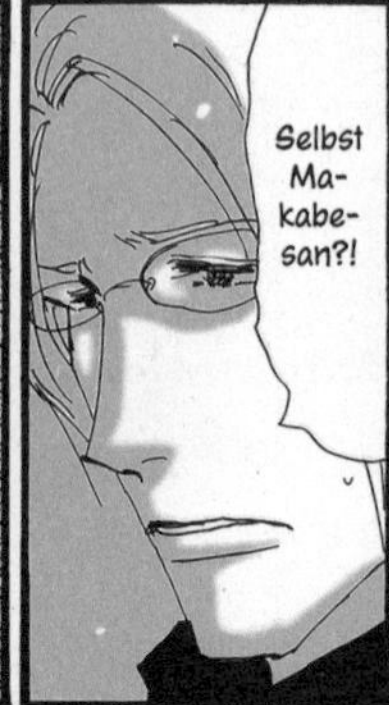
Selbst Makabe-san?!

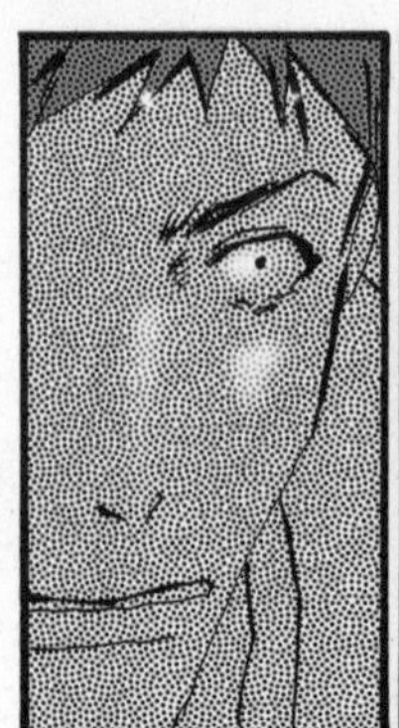

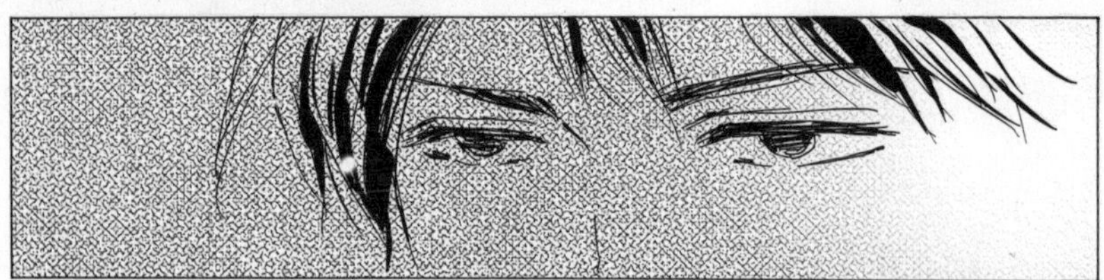

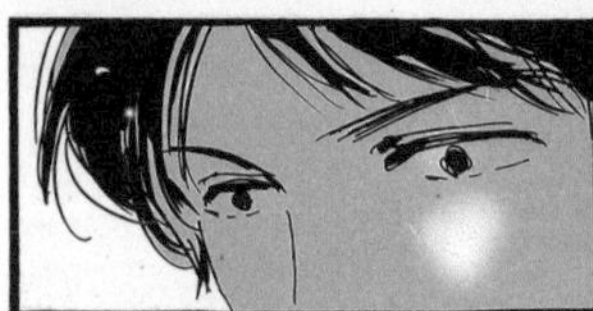

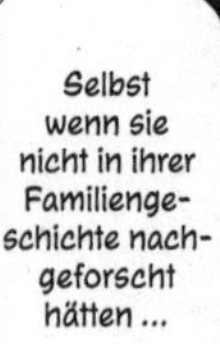

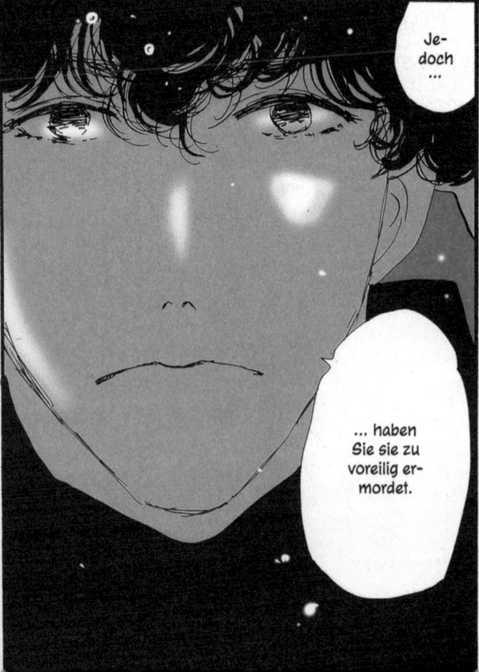
Jedoch ...
Der Vater von Shio-san und die Mutter von Neo-san ...
... standen wegen ihres Aussehens sowieso auf der Liste.
Selbst wenn sie nicht in ihrer Familiengeschichte nachgeforscht hätten ...
... wären sie umgebracht worden.
... haben Sie sie zu voreilig ermordet.

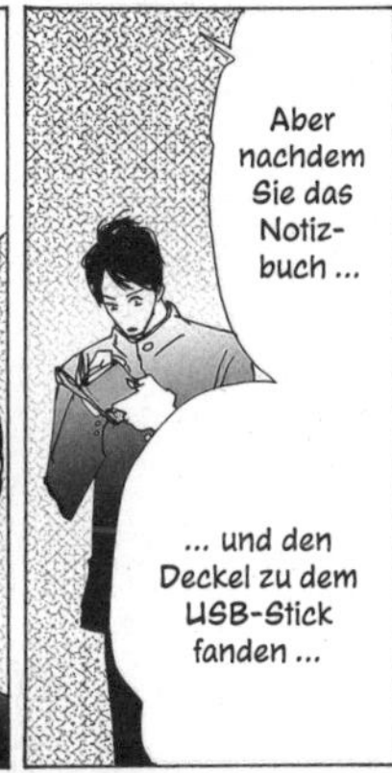
Aber nachdem Sie das Notizbuch ...
... und den Deckel zu dem USB-Stick fanden ...

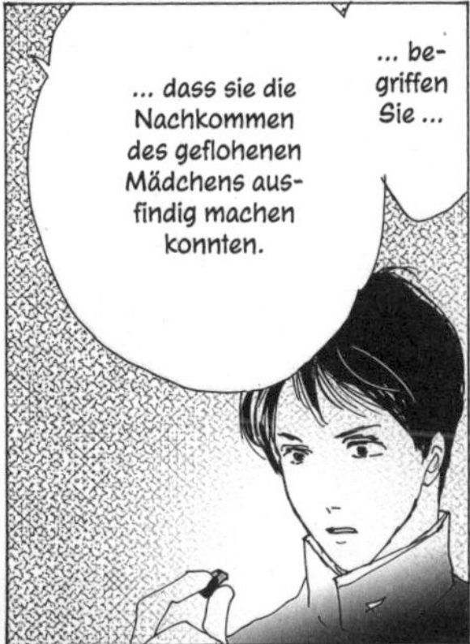
... begriffen Sie ...
... dass sie die Nachkommen des geflohenen Mädchens ausfindig machen konnten.

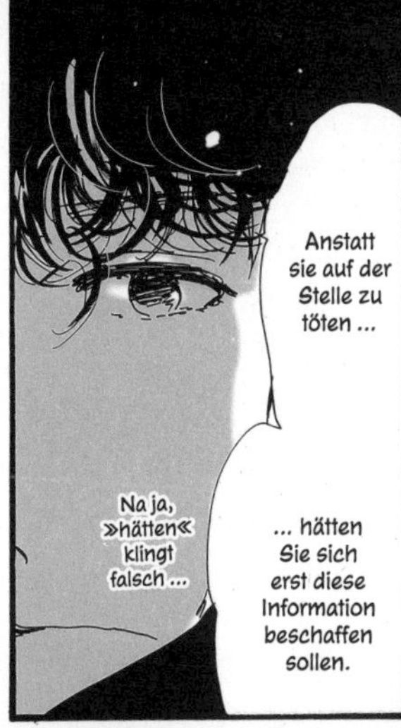
Anstatt sie auf der Stelle zu töten ...
... hätten Sie sich erst diese Information beschaffen sollen.
Na ja, »hätten« klingt falsch ...

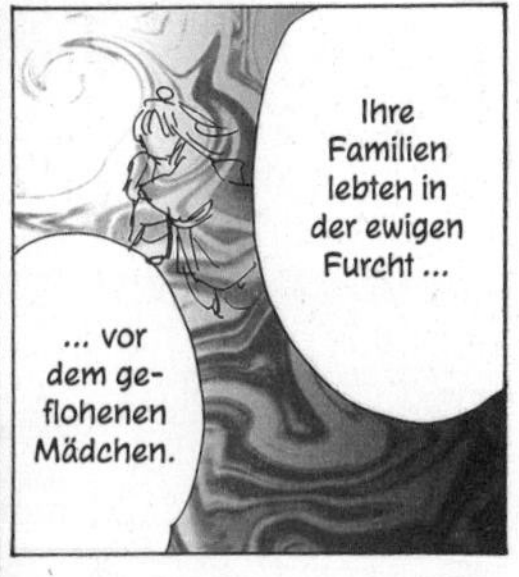
Ihre Familien lebten in der ewigen Furcht ...
... vor dem geflohenen Mädchen.

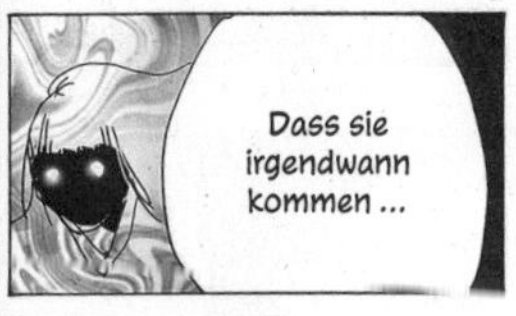
Dass sie irgendwann kommen ...

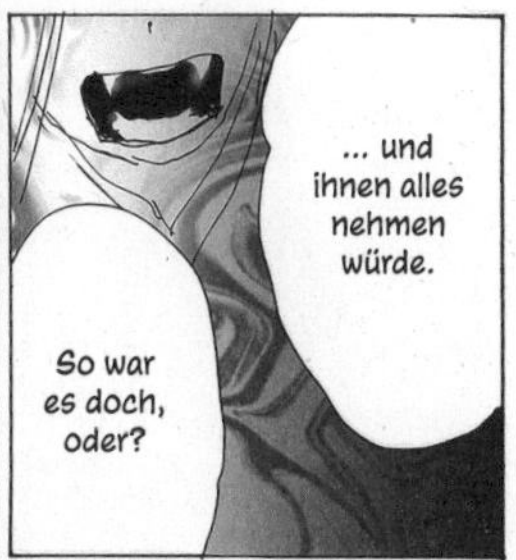
... und ihnen alles nehmen würde.
So war es doch, oder?

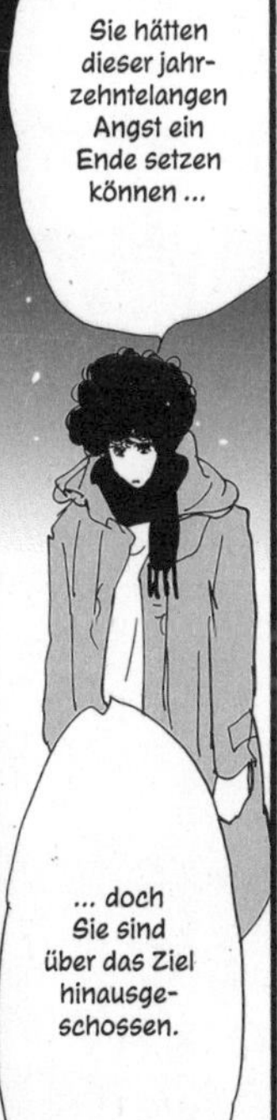
Sie hätten dieser jahrzehntelangen Angst ein Ende setzen können ...
... doch Sie sind über das Ziel hinausgeschossen.

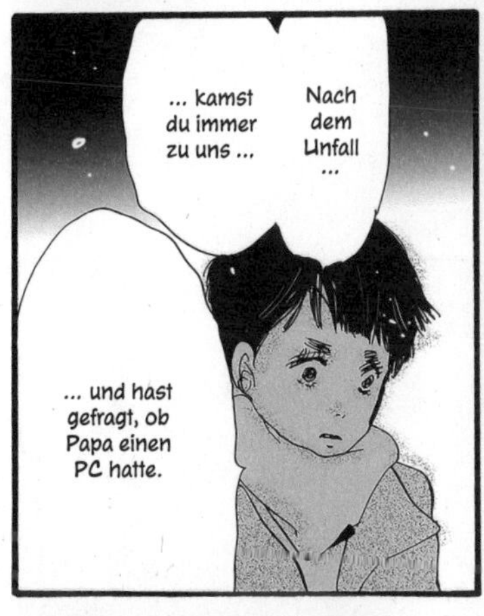
Nach dem Unfall ...
... kamst du immer zu uns ...
... und hast gefragt, ob Papa einen PC hatte.

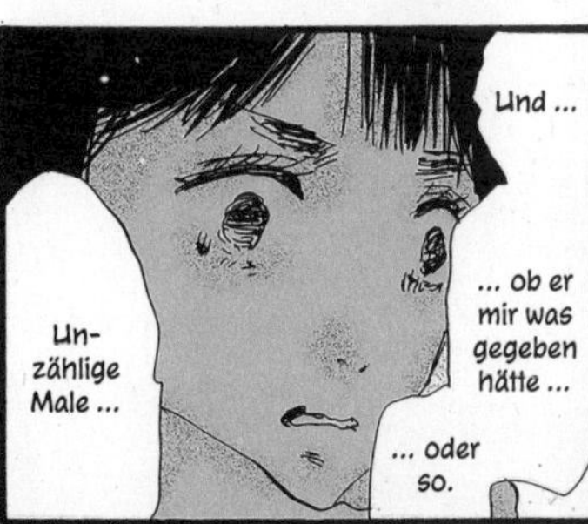
Und ...
... ob er mir was gegeben hätte ...
... oder so.
Unzählige Male ...

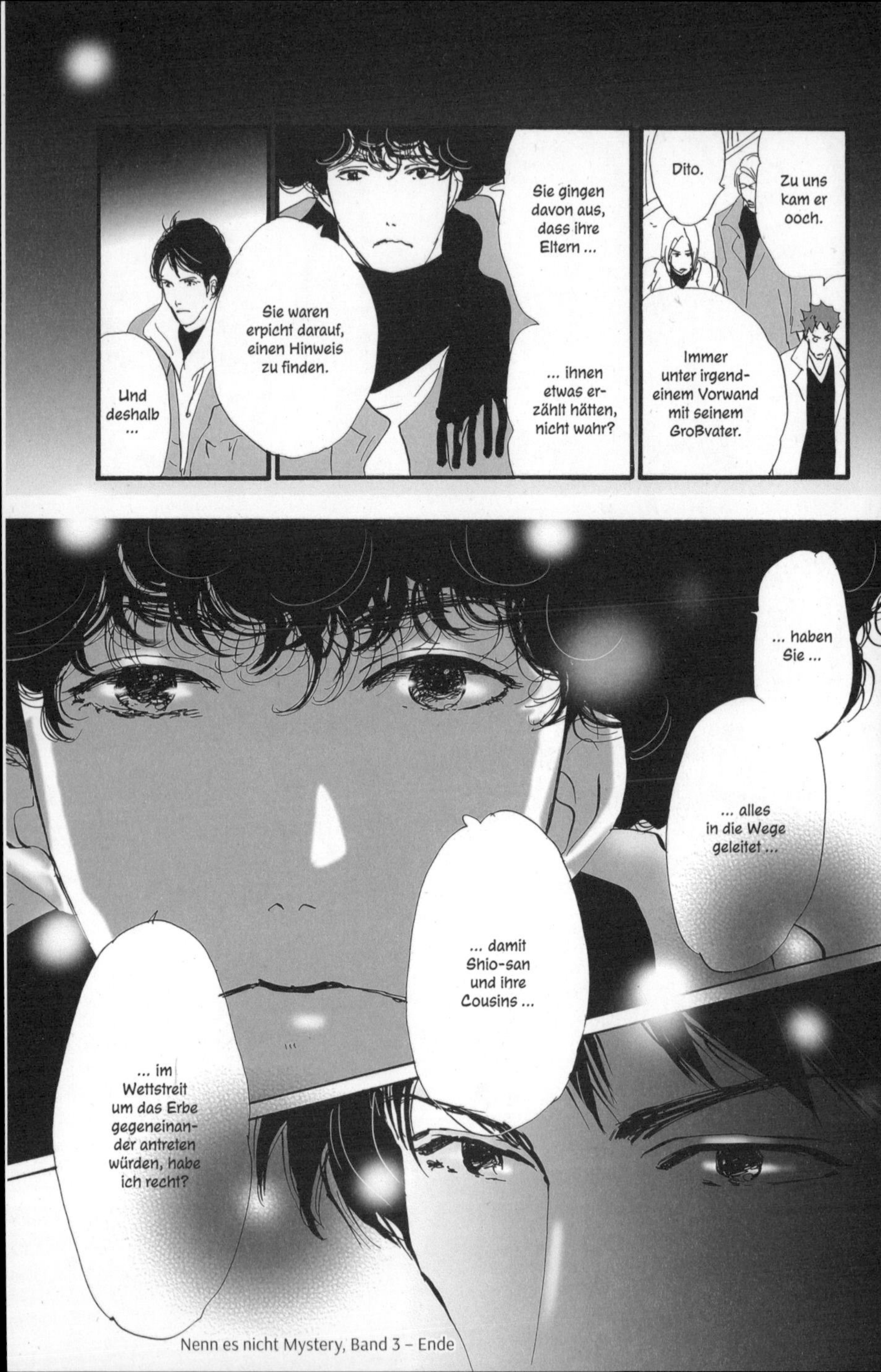

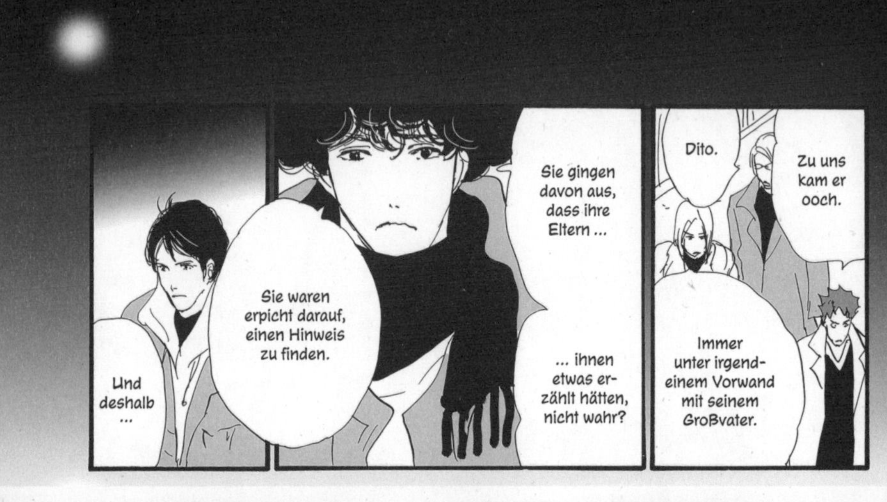

... haben Sie ...

... alles in die Wege geleitet ...

... damit Shio-san und ihre Cousins ...

... im Wettstreit um das Erbe gegeneinander antreten würden, habe ich recht?

Nenn es nicht Mystery, Band 3 – Ende

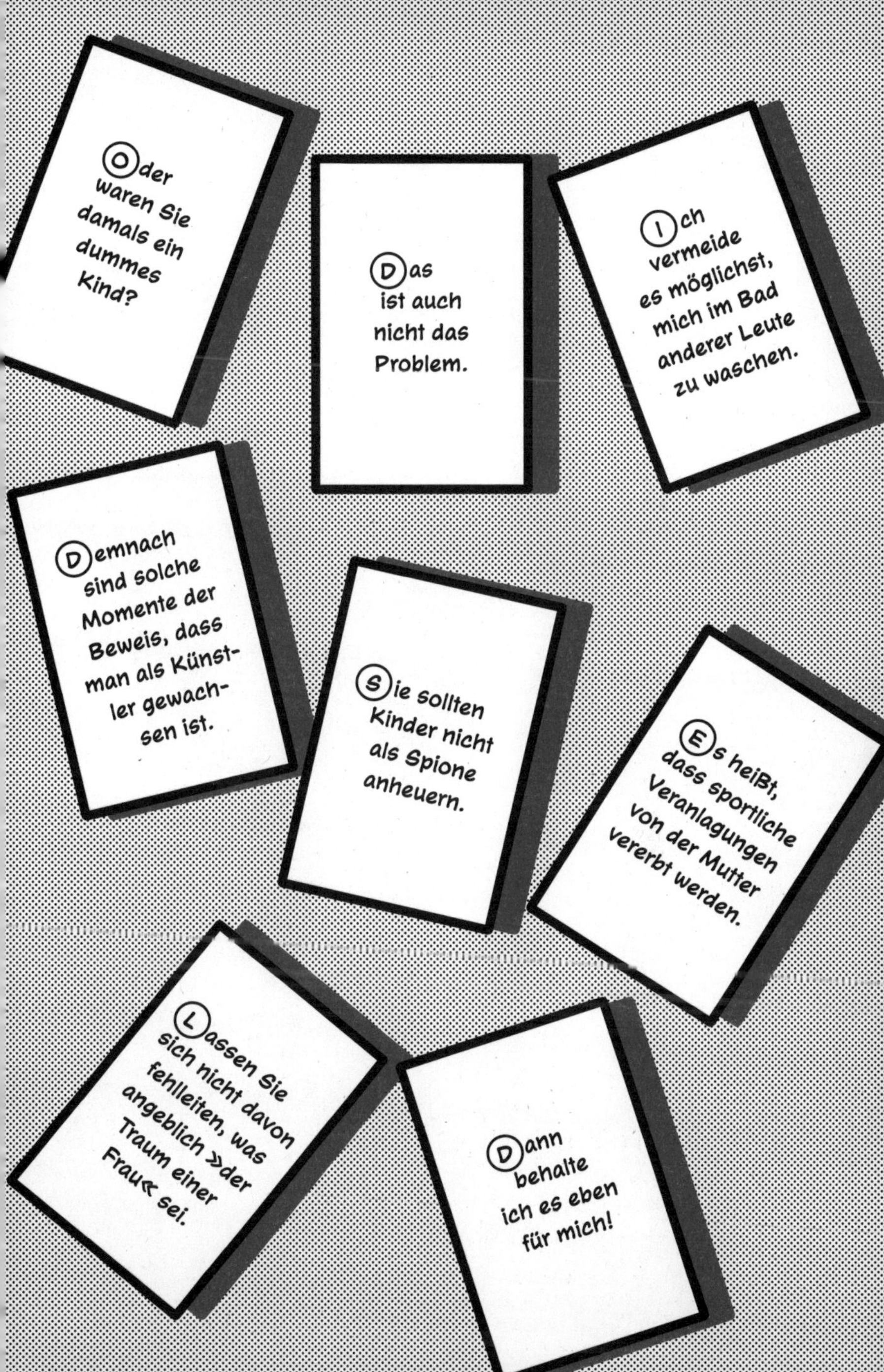
Oder waren Sie damals ein dummes Kind?
Das ist auch nicht das Problem.
Ich vermeide es möglichst, mich im Bad anderer Leute zu waschen.
Demnach sind solche Momente der Beweis, dass man als Künstler gewachsen ist.
Sie sollten Kinder nicht als Spione anheuern.
Es heißt, dass sportliche Veranlagungen von der Mutter vererbt werden.
Lassen Sie sich nicht davon fehlleiten, was angeblich »der Traum einer Frau« sei.
Dann behalte ich es eben für mich!

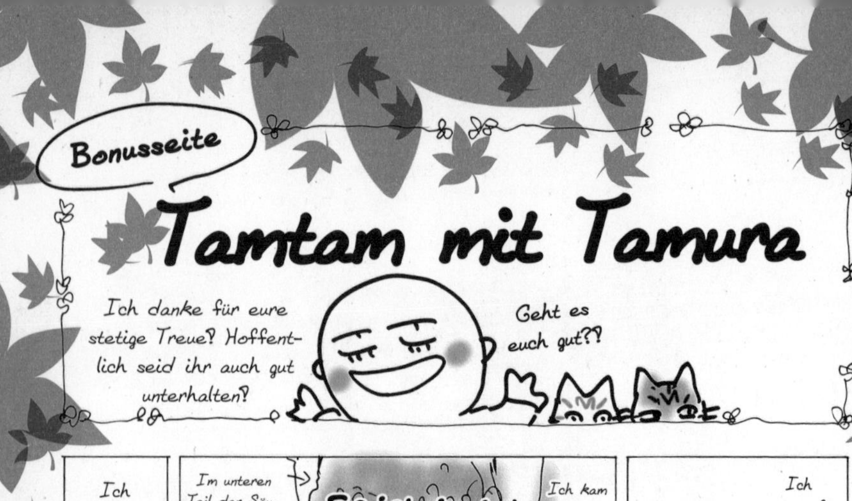

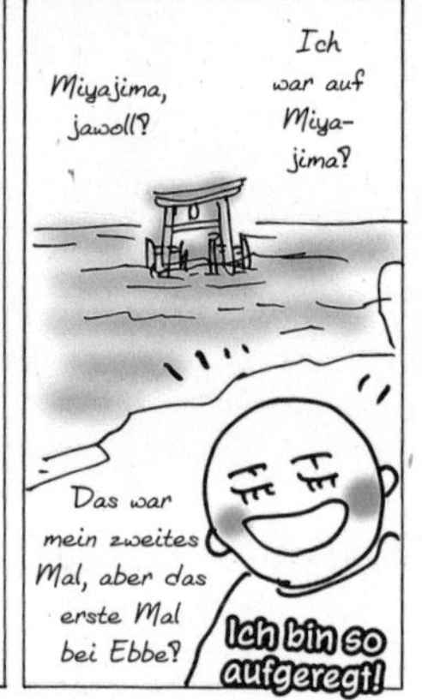

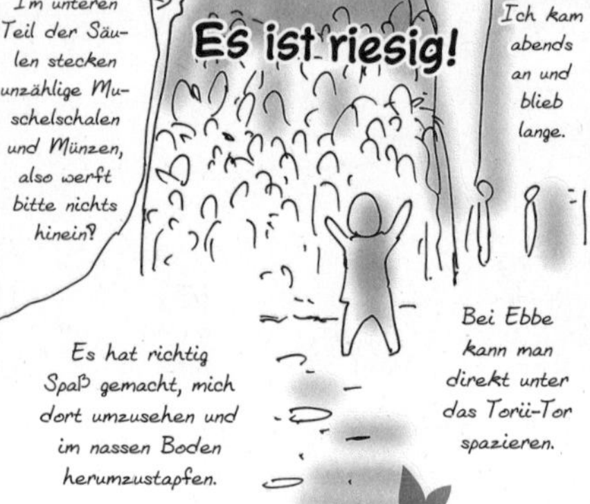

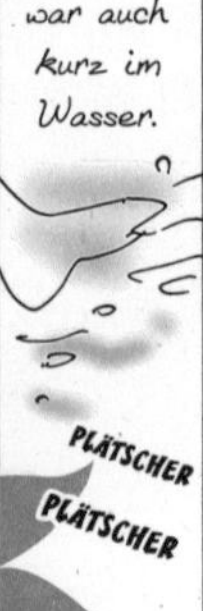

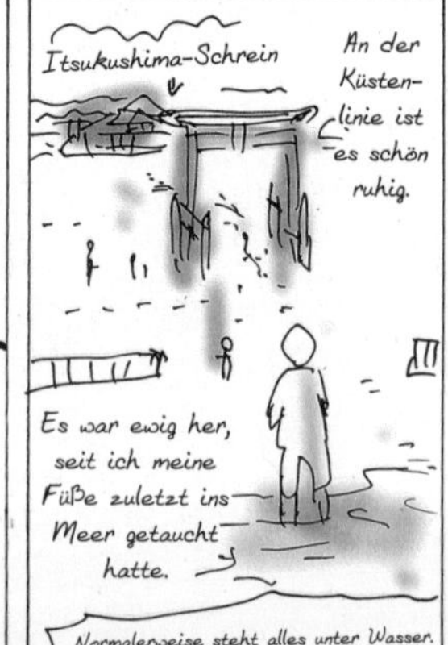

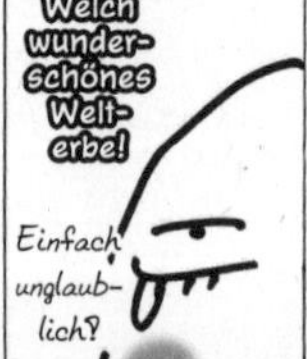

Dort gibt es viele Gasthäuser …

… in denen man übernachten kann.

Genießt Miyajima sowohl bei Ebbe als auch bei Flut?

An manchen Tagen erreicht die Ebbe ihren tiefstmöglichen Wasserpegel.

Informiert euch also über die Gezeiten, wenn ihr dorthin geht?

Die Austern waren köstlich?

Selbst im Sommer gibt es welche?

Seht euch auch die Löwenhunde und den Gokoku-Schrein an?

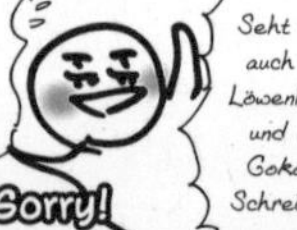

Der Hiroshima-Abschnitt sollte hier enden, aber ich habe die Seitenzahl überzogen. Bitte seid auch beim nächsten Band mit dabei?

ENDE

Passt auf euch auf? Achtet in schwierigen Zeiten darauf, auch mal ein wenig zur Ruhe zu kommen. Bleibt gesund?

Besonderen Dank geht an
Nozomu Sasaki
(Übertragung in den Hiroshima-Dialekt)

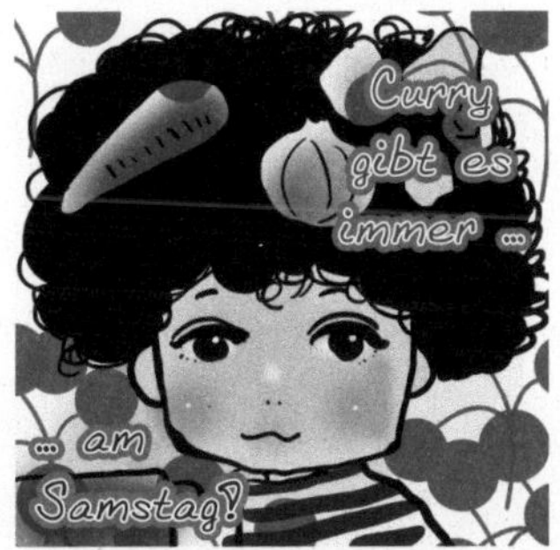

Gruß der Autorin

Hallo, wie geht es euch? Vielen Dank für eure stetige Treue! Totono befindet sich immer noch in Hiroshima. Er wird mal wieder wegen allerlei Dingen irritiert sein, aber ich wünsche euch trotzdem viel Spaß mit ihm!

Profil der Autorin

★ Geboren am 5. September (Jungfrau) in der Präfektur Wakayama, derzeit in Tokyo wohnhaft, Blutgruppe 0 ★ Hatte ihr Debüt im September 1983 in einer Sonderausgabe des *Betsucomi*-Magazins mit dem Oneshot *Oretachi no Zettai Jikan** ★ Zu ihren berühmtesten Werken zählen *BASARA*, *7 SEEDS* und *Neko Mix Genkitan Toraji* ★ Derzeit in der monatlichen sowie in der Sonderausgabe des *Flowers*-Magazins regelmäßig aktiv!

*englischsprachiger Titel: *This is the Time for Us*, bislang nicht in Deutschland erschienen

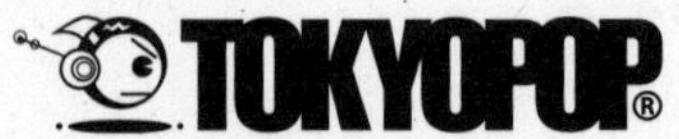

TOKYOPOP GmbH
Hamburg

TOKYOPOP
1. Auflage, 2024
Deutsche Ausgabe/German Edition

Aus dem Japanischen von Tony Toshimitsu Tran

MYSTERY TO IUNAKARE Vol. 3
by Yumi TAMURA

Original Japanese edition published by SHOGAKUKAN.
German translation rights in Germany, Austria, Liechtenstein and German speaking areas in Switzerland, Belgium, Italy and Luxembourg arranged with SHOGAKUKAN through VME PLB SAS.
Original cover design: Chie SATO + Bay Bridge Studio

Redaktion: Natalie Tonak
Lettering: Vibrant Publishing Studio
Herstellung: Mathias Neumeyer, Britta Philipp
Druck und buchbinderische Verarbeitung:
CPI – Clausen & Bosse GmbH, Leck
Printed in Germany

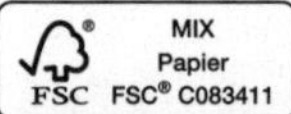

Wir achten auf die Umwelt.
Dieses Produkt besteht aus FSC®-zertifizierten und anderen kontrollierten Materialien.

ISBN 978-3-8420-9688-2

www.tokyopop.de

DAS KIND, DAS ICH IN MEINEN TRÄUMEN SAH

Kei Sanbe

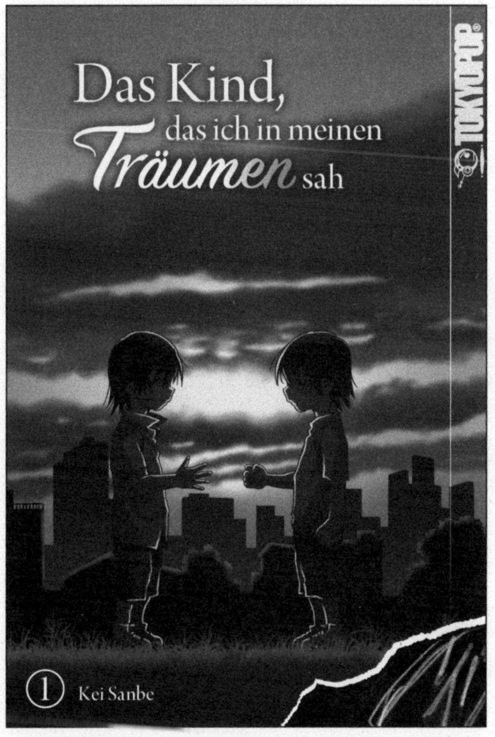

Der lange Schatten des Feuermanns

Als der Highschool-Schüler Senri Nakajo im Fernsehen einen Mann mit einer auffälligen Narbe sieht, steht seine Welt Kopf. Senri ist sich sicher: Es ist der »Feuermann«, der vor vielen Jahren seine Eltern und seinen geliebten Zwillingsbruder Kazuto ermordet hat. Auf der Suche nach Vergeltung folgt er der Spur und gerät dabei in immer finsterere kriminelle Abgründe ...

MYSTERIOUS DISAPPEARANCES

Nujima

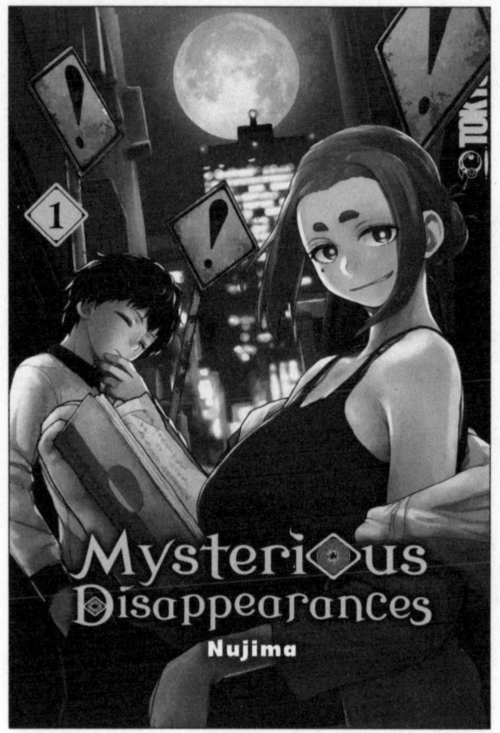

Den Mysterien auf der Spur

Buchhändlerin Sumireko Ogawa hat ein Faible für urbane Mythen und unerklärliche Dinge. Was für ein Glück, dass ihr mysteriöser Kollege Ren sich damit auszukennen scheint. Allerdings entpuppen sich einige der Mysterien, mit denen es die beiden zu tun bekommen, als nicht ganz ungefährlich ...

GUTE NACHT, PUNPUN

Inio Asano

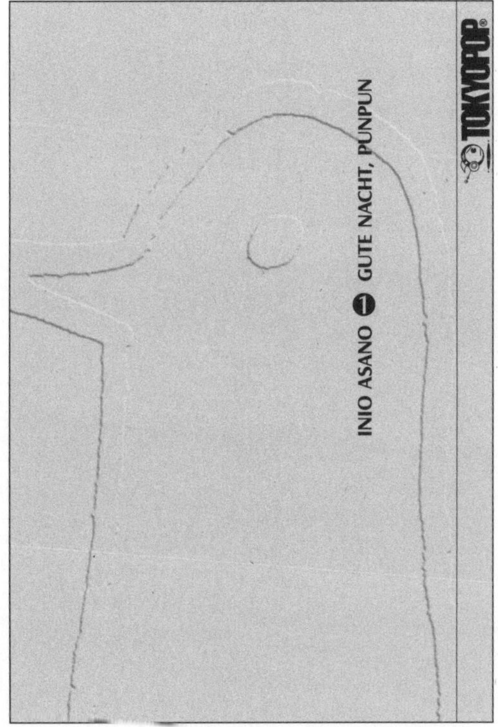

Schlaf, Punpun, schlaf ...

Punpun ist Grundschüler und in einer Spirale aus Pubertät, Wissbegierde, Einsamkeit und unendlich vielen Fragen gefangen. Hilfe erhofft er sich vergeblich von seinem gewalttätigen Vater. Imaginäre Freunde oder sein Schwarm Aiko sind auch eher Hindernisse als Helfer. Punpun ist allein mit sich und seinen Gedanken, die in seinem Kopf umherwabern und nicht davor haltmachen sein Gehirn in Grütze aufzulösen ...

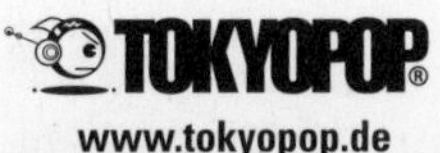

www.tokyopop.de

STOPP!

Dies ist die letzte Seite des Buches! Du willst dir doch nicht den Spaß verderben und das Ende zuerst lesen, oder?

Um die Geschichte unverfälscht und originalgetreu mitverfolgen zu können, musst du es wie die Japaner machen und von rechts nach links lesen. Deshalb schnell das Buch umdrehen und loslegen!

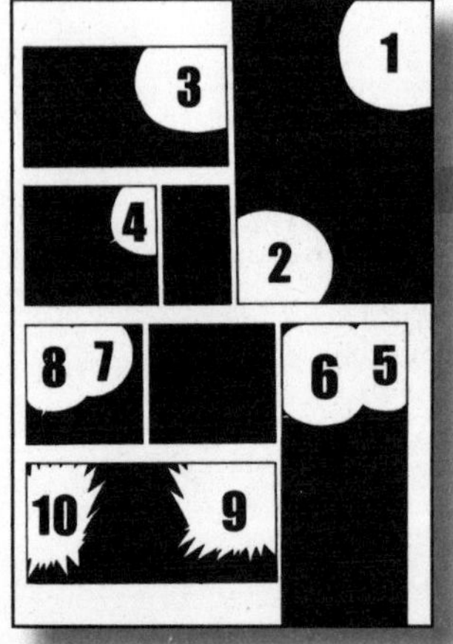

So geht's:

Wenn dies das erste Mal sein sollte, dass du einen Manga in den Händen hältst, kann dir die Grafik helfen, dich zurechtzufinden: Fang einfach oben rechts an zu lesen und arbeite dich nach unten links vor. Viel Spaß dabei wünscht dir TOKYOPOP®!

PERSONA 5

Hisato Murasaki / ATLUS

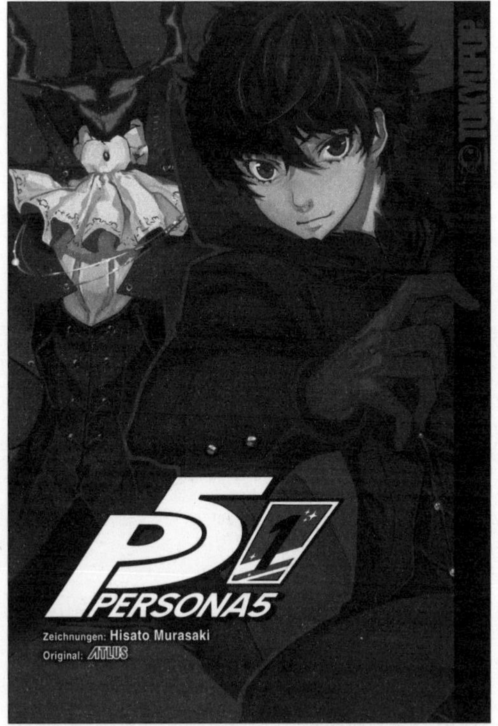

Eigentlich wollte Akira Kurusu nur einer Frau in Not helfen, doch stattdessen wird ihm ein Verbrechen angehängt, das er nie begangen hat. Als Vorbestrafter muss er an die Shujin-Akademie im Herzen Tokyos wechseln. Doch dort gehen seltsame Dinge vor sich, und schon bald findet er sich statt an seiner neuen Schule in einem mysteriösen Schloss wieder! Als er in die Fänge seines durchtriebenen Lehrers Kamoshida gerät, erwacht die Kraft der Rebellion in Akira und verleiht ihm ungeahnte Kräfte!

Der Spielehit *Persona 5* jetzt auch als originalgetreue Manga-version!

DEAD DEAD DEMON'S DEDEDEDE DESTRUCTION

Inio Asano

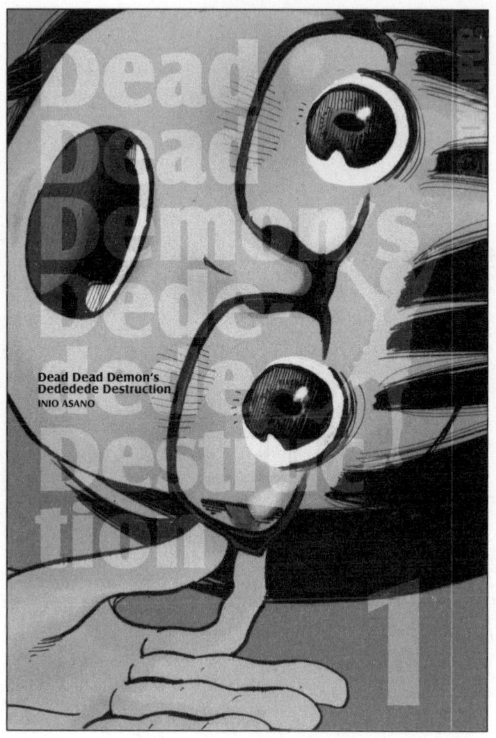

3, 2, 1 ... Zerstöööörung!

Die Welt spielt verrückt: Riesige Raumschiffe sind am Himmel erschienen und schweben einfach über den Köpfen der Menschen. Sie töteten wahllos, doch seit geraumer Zeit tut sich nichts mehr. Manchmal verirrt sich ein Mini-Ufo auf die Erde, aber Schaden richtet es nicht gerade an. Kadode und On-tan finden ihre ganz eigenen Methoden, um mit dieser merkwürdigen »Bedrohung« umzugehen. Verändert hat sich allerdings nicht viel und man geht weiter zur Schule, trifft sich und hat Spaß ... Nur für wie lange?

SIÚIL, A RÚN
DAS FREMDE MÄDCHEN

Nagabe

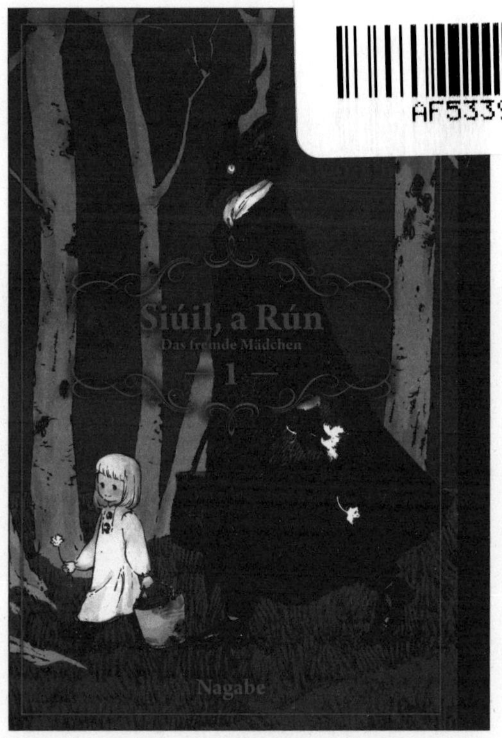

In der Dunkelheit wartet die Hoffnung

In einer Welt, die durch einen Fluch geteilt ist, lebt die kleine Shiva zusammen mit einem grotesken Wesen in einem düsteren Wald. Obwohl sie es niemals berühren darf, verbindet die beiden ein einzigartiges Band. Doch ihr Beschützer hegt ein dunkles Geheimnis, von dem Shiva noch nichts ahnt ...

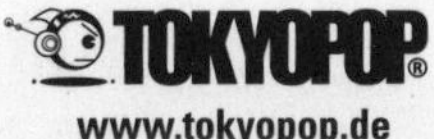

www.tokyopop.de